컴퓨팅 사고력을 위한 최적의 파이썬 프로그래밍

PYTHON PROGRAMMING

파이썬으로 배우는 누구나 코딩

강환수, 신용현 지음

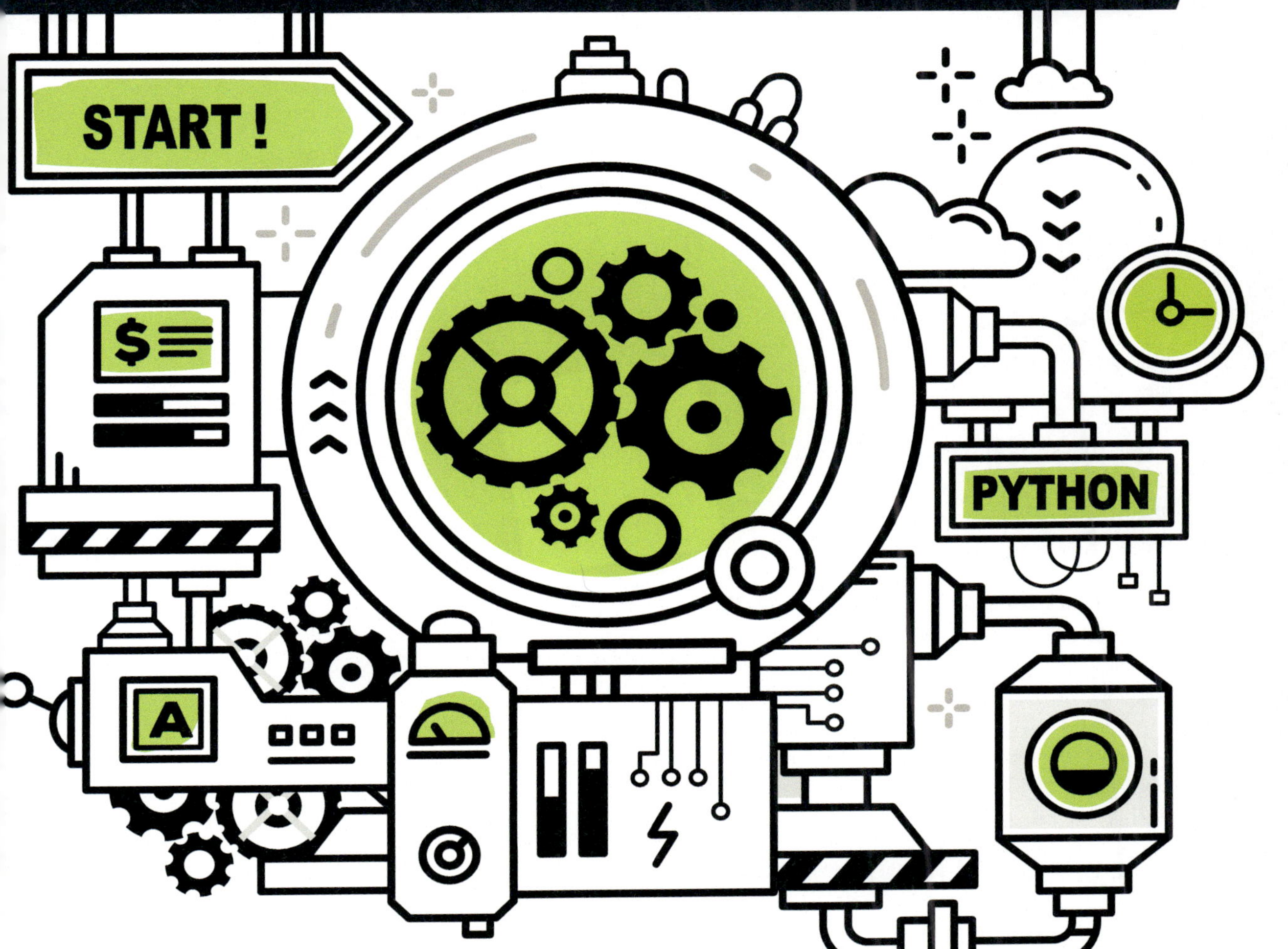

도서출판 홍릉

PYTHON PROGRAMMING

파이썬으로 배우는 누구나 코딩

인쇄 : 2019년 8월 26일 초판 1쇄
발행 : 2023년 2월 13일 초판 2쇄

지은이 : 강환수, 신용현

발행인 : 송준
발행처 : 도서출판 홍릉

주 소 : 서울시 강북구 인수봉로 50길 10
전 화 : 02-999-2274~5 **팩 스** : 02-905-6729
e-mail : hongpub@hongpub.co.kr
홈페이지 : www.hongpub.co.kr

ISBN : 979-11-5600-691-6(93000)
정 가 : 25,000원

파본이나 잘못된 책은 교환하여 드립니다.

머리말

전 세계적으로 파이썬의 인기가 그야말로 폭발적이다. 세계 최대 온라인 개발자 커뮤니티인 '스택오버플로'의 조사에 따르면 파이썬은 최근 가장 폭발적으로 관심을 끄는 언어로 나타났다. 파이썬은 1991년 자바보다도 먼저 만들어진 언어이다. 2010년 이후 이러한 파이썬의 폭발적인 인기는 제4차 산업혁명 시대의 도래와도 밀접한 연관성이 있다. 2016년 3월, 이세돌 기사와 알파고의 바둑 대회를 계기로, 우리가 제4차 산업혁명 시대에 진입하고 있음을 알았으며 '인공지능'이란 용어는 우리 삶의 일부가 됐다. 컴퓨팅 사고력은 누구나가 가져야할 역량이며, 인공지능, 빅데이터, 사물인터넷 등의 첨단 정보기술이 제4차 산업혁명 시대의 기술을 이끌고 있다. 이러한 제4차 산업혁명 시대에 핵심 기술인 데이터과학과 머신러닝의 붐은 파이썬을 최고의 인기 있는 프로그래밍 언어로 만들었다. 파이썬 언어의 특징은 바로 언어 자체의 간결성과 확장성, 유연성에 있다. 파이썬은 진입장벽이 낮아 컴퓨팅 사고력 증진에 매우 효과적인 언어로 프로그래밍 입문자에게도 적합하며, 웹이나 데스크톱 개발자 및 시스템 관리자에게도 사용되고, 데이터 처리 및 인공지능 분야의 다양한 전문가용 라이브러리 제공으로 데이터과학자, 머신러닝 등의 전문 엔지니어들에게는 더욱 필요한 언어가 됐다.

이러한 파이썬의 인기로 최근 대학에서도 비전공자와 전공자를 대상으로 개설되는 파이썬 강좌가 늘고 있는 추세이다. 이 책은 컴퓨팅 사고력을 증진시키려는 비전공자는 물론 코딩에 관심에 많은 프로그래밍 입문자와 향후 데이터과학자, 머신러닝 등의 전문가를 꿈꾸는 전공자를 위해 기획됐다. 이러한 기획 의도에 맞춰 이 책은 누구나가 쉽게 습득할 수 있는 컴퓨팅 사고력 관점에서 프로그래밍 언어를 학습할 수 있도록 구성했다. 또한 향후 컴퓨터공학 분야 전문가를 꿈꾸는 전공자를 위해서 확장성과 심화학습에도 심여를 기울였다. 저자는 본서에서 프로그래밍 언어 입문자로서 알아야 중요한 개념을 설명하고, 다양하고 쉬운 그림으로 도식화해 독자들이 이해하기 쉽게 설명하려고 노력했다. 또한 이 책을 교재로 강의하시는 교수님에게는 강의 흐름에 맞도록 내용과 단원을 구성했으며, 관련 내용을 보다 쉽게 배우는 효과적인 학습 방안을 제시하려고 노력했다. 파이썬에 관심이 있는 일반인이나 컴퓨팅 사고력 증진에 관심이 있는 비전공자 뿐 아니라 대학에서 공학 및 컴퓨터공학을 전공하는 학생과 다양한 컴퓨터공학 전문가를 꿈꾸는 독자에게 이 책이 효과적인 학습 지침서가 되기를 희망한다.

2019년 8월

대표저자 강 환 수

단원으로 보는 학습 로드맵

01 Chapter

파이썬 언어의 개요와 첫 프로그래밍

- 파이썬 언어 소개
- 컴퓨팅 사고력 증진을 위한 파이썬
- 파이썬 설치와 파이썬 첫 프로그래밍
- 빅데이터 처리와 머신 러닝 분야에 확장 가능

02 Chapter

파이썬 프로그래밍을 위한 기초 다지기

- 파이썬의 재료: 문자열과 정수, 실수
- 다양한 산술 연산자: + – * / % // **
- 변수와 키워드, 대입 연산자, 표준 입력

03 Chapter

일상에서 활용되는 문자열과 논리 연산

- 문자열과 슬라이싱
- 문자열 함수: raplace, count, find, index, split, center, strip, format 등
- 논리 자료와 다양한 연산

Chapter 13

GUI 모듈과 객체지향 기반의 미니 프로젝트 II

- 터틀 그래픽과 matplotlib의 산포 그래프
- 그래픽 사용자 인터페이스 tkinter와 pygame
- 객체지향 방식의 tkinter로 구현하는 텍스트 편집기

Chapter 12

일상생활의 사물 코딩인 객체지향 프로그래밍

- 객체지향과 클래스 정의
- 클래스 속성과 인스턴스 속성, 정적 메소드와 클래스 메소드
- 상속과 추상 클래스

Chapter 11

실행 오류 및 파일을 다루는 예외 처리와 파일 입출력

- 예외 처리: try except else finally
- 파일 처리: 파일의 생성과 내용 읽기

04 Chapter

일상생활과 비유되는 조건과 반복

- 조건에 따른 선택: if else, if elif
- 반복: while, for in
- 반복 제어: break, continue

05 Chapter

항목의 나열인 리스트와 튜플

- 다양한 종류의 항목 나열을 쉽게 처리하는 리스트
- 수정할 수 없는 항목 나열을 처리하는 튜플

06 Chapter

키와 값의 나열인 딕셔너리와 중복을 불허하는 집합

- 키와 값의 쌍인 항목을 관리하는 딕셔너리
- 중복을 불허하는 원소로 구성된 집합
- 내장 함수 zip( )과 enumerate( ), 시퀀스 간의 변환

07 Chapter

특정 기능을 수행하는 사용자 정의 함수와 내장 함수

- 함수의 필요성과 사용자 정의 함수 구현
- 함수의 인자: 위치 인자, 키워드 인자, 가변 인자
- 람다 함수와 내장 함수

08 Chapter

조건과 반복, 리스트와 튜플 기반의 미니 프로젝트 I

- 실생활에서 유용한 소득세 세금 계산 구현
- 디지털 형태의 정수 출력
- 실생활의 게임을 코딩으로 구현

09 Chapter

라이브러리 활용을 위한 모듈과 패키지

- 표준 모듈과 사용자 정의 모듈
- 표준 모듈 turtle
- 써드파티 모듈 numpy와 matplotlib

10 Chapter

그래픽 사용자 인터페이스 Tkinter와 Pygame

- GUI 표준 모듈 Tkinter
- 써드파티 GUI 모듈인 pygame

주요 구성 요소

◆ Chapter와 학습목표, Chapter 목차와 코딩 목록

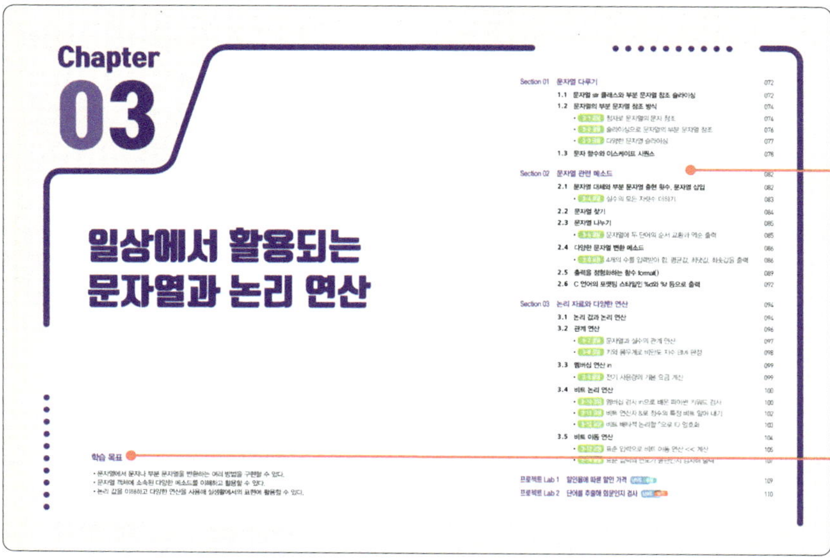

Chapter 목차는 Section과 하부 절로 구성되며, 파이썬 프로그래밍 연습에 활용될 코딩 목록을 표기해 학습에 도움이 되길 기대한다.

Chapter를 학습하고 학습자가 알 수 있는 지식과 할 수 있는 내용을 기술하고 있다.

◆ Section과 파이썬 IDLE 쉘의 대화형 모드 코딩

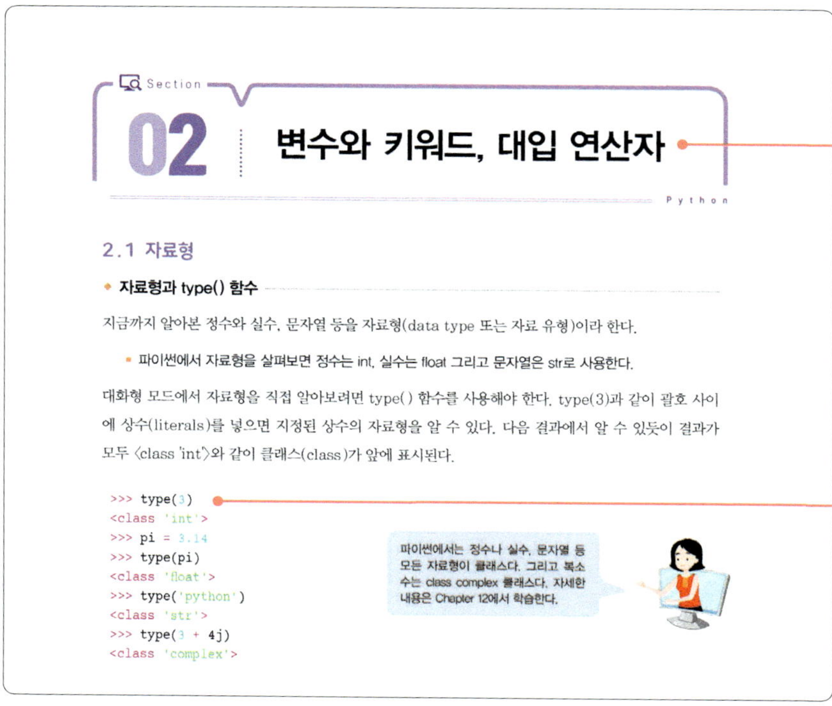

Chapter는 2~3개의 section으로 구성되며, section의 마지막은 중간점검으로 마무리한다.

인터프리터 언어인 파이썬의 특성을 살려 파이썬 IDLE 쉘에서 대화형 모드의 코드로 설명하는 부분이다.

◆ 파이썬 소스 파일과 코딩 연습

2-2 코딩 02-02comments.py 주석 #과 여러 줄 문자열에 삼중 따옴표 활용 난이도 기본

```
''' 01-02comments.py
    2019 3. by Kang Hwan Soo '''

print('# 이후는 주석') # 한 줄에서 문장 이후에도 주석 사용 가능
print('string: "python"') # 큰따옴표 내부에서 작은따옴표는 문자열
print("number: 1 5 3.14") # 문자열 내부에서 숫자도 문자열
print("string: 'python'") # 작은따옴표 내부에서 작은따옴표는 문자열
```

삼중 따옴표로 표시하면 파일 실행에서는 출력에 표시되지 않는다. 그러므로 삼중 따옴표는 여러 줄 주석에 문자열로 이용할 수 있다.

결과

```
============= RESTART: D:/2019 Python Code/ch02/01-02comments.py =============
string: "python"
number: 1 5 3.14
string: 'python'
```

소스 파일을 실행하면 파이썬 쉘에 파일이 저장된 절대 경로가 표시된다.

하나의 Chapter에는 연습해볼 수 있는 15 개 내외의 코딩으로 구성되며, 소스파일 이름, 주제, 난이도를 알려주고 소스와 결과가 표시된다.

◆ 잠시 쉬면서, 좀 더 알아봅시다.

잠/시/쉬/면/서

문자열의 부분 문자열 참조

다음에 사항을 유의해 문자열 s에서 부분 문자열을 참조하는 방식을 정리하면 다음과 같다.

- 첨자의 시작은 0부터이며, j−1까지다.
- 간격인 step의 기본은 1이며, 음수도 가능하다.

문자열뿐 아니라 시퀀스형인 리스트, 튜플 등에 사용되는 방법이므로 잘 이해하기 바란다.

배운 내용을 정리하거나 잠시 쉬면서 볼 수 있는 있는 내용으로 구성된다.

Tips 좀 더 알아봅시다!

키워드를 대화형 모드에서 확인

다음 코드로 키워드를 확인할 수 있다. 첫 문장은 키워드 import를 사용한다. 점 . 등에 유의해 입력한 후 결과를 확인해 보자. 다음 코드의 내용은 4부에서 설명한다.

```
>>> import keyword
>>> print(keyword.kwlist)
['False', 'None', 'True', 'and', 'as', 'assert', 'break', 'class', 'continue',
'def', 'del', 'elif', 'else', 'except', 'finally', 'for', 'from', 'global',
'if', 'import', 'in', 'is', 'lambda', 'nonlocal', 'not', 'or', 'pass', 'raise',
'return', 'try', 'while', 'with', 'yield']
```

키워드 import는 라이브러리 keyword를 가져와 사용한다는 의미다.

한 번 더 생각하고 내용을 알아볼 수 있는 것으로 구성되며, 다소 어렵다고 느끼면 무시하고 건너뛰어도 좋다.

◆ 중간 점검

중간 점검

01 파이썬에서 다음 연산 결과는 무엇인가?(우선순위는 **이 먼저, 다음 * / // % 그리고 다음 +, −)

① 10 * 3 / 2

② 3 - 2 * 3 // 5

③ 81 / - 3 ** 2

④ 10 + 3 - 23 % 4

⑤ 20 // 2 ** 3

02 문자열의 반복 연산자인 *을 사용해 다음 모양을 출력하는 프로그램을 작성하시오.

```
*
**
***
****
*****
```

정답 01 ① 15.0 ② 2 ③ -9.0 ④ 10 ⑤ 2

02
```
print('*' * 1)
print('*' * 2)
print('*' * 3)
print('*' * 4)
print('*' * 5)
```

중간 점검은 Section마다 배운 내용을 점검하는 문제와 정답으로 구성된다.

◆ 프로젝트 Lab

프로젝트 Lab 2 | 03-pl02-extractword.py | 단어를 추출해 회문인지 검사 | 난이도 실전

표준 입력으로 3개의 단어를 콤마로 구분해 입력받자. 3개의 단어를 추출해 각 단어와 역순의 단어를 출력한다. 그리고 그 단어가 회문(palindrome)인지를 판단하는 논리 값도 출력하는 프로그램을 작성하자.

- 회문 또는 팰린드롬(palindrome)은 거꾸로 읽어도 제대로 읽는 것과 같은 문장이나 낱말을 말한다. 예를 들면 level, 기러기 등이다.

문제 이해(Understanding)

표준 입력에서 콤마로 구분된 단어 토큰을 분리해 낸다. 분리된 단어를 부분 문자열 참조 방법을 사용해 역순으로 출력한다. 분리된 단어가 회문인지를 부분 문자열 참조 방법으로 검사해 논리 값을 출력한다.

설계(Design)

알고리즘(Algorithm)

① 3개의 단어를 콤마로 구분해 입력받는다.
- 콤마 다음에 빈 공백을 넣을 것을 고려해 먼저 메소드 replace()로 공백을 제거한 후, 다시 메소드 split(',')으로 3개의 단어를 빼냄

② word에 저장된 단어를 역순으로 출력한다.
- word[::-1]

③ 단어와 역순의 단어가 동일한지를 검사한다.
- word == word[::-1]

표준 입출력 샘플

콤마로 구분된 단어 4개 입력 >> 여보보여, 파이썬, level
단어: 여보보여, 역순: 여보보여, 회문: True
단어: 파이썬, 역순: 썬이파, 회문: False
단어: level, 역순: level, 회문: True

> 프로그래밍 과정을 이해, 설계, 구현, 공유의 절차인 유디스(UDIS)에 따라 학습하며 각각의 단계에서 컴퓨팅 사고력의 요소를 활용하고 체험하도록 한다.

구현(implementation)

```
# 단어를 추출해 회문인지 검사
str = input('콤마로 구분된 단어 3개 입력 >> ')
str = str.replace(' ', '')
w1, w2, w3 = str.split(',')

print('단어: {}, 역순: {}, 회문: {}'.format(w1, w1[::-1], (w1 == w1[::-1])))
print('단어: {}, 역순: {}, 회문: {}'.format(w2, w2[::-1], (w2 == w2[::-1])))
print('단어: {}, 역순: {}, 회문: {}'.format(w3, w3[::-1], (w3 == w3[::-1])))
```

단어 w1의 역순을 반환한다.

테스트와 실행 결과(Testing & Simulation)

```
콤마로 구분된 단어 4개 입력 >> 기러기,  파이썬, level
단어: 기러기, 역순: 기러기, 회문: True
단어: 파이썬, 역순: 썬이파, 회문: False
단어: level, 역순: level, 회문: True
```

공유(Share)

실행에서 콤마 2개로 3개의 단어가 입력돼야 한다. 그렇지 않으면 실행 오류가 발생한다. 친구의 코드와 비교해 보고 구분자인 콤마를 빼고 공백으로 분리해 입력받을 수 있는 프로그램으로 수정해 보자.

110

> 매 Chapter마다 2개의 실무 프로그램으로 구성되는 프로젝트 Lab은 학습자가 Chapter에서 배운 내용을 기반으로 실무에 활용될 수 있는 프로그래밍을 직접 구현해볼 수 있도록 한다.

> 학습자 자신이 구현한 프로그램 발표하고 다른 학습자의 프로그램과 비교하며, 현재의 기능을 수정해 프로그래밍을 향상시키도록 유도한다.

◆ 학습 내용 점검

학습 내용 점검

01 다음 문장의 반환 값을 쓰시오.

① len('파이썬')　　② len('자바'*3)

③ len('Kotlin')　　④ len('컴퓨팅사고력')

⑤ 'python 언어'[7]　　⑥ ('python' + "언어")[1]

⑦ '파이썬'[0]　　⑧ '귀도 반 로섬'[5]

⑨ '파이썬'[2]　　⑩ ('파이썬' + '최고'*2)[4]

02 다음 문자열 슬라이싱의 결과를 쓰시오.

① 'dictionary'[0:4]　　② 'dictionary'[1:5]

③ 'dictionary'[2:6]　　④ 'dictionary'[3:10]

⑤ 'dictionary'[6:9]　　⑥ 'dictionary'[7:11]

03 다음 문자열 슬라이싱의 결과를 쓰시오.

① 'tuple'[-5:-1]　　② 'tuple'[-5:-2]

③ 'tuple'[-4:-1]　　④ 'tuple'[-5:]

⑤ 'tuple'[-5:]　　⑥ 'tuple'[:]

매 Chapter마다 구성되는 학습 내용 점검은 학습자가 Chapter에서 학습한 내용을 점검할 수 있도록 소스 코드 중심의 문제를 제시한다.

※ 해답은 제공하지 않습니다.

◆ 도전! 프로그래밍

도전! 프로그래밍

01 기본 Tkinter 위젯 레이블의 인자 relief로 6개의 옵션 값을 지정하고, 레이블을 배치 관리 메소드 pack()으로 배치해 다음과 같이 출력하는 Tkinter 프로그램을 작성하시오.

- 다음 코드를 활용

```
rtype = ['flat', 'groove', 'raised', 'ridge', 'solid', 'sunken']
for t in rtype:
```

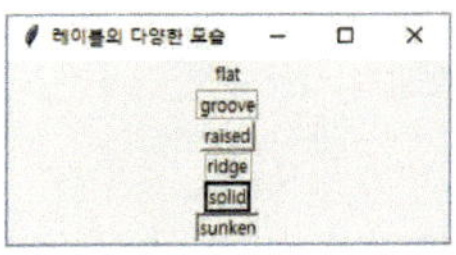

02 응용 Tkinter 위젯 버튼 6개를 그리드의 위치 이름으로 지정해 다음과 같이 출력하는 Tkinter 프로그램을 작성하시오.

- 버튼의 가로 길이는 30으로 지정
- 다음 구문을 사용해 6개 버튼의 모양과 표시되는 이름을 결정

```
rtype = ['flat', 'groove', 'raised', 'ridge', 'solid', 'sunken']
for i, t in enumerate(rtype):
```

매 Chapter마다 구성되는 도전 프로그래밍은 학습자가 Chapter에서 학습한 내용을 점검할 수 있도록 난이도가 각각 '기본', '응용', '실전'에 준하는 프로그래밍 문제를 제시한다.

※ 해답은 제공하지 않습니다.

한 학기 15주로 보는 학습 로드맵

이 책은 대학이나 교육 센터에서 다음 과정을 위한 파이썬 프로그래밍 교재로서 널리 활용될 수 있도록 개발됐으며, 이 책을 대학에서 교재로 이용한다면 한 학기용으로 적합하도록 구성했다. 다음 표를 참고로 한 학기를 운영한다면 만족할 만한 성공을 얻을 수 있으리라 믿는다.

주 일정	컴퓨팅 사고력 증진을 위한 초보자/문과학생 과정	코딩에 관심에 많은 프로그래밍 입문자 과정	데이터과학 및 컴퓨터공학 관련 분야의 전공자 과정
	강좌 소개	강좌 소개	강좌 소개
1주	1장 파이썬 언어의 개요와 첫 프로그래밍	1장 파이썬 언어의 개요와 첫 프로그래밍	1장 파이썬 언어의 개요와 첫 프로그래밍
2주	1장 파이썬 언어의 개요와 첫 프로그래밍	2장 파이썬 프로그래밍을 위한 기초 다지기	2장 파이썬 프로그래밍을 위한 기초 다지기
3주	2장 파이썬 프로그래밍을 위한 기초 다지기	3장 일상에서 활용되는 문자열과 논리 연산	3장 일상에서 활용되는 문자열과 논리 연산
4주	2장 파이썬 프로그래밍을 위한 기초 다지기	4장 일상생활과 비유되는 조건과 반복	4장 일상생활과 비유되는 조건과 반복
5주	3장 일상에서 활용되는 문자열과 논리 연산	5장 항목의 나열인 리스트와 튜플	5장 항목의 나열인 리스트와 튜플
6주	4장 일상생활과 비유되는 조건과 반복	5장 항목의 나열인 리스트와 튜플	6장 키와 값의 나열인 딕셔너리와 중복을 불허하는 집합
7주	4장 일상생활과 비유되는 조건과 반복	6장 키와 값의 나열인 딕셔너리와 중복을 불허하는 집합	7장 특정 기능을 수행하는 사용자 정의 함수와 내장 함수
8주	중간고사		
9주	5장 항목의 나열인 리스트와 튜플	7장 특정 기능을 수행하는 사용자 정의 함수와 내장 함수	8장 조건과 반복, 리스트와 튜플 기반의 미니 프로젝트 I
10주	5장 항목의 나열인 리스트와 튜플	8장 조건과 반복, 리스트와 튜플 기반의 미니 프로젝트 I	9장 라이브러리 활용을 위한 모듈과 패키지
11주	7장 특정 기능을 수행하는 사용자 정의 함수와 내장 함수	9장 라이브러리 활용을 위한 모듈과 패키지	10장 그래픽 사용자 인터페이스 Tkinter와 Pygame
12주	7장 특정 기능을 수행하는 사용자 정의 함수와 내장 함수	10장 그래픽 사용자 인터페이스 Tkinter와 Pygame	11장 실행 오류 및 파일을 다루는 예외 처리와 파일 입출력
13주	9장 라이브러리 활용을 위한 모듈과 패키지	12장 일상생활의 사물 코딩인 객체지향 프로그래밍	12장 일상생활의 사물 코딩인 객체지향 프로그래밍
14주	9장 라이브러리 활용을 위한 모듈과 패키지	13장 GUI 모듈과 객체지향 기반의 미니 프로젝트 II	13장 GUI 모듈과 객체지향 기반의 미니 프로젝트 II
15주	기말고사		

이 책의 특징

- 컴퓨팅 사고력 증진을 위한 초보자, 문과학생, 코딩에 관심에 많은 프로그래밍 입문자를 위한 학습서이며, 데이터과학 및 컴퓨터공학 관련 분야의 전공자를 위한 입문서로 기획
- 컴퓨팅 사고력 증진과 파이썬 프로그래밍 학습 강좌를 위한 대학의 한 학기 강의에 적합하도록 단원 13개로 구성
- 실무 프로그래밍에 도움을 줄 수 있는 단원 8과 단원 13의 16개의 미니 프로젝트 수행을 통해 학습자 스스로 생각하고 프로그래밍해 코딩 능력뿐 아니라 컴퓨팅 사고력과 문제해결 능력 향상
- 쉬운 설명을 위한 다양한 그림과 표를 효과적으로 구성하고, 보다 쉽고 즐거운 학습이 되도록 인터프리터 언어인 파이썬의 특징에 맞게 파이썬 쉘을 활용한 파이썬 구문과 프로그래밍 과정 설명
- 초보자에서부터 전공자에 이르는 다양한 독자를 위한 [잠시 쉬면서], [Trend], [용어를 알아봅시다], [Tips 좀 더 알아봅시다!], [심화학습] 등의 수준별 내용의 학습
- 단원마다 문제 이해(Understanding)–설계(Design)–구현(Implementation)–공유(Share) 절차로 2~3개의 단원을 정리하는 [프로젝트 LAB] 실습
- 단원의 섹션(section)마다 [중간 점검], 단원마다 [학습 내용 점검], [도전! 프로그래밍]을 구성해 학습자 스스로 학습한 내용의 점검과 이해 증진

감사의 글

지난 반년 동안 이 책을 출판하기 위해 분주했던 나날들이 스쳐가며, 그동안 저를 도와준 관계자 여러분께 감사의 말을 전한다. 가장 먼저 이 책의 기획과 집필을 함께한 공동 저자이신 신용현 교수에게 감사의 뜻을 전한다. 그동안 물심양면으로 많은 배려를 아끼지 않으신 컴퓨터공학부 모든 교수님께 감사의 마음을 전한다. 그리고 항상 저와 함께하는 아내 성희와 딸 유림에게 사랑과 고마움을 전하며, 항상 저를 도와주는 아버지와 누님, 가족들에게 감사드린다. 마지막으로 이 책을 출간할 수 있도록 도와준 홍릉과학출판사의 최윤석 이사와 우명찬 사장님, 그리고 디자인 및 교정을 감독한 박찬혁 과장께 깊이 감사드린다.

Contents

Chapter 04 일상생활과 비유되는 조건과 반복

Chapter 05
항목의 나열인 리스트와 튜플

Chapter 06

키와 값의 나열인 딕셔너리와 중복을 불허하는 집합

Chapter 07

특정 기능을 수행하는 사용자 정의 함수와 내장 함수

Chapter 08

조건과 반복, 리스트와 튜플 기반의 미니 프로젝트 I

Chapter 09 라이브러리 활용을 위한 모듈과 패키지

Chapter 10 그래픽 사용자 인터페이스 Tkinter와 pygame

Chapter 11 실행 오류 및 파일을 다루는 예외 처리와 파일 입출력

Chapter 12 일상생활의 사물 코딩인 객체지향 프로그래밍

Chapter 13 GUI 모듈과 객체지향 기반의 미니 프로젝트 II

PYTHON PROGRAMMING

파이썬으로 배우는 누구나 코딩

강환수, 신용현 지음

Chapter 01

파이썬 언어의 개요와 첫 프로그래밍

학습 목표

- 파이썬 언어란 무엇인지 이해하고 이 언어가 인기 있는 이유를 설명할 수 있다.
- 파이썬 개발 도구를 설치해 프로그램을 구현할 수 있다.
- 파이썬의 특징과 활용 분야를 설명할 수 있다.

교수 · 학습 코멘트

교수 · 학습 시간이 부족하거나, 빠른 문법 학습이 필요하거나, 비전공자인 경우에는 Section 03을 건너뛰고 다음에 살펴봐도 무방합니다.

Section

01 파이썬 언어와 컴퓨팅 사고력

Python

1.1 파이썬 언어란?

◆ 파이썬은 배우기 쉬운 프로그래밍 언어

파이썬(python)은 배우기 쉽고 누구나 무료로 사용할 수 있는 오픈 소스(open source)[1] 프로그래밍 언어(programming language)[2]다. 파이썬은 1991년 네덜란드의 귀도 반 로섬(Guido van Rossum)이 개발했으며, 현재는 비영리 단체인 파이썬 소프트웨어 재단(PSF: Python Software Foundation)이 관리하고 있다. 파이썬의 사전적 의미는 '비단뱀'으로, 그리스 신화에서 유래됐으며, 파이썬 로고가 비단뱀인 것은 바로 이 때문이다. 그런데 실제로는 개발자인 귀도가 애청하던 영국의 코미디 프로그램 'Monty Python's Flying Circus'의 주인공인 6인조 코미디 그룹의 이름 'Monty Python'에서 따온 것이라고 한다.

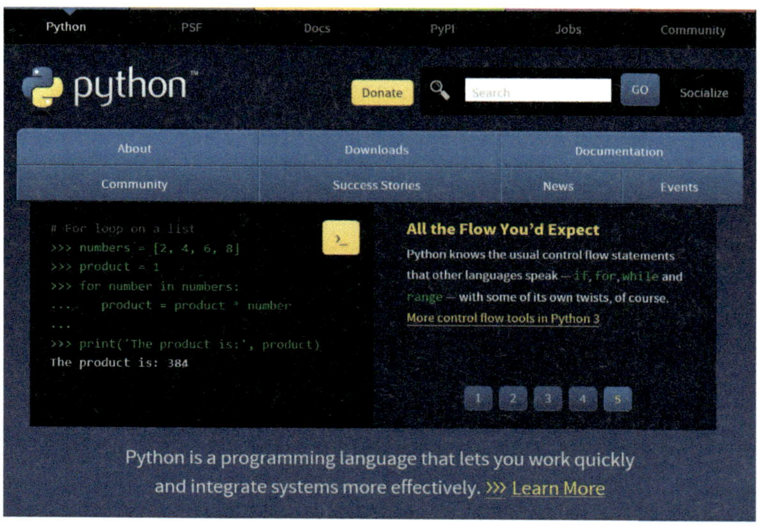

▲ **그림1** 파이썬 홈페이지(www.python.org)와 파이썬 로고

1 소프트웨어를 만든 프로그램 소스를 모두 공개한 것을 말한다. 파이썬의 공개된 소스는 깃허브 사이트(github.com/python/cpython)에서 볼 수 있다.

2 배틀 그라운드와 같은 컴퓨터 게임이나 스마트폰의 다양한 앱 프로그램(app program)을 만드는 언어를 '프로그래밍 언어'라고 한다.

잠/시/쉬/면/서

귀도 반 로섬과 파이썬재단

파이썬 창시자인 귀도(gvanrossum.github.io)가 1989년 12월에 취미 활동으로 시작한 프로젝트였다고 한다. 귀도는 네덜란드 국립 연구소에서(1980년대에 우리에겐 알려지지 않은) ABC라는 프로그래밍 언어 개발에 참여했으며, 여기서 영감을 얻어 ABC 언어를 뛰어넘는 기능을 파이썬에 담았다. 귀도는 구글을 거쳐 현재 드롭박스(dropbox) 사에서 파이썬 개발자로 근무하고 있다.

▲ **그림 2** 파이썬의 창시자, 귀도 반 로섬

파이썬의 공식 버전과 업그레이드는 비영리 단체인 파이썬 소프트웨어 재단이 맡고 있다. 파이썬 소프트웨어 재단은 라이선스 관리, 파이썬 언어와 관련된 오픈 소스 기술을 발전시키는 컨퍼런스 및 교육과 홍보 활동 지원도 맡고 있다. 파이썬과 같은 오픈 소스는 일반적으로 BDFL(Benevolent Dictator for Life, 자비로운 종신 독재자)이라는 사람이 기술 수정의 최종 권한을 갖거나 전체적인 개발 방향을 정한다고 한다. 파이썬 커뮤니티에서도 수많은 개발자가 소스 코드의 개선에 참여하지만 BDFL이 최종적으로 기술 수정 결정 권한을 갖는다. 주로 해당 오픈 소스 기술을 처음 만든 창시자가 BDFL을 맡는데, 귀도 반 로섬도 최근까지 파이썬의 BDFL을 맡고 있다가 2018년에 사임했다.

◆ 현재 파이썬의 인기는 최고다

파이썬은 현재 미국과 우리나라의 대학 등 전 세계적으로 가장 많이 가르치는 프로그래밍 언어 중 하나다. 특히 비전공자의 컴퓨팅 사고력(computational thinking)[3]을 키우기 위한 프로그래밍 언어로도 많이 활용되고 있다. 파이썬은 배우기 쉽고 간결하며, 개발 속도가 빠르고 강력하기 때문이다. 또한 파이썬은 라이브러리(library)[4]가 풍부하고 다양한 개발 환경(development environment)을 제공하고 있어 개발자가 쉽고 빠르게 소프트웨어를 개발하는 데 도움을 준다. 파이썬은 프로그래밍 교육 분야에서뿐 아니라 실무에서도 사용이 급증하고 있으며, 이를 증명이라도 하듯 프로그래밍에 대해 질문하고 답하는 사이트로 유명한 스택오버플로(stackoverflow.com)에서 '가장 빠르게 성장하는 프로그래밍 언어'로 선택되기도 했다.

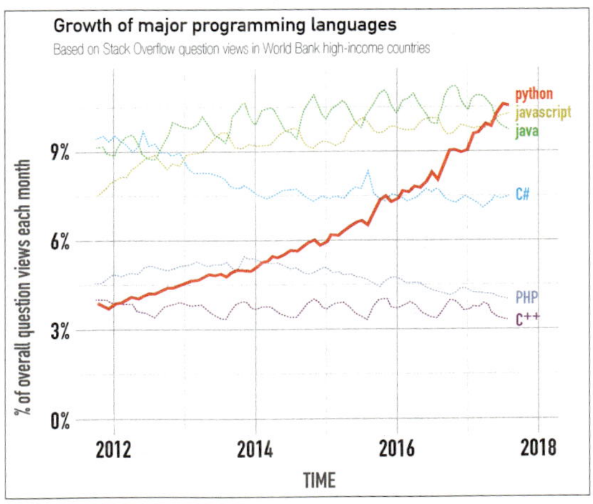

▲ **그림 3** 스택오버플로에서 조사한 최근에 빠르게 성장하는 언어 비교

3 컴퓨팅의 기본 개념과 원리를 기반으로 문제를 효율적으로 해결하는 사고 능력으로, 누구나가 배워야 할 기본 역량이다.

4 도서관에서 책을 대여하듯 프로그램 작성 시 자주 사용하는 부분을 가져다 쓸 수 있는 부분 프로그램인 모듈(module)을 말한다. 라이브러리는 대개 함수(function)나 클래스(class)의 모임이다.

잠/시/쉬/면/서

파이썬의 인기와 그리스 신화 파이썬

파이썬은 프로그래밍 언어의 인기를 발표하는 티오베(www.tiobe.com)에서 '2018년의 프로그래밍 언어(Programming Language of the Year)'로 선정됐다. 파이썬이 최근 가장 각광받는 프로그래밍 언어라는 것이 입증된 셈이다. 2019년 초, 프로그래밍 언어의 인기를 나타내는 지표인 티오베 프로그래밍 커뮤니티 색인(TIOBE Programming Community Index)에서도 자바와 C 다음으로 많이 사용되는 언어가 됐다.

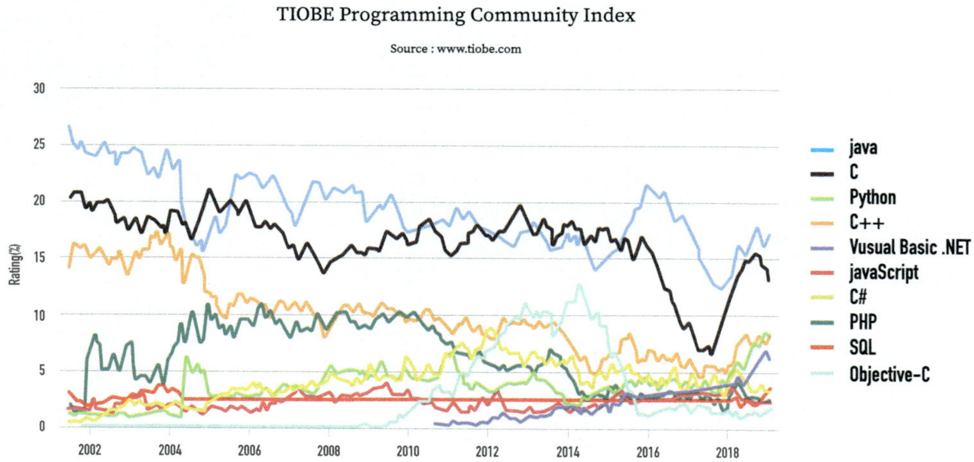

▲ **그림 4** 프로그래밍 언어의 사용 순위(2002~2019. 1)

파이썬의 사전적 의미는 '비단뱀'으로, 그리스 신화 중 그리스 중부의 파르나소스 산 남쪽 기슭에 있는 델포이의 신탁소를 지배했던 용의 형상을 한 뱀인 파이썬(Python, 이 그리스 신화의 뱀을 우리나라에서는 '피톤'으로 발음했으며, 책자에도 피톤으로 쓰임)에서 유래했다. 파이썬은 대지의 모신인 가이아가 남성 없이 낳은 자식으로, 후에 제우스의 아들인 태양의 신 아폴론이 쏜 화살에 맞아 죽는다.

▲ **그림 5** 파이썬(Python, 피톤)을 죽인 아폴론(에트로 프란카빌라, 1591년 작)

1.2 컴퓨팅 사고력과 파이썬

◆ 지금은 지능 · 정보화 혁명 시대인 제4차 산업혁명 시대

우리는 정보와 통신 기술의 발달로 디지털 및 정보화 혁명이 일어난 제3차 산업혁명 시대를 거쳐 스마트폰의 개발과 인공 지능(AI: Artificial Intelligence), 사물 인터넷(IoT: Internet of Things), 빅데이터(big data) 등의 발전으로 제4차 산업혁명 시대에 살고 있다. 즉, 제4차 산업혁명이란 '모든 사물이 연결된 초연결(hyper connected) 사회에서 생산되는 빅데이터를 기존 산업과 융합해 인공 지능, 클라우드 등의 첨단 기술로 처리하는 정보 · 지능화 혁명 시대'라고 할 수 있다.

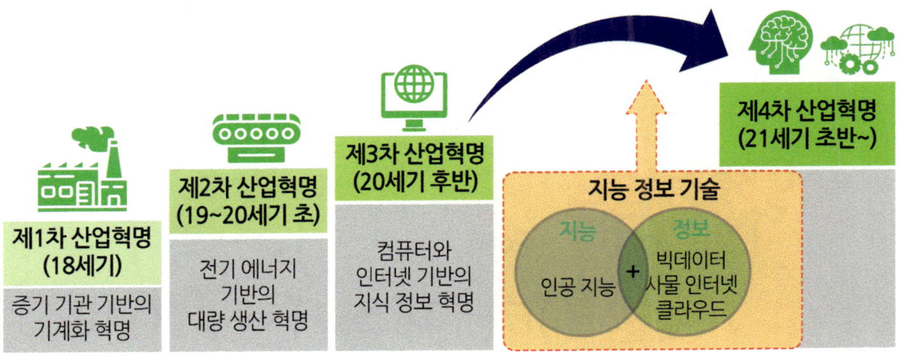

▲ **그림6** 제4차 산업혁명

Trend

4차 산업혁명 시대의 직업 변화, 컴퓨터 과학 기술 기반 융합과 신직업 탄생

경제협력개발기구인 OECD[5]는 향후 15년 동안 14%의 근로자는 자동화로 인한 위험에 처할 수 있으며, 30%는 일자리의 변화를 맞이할 것이라고 예측하고 있다. 또한 정부 보고서에 따르면 고도화 및 전문화, 세분화, 융합화, 정보기술 기반 신직업화 등의 트렌드가 직업 변화를 주도할 것으로 전망되는데, 인간의 역할 변화는 물론 기존 직업의 발전, 분할, 연결 과정을 통해 직업의 특성이 변화하거나 새로운 직업이 탄생할 것으로 예상된다.[6]

- 역할 고도화 및 전문화
- 세분화
- 융합화
- 컴퓨터 과학 기술 기반 신직업화

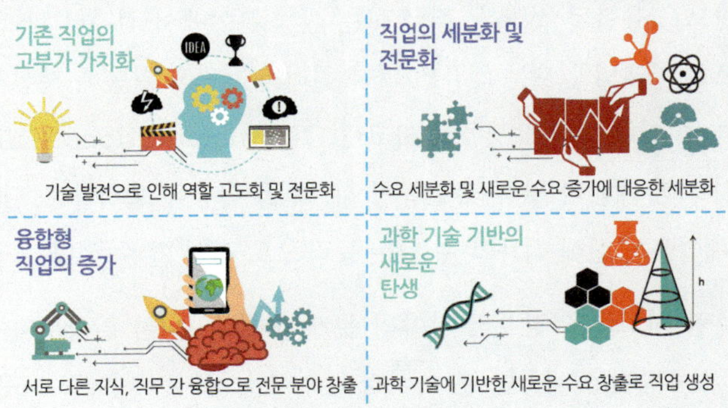

▲ **그림7** 미래 직업 변화 트렌드

5 경제협력개발기구(OECD: Organization for Economic Co-operation and Development)는 경제 성장, 개발도상국 원조, 무역 확대 등의 목적으로 구성된 국제 기구다. 회원국 약 3분의 2가량이 선진국이며, 나머지는 개발도상국이나 신흥공업국이다. 우리나라에선 선진국의 의미로도 많이 사용한다.

6 미래창조과학부 미래전략보고서, 「미래 일자리의 길을 찾다」, 2017. 2.

◆ 제4차 산업혁명 시대 인재의 핵심역량은 문제 해결 능력과 창의 · 융합 사고 능력

제4차 산업혁명 시대의 변화에 적응하고 미래를 준비하려면 미래의 주역을 키울 교육이 무엇보다도 중요하다. 그렇다면 제4차 산업혁명을 이끌 인재상과 핵심 역량은 무엇일까? 제4차 산업혁명을 이끌 인재가 갖춰야 할 덕목으로는 문제 해결 능력, 창의 · 융합 사고 능력, 의사소통 능력과 협업 능력, 자기 주도 학습 능력을 들 수 있다.

▲ **그림 8** 제4차 산업혁명 인재의 핵심역량

◆ 문제 해결 능력과 창의 · 융합 사고 능력에 필요한 컴퓨팅 사고력

제4차 산업혁명 시대는 모든 사물이 연결된 초연결 사회이며, 모든 산업은 컴퓨터 과학 · 공학 기술을 기반으로 융합될 것이다. 결국 모든 산업 분야에서 컴퓨터 과학 기술을 필요로 하게 된다는 것이다. 그러므로 미래의 인재는 컴퓨터 과학 원리와 개념을 활용해 자신의 영역과 융합할 수 있는 역량을 갖춰야 한다. 이러한 능력을 컴퓨팅 사고력(CT: Computational Thinking)이라고 하는데, 이는 '컴퓨터 과학의 기본 개념과 원리 및 컴퓨팅 시스템을 활용해 실생활 및 다양한 학문 분야의 문제를 이해하고 창의적 해법을 구현해 적용할 수 있는 능력'으로 정의[7]할 수 있다.

컴퓨팅 사고력은 컴퓨터 분야의 문제 해결은 물론, 일상생활에서의 문제 해결에 효율적으로 사용될 수 있는 방법을 제공할 뿐 아니라 창의성을 높이는 데에도 도움이 된다. 따라서 컴퓨팅 사고력 교육은 제4차 산업혁명 시대의 인재 교육에서 가장 중요하다. 컴퓨팅 사고력은 컴퓨터 전공자에게만 해당하는 것이 아니라 모든 사람에게 필요한 기본 역량이다. 다시 말해, 우리가 어릴 때부터 글을 읽고, 쓰고, 더하기, 빼기 등의 간단한 셈을 하는 것과 마찬가지로 모든 사람에게 컴퓨팅 사고력이 필요하다.

7 2015년 한국소프트웨어 교원연수 자료

컴퓨팅 사고력

컴퓨터 과학의 기본 개념과 원리 및 컴퓨팅 시스템을 활용해
실생활 및 다양한 학문 분야의 문제를 이해하고
창의적 해법을 구현해 적용할 수 있는 능력

▲ **그림9** 컴퓨팅 사고력

◆ 컴퓨팅 사고력 구성 요소: 분해, 패턴 인식, 추상화, 알고리즘

영국의 컴퓨팅 교육(www.bbc.com/bitesize)에서는 컴퓨팅 사고력을 분해, 패턴 인식, 추상화, 알고리즘 설계를 구성 요소로 제안하고 있다.

- 분해(decomposition): 데이터, 프로세스 또는 문제를 작고 관리 가능한 부분으로 나눔
- 패턴 인식(pattern recognition): 데이터의 패턴, 추세 및 정규성 관찰
- 추상화(abstraction): 패턴을 생성하는 일반 원칙을 규정
- 알고리즘 설계(algorithm design): 이 문제와 유사한 문제 해결을 위한 단계별 지침을 개발

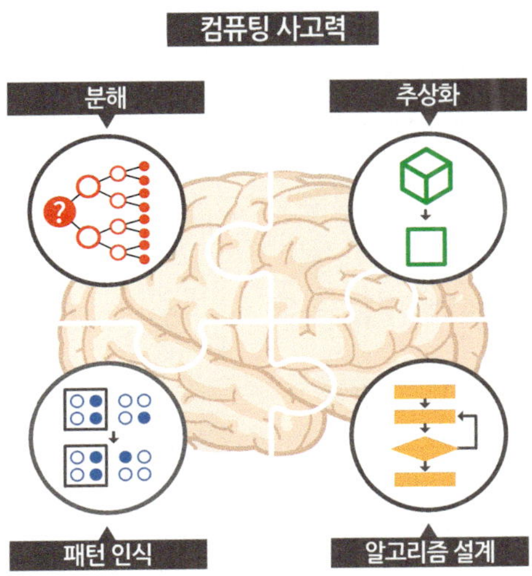

▲ **그림10** 영국 컴퓨팅 교육에서 제안한 컴퓨팅 사고

◆ 컴퓨팅 사고력 향상에 필요한 코딩 교육

컴퓨팅 사고력은 간단히 말해 '컴퓨팅의 기본 개념과 원리를 기반으로 문제를 효율적으로 해결하는 사고 능력'이라 할 수 있다. 이러한 컴퓨팅 사고력을 향상시키는 방법 중 하나는 직접 프로그래밍하는 코딩(coding) 교육이다. 컴퓨터 비전공자에게 실시하는 코딩 교육은 전문적인 컴퓨터 프로그래머(programmer)로 육성하기 위한 것이 아니라 문제 해결 능력과 창의 · 융합 사고 능력, 의사소통 및 협업 능력을 향상시키기 위한 것으로, 그 중요성이 점차 커지고 있다.

프로그램(program)은 컴퓨터에게 특정한 작업을 지시하는 명령어의 모임으로, 이를 개발하는 전문가를 프로그래머(programmer)라고 한다.

용어를 알아봅시다

프로그램과 프로그래밍

컴퓨터 프로그램(computer program)은 컴퓨터가 처리할 수 있도록 작성된 일련의 프로그램을 말한다. 한편 프로그래밍(programming)은 해결책을 찾고 있는 문제를 분석해 이해하고, 문제를 해결하는 순서를 구성해, 직접 컴퓨터가 이해하는 프로그래밍 언어로 작성하는 과정을 말한다. 즉, 해결하고자 하는 문제를 주어진 프로그래밍 언어의 절차와 방법으로 표현하는 것이다. 최근 초 · 중등학교에서는 스크래치(scratch), 엔트리(entry)와 같은 교육용 프로그래밍 언어(EPL: Educational Programming Language), 최근 대학에서는 파이썬을 사용하고 있다.

코딩(coding)은 선정된 프로그래밍 언어로 프로그램을 제작하는 과정으로, '프로그래밍(programming)'이라고도 부른다. 좀 더 전문적인 느낌이 나는 용어가 프로그래밍이라고도 할 수 있지만, 별 차이는 없는 것으로 이해하자.

◆ 프로그래밍의 절차: 이해, 설계, 구현, 공유

파이썬을 활용한 프로그래밍 교육은 컴퓨터 전공자에겐 전문적인 프로그래밍 절차와 기술을 교육하는 데 적합하고, 비전공자에겐 컴퓨팅 사고력을 교육하는 데 적합하다. 이것이 파이썬의 가장 큰 장점이며, 우리가 파이썬을 이용해 프로그래밍을 학습하는 이유가 여기에 있다.

이 책에서 제안하는 프로그래밍은 이해(U: Understand), 설계(D: Design), 구현(I: Implement), 공유(S: Share)의 절차인 유디스(UDIS)[8]를 따르며, 각 단계에서 컴퓨팅 사고력의 요소를 활용하고 체험하게 된다.

8 저자가 제안하는 간결한 프로그래밍 절차를 UDIS라 정의했으며, 아직 자세한 내용은 신경 쓰지 말고 앞으로 학습하면서 단계별로 알아가면 된다.

- Chapter 02 이후부터 단원의 마지막에 프로젝트 Lab에서 제안한 유디스 절차에 따라 단원을 정리할 수 있는 예제를 설명한다.

▼ **표1** 코딩 절차와 컴퓨팅 사고력 요소

코딩 절차	컴퓨팅 사고력 요소 활용	내용
이해		• 주어진 문제를 이해하고 파악 • 분할: 문제를 좀 더 쉬운 작은 문제들로 분해
설계		• 패턴 인식: 분해된 문제들 사이의 유사성 또는 패턴을 탐색 • 추상화: 문제에서 불필요한 부분은 제거하고 주요 핵심 요소를 추려 내는 과정 • 알고리즘: 프로그래밍 언어인 파이썬에 맞는 입력과 출력, 변수 저장 그리고 절차에 따라 구성
구현		• 문제 해결을 위해 파이썬으로 코드 개발 • 작성된 코드의 실행과 테스팅(testing, simulation), 디버깅(debugging) 과정을 거치면서 코드를 수정하고 필요하면 다시 설계
공유	협업과 평가 (Collaboration & Evaluation)	• 자신이 구현한 프로그램을 발표하고 다른 학습자의 프로그램과 비교 • 현재의 기능을 향상시키는 방향으로 프로그램 개선 연구 • 교수자의 피드백 및 평가

중간 점검

01 네덜란드의 귀도 반 로섬이 개발한 오픈 소스 프로그래밍 언어는 무엇인가?

02 컴퓨팅의 기본 개념과 원리를 기반으로 문제를 효율적으로 해결하는 사고 능력을 무엇이라 하는가?

정답 01 파이썬 02 컴퓨팅 사고력

Section

02 파이썬 설치와 파이썬 쉘 실행

Python

2.1 파이썬 개발 도구 설치와 파이썬 쉘의 실행

◆ 자신의 운영체제에 적합한 파이썬 설치

윈도 사용자라면 파이썬 홈페이지에서 download를 누르면 나타나는 메뉴에서 Python 3.0.0을 클릭해 설치한다. 파이썬 다운로드 페이지(www.python.org/downloads)로 이동한 후 Download Python 3.0.0을 눌러 설치할 수도 있다. **실행** 버튼을 눌러 바로 실행하거나 **저장**을 눌러 설치 파일을 저장한 후에 설치할 수도 있다. 다운로드가 완료되면 자동 설치 파일인 python-3.0.0.exe를 실행하자.

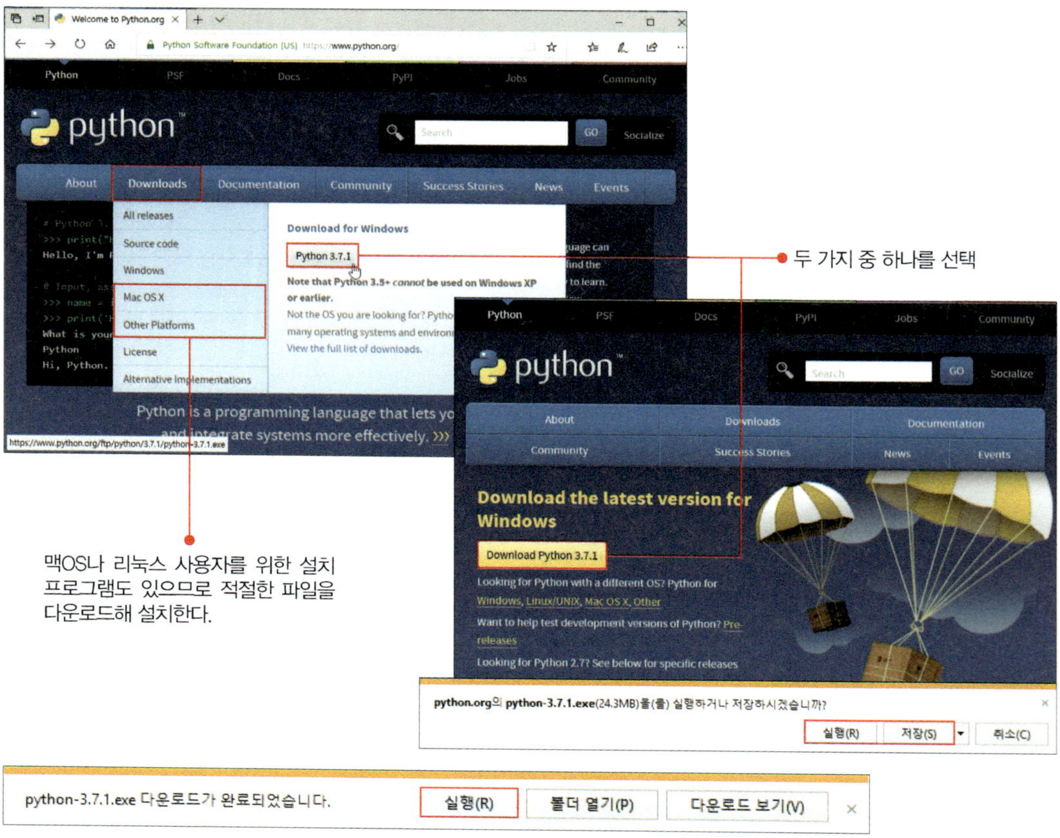

▲ **그림11** 파이썬 개발 도구의 다운로드와 실행

파이썬 설치 첫 화면에서 **Install Now**를 선택하면 간단하게 설치할 수 있다. 쉬운 사용과 자동 path를 설정하기 위해 하단에 위치한 2개의 체크박스를 모두 선택한 후, 지정된 폴더에 설치하는 **Install Now**를 선택한다. 파이썬 개발 도구가 설치되는 폴더는 윈도 로그인 계정 이름의 하부임을 기억하자.

- 기본 파이썬 설치 폴더: C:\Users\kanghs\AppData\Local\Programs\Python\Python37-32

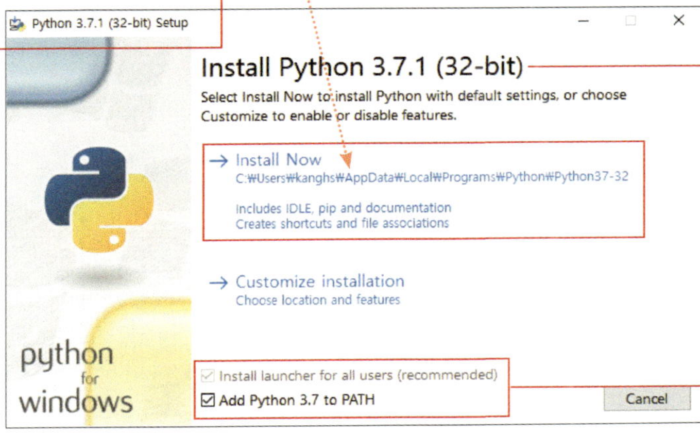

▲ **그림12** 파이썬 설치 시작 화면

Install Now를 이용해 설치(docs.python.org/3/using/windows.html)할 때는 다음 사항에 유의하자.

- 표준 라이브러리와 파이썬 쉘인 IDLE 및 pip, 매뉴얼 문서(documentation) 등이 설치
- 체크박스 Add Python 3.7 to PATH 옵션을 선택하면 파이썬 설치 폴더가 PATH에 설정

정상적으로 설치되면 [Setup was successful] 대화상자가 표시된다. **Close** 버튼을 눌러 설치를 종료한다.

▲ **그림13** 파이썬 설치 과정과 종료 화면

Tips 좀 더 알아봅시다!

파이썬 설치 폴더 살펴보기

파이썬이 설치된 폴더를 살펴보려면 탐색기의 메뉴 【보기】에서 체크박스 【☑ 숨긴 항목】을 선택한다. 파이썬 소스 등과 같은 다양한 파일의 확장자를 보기 위해 체크박스 【☑ 파일 확장명】도 선택해 보자. 자신의 파이썬 설치 폴더를 찾아보자.

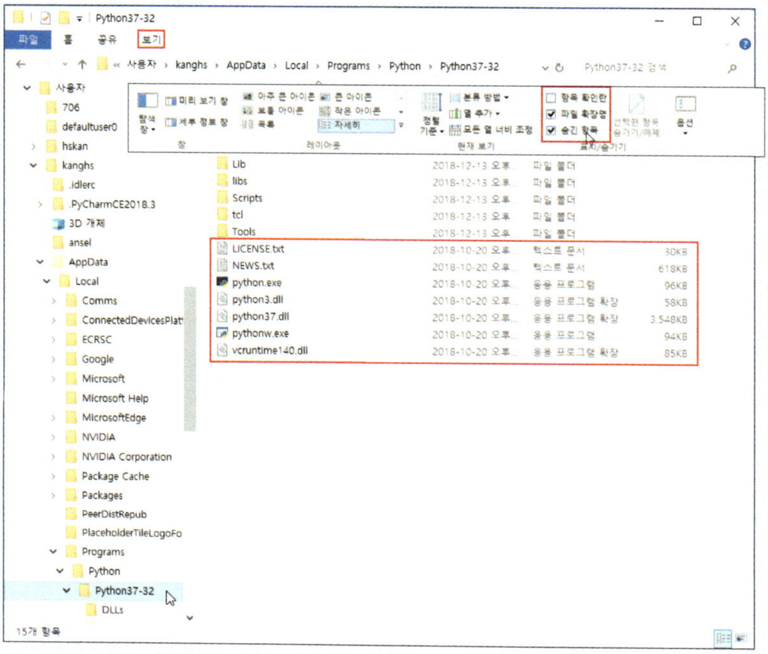

▲ **그림14** 탐색기에서 파이썬 설치 폴더 이동

◆ 설치한 파이썬 쉘의 실행과 종료

설치된 파이썬 메뉴를 찾아 실행해 보자. 다음 두 가지 방식으로 시스템의 【설치 프로그램 메뉴】를 표시한 후, 설치된 【Python 3.7】 – 【IDLE (Python 3.7 32-bit)】를 눌러 '파이썬 쉘 IDLE'[9]을 실행한다.

- 윈도 화면의 하단에 위치한 【작업 표시줄】의 가장 왼쪽에 있는 【윈도 시작】 버튼 ⊞ 선택
- 키보드의 Windows 로고 키 ⊞ 선택

'파이썬 쉘 IDLE'이 정상적으로 실행되면 오른쪽에 『Python 3.○.○ Shell』 창이 표시된다. 메뉴 【Help】 – 【About IDLE】을 선택하면 IDLE이 파이썬의 통합 개발 및 학습 환경(Python's Integrated Development and Learning Environment)을 의미한다는 것을 알 수 있으며, 여러

8 일반적인 통합 개발 환경을 IDE, '아이 디 이'라고 발음하는데, IDLE는 간단히 '아이들'이라고 발음한다.

정보가 담긴 창이 표시된다. 실행된 『파이썬 쉘 IDLE』은 메뉴 【File】 – 【Exit】 메뉴 또는 단축키 Ctrl + Q로 종료할 수 있다.

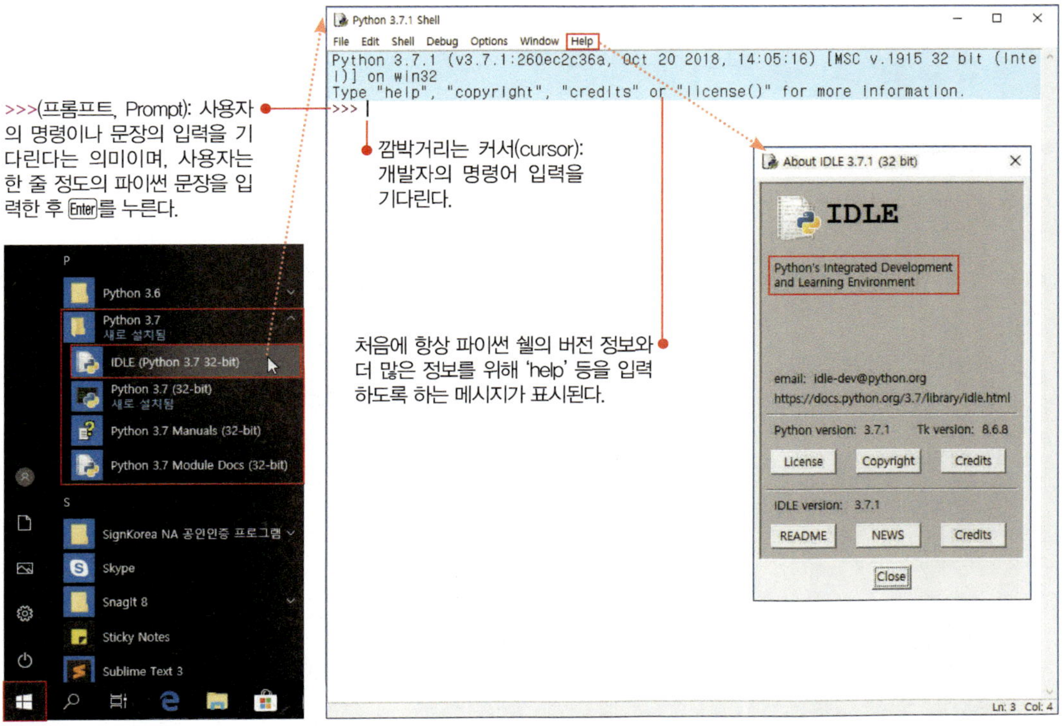

▲ **그림 15** 파이썬의 실행 메뉴와 『파이썬 쉘 IDLE』

『파이썬 쉘 IDLE』의 가장 상단에는 버전 정보와 help, copyright 등을 이용할 수 있다는 두세 줄의 메시지가 표시된다. 메시지 이후 첫 칸에 프롬프트라 부르는 3개의 부호 기호인 >>>가 표시되며, 키보드 입력을 기다리는 커서가 깜박인다. 프롬프트는 개발자로부터 쉘의 명령이나 파이썬 문장을 기다린다는 의미를 가진 기호다. 『파이썬 쉘 IDLE』과 같은 모습의 창을 '대화형 창' 또는 'REPL(read – eval – print – loop) 창'이라고도 한다.

Tips 좀 더 알아봅시다!

쉘과 대화형 창 그리고 REPL

원래 쉘(shell)이란, 운영체제의 중심 모듈인 커널(kernel)과 사용자 사이를 이어 주는 역할을 하는 프로그램을 말한다. 하드웨어인 컴퓨터를 작동시키는 운영체제에서 핵심이 되는 중심 프로그램을 커널이라 한다면, 쉘은 사용자의 명령어를 해석하고, 운영체제가 알아들을 수 있게 지시해 주며, 다시 명령의 결과를 사용자에 알려 주는 가교 역할을 한다. 예를 들어 TV 리모컨을 쉘이라고 할 수 있다. 쉘은 유닉스(Unix)라는 운영체제에서 '텍스트 기반의 대화형(또는 대화형 모드) 창(interactive window)'의 모습으로 사용하기 시작했으며, 현재 윈도에서의 쉘의 모습은 명령어 cmd로 실행하는 [명령 프롬프트]로 남아 있다. '대화형 창'이란, > 또는 >>>와 같은 프롬프트 표시 이후에 명령어를 입력한 후 Enter를 누르면 바로 다음 줄에 결과를 표시하고 다시 프롬프트가 표시돼 그 다음 명령어 입력을 기다리는 형태를 반복하는 모습을 띤 창을 말한다.

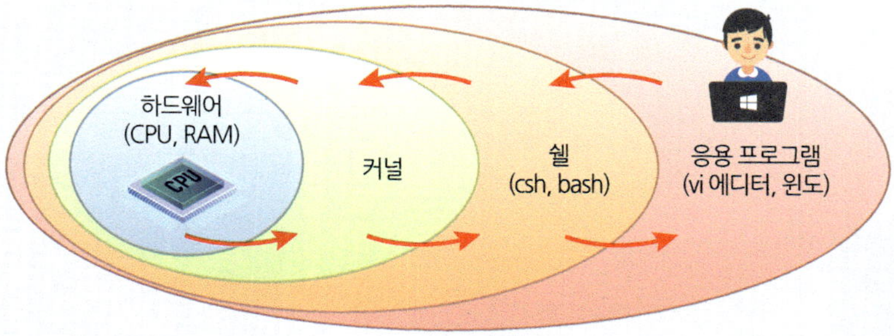

▲ **그림16** 전통적 쉘의 의미

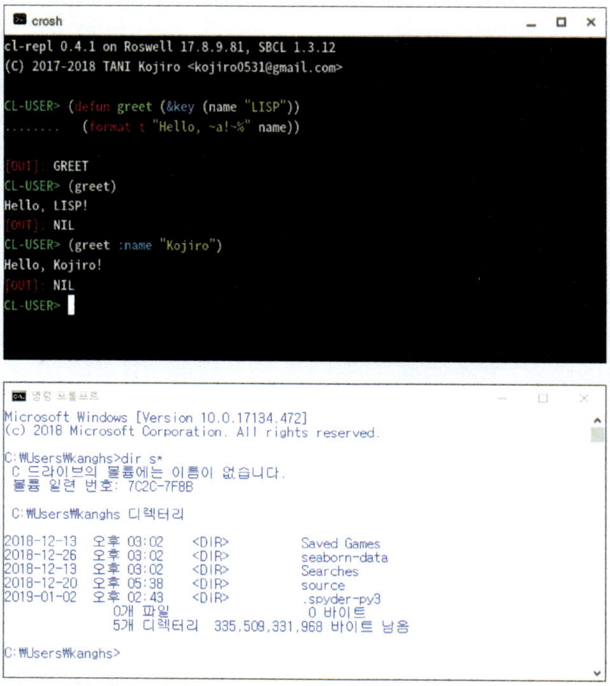

▲ **그림17** 언어 리스프(LISP) 쉘과 윈도 명령 프롬프트

파이썬 쉘도 파이썬의 주요 개발 도구인 인터프리터(interpreter), 디버거(debugger) 등과 사용자인 개발자 사이를 이어 주는 대화형(또는 상호 작용(interactive)) 프로그램으로, '대화형 창'의 모습을 띤다. 대표적인 인터프리터 언어인 리스프(LISP)는 이러한 '대화형 창' 유형의 컴퓨터 프로그래밍 환경을 가지며, 이러한 프로그래밍 환경을 특히 REPL이라고 말한다. 읽기–평가–출력–반복의 REPL(read–eval–print loop)은 개발자가 한 줄의 명령어를 읽고(read), 평가(evaluate)해 그 결과를 출력(print)하는 과정을 반복(loop)한다는 의미다. REPL 환경은 문장 단위로 입력해 실행되는 특징이 있다. 파이썬 쉘도 대화형 창으로, 초보자가 이해하기 쉬운 REPL(읽기–평가–출력–반복) 환경이다.

Tips 좀 더 알아봅시다!

파이썬 쉘 IDLE 바로 실행 만들기와 검색에서 실행 명령어 'idle'입력

파이썬 실행 메뉴를 마우스 오른쪽 버튼으로 누른 후 【시작 화면에 고정】을 누르면 오른쪽 【시작 화면】에 아이콘 메뉴가 표시되고, 다시 【자세히】 – 【작업 표시줄에 고정】을 누르면 파이썬 실행 메뉴를 【작업 표시줄】에 고정할 수 있다.

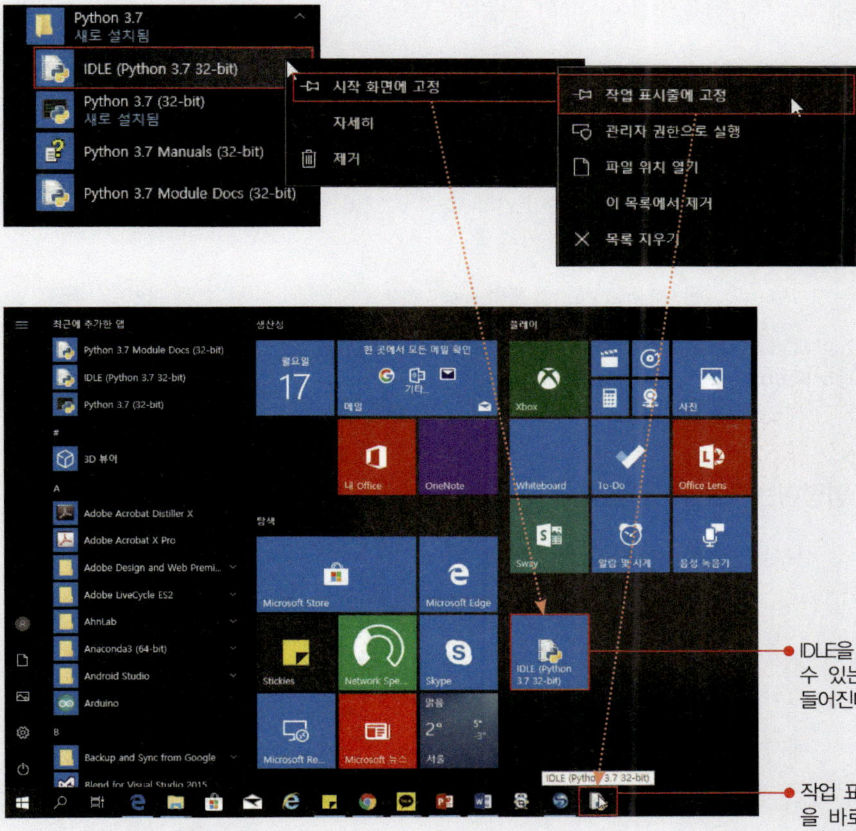

IDLE을 바로 실행할 수 있는 메뉴가 만들어진다.

작업 표시줄에 IDLE을 바로 실행할 수 있는 메뉴가 만들어진다.

▲ **그림18** 파이썬 바로 실행 만들기

또한 [Windows 로고 키 ⊞] + [S]를 눌러 검색 창에 'idle'을 입력하면 바로 『파이썬 쉘 IDLE』이 실행된다.

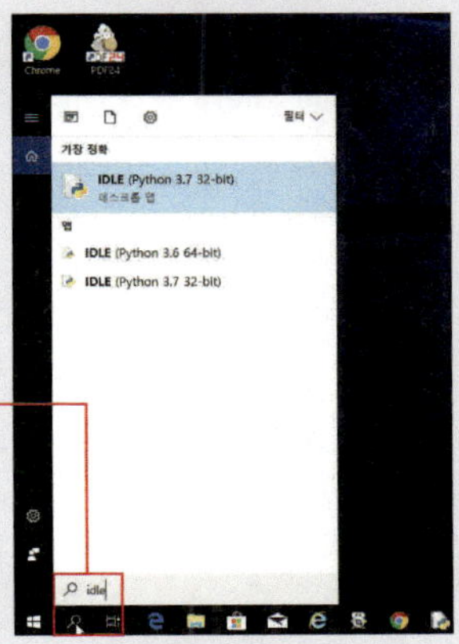

실행 명령어인 'idle'을 직접 입력해 실행한다.

▶ **그림19** 윈도 검색 창에 'idle' 입력

2.2 파이썬 쉘에서 첫 대화형 프로그래밍

◆ 글자 Hello World!를 출력하는 첫 대화형 코딩

파이썬의 첫 코딩으로 글자 Hello World!를 쉘에 출력하는 프로그램을 작성해 보자. C 언어 이후, 많은 프로그래밍 언어 책에서 첫 프로그램으로 Hello, World!를 출력하는 예제를 자주 활용한다. 파이썬 쉘에 출력하려면 print 다음에 '('Hello World!')'를 입력한다.

- 'Hello World!'와 같이 출력하고자 하는 글자의 앞뒤에 작은따옴표(또는 홑따옴표)를 붙인다.
- 작은따옴표를 붙인 글자를 문자열 또는 스트링(string)이라 한다.
- print('Hello World!')를 입력한 후 Enter를 눌러 결과를 알아보자.

바로 다음 줄에 Hello World!가 표시된다. 만약 다른 빨간 메시지가 표시되면, 다시 입력해 보자.

1-1 코딩 01-01hello.py 글자 Hello World! 출력 난이도 기본

```
>>> print('Hello World!')
Hello World!
```

파이썬 쉘에서 직접 코딩하는 대화형 모드이므로 파일 저장이 필요 없지만 활용을 위해 제공되는 파일 이름이 01-01hello.py임을 나타낸다.

◆ 파이썬 쉘의 명령어는 첫 칸부터 입력

모든 명령어는 첫 칸부터 입력해야 한다. 첫 칸뿐 아니라 그 이상을 공간(space)으로 두고 입력하면 무조건 'SyntaxError: unexpected indent'가 표시된다. 맨 앞부분의 메시지가 모두 빨간색으로 표시되고 SyntaxError라는 메시지가 나타나는 것으로 보아 문제가 있는 듯하다. 맞다. 무조건 첫 칸부터 입력해야 한다.

반드시 >>> 이후 첫 칸부터 입력해야 하고, 명령어를 모두 입력한 후에는 반드시 Enter를 눌러야 파이썬 쉘이 반응한다!

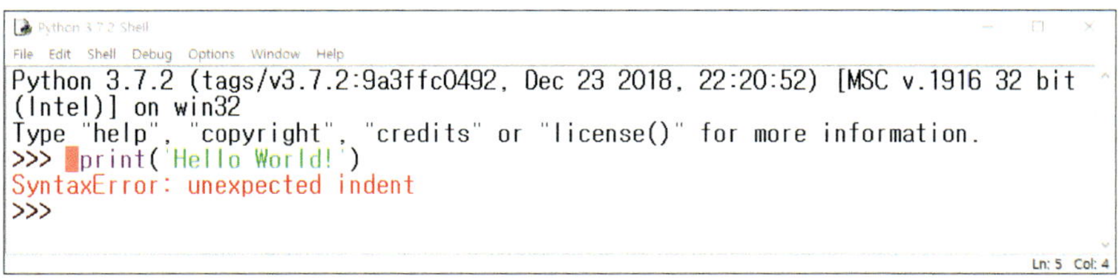

```
Python 3.7.2 (tags/v3.7.2:9a3ffc0492, Dec 23 2018, 22:20:52) [MSC v.1916 32 bit (Intel)] on win32
Type "help", "copyright", "credits" or "license()" for more information.
>>>  print('Hello World!')
SyntaxError: unexpected indent
>>>
```

▲ 그림20 맨 앞에 공백이 있으면 무조건 오류, 첫 칸부터 명령어 입력

잠/시/쉬/면/서

C 언어와 'hello, world' 출력 프로그램의 유래

1978년 C 언어를 개발한 데니스 리치(Dennis Ritchie)는 동료 브라이언 커닝핸(Brian Kernighan)과 함께 『The C Programming Language』라는 책을 출판한다. 흔히 이 책을 K&R C라고 부르는데, K&R C는 이후 1988년 미국국립표준협회(ANSI: American National Standards Institute)에서 2판이 다시 출간됐다. 바로 이 책의 첫 번째 예제(아래 ❶이 1판의 내용, ❷는 2판의 내용임)가 콘솔 화면에 "hello, world"를 출력하는 프로그램이었고, 이것이 유명해지면서 모든 프로그래밍 언어의 첫 번째 예제로 "hello, world"를 출력하는 프로그램을 사용하게 됐다.

❶

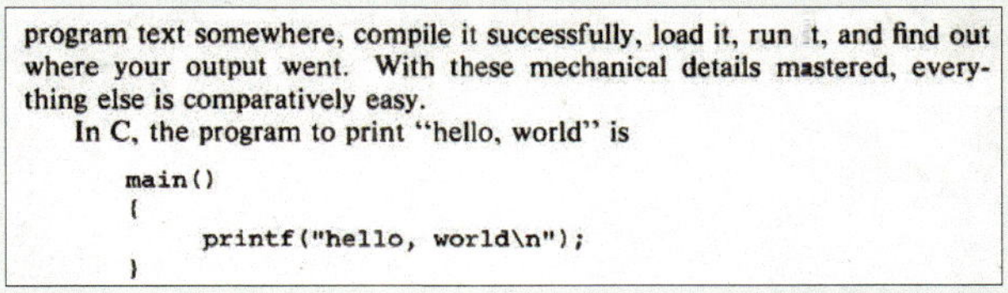
program text somewhere, compile it successfully, load it, run it, and find out where your output went. With these mechanical details mastered, everything else is comparatively easy.

In C, the program to print "hello, world" is

```
main()
{
    printf("hello, world\n");
}
```

❷

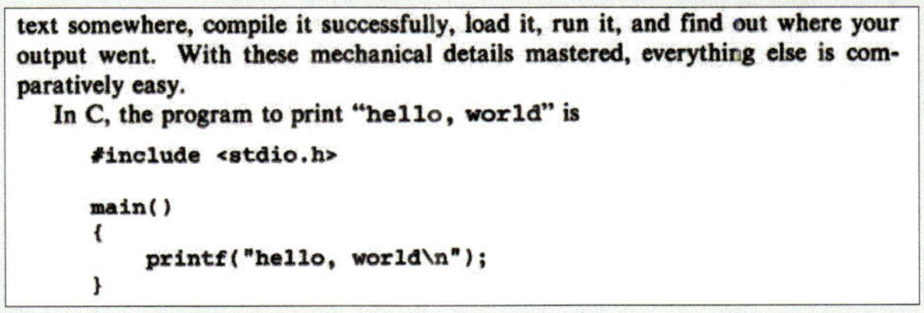
text somewhere, compile it successfully, load it, run it, and find out where your output went. With these mechanical details mastered, everything else is comparatively easy.

In C, the program to print "hello, world" is

```
#include <stdio.h>

main()
{
    printf("hello, world\n");
}
```

▲ **그림21** 『The C Programming Language』(2판)표지(왼쪽)와 hello world 프로그램의 변화(오른쪽)

2.3 편집기에서 첫 파일 프로그래밍

이제 파이썬 쉘이 제공하는 편집기를 사용해 소스 파일을 저장한 후 실행하는 방식으로 프로그래밍을 해 보자.

◆ 코딩한 파일을 저장할 편집기 생성

파이썬 쉘(❶)의 메뉴【File】-【New File】을 선택해 코딩할 편집기(❷)를 나타나게 한다(단축키 Ctrl + N 으로도 가능하다). 다음과 같이 Untitled라는 제목의 빈 편집기 창(❷)이 표시된다.

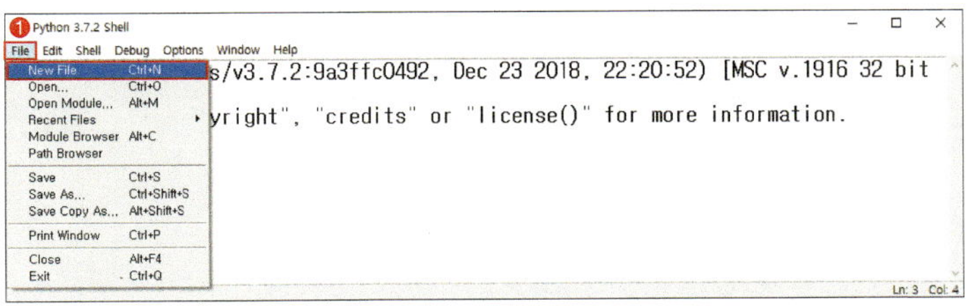

▲ **그림22** 파이썬 쉘(❶)에서 편집기 창(❷) 생성

◆ 파이썬 코드 작성과 저장

파이썬 코드가 저장되는 소스 파일(source file)을 먼저 저장하기 위해 파이썬 셸(❶)의 메뉴【File】–【Save As...】를 선택(단축키: Ctrl + Shift + S)한다. 표시된 화면(❷)에서 다음(또는 원하는) 폴더를 만들고, 파이썬 소스 파일 이름으로 '01–02hellopython.py'를 입력하자.

- 폴더: Python Code\ch01
- 소스 파일 이름: 01–02hellopython.py

파이썬 명령어인 문장의 모임이 저장되는 파일을 소스 파일이라 하며, 주로 공백 없이 py(파일 이름.py)라는 확장자로 저장한다.

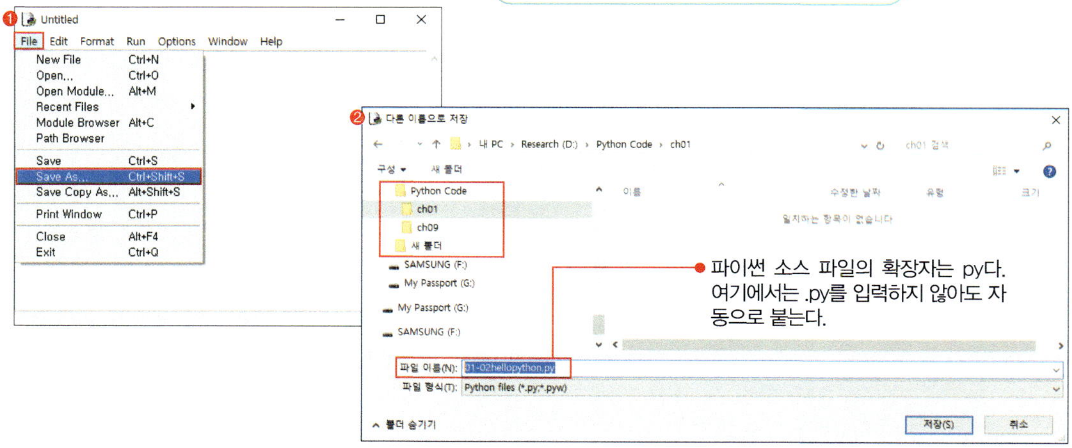

▲ **그림23** 파이썬 소스 파일 저장

◆ 두 줄의 출력이 있는 파이썬 두 번째 프로그램 작성

이제 편집기에 두 줄의 글자가 출력하도록 입력해 보자. 편집기 창의 제목 부분에 소스 파일 이름과 저장 위치가 함께 표시되는데, 앞뒤에 별표가 붙어 '*ㅇㅇㅇㅇ*'처럼 표시된다면 소스가 수정된 이후에 저장되지 않았음을 나타낸다.

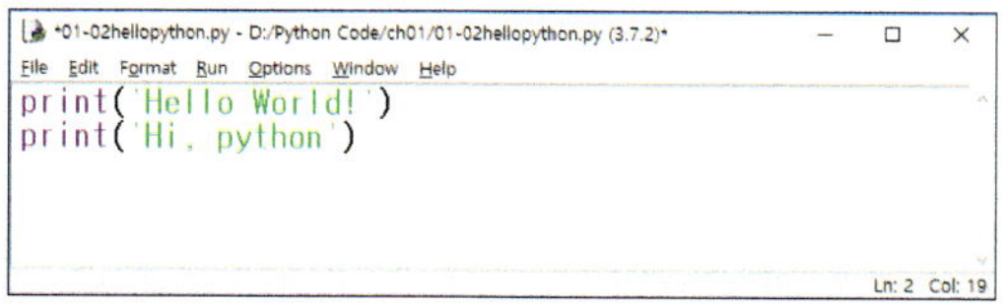

▲ **그림24** 파이썬 소스를 편집하는 파이썬 셸의 편집기

두 번째 프로그램을 소스 파일 '01–02hellopython.py'에 저장해 실행해 보자. 철자와 홑따옴표, 괄호에 유의하기 바란다.

1-2 코딩 01–02hellopython.py **두 줄에 글자 Hello World!와 Hi, python 출력** 난이도 기본

```
print('Hello World!')
print('Hi, python')
```

결과

```
Hello World!
Hi, python
```

◆ 파이썬 편집기 소스 파일 실행

소스 코드가 완성되면 실행 전에 단축키 Ctrl + S로 저장한 후 F5(또는 메뉴 【Run】 – 【Run Module】)로 실행한다. 만일 소스 파일이 저장되지 않았다면 저장한다는 작은 창(❷)이 표시되고 **확인** 버튼을 누르면 저장한 후 바로 실행된다. 파이썬 편집기에서 작성된 소스 파일의 실행 결과는 다시 파이썬 쉘(❸)에 표시된다.

작성된 명령이나 프로그램을 컴퓨터에게 작동시키는 과정을 '실행(run, execute)한다'라고 한다.

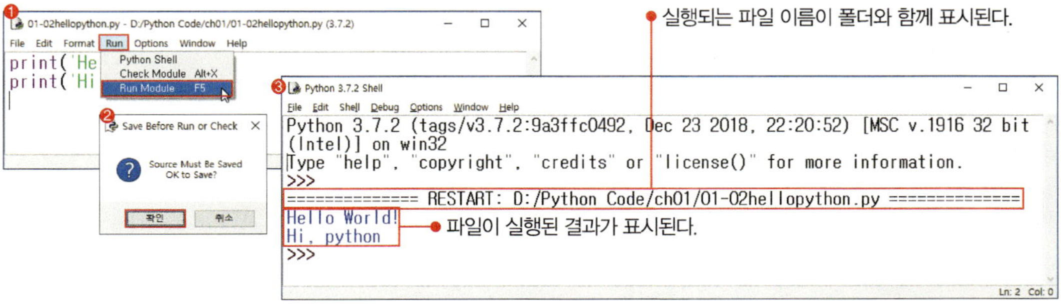

▲ **그림25** 편집기 창(❶)과 저장 확인 창(❷) 그리고 실행된 결과가 보이는 파이썬 쉘(❸)

Tips 좀 더 알아봅시다!

오류와 디버깅 과정

처음부터 문제 없이 파란색의 결과만 표시되지 않을 수 있다. 아니 당연하다. 여러 가지 이유로 파이썬 쉘이 인식할 수 없는 명령어가 전달되면 다음과 같이 한 줄에서 네 줄 정도의 빨간색 결과 메시지가 표시된다. 이것이 바로 파이썬 쉘이 개발자에게 오류(error)를 알리는 메시지다. 이러한 오류 메시지는 개발자에게 오류를 알려 수정을 하는 데 도움을 주는 하나의 방법이다. 오류 메시지에는 소스 파일 이름, 추정되는 오류가 있는 줄 번호, 추정 오류 문장, 오류 이름: 오류 메시지 등이 표시된다. 바로 마지막 줄의 SyntaxError: EOL while scanning string literal에서 SyntaxError가 오류 이름이며, EOL while scanning string literal은 오류 메시지다. 오류 중에서 SyntaxError는 앞으로 자주 표시될 오류로, 구문 오류라 부르며 주로 한 줄로 표시된다.

- 특히 오류 메시지의 마지막 줄에 있는 콜론(:) 이후, 오류 원인이 표시되는 오류 메시지를 읽어 보면 무엇이 문제인지 어느 정도 인지할 수 있다. 아직은 몰라도 상관 없으니 무조건 읽어 보자.

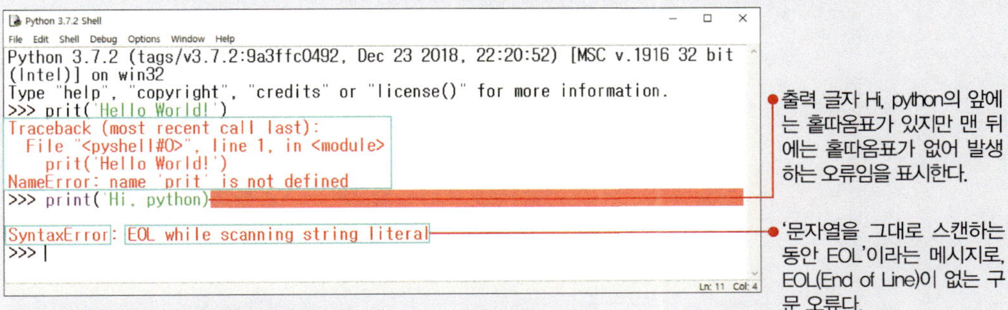

▲ **그림26** 오류 메시지의 두 가지 예

오류 메시지를 통해 어느 부분이 잘못 입력됐는지를 아는 것이 중요하다. 프로그램의 잘못을 수정하는 과정을 디버깅(debugging)이라 한다. 디버깅 과정에서 나타나는 오류 메시지는 잘못을 찾아내는 중요한 단서를 제공한다.

- 오류는 프로그램의 여러 잘못된 문제를 말한다.
- 많은 문제가 철자나 기호 문자를 잘못 입력해 발생한다.
- 빨간색의 오류 메시지는 항상 읽어 보는 습관을 기른다.
- 오류는 오류 메시지를 통해 쉽게 수정할 수 있다.

◆ 파이썬 쉘을 종료하고 다시 실행

파이썬 쉘을 종료하려면 메뉴 【File】/【Exit】나 단축키 Ctrl+Q를 사용한다. 파이썬 쉘에서 명령어 exit()로도 종료할 수 있으며, 다음과 같이 종료를 확인하는 창이 표시된다.

파이썬 쉘의 창 이름을 살펴보면 '*Python 3.7.2 Shell*'으로 앞뒤에 *이 보인다. *는 현재 파이썬 쉘에서 명령어를 입력하고 있다는 표시다. 명령어를 입력한 후 Enter를 누르면 앞뒤의 * 표시가 사라진다.

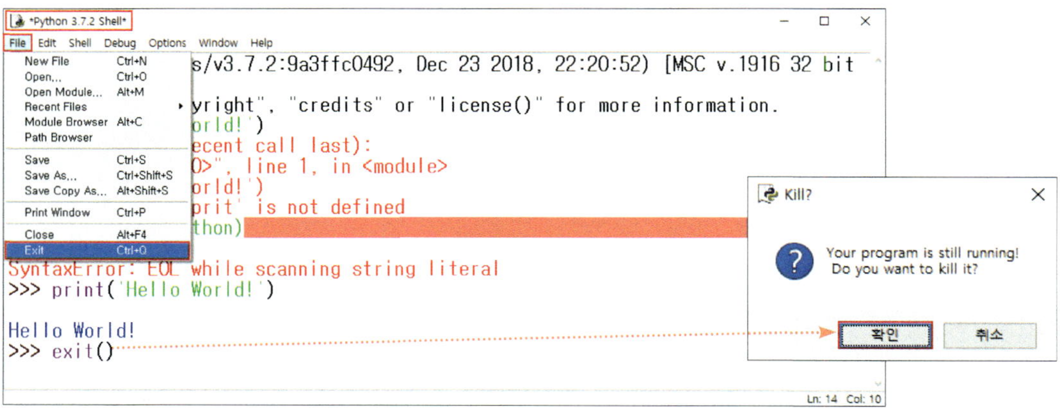

▲ **그림27** 파이썬 쉘의 종료 방법

파이썬 쉘이 종료되면 【시작 메뉴】나 【작업 표시줄】에서 파이썬 쉘을 다시 실행하고 종료하는 연습을 해 보자.

잠/시/쉬/면/서

파이썬 쉘의 숨겨진 비밀: 파이썬 철학

파이썬 쉘에 숨겨진 비밀, 즉 '이스터 에그'가 하나 있다. 영화, 책, 소프트웨어, 비디오 게임 등에 숨어 있는 메시지나 기능을 '부활절 달걀', 이스터 에그(Easter egg)라 한다. 최초의 이스터 에그는 1978년에 발매된 비디오 게임 어드벤처(Adventure)에서 유래한 것으로 알려져 있다. 부활절에 달걀을 미리 집안이나 정원에 숨겨두고 아이들에게 토끼가 숨겨놓은 달걀을 찾도록 하는 부활절 달걀 찾기 풍습에서 유래했다고 한다.
파이썬 쉘에서의 이스터 에그는 'import this'를 입력하면 볼 수 있다. 바로 파이썬이 추구하는 파이썬의 철학(The Zen of Python)을 표현하고 있다. 이는 파이썬 개발자 팀 피터스(Tim Peters)가 파이썬 디자인에 관해 언급한 문구다. 한 번 읽어 보면 파이썬 등의 프로그래밍 언어 사용에서뿐 아니라 일상생활에서도 귀 담아 둘 만한 문구인 듯하다.

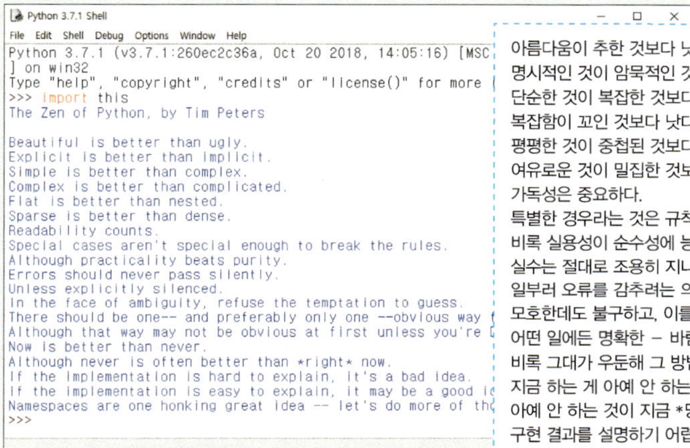

▲ **그림28** 파이썬 철학 출력

아름다움이 추한 것보다 낫다.
명시적인 것이 암묵적인 것보다 낫다.
단순한 것이 복잡한 것보다 낫다.
복잡함이 꼬인 것보다 낫다.
평평한 것이 중첩된 것보다 낫다.
여유로운 것이 밀집한 것보다 낫다.
가독성은 중요하다.
특별한 경우라는 것은 규칙을 어길 만큼 특별한 것이 아니다.
비록 실용성이 순수성에 능가하지만.
실수는 절대로 조용히 지나가서는 안 된다.
일부러 오류를 감추려는 의도가 아니라면.
모호한데도 불구하고, 이를 추측하겠다는 유혹을 버려라.
어떤 일에든 명확한 – 바람직하며 유일한 – 방법이 존재한다.
비록 그대가 우둔해 그 방법이 처음에는 명확해 보이지 않더라도.
지금 하는 게 아예 안 하는 것보다 낫다.
아예 안 하는 것이 지금 *당장*보다 나을 때도 있지만.
구현 결과를 설명하기 어렵다면, 그 아이디어는 나쁘다.
구현 결과를 설명하기 쉽다면, 그 아이디어는 좋은 아이디어일 수 있다.
네임스페이스는 훌륭한 아이디어다 – 자주 활용하라!

중간 점검

03 글자 '파이썬'을 출력하는 프로그램을 작성하시오.

04 두 줄에 글자 '파이썬 개발 도구'와 '파이썬 쉘 IDLE'을 출력하는 프로그램을 작성하시오.

정답 **03**

```
print('파이썬')
```

04

```
print('파이썬 개발 도구')
print('파이썬 IDLE 쉘')
```

Section

03 제4차 산업혁명 시대, 모두에게 필요한 파이썬

Python

3.1 쉽고 강력한 언어

◆ 누구나 배우기 쉬운 언어

파이썬의 특징은 첫째, 간결하고 배우기 쉽고, 둘째 무료이고 생산성이 높으며, 셋째 강력한 라이브러리를 제공하고, 넷째 프로그램과 호환되는 풀 언어(glue language)라는 것이다.

어렵지만 풀 언어는 서로 다른 소프트웨어 구성 요소를 연결하는 프로그램 및 코드를 작성하거나 관리하기에 적합한 프로그래밍 언어를 말한다.

- 간결하고, 인간의 사고 체계와 닮아 사용하기가 쉽다.

  파이썬은 C나 자바 언어에 비해 문법이 쉽고, 표현 구조가 인간의 사고 체계와 닮아 있어 사용하기가 쉬우며, 간결해 초보자도 쉽게 배울 수 있다. 바로 이 점이 파이썬이 교육에 많이 활용되는 이유다. 파이썬 코드의 양은 자바 언어보다 3배에서 5배 정도 적다고 한다.

- 무료이며, 다양한 자료 구조의 제공으로 생산성이 높다.

  파이썬은 무료이며, 리스트(list)와 튜플(tuple), 맵(map) 등과 같은 자료 구조를 하나의 자료형으로 제공한다. 이러한 자료형의 제공으로 인해 코드의 양이 줄어들고, 소스의 개발과 테스트도 빨라 실제 프로젝트 수행 시 생산성이 높다.

- 라이브러리가 독보적이고 강력하며, 데이터과학과 머신 러닝 등과 같은 다양한 분야에 적용할 수 있다.

  파이썬의 기본 철학인 '건전지 포함(Battery Included)'[10]에서 알 수 있는 것처럼 다양한 라이브러리를 쉽게 사용할 수 있도록 표준 라이브러리(standard library)[11]를 제공한다. 표준 라이브러리 외에도 다양한 파이썬의 라이브러리 저장소인 파이썬 패키지 색인(PyPI: pypi.org)을 제공해 파이썬 커뮤니티에서 공유하는 강력한 라이브러리를 활용할 수 있다. 파이썬 패키지 인덱스는 120만 개의 다양한 기능을 가진 패키지 버전을 제공하고 있다(2019년 3월 기준).

10 파이썬 향상 제안(PEP: Python Enhancement Proposals), PEP 206, Python Advanced Library(www.python.org/dev/peps/pep-0206)에 기술돼 있는 내용이다.

11 파이썬을 설치할 때 함께 설치되는 라이브러리로, 프로그램에서 쉽게 사용할 수 있다.

- 다른 모듈을 연결해 사용할 수 있는 풀 언어로도 자주 활용된다.

> 파이썬은 순수한 자체 언어로 프로그램을 개발하는 분야뿐 아니라 다른 언어로 개발하거나 이미 개발돼 쓰이고 있는 모듈들을 연결하는 풀 언어로도 자주 활용된다. 즉, 파이썬은 서로 다른 프로그래밍 언어와 플랫폼을 사용해 작성된 프로그램과 구성 요소의 상호 연결, 지원 및 통합을 가능하게 한다. 실제 파이썬은 많은 상용 응용 프로그램에서 스크립트 언어(script language)[12]로 채택되고 있다.

3.2 빅데이터 처리와 머신 러닝 등 다양한 분야에 적합한 언어

◆ 교육과 학술, 실무 등 다양한 분야에 사용

현재 파이썬은 일반 응용 프로그램의 개발뿐 아니라 제4차 산업혁명의 요소 기술인 인공 지능과 빅데이터 처리에 적합한 언어로 인정받아, 교육 및 학술 연구 분야는 물론 데이터과학(data science)과 머신 러닝(machine learning) 등 자연어 처리, 음성 인식, 영상 처리, 사물 인터넷, 웹 개발 등의 여러 실무에 적합한 언어로 엄청난 인기를 끌고 있다. 파이썬의 외부에 풍부한 라이브러리가 있어 다양한 용도로 확장하기 좋기 때문이다. 대학 프로그래밍 교양 수업부터 스타트업, 대형 글로벌 기업에 이르기까지 다양한 분야에 활용되고 있다.

◆ 인공 지능의 구현과 빅데이터 분석 처리 분야에 사용

파이썬은 제4차 산업혁명 시대의 핵심 기술인 인공 지능의 구현과 빅데이터 분석 처리 등의 컴퓨팅 과학 실무 분야에 적합하기 때문에 각광을 받고 있다. 파이썬은 인공 지능의 머신 러닝과 딥러닝(deep learning), 빅데이터 처리를 위한 통계 및 분석 방법의 라이브러리도 풍부하게 제공한다.

- 넘파이(NumPy), 싸이파이(SciPy), 심파이(SymPy) 등을 이용하면 수식을 빠르게 연산할 수 있기 때문에 과학, 공학 분야에도 많이 이용되고 있다.
- 판다스(Pandas), 멧플롯리브(Matplotlib), 씨본(Seaborn), 보케(Bokeh) 등은 데이터 처리와 고급 통계 차트를 그리기 위한 통계용 시각화 기능을 제공한다.
- 싸이킷런(Scikit-Learn), 텐서플로(TensorFlow), 케라스(Keras)는 머신 러닝에서 신경망 모형 등과 같은 딥러닝 모형을 위한 파이썬 패키지다.

12 기존에 이미 존재하는 소프트웨어(응용 프로그램)를 제어하기 위한 용도로 쓰이는 언어다. 바로 풀 언어의 특징을 갖는 언어가 스크립트 언어로서 자바스크립트(JavaScript)와 HTML이 대표적이다. 스크립트 언어는 대부분 인터프리터 방식으로 실행된다. 따라서 스크립트 언어와 인터프리터 언어를 동일하게 기술하는 책이 많다.

◆ 파이썬은 좀 속도가 느리다는 단점

파이썬의 단점으로는 대부분의 인터프리터 언어가 그렇듯이 실행 속도가 느리다는 것과 모바일 앱 개발 환경에는 아직 사용하기 힘들다는 것을 들 수 있다.

3.3 다양한 종류의 파이썬과 개발 환경

◆ 다양한 종류의 파이썬

인터프리터 방식의 언어인 파이썬은 다양한 버전으로 발전했으며, 파이썬 재단이 발표하는 C 언어로 구현된 C 파이썬[13]이 사실상의 표준으로, 이는 우리가 주로 사용할 파이썬 환경이다. 파이썬은 무료이자 오픈 소스이므로 종류가 다양하다.

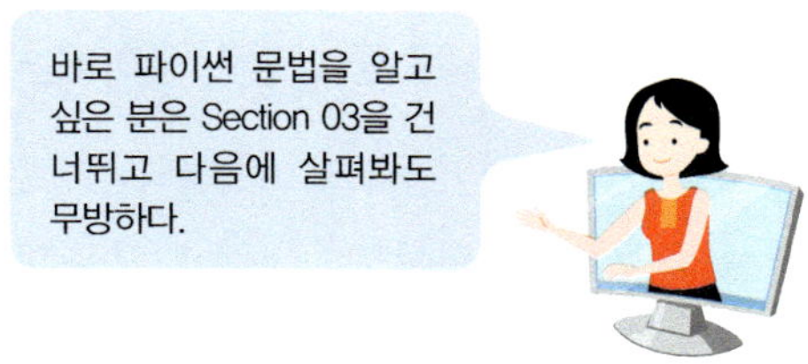

파이썬은 다양하게 활용할 수 있다. 예를 들어 데이터 시각화, 빅데이터 처리 등의 데이터과학 분야에서는 데이터 처리 라이브러리인 넘파이(NumPy), 판다스(Pandas), 다스크(Dask), 멧플롯리브(Matplotlib) 등과 같은 다양한 외부 라이브러리를 함께 설치해주는 아이파이썬(iPython)을 많이 활용하며, 아나콘다 플랫폼(anaconda.com)을 설치해 사용할 수도 있다.

Tips 좀 더 알아봅시다!

여러 종류의 파이썬

다음은 주요 파이썬의 종류다.

- **아이파이썬(IPython: ipython.org)**: 파이썬 기능에서 대화형인 REPL의 기능을 확장한 것으로, 기존의 콘솔 환경에서 웹(web)을 기반으로 하는 주피터 노트북(jupyter notebook) 등의 클라이언트를 분리하기 위해 개발됐다. 아이파이썬의 특징은 다음과 같다.
  - ✓ 강력한 대화형 쉘
  - ✓ 주피터의 커널
  - ✓ 대화형 데이터 시각화 및 그래픽 사용자 인터페이스(GUI: Graphical User Interface) 툴킷(toolkits) 사용을 지원
  - ✓ 유연하고 삽입 가능한 인터프리터 사용
  - ✓ 병렬 컴퓨팅을 위한 고성능의 도구
- **자이썬(jython.org)**: 과거에는 제이파이썬(JPython)이라 불렸으며, 자바로 구현돼 자바 가상 머신에서 실행된다.
- **아이언파이썬(IronPython: ironpython.net)**: C# 언어로 작성된 닷넷(.NET) 플랫폼을 위한 파이썬
- **파이파이(PyPy: pypy.org)**: 파이썬으로 작성된 파이썬으로, JIT 컴파일러(Just-In-Time compiler) 기술을 도입해 CPython보다 빠르다.

13 일반적으로 부르는 파이썬은 CPython을 말한다.

◆ 다양한 종류의 개발 환경

우리는 파이썬 3를 위한 기본 개발 환경을 주로 사용한다. 파이썬 개발 환경을 제공하는 개발 도구는 매우 많다. 다음은 세 가지로 분류해 요약한 것이다.

- 기본 IDE에 추가: 비주얼 스튜디오 파이썬 도구, PyDev 설치 이클립스

  비주얼 스튜디오나 이클립스를 사용하는 사람이라면 기존에 사용하던 IDE에 비주얼 스튜디오용 파이썬 도구(Python Tools for Visual Studio) 또는 이클립스용 PyDev를 설치(Eclipse with PyDev)해 비주얼 스튜디오나 이클립스에서 파이썬을 개발할 수 있다.

- 파이썬 전용 IDE: PyCharm, Spyder, Jupyter Notebook, Jupyter Lab, Comodo, Wing python IDE, PyScripter, Thonny 등

  파이썬 전용 통합 개발 환경으로는 PyCharm이 유명하며, 아나콘다에서 제공되는 Spyder, Jupyter Notebook, Jupyter Lab도 매우 활용도가 높은 통합 개발 환경이다. 우리에게 생소한 에스토니아의 타투 대학에서 개발한 Thonny는 GUI가 매우 간결하며, 시각적인 디버깅이 독특한 통합 개발 환경이다.

- 편집기 전문 개발 환경: Sublime Text, Visual Studio Code, Notepad++, Atom, Vim 등

  파이썬, 자바, C 등과 다양한 소스를 편집하고 개발할 수 있는 편집기 중심의 개발 환경으로, 초보자보다는 개발에 익숙한 프로그래머에게 인기 있는 개발 환경이다. 우리가 종종 사용하는 노트패드의 고급 버전인 노트패드++도 종종 사용된다. 또한 마이크로소프트 사가 무료로 제공하는 편집기인 비주얼 스튜디오 코드도 매우 인기가 좋다.

3.4 인터프리트 방식의 언어, 파이썬

◆ 인터프리터와 컴파일러가 뭔가요?

파이썬은 베이직(basic) 언어와 마찬가지로 인터프리터(해석기) 위에서 실행되는 인터프리트(interpreted) 방식의 언어다. 자바와 C는 컴파일(compiled) 방식의 언어다.

인터프리터 언어는 프로그램의 코드가 한 줄씩 순서대로 해석되고 실행되기를 반복한다. 따라서 코드가 완전히 작성되지 않아도 작성된 부분까지 실행해 볼 수 있는 장점도 있다.

컴퓨터가 이해하고 실행하는 언어는 기계어(machine language)뿐이다. 기계어는 2진수인 0과 1로만 구성된 언어로, 사람은 이해하기 어렵다. 그러므로 프로그래머는 파이썬이나 자바와 같이 쉬운 일상용어로 만들어진 고급 언어(high level language)로 프로그램을 작성한다. 그러므로 프로그램이 기계어만 인식하는 컴퓨터에서 바로 실행되지 못하며, 실행하려면 기계어로의 번역이 필요하다. 이 프로그램을 기계어로 번역하는 방법에는 두 가지 방식이 있다. 인터프리트 방식이란, 동시 통역처럼 파이썬

의 문장을 한 줄 한 줄마다 즉시 번역해 실행하는 방식이다. 컴파일 방식은 외국 책을 번역할 때처럼 여러 문장의 소스 단위로 번역해 기계어 파일의 실행 파일을 만든 후에 실행하는 방식이다.

- 인터프리터는 한 줄 한 줄의 해석을 담당하고 컴파일러(compiler)는 컴파일(compiling)을 담당하는 개발 도구 소프트웨어다.

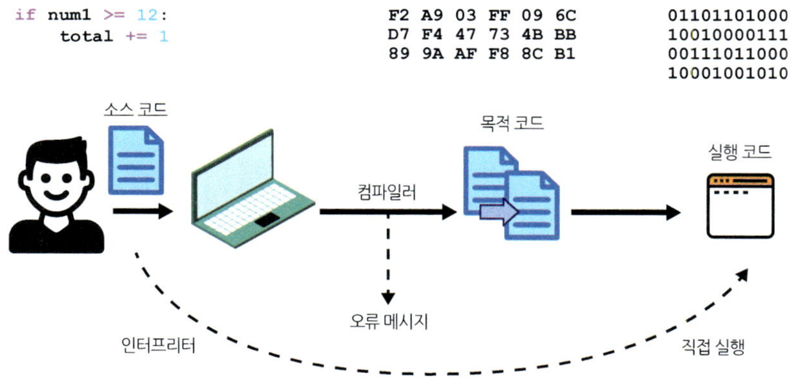

▲ **그림29** 인터프리터와 컴파일러의 차이

중간 점검

05 파이썬의 특징 중 하나로, 다른 언어로 개발하거나 이미 개발돼 쓰이고 있는 모듈들을 연결하는 언어는 무엇인가?

06 문장을 한 줄 한 줄마다 즉시 번역해 실행하는 방식의 프로그램인 번역기를 무엇이라 하는가?

정답 05 풀 언어(glue language) 06 인터프리터

학습 내용 점검

01 : **파이썬 홈페이지를 방문해 현재 파이썬 최신 버전을 다운로드해 설치하시오.**

02 : **파이썬 IDLE에 대한 다음 물음에 답하시오.**

① 설치된 메뉴로 파이썬 쉘을 실행하시오.

② 직접 명령어 idle로 파이썬 쉘을 실행하시오.

③ 파이썬 쉘에서 다음 코드 입력의 문제를 찾으시오.

```
>>>        print('파이썬')
```

④ 파이썬 쉘에서 파일로 hello.py를 만들어 저장하시오.

03 : **다음 파이썬 코드의 오류의 원인을 설명하시오.**

① `prin('Hello World!')`

② `print('Hello World!)`

③ `print('Hi, python'`

④ `print('Hi, python")`

04 : **다음 파이썬에 대한 설명 중 적절하지 않은 것을 모두 고르시오.**

- 간결하고 인간의 사고 체계와 닮아 사용하기가 다소 어렵다.
- 무료이며, 다양한 자료 구조의 제공으로 생산성이 매우 높다.
- 라이브러리가 독보적이고 강력하며 데이터과학과 머신 러닝 등과 같은 다양한 분야에 적용할 수 있다.
- 다른 모듈을 연결해 사용할 수 있는 풀 언어(glue language)로도 자주 활용된다.

도전! 프로그래밍

01 : 파이썬 IDLE에서 다음을 출력하는 코드를 작성하시오.

기본

```
안녕, 파이썬!
```

02 : 파이썬 쉘에서 다음을 출력하는 프로그램을 지정된 파일에 저장해 실행하시오.

기본

- 파일 hellopython.py

```
파이썬은 재미있는 언어이다.
```

03 : 파이썬 쉘에서 자신을 소개하는 프로그램을 지정된 파일에 저장해 실행하시오.

기본

- 파일 introduce.py

```
이름: 홍길동
대학: 한국대학교
전공: 컴퓨터공학과
```

Chapter

02

파이썬 프로그래밍을 위한 기초 다지기

학습 목표

- 파이썬의 재료인 문자열과 수에 대해 이해하고 코드로 구현할 수 있다.
- 변수를 이해하고 다양한 대입 연산자를 활용할 수 있다.
- 표준 입력으로 문자열을 입력받은 후 원하는 자료로 변환해 활용할 수 있다.

Section

01 다양한 자료: 문자열과 수

Python

1.1 자료의 종류와 문자열 표현

우리가 일상생활에서 흔히 사용하는 자료의 종류로는 글자와 숫자를 들 수 있다. 컴퓨터의 아버지인 앨런 튜링(Alan Turing)의 일생을 다룬 영화 〈이미테이션 게임〉의 홍보물을 살펴보자. 대부분 일반 글자이고, 숫자와 날짜도 보인다. 이러한 것들이 자료가 컴퓨터가 처리해야 할 자료다.

▲ **그림1** 앨런 튜링의 일생을 다룬 영화 〈이미테이션 게임〉

앨런 튜링은 영국의 수학자이자 컴퓨터 과학자로, 튜링 기계를 고안했으며, 이를 통해 현대 컴퓨터의 모델을 제시했다. 튜링은 컴퓨터 과학의 계산 이론 분야와 알고리즘 분야 그리고 인공 지능 분야 등에서 많은 업적을 남겨 '컴퓨터 과학의 아버지'라 불린다.

◆ 글자의 모임인 문자열

파이썬에서는 문자 하나 또는 문자가 모인 단어나 문장 또는 단락 등을 문자열(string)이라 한다. 즉, 문자열은 '일련(sequence)의 문자(character) 모임'이라 할 수 있다. 파이썬에서 작은따옴표나 큰따옴표로 앞뒤를 둘러싸 '문자열' 또는 "문자열"처럼 표현한다. Chapter 01, '파이썬 언어의 개요와 첫 프로그래밍'에서 출력한 'Hello World!'가 바로 문자열이다.

- 파이썬은 문자 하나도 문자열로 취급하며, 따옴표로 둘러싼 숫자(예: '34', '3.14')도 문자열로 취급한다.
- 즉, 따옴표로 둘러싸면 모두 문자열이다.

대화형 모드에서 문자열을 표현하면 작은따옴표의 문자열이 표시된다. 파일로 저장해 실행하면 출력되지 않는다는 점에 주의하자.

```
>>> 'P'
'P'
>>> "python"
'python'
>>> '27'
'27'
>>> "3.14"
'3.14'
```

다음 출력 함수 print()를 사용하면 대화형 모드와 파일 실행에서 모두 출력된다.

- 함수 print(출력될 자료)는 문자열이나 숫자 등의 자료를 콘솔에 출력하는 일을 수행한다.
- 함수 print()는 출력 이후에 다음 줄로 이동해 출력을 준비한다.

```
>>> print("Hello World!")
Hello World!
>>> print('Hello Python!')
Hello Python!
```

print()를 함수(function)라고 한다. print() 함수는 코딩에서 콘솔(console, 파이썬 쉘)에 자료를 출력하는 작업을 도와주는 역할을 한다고 생각하면 이해하기 쉽다. 함수에 대해서는 뒤에서 좀 더 자세히 배운다.

◆ 문자열의 따옴표는 앞뒤를 동일하게 사용

문자열에서 따옴표는 앞뒤를 동일하게 사용해야 한다. 문자열 앞에 작은따옴표를 사용했다면 뒤도 동일하게 사용해야 한다. 그러므로 앞뒤의 따옴표가 다르면 구문 오류인 SyntaxError가 발생한다.

```
>>> print("Hello string!')

SyntaxError: EOL while scanning string literal
```

'구문 오류: 문자열 상수를 훑어보는 동안 EOL'이라는 메시지로, 뒤에 큰따옴표가 빠져 문자열이 끝나지 않고 계속되므로 줄의 끝인 EOL(End of Line)까지 갔다는 구문 오류다.

1.2 문자열 연산자 +, *와 주석

◆ 문자열의 연결 연산자 +와 반복 연산자 *

여러 문자열을 쉽게 연결하는 데에는 "문자열" '연결'과 같이 여러 문자열을 계속 이어 쓰는 방법을 사용한다. 문자열과 문자열 사이에 아무것도 없거나 공백이 있어도 상관없으며, 더하기 기호인 +도 사용할 수 있다.

- 더하기 기호인 +는 문자열에서 문자열을 연결(concatenation)하는 역할을 한다.

```
>>> print("문자열" '연결')
문자열연결
>>> print("python " + "program")
python program
```

문자열과 문자열 사이의 공백은 선택사항이다.

별표(asterisk) *는 문자열에서 문자열을 지정된 수만큼 반복하는 연산을 수행한다. 반복 횟수인 정수가 하나 있어야 하므로 '파이썬' * '언어'처럼 두 문자열로만 반복 연산자 *를 사용하면 오류가 발생한다.

```
>>> print('방가 ' * 3)
방가 방가 방가
>>> print(4 * '콜록 ')
콜록 콜록 콜록 콜록
>>> print('파이썬' * '언어')
Traceback (most recent call last):
  File "<stdin>", line 1, in <module>
TypeError: can't multiply sequence by non-int of type 'str'
```

문자열 반복 연산자 *의 사용에서 앞뒤의 자료는 순서와 상관없이 각각 문자열과 정수이면 가능하다.

TypeError: 정수가 아닌 'str' 유형으로 시퀀스를 곱할 수 없음

다음은 문자열에서 사용되는 연결 연산자 +와 반복 연산자 *를 사용한 대화형 모드 코드다. 수의 연산과 같이 문자열 연산자 *는 +보다 먼저 수행한다. 파이썬 쉘에서 직접 입력해 보자.

2-1 코딩 02-01stringop.py **문자열 연결과 반복 연산자 +, *의 활용** 난이도 기본

```
>>> print("원의 원주율 " + '3.141592')
원의 원주율 3.141592
>>> print("python " 'programming ' + 'language')
python programming language
>>> print('파이썬 언어는' + " 강력하다")
파이썬 언어는 강력하다
>>> print('파이썬 ' + "언어! " + 3 * "방가 ")
파이썬 언어! 방가 방가 방가
```

정수나 실수 등의 앞뒤에 따옴표를 사용하면 문자열이 된다.

◆ 여러 줄의 문자열의 처리에 사용되는 삼중 따옴표

문자열이 길거나 필요에 의해 여러 줄에 걸쳐 문자열을 처리하기 위해서는 삼중 따옴표를 사용할 수도 있다. 삼중 따옴표란, 작은따옴표나 큰따옴표를 연속적으로 3개씩 문자열 앞뒤에 둘러싸는 것을 말한다.

```
>> print('''String operator + and * are
very easy!''')
String operator + and * are
very easy!
```

print() 함수에 입력한 것처럼 문자열이 두 줄에 걸쳐 표시된다.

```
>>> print("""비록 그대가 우둔해 그 방법이 처음에는 명확해 보이지 않더라도
지금 하는 게 아예 안 하는 것보다 낫다.""")
비록 그대가 우둔해 그 방법이 처음에는 명확해 보이지 않더라도
지금 하는 게 아예 안 하는 것보다 낫다.
```

◆ 문법과 상관 없는 주석

코드 내부에 문법과 상관 없는 파일 이름이나 소스 설명 등을 담을 수 있다. 주석(comments)은 소스 설명으로, 인터프리터는 주석을 무시한다. 파이썬 주석은 #으로 시작하고 그 줄의 끝까지 유효하다. 주석 #은 한 줄만 가능하므로 여러 줄에 걸친 주석이 필요하면 줄마다 맨 앞에 #을 넣거나 문자열의 삼중 따옴표를 사용한다. 다음은 대화형 모드에서의 주석을 설명하고 있으며, 주석은 소스 파일로 저장하는 코드에서 주로 사용된다.

```
# print()는 콘솔에 자료를 출력하는 함수
>>> print('# 이후는 주석') # 한 줄에서 문장 이후에도 주석 사용 가능
# 이후는 주석
>>> '''주석으로 사용 가능'''
'주석으로 사용 가능'
```

삼중 따옴표는 문자열이므로 대화형 모드에서는 출력에도 표시된다.
엄밀히 말해 삼중 따옴표는 주석이 아니며 단지 여러 줄 주석에 이용할 수 있는 것이다.

자신의 소스도 시간이 지나면 기억하기 힘들다. 실무에서는 자신의 프로그램을 타인이 활용하는 경우가 많으므로 주석은 중요하다. 다음과 같이 파일 이름과 코딩 일자, 소스 설명 등과 함께 각각의 문장 설명을 주석으로 남길 수 있다. 주석을 활용하는 다음 코드는 파일로 저장해 실행(단축키: F5)해 보자.

- 작은따옴표로 둘러싼 문자열의 내부에는 작은따옴표를 문자로 사용할 수 없고, 큰따옴표로 둘러싼 문자열의 내부에는 큰따옴표를 문자로 사용할 수 없다.

2-2 코딩 | 02-02comments.py | **주석 #과 여러 줄 문자열에 삼중 따옴표 활용** | 난이도 기본

```
''' 01-02comments.py
    2019 3. by Kang Hwan Soo '''

print('# 이후는 주석') # 한 줄에서 문장 이후에도 주석 사용 가능
print('string: "python"') # 큰따옴표 내부에서 작은따옴표는 문자열
print("number: 1 5 3.14") # 문자열 내부에서 숫자도 문자열
print("string: 'python'") # 작은따옴표 내부에서 작은따옴표는 문자열
```

삼중 따옴표로 표시하면 파일 실행에서는 출력에 표시되지 않는다.
그러므로 삼중 따옴표는 여러 줄 주석에 문자열로 이용할 수 있다.

결과

```
============= RESTART: D:/Python Code/ch02/01-02comments.py =============
# 이후는 주석
string: "python"
number: 1 5 3.14
string: 'python'
```

소스 파일을 실행하면 파이썬 쉘에 파일이 저장된 절대 경로가 표시된다.

1.3 정수와 실수의 이해

◆ 수학에서 사용하던 정수와 실수

숫자는 우리가 일상생활에서 문자열과 함께 많이 사용하는 자료 중 하나다.

- 숫자는 간단히 정수(integer)와 실수(real 또는 float)로 나눈다.
- 15, 7, 20 등은 정수, 소수점이 있는 3.14, 2.718 등은 실수다.

이러한 수는 파이썬에서도 바로 사용할 수 있으며, 15와 3.14 등을 숫자 상수(number literals)[1]라고 한다. 이번 학기에 수강 신청한 학점인 15를 다음과 같이 print()로 바로 출력할 수 있다. 또한 3.14와 같은 실수도 출력할 수 있다.

```
>>> print(15)
15
>>> print(3.14)
3.14
```

대화형 모드에서는 숫자만 입력해도 결과를 볼 수 있다. 정수 0은 0이 여러 개라도 가능하며, 다른 정수는 0이 앞에 나오면 구문 오류가 발생한다. 실수는 상관없다.

```
>>> 0
0
>>> 000
0
>>> 03
SyntaxError: invalid token
>>> 03.14
3.14
```

> 이와 같이 숫자만 입력해서 결과를 확인하는 방법은 프로그램을 파일에 저장하는 방식으로는 출력을 볼 수 없다.

용어를 알아봅시다

부동소수점 수

프로그래밍 언어에서 실수를 부동소수점 수(floating point numbers, 부동소수)라 한다. 부동소수점 수라는 표현은 프로그래밍 언어에서의 실수 표현이 독특하기 때문에 나온 말이다. 부동소수점(浮動小數點, floating point)에서 부동(浮動)은 '둥둥 떠다닌다'는 의미로, 부동소수점 수는 '소수점이 떠다니는 실수'를 의미한다. 프로그래밍 언어에서는 실수를 영어로 'float'라고 한다.

1 문자열 'python'이나 숫자 32, −5, 3.14, 2.1E3, 논리 값 True, False 등과 같이 파이썬 인터프리터가 인지할 수 있는 그대로의 값을 모두 리터럴(literals)이라고 한다.

$$314.15 == 3.1415 \times 10^{2}$$

실수 314.15는 3.1415 × 10^2과 같이 소수점의 위치를 이동시킨 3.1415와 지수승 10^2와의 곱으로 표현할 수 있다. 즉, 소수점(point)이 떠다니면서(floating) 표현된다고 해 부동소수점 수라고 표현하는 것이다. 2진수를 사용하는 컴퓨터는 실수를 2진수의 부동소수점 방식으로 표현한다. 만일 처음 듣는 용어라면 어렵게 느낄 수 있다. 용어만 이해하고 자세한 내용은 웹이나 다음 책을 참조하기 바란다.

- 『소프트웨어 중심 사회의 컴퓨터개론』 3장 참고

◆ 실수 표현

실수는 문자 e를 사용해 2.7834e4처럼 지수승으로 표현할 수 있다. 문자 e는 대문자 E도 가능하다.

```
>>> 2.7834e4
27834.0
>>> 2.7834e-4      # 2.7834 × 10^-4을 의미한다.
0.00027834
>>> 2.7834E5       # 2.7834 × 10^5을 의미한다.
278340.0
```

Tips 좀 더 알아봅시다!

복소수

복소수는 실수보다 상위 개념의 수로, 수학에서 3+5i와 같은 수다. 복소수는 전공과 관련이 없으면 몰라도 상관없다. 파이썬은 복소수도 지원한다. 복소수는 실수(real number)와 허수(imaginary number) 부분으로 나뉜다. 다만 허수 부분의 표시 문자 i 대신 j를 사용한다. 복소수의 표현과 간단한 연산은 다음과 같다.

```
>>> 3 + 5j
(3+5j)
>>> 3 + 5j + 5 - 2j
(8+3j)
```

복소수에서 real로 실수부, imag로 허수부를 참조할 수 있다. 또한 함수 conjugate()로 켤러 복소수를 반환받을 수 있다.

```
>>> (3 + 5j).imag
5.0
>>> (3 + 5j).real
3.0
>>> (3 + 5j).conjugate()
(3-5j)
>>>
```

1.4 정수와 실수의 다양한 연산

◆ 수의 더하기, 빼기, 곱하기, 나누기 연산자 + − * /

파이썬 쉘은 간단한 계산기로 사용할 수 있다. 수의 연산(operation)인 더하기(addition)와 빼기(subtraction), 곱하기(multiplication)와 나누기(division)가 가능하다. 다만 곱하기는 *, 나누기는 /를 사용한다. 이러한 연산자를 모두 산술 연산자(arithmetic operator)라 부른다.

```
>>> 5 + 3
8
>>> 5 - 3
2
>>> 5 * 3
15
>>> 5 / 3
1.6666666666666667
```

연산에 사용하는 문자 기호 +, −, *, / 등을 연산자(operator), 연산에 참여하는 5, 3 등을 피연산자(operand)라고 한다.
곱하기와 나누기 연산자는 수학에서 사용하던 ×와 ÷가 키보드에 없으므로 *와 /를 사용한다.

나누기 결과는 항상 실수다. 수학에서 0으로 나누는 계산은 정의가 없듯이 파이썬에서 0으로 나누면 다음과 같이 실행 오류인 ZeroDivisionError가 발생한다. 주의가 필요하다.

```
>>> 4 / 2
2.0
>>> 4 / 0
Traceback (most recent call last):
  File "<stdin>", line 1, in <module>
ZeroDivisionError: division by zero
```

◆ 수의 몫, 나머지, 지수승 연산자 //, %, **

정수 나눗셈(floor division) 연산자 //는 나눈 몫이 결과다. 그러므로 나누기 양수에서는 나누기 / 연산에서 소수부 없이 정수만 남는다. 이러한 수의 연산은 정수와 실수 모두 가능하다.

```
>>> 8 / 5
1.6
>>> 8 // 5
1
>>> 2.8 / 1.2
2.3333333333333335
>>> 2.8 // 1.2
2.0
>>> -1.5 / 0.2
-7.5
>>> -1.5 // 0.2
-8.0
```

연산자 //의 결과는 나누기 결과를 넘지 않는 가장 작은 정수 부분이라고 생각하는 것이 더 정확하다.

연산자 //는 정수 나눗셈이므로 음수 연산의 결과는 −7이 아니라 −8이다. 주의가 필요하다.

나머지(modulus, modulo) 연산자 %는 나눈 나머지가 결과다. 즉, 5를 3으로 나누면 나머지는 2다. 연속한 별표 2개인 연산자 **는 지수승(exponentiation 또는 거듭제곱) 연산자다.

```
>>> 5 // 3
1
>>> 5 % 3
2
>>> 5 ** 3
125
```

5 ** 3은 5의 3승인 5^3으로, 결과는 125다.

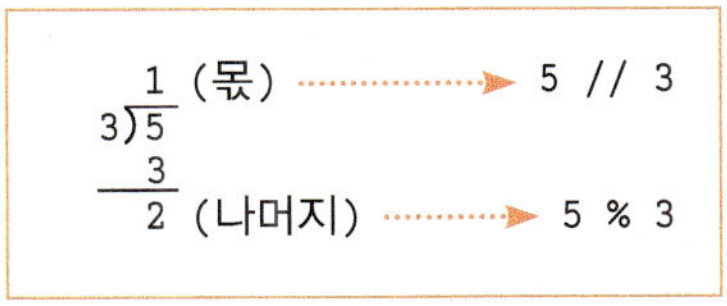

▲ **그림 2** 몫과 나머지, 지수승 연산자 //, %, **

◆ 산술 연산자의 계산 우선순위

지금까지 살펴본 일곱 가지 연산자인 +, −, *, /, //, %, **를 산술 연산자(arithmetic operator)라 한다. 계산의 우선순위는 괄호 계산, 지수승인 **, 부호의 +, −, 다음으로 *, /, //, % 그리고 더하기와 빼기 연산자인 +, −다.

▼ **표 1** 산술 연산자 정리

연산자	명칭	의미	우선순위	예
+	더하기(add)	두 피연산자(operand)를 더하거나 수의 부호	4, 2	4 + 5, +3
−	빼기(subtract)	두 피연산자를 빼거나 수의 부호	4, 2	9 − 5, −7

연산자	명칭	의미	우선순위	예
*	곱하기(multiply)	두 피연산자 곱하기	3	3 * 4
/	나누기(divide)	왼쪽을 오른쪽 피연산자로 나누기	3	10 / 4
%	나머지(modulus)	왼쪽을 오른쪽 피연산자로 나눈 나머지(remainder)	3	21 % 4
//	몫 나누기(floor division)	왼쪽을 오른쪽 피연산자로 나눈 결과에서 작거나 같은 정수	3	10 // 3
**	거듭제곱, 지수승(exponent)	왼쪽을 오른쪽 피연산자로 거듭제곱	1	2 ** 3

거듭제곱 **은 오른쪽에서 왼쪽, 나머지 연산자는 왼쪽에서 오른쪽으로 계산한다. 계산 순서는 괄호를 사용해 명확히 하는 것이 좋다.

```
>>> 2 ** 2 ** 3
256
>>> 2 ** (2 ** 3)
256
>>> (2 ** 2) ** 3
64
```

연산자 **은 부호보다 먼저 계산되며, 부호 연산자는 **를 제외한 산술 연산자보다 먼저 계산된다.

```
>>> -2 * -5
10
>>> -2 ** 2
-4
>>> (-2) ** 2
4
```

◆ 2차원 좌표에서 두 점 사이의 거리 계산

두 점 (x_1, y_1)과 (x_2, y_2) 사이의 직선 거리를 구하는 식은 다음과 같다. 지금 배운 파이썬의 연산자로 두 점 (2, 5)와 (3.1, 4.8) 사이의 거리와 삼각형에서 가로가 3, 세로가 4인 빗변의 길이를 구해 보자. 루트인 제곱급은 지수승 1/2로 계산하자. 즉 $\sqrt{4}$는 4 ** (1/2)로 계산한다.

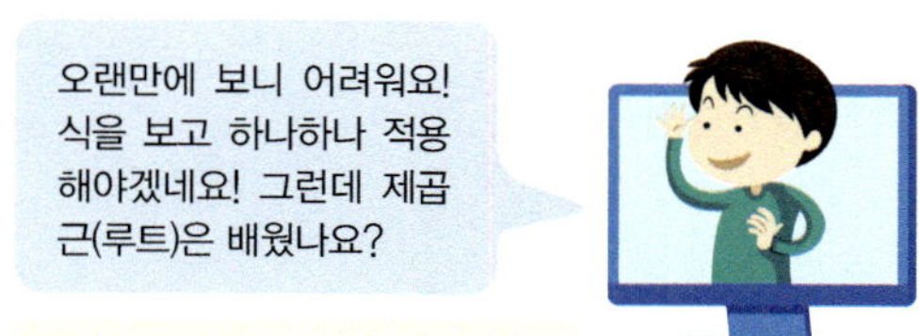

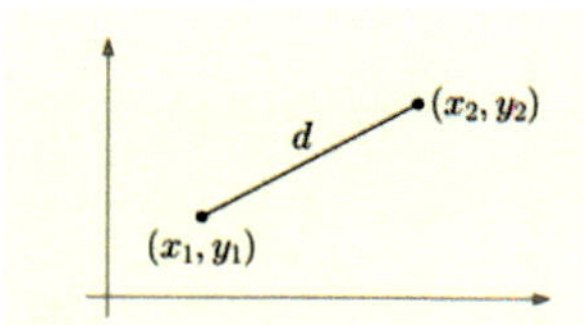

$$d = \sqrt{(x_1 - x_2)^2 + (y_1 - y_2)^2}$$

2-3 코딩 02-03twopdist.py | **두 점 사이의 거리 계산** | **난이도** 응용

```
>>> print(4 ** (1/2))
2.0
>>> print( ((3**2 + 4**2)) ** (1/2) )
5.0
>>> print( ((2-3.1)**2 + (5-4.8)**2) ** (1/2) )
1.118033988749895
```

◆ 최근 결과의 특별한 저장 장소, 언더스코어(_)

대화형 모드에서 마지막에 실행된 결괏값은 특별한 저장 공간인 _에 대입된다. 즉, 시속 60km/h로 달리는 자동차가 3시간 동안 이동한 거리를 구하는 계산은 다음과 같이 할 수 있다.

```
>>> 60
60
>>> _
60
>>> 3 * _
180
>>> _
180
```

> _에는 마지막에 실행된 결괏값이 저장돼 있다. 다만 파일 실행에서는 사용할 수 없으며 대화형 모드에서만 사용할 수 있다. 결국 이 식은 30 × 60이 돼 결과는 180이다.

숫자, 문자열 등 유효한 연산식이면 모두 가능하다.

```
>>> 3 + 4
7
>>> _
7
>>> '파'
'파'
>>> _
'파'
>>> '파이 ' + '썬'*3
'파이 썬썬썬'
>>> _
'파이 썬썬썬'
```

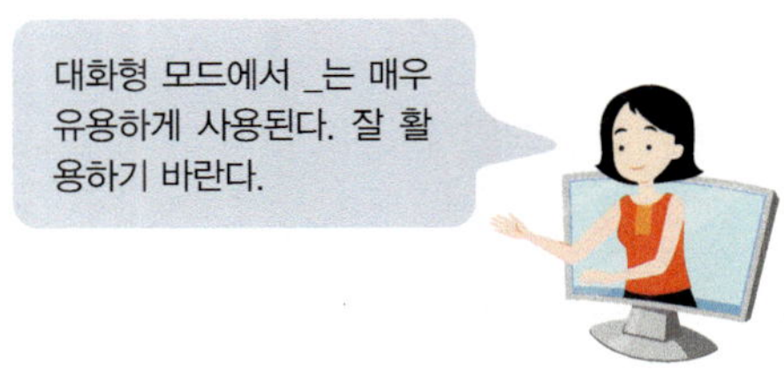

◆ 몫과 나머지 연산자 //와 %의 활용

몫과 나머지 연산자는 매우 유용한데, 그 활용에 대해 생각해 보자. 지구와 달의 거리는 384,403,900m라고 한다. 다음 코드로 이 거리를 1,000으로 나눈 몫인 km와 나머지인 m로 나눠 출력할 수 있다. 즉, 지구와 달의 거리는 38만 4,403km이고 나머지는 900m다.

```
>>> 384403900 // 1000
384403
>>> 384403900 % 1000
900
```

◆ 연산자 //와 %를 사용한 지폐 계산 방법

78,000 == ? × 50,000 + ? × 10,000 + ? × 5,000

식당에서 식비를 현금으로 지불한다고 가정해 보자. 돈은 가장 고액권인 5만 원부터 순서대로, 그리고 지폐 수는 가장 적게 지불할 예정이다. 식비 지불 금액이 7만 8,000원이면 5만 원권과 1만 원권 그리고 5,000원권 지폐를 몇 개씩 지불하고, 잔돈은 얼마를 받으면 될까? 우리는 이런 계산을 매우 쉽게 한다. 그런데 해외 여행을 가면 그리 쉽지 않다. 처음엔 파이썬 코드도 만만치 않다. 파이썬 코드에서 이 계산에 몫 연산자 //와 나머지 연산자 %를 활용하면 유용하다. 2절에서 변수를 배우면 훨씬 간단하다.

2-4 코딩 02-04pay.py **식당에서 식비 지불하기와 잔돈받기** 난이도 응용

```
>>> print('계산금액')
계산금액
>>> print(78000)
78000
>>> print('오만 원권')
오만 원권
>>> print(78000 // 50000)
1
>>> 78000 % 50000
28000
>>> print('만 원권')
만 원권
>>> print( _ // 10000)
2
>>> _ % 10000
8000
>>> print('오천원권')
오천원권
>>> print( _ // 5000 + 1)
2
>>> print('잔돈')
```

- 몫 연산자로 필요한 5만 원권의 숫자를 알 수 있다.
- 5만 원권으로 지불한 후 지불해야 할 나머지 금액이다. 결과는 28,000원이다.
- 바로 전에 계산된 28,000으로 이 금액을 10,000원으로 나눈 몫은 필요한 만 원권의 수다.
- 만 원권으로 지불한 후 지불해야 할 나머지 금액이다. 결과는 8,000원이며 식 (78000 % 50000) % 10000과 같다.
- 바로 전에 계산된 8,000을 5,000원 권으로 몇 개 지불해야 할지 계산한다. 식 8000 // 5000보다 하나 더 지불해야 하므로 식 (8000 // 5000) + 1으로 계산한다.

```
잔돈
>>> print(5000 - _ % 5000)
2000
>>> print(5000 - (78000 % 50000) % 10000 % 5000)
2000
```

잔돈은 마지막으로 계산된 2만 8,000원을 최소 단위 지폐인 5,000원권으로 나눈 나머지 값 3,000원을 5,000원에서 빼면 된다.

위 식 _ % 5000은 이 식 (78000 % 50000) % 10000 % 5000과 같다.

◆ 예금의 단리와 복리 계산

은행의 이자에 관해 계산해 보자. 만일 원금 100만 원을 연리 2.4%의 단리로 5년간 예금한다면 만기에 얼마를 받을 수 있을까? 단리 방식의 계산법은 다음과 같다.

단리 만기 총액(total) = 원금(money) × (1 + 이자율(rate) × 기간(period))

이와 마찬가지로 중간에 발생한 이자가 원금과 합쳐져 다시 이자를 곱해 주는 복리 방식 계산법은 다음과 같다.

복리 총액(total) = 원금(money) × ((1 + 이자율(rate))$^{기간(period)}$

단리와 복리 각각 이율이 2.3%인 경우, 100만 원을 예금하면 5년 후에 받을 총액이 얼마인지 위 식을 적용해 각각 계산해 보자. 대화식 모드에서 다음 코드를 참고하자. 다음 코드에서 위에서 배운 _를 이용하면 코드가 간단하고 쉽다.

2-5 코딩 02-05interestrate.py | 예금의 단리와 복리 계산 | 난이도 기본

```
>>> 1000000 + (1000000 * 2.3/100) # 1년차 총액
1023000.0
>>> 1000000 + (1000000 * 2.3/100) + (1000000 * 2.3/100) # 2년차 총액
1046000.0
>>> 1000000 * (1 + 2.3/100 * 3) # 3년차 총액
1069000.0
>>> 1000000 * (1 + 2.3/100 * 4) # 4년차 총액
1092000.0
>>> 1000000 * (1 + 2.3/100 * 5) # 5년차 총액
1115000.0
>>> 1000000 * (1 + 2.3/100) ** 5 # 복리 5년차 총액
1120413.0756413424
```

◆ 한 줄에 여러 자료 출력하는 print() 함수

출력에 이용되는 함수 print()는 콤마(,)로 구분해 여러 자료를 출력할 수 있다. 출력되는 자료와 자료 사이에는 구분자(separator)라 부르는 '빈 공백 문자' 1개가 자동으로 삽입되는 것을 알 수 있다.

다음을 파일로 저장한 후 함수 print()를 사용해 여러 개의 값을 출력하도록 실행해 보자. 또한 2만 3,000원은 5,000원과 1,000원짜리 몇 개가 필요한지 계산해 보자.

2-6 코딩 02-06print.py **한 번에 여러 자료 출력** 난이도 기본

```
print(1, 2, -5, 3.14, 2.71828)
print('Hi,', 'Python!')

print('23000원은', '5000원 ?개', '1000원 ?개')
print('5000원', 23000 // 5000, '개')
print('1000원', (23000 % 5000) // 1000, '개')
```

몫 연산자 //와 나머지 연산자 %는 이와 같은 연산에 유용하다.

결과

```
=============== RESTART: D:/2019 Python Code/ch02/2-3print.py ===============
1 2 -5 3.14 2.71828
Hi, Python!
23000원은 5000원 ?개 1000원 ?개
5000원 4 개
1000원 3 개
```

알아보기 쉽게 출력 자료 사이에 공백이 1개 삽입돼 출력되는 것을 알 수 있다.

◆ 표현식 문자열 실행 함수 eval()

함수 eval('expression')은 실행 가능한 연산식 문자열인 expression을 실행한 결과를 반환한다.

```
>>> eval('3 + 15 / 2')
10.5
>>> eval('4 * 3 % 5')
2
>>> eval('3 * -2 ** 3')
-24
>>> eval('"java " * 3')
'java java java '
```

함수 인자는 반드시 연산 가능한 문자열이어야 한다.

문자열 연산도 가능하며, 내부에서 문자열 표현은 인자인 문자열 작은따옴표와 달리 큰따옴표를 사용해야 하며, 결과도 문자열이다.

Tips 좀 더 알아봅시다!

함수와 함수의 호출 그리고 함수의 인자

함수는 특정한 일을 수행하는 프로그램 단위다. 지금까지 다룬 함수에는 print(), eval(), power() 등이 있으며, 앞으로 int(), str(), float() 등과 같은 훨씬 많은 함수가 나올 것이다. 함수를 우리가 직접 만드는 과정은 Chapter 05, '리스트와 튜플'에서 다룰 예정이며, 그전까지는 파이썬에서 만들어 제공하는 함수를 활용한다. 즉, 함수 print(), eval(), power() 등은 파이썬이 이미 만든 라이브러리가 제공하는 함수다.
이러한 함수는 파이썬 코드에 eval('3 + 4 / 2')과 같이 함수 호출로 사용할 수 있다. 즉, eval('3 + 4 / 2')를 함수 호출(function call)이라 하며, 함수 이름 뒤의 괄호 사이에 쓴 '3 + 4 / 2'를 함수의 인자(arguments)라고 한다. 함

수를 호출(call)해 활용하는 과정은 마치 친구에게 모르는 내용에 대해 전화를 걸어(call) 아는 것과 유사하다. 이 과정을 간결하게 전화 질문(전화번호)로 표현할 수 있다. 즉, 전화 질문(전화번호)이 함수 호출이고, 괄호 사이의 전화번호는 함수 인자에 해당한다고 할 수 있다.

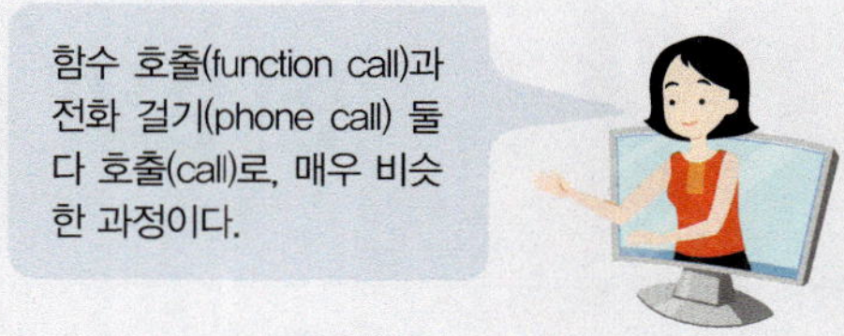

▲ **그림 3** 함수 호출과 전화 호출

중간 점검

01 파이썬에서 다음 연산 결과는 무엇인가?(우선순위는 **이 먼저, 다음 * / // % 그리고 다음 +, −)

① `10 * 3 / 2`

② `3 - 2 * 3 // 5`

③ `81 / - 3 ** 2`

④ `10 + 3 - 23 % 4`

⑤ `20 // 2 ** 3`

02 문자열의 반복 연산자인 *을 사용해 다음 모양을 출력하는 프로그램을 작성하시오.

```
*
**
***
****
*****
```

정답

01 ① 15.0 ② 2 ③ -9.0 ④ 10 ⑤ 2

02

```
print('*' * 1)
print('*' * 2)
print('*' * 3)
print('*' * 4)
print('*' * 5)
```

Section

02 변수와 키워드, 대입 연산자

Python

2.1 자료형

◆ 자료형과 type() 함수

지금까지 알아본 정수와 실수, 문자열 등을 자료형(data type 또는 자료 유형)이라 한다.

- 파이썬에서 자료형을 살펴보면 정수는 int, 실수는 float 그리고 문자열은 str로 사용한다.

대화형 모드에서 자료형을 직접 알아보려면 type() 함수를 사용해야 한다. type(3)과 같이 괄호 사이에 상수(literals)를 넣으면 지정된 상수의 자료형을 알 수 있다. 다음 결과에서 알 수 있듯이 결과가 모두 <class 'int'>와 같이 클래스(class)가 앞에 표시된다.

```
>>> type(3)
<class 'int'>
>>> pi = 3.14
>>> type(pi)
<class 'float'>
>>> type('python')
<class 'str'>
>>> type(3 + 4j)
<class 'complex'>
```

파이썬에서는 정수나 실수, 문자열 등 모든 자료형이 클래스다. 그리고 복소수는 class complex 클래스다. 자세한 내용은 Chapter 12에서 학습한다.

2.2 변수와 대입연산자

◆ 변수의 이해와 대입 연산자 =을 이용한 값의 저장

변수(variable)란, 말 그대로 '변하는 자료를 저장하는 메모리 공간'이다. 변수는 자료를 담을 수 있는 그릇이며, 그릇에 이름인 태그가 붙어 있다고 생각하면 이해하기 쉽다.

- 변수 이름은 저장 값에 의미 있는 이름을 붙이자.

값을 변수에 저장하기 위해서는 대입 연산자(=)가 필요하다. =의 의미는 왼쪽 화살표(←)라고 생각하자. 즉, 오른쪽 값을 왼쪽 변수에 저장하라는 의미다. 다음은 왼쪽에 위치한 변수 unit에 정숫값 3을 저장하는 문장이다. 대입 연산자의 왼쪽에는 반드시 저장 공간인 변수가 와야 한다. 다음 두 번째 코드와 같이 왼쪽이 3이면 구문 오류가 발생한다.

```
>>> unit = 3
```

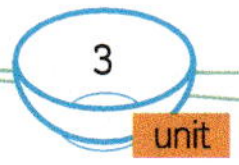

unit ← 3을 의미한다. 파이썬의 =은 수학에서 '같다는 의미'의 기호인 =와 다르다는 점에 주의하기 바란다.

```
>>> 3 = unit
SyntaxError: can't assign to literal
```

'상수인 3에 값을 대입할 수 없다'라는 오류 메시지다.

▲ **그림4** 대입 연산자의 이해

대입 연산자를 이용하면 a = b = c = 5처럼 여러 변수에 같은 값을 대입할 수 있다. 변수의 공간은 하나이므로 마지막에 저장된 값만 기억한다.

```
>>> a = b = c = 5
>>> print(a)
5
>>> print(b)
5
>>> print(c)
5
>>> b = 3
>>> print(b)
3
```

=을 다음과 같이 수학의 '같다'라는 등호 식으로 사용하면 오류가 발생한다.

```
>>> 5 = 3 + 2
SyntaxError: can't assign to literal
>>> 5 == 3 + 2
True
```

등호 식의 '같다'라는 등호 연산자는 ==으로, 결과는 True 또는 False다. Chapter 03에서 좀 더 자세히 알아본다.

◆ 프로그래밍 언어가 이미 정해놓은 단어, 키워드

위 문장의 결과인 True를 키워드(keyword)라고 한다. 한국어, 영어 등과 같은 일반 언어도 그 언어만 사용하는 고유 단어들이 있다. 프로그래밍 언어도 이와 마찬가지다. 즉, 프로그래밍 언어 문법에서 사용하는 이미 예약된 단어(reserved words)를 키워드라고 한다. 파이썬에서 사용하는 키워드의 개수는 총 33개다. 앞으로 문법을 공부하면 모두 알 수 있다.

```
False   None    True    and     as      assert    break   class   continue
def     del     elif    else    except  finally   for     from    global
if      import  in      is      lambda  nonlocal  not     or      pass
raise   return  try     while   with    yield
```

Tips 좀 더 알아봅시다!

키워드를 대화형 모드에서 확인

다음 코드로 키워드를 확인할 수 있다. 첫 문장은 키워드 import를 사용한다. 점 . 등에 유의해 입력한 후 결과를 확인해 보자. 다음 코드의 내용은 4부에서 설명한다.

```
>>> import keyword
>>> print(keyword.kwlist)
['False', 'None', 'True', 'and', 'as', 'assert', 'break', 'class', 'continue',
'def', 'del', 'elif', 'else', 'except', 'finally', 'for', 'from', 'global',
'if', 'import', 'in', 'is', 'lambda', 'nonlocal', 'not', 'or', 'pass', 'raise',
'return', 'try', 'while', 'with', 'yield']
```

키워드 import는 라이브러리 keyword를 가져와 사용한다는 의미다.

◆ 변수 이름을 붙일 때의 규칙

변수를 구성하는 문자는 영문자와 숫자 그리고 _를 사용할 수 있으며, 다음과 같은 제한이 있다. 변수뿐 아니라 나중에 배울 함수와 클래스 이름 등 프로그래머가 이름을 짓는 단어를 식별자(identifiers)라 하며 다음 조건을 만족해야 한다.

- 문자는 대소문자의 영문자(a, b, c, A, B …), 숫자(0, 1, 2, …) 그리고 _로 구성되며, 대소문자는 구별된다.
- 숫자는 맨 앞에 올 수 없다. 그러므로 영문자로 시작하자.
- import, True, False 등과 같은 키워드는 사용할 수 없다.

처음 변수에 이름을 붙여 값을 대입하는 것을 변수 선언(variable declaration)이라고 한다. 다음 대화식 모드의 코드로 변수를 선언할 때의 변수 이름 규칙을 알아보자.

2-7 코딩 02-07variable.py **변수 이름 규칙** 난이도 기본

```
>>> value = 10
>>> Value = 200
>>> value
10
>>> Value
200
>>> total_price = 100000
>>> coffeePrice = 4500

>>> _month = 11
>>> 2020year = 2020 # 오류: 수로 시작
SyntaxError: invalid syntax
```

```
>>> sale@ = 20 # 오류: 문자 @ 사용 불가
SyntaxError: invalid syntax
>>> sale price = 16000  # 오류: 공백 문자 사용 불가
SyntaxError: invalid syntax
>>> import = 30 # 오류: 키워드 사용 불가
SyntaxError: invalid syntax
```


▼ **표2** 변수 이름의 예

변수 이름	정오	설명
value	O	Value와는 구분
total_price	O	여러 단어로 구성된 변수를 읽기 쉽게 하기 위해 중간에 _ 삽입
coffeePrice	O	여러 단어로 구성된 변수를 읽기 쉽게 하기 위해 중간에 _ 삽입
_month	O	맨 앞에 _도 가능하지만 특수한 사용이 아니라면 가능한 사용하지 말도록 권고
2020year	X	숫자가 가장 앞에 올 수 없음
sale@	X	영문자 이외의 문자는 올 수 없음
sale price	X	공백 문자는 사용 불가
import	X	키워드도 사용 불가

◆ 동일한 변수에 값을 수정하는 다양한 대입 연산자

변수 value에 1을 대입한 후 value 값을 1 증가시켜 보자. 수학에서 value = value + 1 식은 잘못된 식이지만 파이썬 문장 value = value + 1에서는 value 값이 이전 값에서 1 증가된다. =이 동등 연산자 ==이 아니라 대입 연산자이기 때문이다.

```
>>> value = 1
>>> value = value + 1 # value 값을 1 증가
>>> print(value)
2
>>> value + 1 = value # 오류
  File "<stdin>", line 1
SyntaxError: can't assign to operator
```

대입 연산자의 오른쪽에 있는 value + 1을 먼저 계산한 결과인 2를 왼쪽 저장 공간인 value에 대입하는 것이다. 즉, value ← value + 1을 의미한다. 다시 말해, 대입 연산자의 오른쪽에 쓰인 변수는 변수에 저장된 값을 의미하며, 저장 공간으로의 의미가 있는 것이다.

대입 연산자의 왼쪽은 반드시 저장 공간인 변수 1개만 올 수 있다.

1 증가시키는 문장 data = data + 1은 간단히 data += 1도 가능하다. 다양한 대입 연산자인 +=의 왼쪽에는 반드시 변수가 1개 나온다.

```
>>> data = 7
>>> data += 1 # data = data + 1과 같은 문장
>>> print(data)
```

```
8
>>> data += 5 # data = data + 5와 같은 문장
>>> print(data)
13
```

다른 산술 연산자 −, *, / 등에도 다양한 대입 연산자를 사용할 수 있다. 다양한 대입 연산자의 오른쪽에는 다음과 같이 표현식(expression)이 가능하다.

```
>>> var = 5
>>> var *= 10 // 3 % 5 # var = var * (10 // 3 % 5)와 같은 문장
>>> print(var)
15
```

그러나 다음과 같이 정의되지 않은 변수를 사용하면 오류가 발생한다.

```
>>> undefined += 2
Traceback (most recent call last):
  File "<stdin>", line 1, in <module>
NameError: name 'undefined' is not defined
```

대입 연산자 = 외에 *=와 같은 다양한 대입 연산자(복합 대입 연산자, augmented assignment operators)를 다루는 다음 코드를 대화형 모드에서 코딩해 보자.

```
>>> var = 5
>>> var += 2
>>> print(var)
7
>>> var -= 3
>>> print(var)
4
>>> var *= 5
>>> print(var)
20
>>> var //= 3
>>> print(var)
6
>>> var **= 2
>>> print(var)
36
>>> var %= 7
>>> print(var)
1
>>> var /= 5
>>> print(var)
0.2
```

▼ **표3** 대입 연산자와 다양한 대입 연산자

다양한 대입 연산자	형태	의미	의미
=	a = b	a = b	b의 결괏값을 변수 a에 저장
+=	a += b	a = a + b	a + b의 결괏값을 변수 a에 저장
−=	a −= b	a = a − b	a − b의 결괏값을 변수 a에 저장
*=	a *= b	a = a * b	a * b의 결괏값을 변수 a에 저장
/=	a /= b	a = a / b	a / b의 결괏값을 변수 a에 저장
%=	a %= b	a = a % b	a % b의 결괏값을 변수 a에 저장
//=	a //= b	a = a // b	a // b의 결괏값을 변수 a에 저장
**=	a **= b	a = a ** b	a ** b의 결괏값을 변수 a에 저장

◆ 섭씨 온도와 화씨 온도의 관계 및 변환

우리나라는 섭씨(celsius) 온도를 사용하지만 미국은 화씨(fahrenhite) 온도를 사용한다. 다음 공식에 따라 섭씨 온도를 화씨 온도로 변환하는 코드를 작성해 보자. 2018년 우리나라 여름의 최고 온도가 섭씨 40도 이상을 기록했다고 한다. 이는 화씨로 환산했을 때 100도가 넘는 온도다.

$$\frac{C}{5} = \frac{F-32}{9}$$

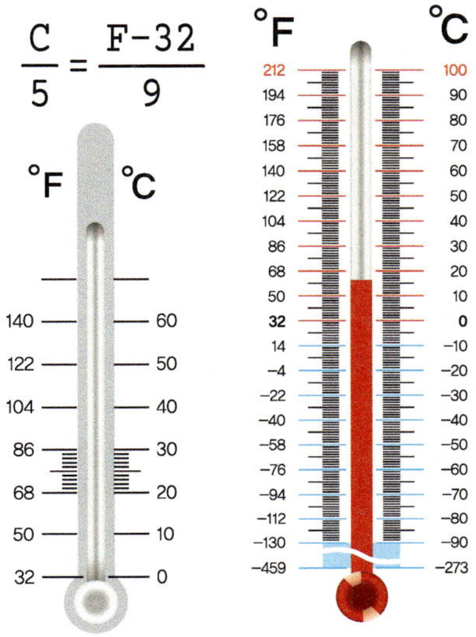

$$F = C \cdot \frac{9}{5} + 32$$

$$C = (F - 32) \cdot \frac{5}{9}$$

▲ **그림 5** 섭씨 온도와 화씨 온도의 관계 및 변환식

다음은 섭씨로 37도 화씨로 출력하고 다시 3도를 증가시켜 섭씨로 40도 화씨로 출력하는 코드다. 섭씨와 화씨 온도를 저장하는 변수를 각각 celsius, fahrenhite라고 하자.

2-8 코딩 02-08celsius.py | **섭씨 온도를 화씨 온도로 변환** | 난이도 기본

```
celsius = 37
fahrenhite = celsius * 9/5 + 32 # 화씨로 변환
print('섭씨: ', celsius, ',', '화씨: ', fahrenhite)
celsius += 3 # 3도 증가
fahrenhite = celsius * 9/5 + 32 # 화씨로 변환
print('섭씨: ', celsius, ',', '화씨: ', fahrenhite)
```

결과

```
섭씨: 37 , 화씨: 98.6
섭씨: 40 , 화씨: 104.0
```

◆ 산술 연산을 사용한 세일 가격 계산

아주 간단한 계산을 코딩해 보자. 학용품을 사려고 하는데 20% 세일을 한다고 한다. 원래 가격이 5만 6,000원이라면 얼마를 내고 사야 할까? 파이썬에서도 수학과 같이 곱하기와 나누기를 먼저 계산하며,

더하기와 빼기라도 괄호를 넣으면 더 먼저 계산한다. 그러므로 (56000 * (100 - 20) / 100)으로 계산해 출력하면 된다.

```
>>> print(56000 * (100 - 20) / 100)
44800.0
```

만일 위 계산을 다음과 같이 좀 더 절차적으로 생각해 보자.

이것이 추상화 및 일반화 과정을 거쳐 알고리즘을 만드는 과정이라 할 수 있다.

① 원 가격(price)은 56000

② 세일(sale)은 20%

③ 세일 가격(salePrice)은 $[\text{원가격(price)} \times \frac{(100-\text{세일(sale)})}{100}]$

위 과정의 계산을 파일로 저장해 코딩하면 다음과 같다.

2-9 코딩 02-09sale.py **세일을 적용해 가격 계산 및 출력** 난이도 기본

```
price = 56000
sale = 20
salePrice = price * (100 - sale) / 100
print(salePrice)
```

결과

```
44800.0
```

◆ 한 번에 여러 자료 대입

파이썬에서는 다음 코드처럼 콤마로 구분된 여러 변수에 순서대로 값을 대입할 수 있다.

```
>>> a, b = 5, 9
>>> print(a, b)
5 9
```

두 변수에 저장된 값을 교환(swap)하는 코드는 왼쪽과 같다. 파이썬에서는 오른쪽 코드와 같이 매우 쉽게 교환할 수 있다.

```
>>> a, b = 5, 9
>>> temp = a
>>> a = b
>>> b = temp
>>> print(a, b)
9 5
```

왼쪽은 직관적이지 않다. 한 번에 교환할 수 있는 오른쪽이 속도도 빠르고 이해하기도 쉽다.

```
>>> a, b = 5, 9
>>> b, a = a, b
>>> print(a, b)
9 5
```

함수 divmod(a, b)는 나누기 몫 연산 //와 나머지 연산 %를 함께 수행해 2개의 결과를 반환한다.

```
>>> 28 // 3, 28 % 3
(9, 1)
>>> divmod(28, 3)
(9, 1)
```

연산식도 대입 연산자와 같이 콤마(,)로 구분해 여러 개를 쓸 수 있다!

다음과 같은 대입 연산자와 함수 divmod(a, b)로 변수 a와 b의 몫과 나머지를 구할 수 있다.

```
>>> a, b = 17, 5
>>> d, m = divmod(a, b)
>>> print(d, m)
3 2
```


■ 함수 divmod()를 이용해 지구와 달 사이의 거리 표현

함수 divmod(a, b)를 사용해 지구와 달의 거리인 384,400km를 38만 4,400km로 출력하는 코딩을 해 보자.

2-10 코딩 02-10moondist.py | 지구와 달까지의 거리를 만 단위로 출력 | 난이도 기본

```
distance = 384400
unit = 10000
manUnit, remainder = divmod(distance, unit)
print('지구에서 달까지의 거리:', manUnit, '만', remainder, '킬로미터')
```

결과 지구에서 달까지의 거리: 38만 4400킬로미터

중간 점검

03 다음 변수의 이름은 적합한가?

① 30day
② in
③ subtraction
④ $dallar

04 변수가 a = 10, b = 5인 경우 각각의 연산 결괏값은?

① b / a / 2
② b ** (a - 8)
③ a // 3 - b / a
④ b * (a % 7)

05 257일은 몇 월 며칠인지 출력하는 코딩을 작성하시오(한 달은 30일로 계산).

정답

03 ① X ② X ③ O ④ X

04

```
>>> a, b = 10, 5
>>> b / a / 2
0.25
>>> b ** (a - 8)
25
>>> a // 3 - b / a
2.5
>>> b * (a % 7)
15
```

05

```
days = 257
months = days // 30
days %= 30
print(months, '달', days, '일')
```

Section

03 자료의 표준 입력과 자료 변환 함수

3.1 표준 입력과 다양한 변환 함수

◆ 표준 입력이란?

커피 전문점의 주문 처리 과정에서 손님의 선택 메뉴와 컵 크기 그리고 수량 등을 주문 시스템으로 입력하는 것을 자주 본다. 이와 같이 프로그램 작성 과정에서 사용자의 입력을 받아 처리해야 하는 경우는 매우 많다. 프로그램 과정에서 쉘이나 콘솔[2]에서 사용자의 입력을 받아 처리하는 방식을 표준 입력(standard input)[3]이라 한다.

▲ **그림6** 커피 주문 입력

2 파이썬 쉘이나 명령 프롬프트와 같은 텍스트 모드로 입출력이 되는 창을 말한다.

3 콘솔의 키보드로 입력되는 방식을 표준 입력, 모니터의 콘솔로 출력되는 방식을 표준 출력이라 한다.

◆ 함수 input()으로 문자열 표준 입력

파이썬 쉘에서 입력값을 1개 받아 보자. 함수 input()은 입력되는 표준 입력을 문자열로 읽어 반환하는 함수이고, input()에서 반환되는 입력 문자열을 변수에 저장하려면 대입 연산자 =을 사용해 변수에 저장해야 한다.

```
>>> input()
java
'java'
>>> pl = input()
python
>>> print(pl)
python
```

파이썬 쉘에서 직접 입력한 후 Enter를 눌러야 진행된다. 바로 이후에 입력된 문자열 'java'가 바로 보인다.

입력한 파이썬이 변수 pl에 저장된다.

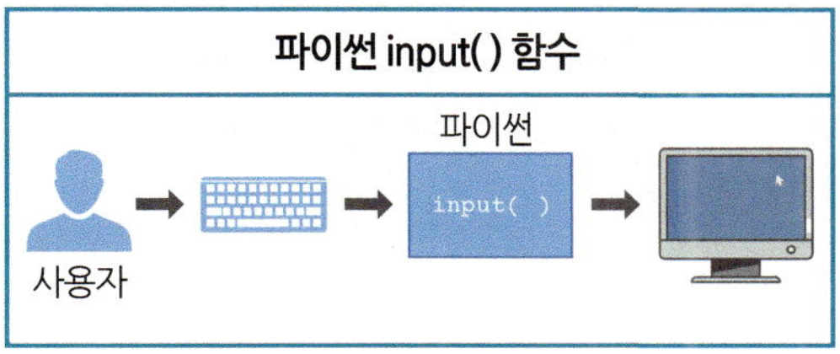

▲ **그림7** 파이썬의 표준 입력 함수 input()

◆ 함수 input()으로 대학과 이름을 입력받아 출력

편의를 위해 함수 input('질문 내용?')처럼 '질문 내용?'을 사용하면 '질문 내용?'이 콘솔에 출력되고 이후 표준 입력 문자열을 입력받을 수 있어 훨씬 편리하다. 다음은 대학과 이름을 입력받아 출력하는 코드다.

2-11 코딩 02-11input.py | **학교와 이름을 입력받아 출력** | 난이도 기본

```python
univ = input('대학은? ')
name = input('이름은? ')
print('대학:', univ, '이름:', name)
```

결과

```
대학은? 파이대
이름은? 김파이
대학: 파이대 이름: 김파이
```

파이썬 쉘에서 묻는 문자열 이후에 입력 내용을 직접 입력한 후 반드시 Enter를 눌러야 한다.

입력 내용을 출력 print() 함수로 출력

◆ 문자열과 정수, 실수 간의 자료 변환 함수 str(), int(), float()

함수 str()은 주로 정수와 실수를 문자열로 변환하는 데 사용한다.

```
>>> str(235) # 정수 256을 문자열 '235'로 변환
'235'
>>> str(2.71828) # 자연수 e 문자열 '2.71828'로 변환
'2.71828'
```

함수 int()는 정수 형태의 문자열인 '6400', '256' 등을 정수, float()는 소수점이 있는 실수 형태의 문자열인 '2.71828', '3.141592' 등을 실수로 변환한다.

```
>>> int('6400') # 지구의 반지름 6,400km
6400
>>> float('3.141592') # 원주율 3.141592
3.141592
```

또한 함수 int()는 실수를 정수, float()는 정수를 실수로 변환한다. 실수를 기술한 int(2.71828)은 소수 부분이 모두 제거된 정수가 반환된다.

```
>>> int(2.71828)
2
>>> float(3)
3.0
```

◆ 변환 함수 str(), int(), float()의 오류

만일 문자열이 정수나 실수 형태가 아니면 오류가 발생한다. 즉, 문자열에 수가 아닌 문자가 포함되면 ValueError가 발생한다. 다음을 대화형 모드에서 코딩해 보자. 마지막 문장인 int(float('2.71828'))은 문자열 '2.71828'을 2로 변환한다.

2-12 코딩 02-12convert.py | 함수 int()와 float()에서의 변환 주의 | 난이도 기본

```
>>> int('python') # 일반 글자
Traceback (most recent call last):
  File "<stdin>", line 1, in <module>
ValueError: invalid literal for int() with base 10: 'python'
>>> int('6400i') # 정수에 문자 i가 포함
Traceback (most recent call last):
  File "<stdin>", line 1, in <module>
ValueError: invalid literal for int() with base 10: '6400i'
>>> float('3.141592f') # 실수에 문자 f가 포함
```

10진수 형태의 문자열이 아니면 ValueError가 발생한다.

```
Traceback (most recent call last):
  File "<stdin>", line 1, in <module>
ValueError: could not convert string to float: '3.141592f'
>>> int('2.71828') # 정수가 아닌 실수 형태
Traceback (most recent call last):
  File "<stdin>", line 1, in <module>
ValueError: invalid literal for int() with base 10: '2.71828'
>>> int('0b11') # 10진수만 형태만 가능
Traceback (most recent call last):
  File "<stdin>", line 1, in <module>
ValueError: invalid literal for int() with base 10: '0b11'
>>> int(float('2.71828')) # 정상적으로 2 반환
2
```

먼저 float()로 2.71828이 되고 다시 int(2.71828)을 수행해 2가 반환된다.

◆ 숫자 형태의 문자열을 정수나 실수로 변환

함수 input()으로 받은 입력은 형태가 수라도 문자열이므로 필요하면 실수나 정수로 변환해야 한다. 다음 코드에서 입력값이 저장되는 rate는 문자열 '4.2'이므로 나누기 연산을 하려면 float(rate)로 변환해야 한다.

```
>>> rate = input('예금 만기 이율(%)은? ')
예금 만기 이율(%)은? 4.2
>>> rate / 100 # rate가 문자열이므로 오류 발생
Traceback (most recent call last):
  File "<pyshell# 10>", line 1, in <module>
    rate / 100 # rate가 문자열이므로 오류 발생
TypeError: unsupported operand type(s) for /: 'str' and 'int'
>>> float(rate) / 100 #
0.042
```

'4.2' / 100으로 TypeError가 발생한다.

◆ 만 나이와 지구 둘레 길이 계산

나이를 입력받아 1을 뺀, 만 나이를 출력하는 대화형 코드를 작성해 보자.

2-13 코딩 02-13age.py | 나이를 입력받아 만 나이 출력 | 난이도 기본

```
>>> age = input('나이는? ')
나이는? 20
>>> print('실제 나이는', int(age) + 1)
실제 나이는 21
```

행성 이름인 '지구'와 반지름을 입력받아 지구 둘레 길이(2 × 3.14 ×반지름)를 구하는 다음 코드를 파일에 저장해 실행해 보자.

2-14 코딩 02-14length.py **행성 지구 반지름을 입력받아 지구 둘레 길이 구하기** 난이도 기본

```
planet = input('원하는 행성은? ')
strRadius = input(planet + ' 반지름은? ')
radius = int(strRadius)

length = 2 * 3.14 * radius
print(planet, '반지름:', radius)
print(planet, '둘레길이:', length)
```

파이썬 쉘에서 묻는 문자열 이후에 입력 내용을 직접 입력한다.

결과

```
원하는 행성은? 지구
지구 반지름은? 6400
지구 반지름: 6400
지구 둘레길이: 40192.0
```

3.2 16진수, 10진수, 8진수, 2진수와 활용

16진수, 8진수, 2진수 상수 표현

수의 상수를 표현하는 방법으로 10진법뿐 아니라 16진법, 8진법, 2진법 등이 있다. 16진수(hexadecimal)[4]는 맨 앞에 0x(숫자 0과 알파벳 x)로 시작하며, 8진수(octal)와 2진수(binary)는 각각 0o(숫자 0과 알파벳 o)와 0b(숫자 0과 알파벳 b)로 시작한다. 각각의 진수를 표시하는 알파벳은 대소문자 모두 가능하다.

```
>>> 10
10
>>> 0x1f, 0X1E, 0Xa # 16진법 표현
(31, 30, 10)
>>> 0o17, 0O16, 0O12 # 8진법 표현
(15, 14, 10)
>>> 0b11, 0B10, 0B1010 # 2진법 표현
(3, 2, 10)
```

앞에 나오는 영문자 x, o, n은 각각의 진수를 나타내는 영어 단어 heXadecimal, Octal, Binary에서 나온 것을 알 수 있다.

대화형 모드에서 값 사이에 콤마(,)를 넣으면 여러 값을 한 번에 볼 수 있다.

4 참고로 16진수, 10진수, 8진수, 2진수에서 각각의 수를 기수(base)라 한다.

◆ 10진수의 변환 함수 bin(), oct(), hex()

10진수를 바로 16진수, 8진수, 2진수로 표현되는 문자열로 변환하려면 각각 함수 bin(), oct(), hex()를 사용해야 한다.

```
>>> bin(7), bin(16), bin(12)
('0b111', '0b10000', '0b1100')
>>> oct(8), oct(10), oct(12)
('0o10', '0o12', '0o14')
>>> hex(14), hex(15), hex(16)
('0xe', '0xf', '0x10')
```

위 변환 함수를 사용해 표준 입력으로 10진수 정수를 입력받아 각각 2진수, 8진수, 10진수, 16진수로 출력하는 프로그램을 작성해 보자.

2-15 코딩 | 02-15base.py | **10진수 정수를 입력받아 2진수, 8진수, 10진수, 16진수 출력** | 난이도 응용

```
data = int(input('정수 입력 >> '))

print('2진수:', bin(data))     # 2진수로 출력
print('8진수:', oct(data))     # 8진수로 출력
print('10진수:', data)         # 10진수로 출력
print('16진수:', hex(data))    # 16진수로 출력
```

결과

```
정수 입력 >> 22
2진수: 0b10110
8진수: 0o26
10진수: 22
16진수: 0x16
```

```
정수 입력 > 0xff
Traceback (most recent call last):
  File "D:/2019 Python Code/ch02/2-14base.py", line 1, in <module>
    data = int(input('정수 입력 > '))
ValueError: invalid literal for int() with base 10: '0xff'
```

함수 int()는 10진수 형태의 문자열만 변환할 수 있다. 따라서 오류가 발생한다.

Tips 좀 더 알아봅시다!

진수의 체계와 이해

10진수는 하나의 자릿수(digits)에 사용하는 숫자가 0에서 9까지 10개이므로 10진수이고, 여기서 '10'을 기수(base, radix)라고 한다. 두 자리 10진수 10이 만들어지는 과정을 살펴보면, 하나의 숫자로 이뤄진 단 단위에서 0부터 9까지 모두 센 후 그 다음으로 넘어가려면 왼쪽 옆에 숫자를 하나 더 써넣어 9보다 큰 숫자를 10으로 나타내야 한다. 그러므로 10진수에서 가장 오른쪽은 10^0인 단 단위이며, 그 왼쪽 옆은 10^1인 십 단위, 다시 그 왼쪽 옆은 10^2인 백 단위의 자릿수로, 계속 어느 자릿수는 바로 오른쪽의 10배로 증가하는 자릿수를 나타낸다. 10진수 5319는 1000(10^3)인 것이 5개, 100(10^2)인 것이 3개 10(10^1)인 것이 1개, 마지막으로 1(10^0)인 것이 9개 모인 수를 말한다.

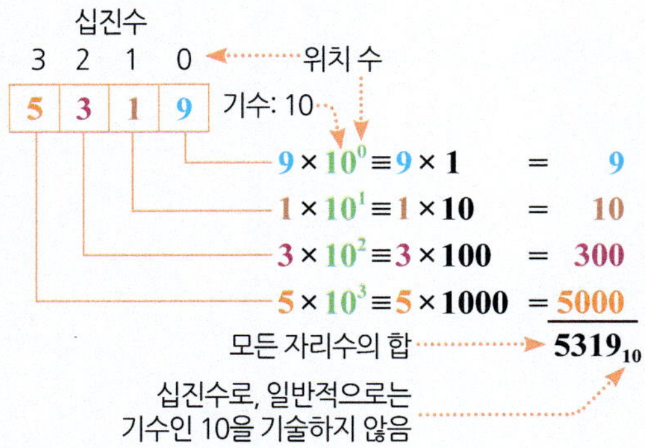

▲ **그림 8** 진수의 이해

컴퓨터가 이해하는 11010, 1010, 110과 같이 2진수는 수의 자릿수에 사용할 수 있는 숫자가 0과 1, 2개이므로 2진수라 한다. 10진수의 기수가 10이라면 2진수의 기수는 2다. 2진수를 순서대로 나열하면 0, 1, 10, 11, 100 등과 같이 하위 자릿수가 1 다음은 왼쪽 자릿수를 하나 올리고 자신의 자릿수는 0이 되는 방식으로 증가한다. 2진수에서 가장 오른쪽은 단(2^0) 단위이며, 왼쪽으로 갈수록 2(2^1) 단위, 4(2^2) 단위, 8(2^3) 단위, 16(2^4) 단위 등으로 어느 자릿수는 바로 오른쪽의 2배로 증가하는 자릿수다. 2진수 11010은 다음과 같은 1, 2, 4, 8, 16자릿수의 카드로 표현할 수 있다. 즉, 1이면 그 카드에 있는 표시 수만큼을 더하고 0이면 0을 더하면 된다. 예를 들어 2진수 11010은 16 + 8 + 0 + 2 + 0인 26이다.

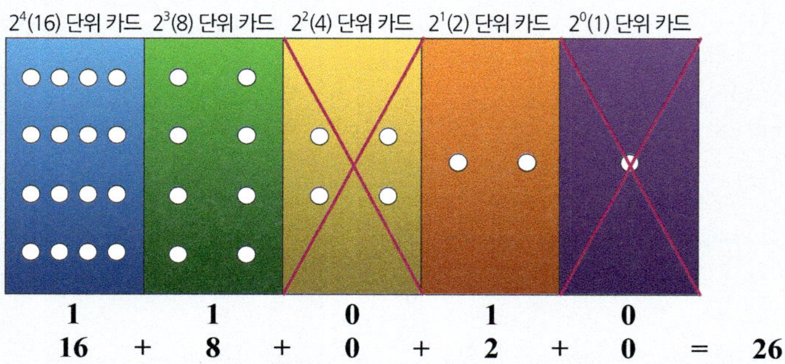

▲ **그림 9** 카드를 이용한 2진수의 이해

위의 내용을 확장하면 조금 긴 2진수 11100111101도 이해할 수 있다. 다음 그림에서 2진수 11100111101은 1853이라는 것을 보여 준다. 2진수의 문제는 길다는 것이다. 이러한 2진수의 길이를 줄이면서 2진수의 특징은 그대로 표현하기 위해 8진수와 16진수를 사용한다. 8진수와 16진수의 체계도 10진수와 2진수를 생각하면 쉽다.

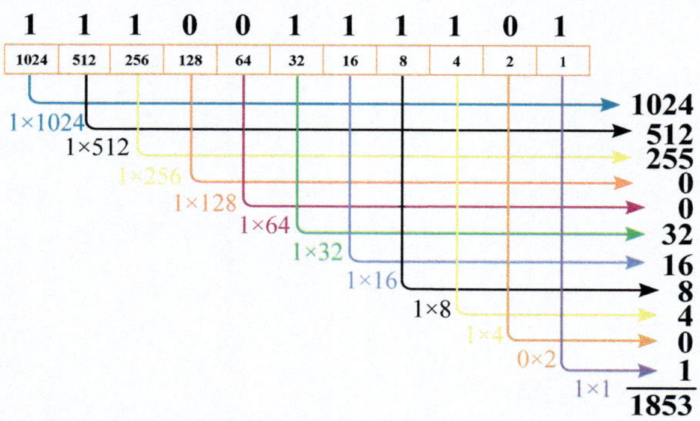

▲ **그림 10** 11자리인 2진수 11100111101의 이해

◆ int('정수', 진법기수)를 활용한 여러 진수 상수 형태 문자열의 10진수 변환

함수 int('strnum') 또는 int('strnum', 10)은 10진수 형태의 문자열을 10진수 정수로 변환한다. 여러 진수 형태 문자열을 10진수로 바꾸려면 함수 int('strnum', n)을 사용해야 한다. 여기서 n은 변환하려는 문자열 진수의 숫자를 2, 8, 10, 16 등으로 넣는다.

```
>>> int('17'), int('25', 10) # 모두 10진수로 변환
(17, 25)
>>> int('11', 2) # 2진수 문자열을 10진수로 변환
3
>>> int('10', 8) # 8진수 문자열을 10진수로 변환
8
>>> int('1A', 16) # 16진수 문자열을 10진수로 변환
26
```

int('strnum', 0)을 사용하면 strnum의 맨 앞이 0b, 0o, 0x에 따라 각각의 문자열을 자동으로 각각 2진수, 8진수, 16진수로 인지해 10진수로 변환한다.

```
>>> int('0b11', 0) # 2진수로 인식
3
>>> int('0o11', 0) # 8진수로 인식
9
>>> int('0x11', 0) # 16진수로 인식
17
```

8진수 11로 인지해 8 + 1인 9로 변환한다.

◆ 16진수의 입력으로 2진수, 8진수, 10진수, 16진수 출력

위에서 배운 여러 변환 함수로 16진수 정수를 입력받아 각각 2진수, 8진수, 10진수, 16진수를 출력하는 코딩을 해 보자. 입력값으로 맨 앞에 16진수임을 나타내는 0x나 0X는 선택이다. 입력에 주의해 다음을 코딩한 후 실행해 보자.

2-16 코딩 02-16hexsys.py | 16진수 정수를 입력받아 2진수, 8진수, 10진수, 16진수 출력 | 난이도 응용

```
invar = input('16진수 정수 입력 >> ')
data = int(invar, 16) # 입력 문자열을 16진수로 인지해 변환
# 여러 진수로 출력
print('2진수:', bin(data))
print('8진수:', oct(data))
print('10진수:', data)
print('16진수:', hex(data))
```

결과

```
16진수 정수 입력 >> 0x1C
2진수: 0b11100
8진수: 0o34
10진수: 28
16진수: 0x1c
```

```
16진수 정수 입력 >> 32
2진수: 0b110010
8진수: 0o62
10진수: 50
16진수: 0x32
```

32도 16진수 32로 인지한다.

입력을 잘못해 발생한 오류

```
16진수 정수 입력 >> 0o32
Traceback (most recent call last):
  File "D:/2019 Python Code/ch02/2-16hexsys.py", line 2, in <module>
    data = int(invar, 16) # 입력 문자열을 16진수로 변환
ValueError: invalid literal for int() with base 16: '0o32'
```

만일 표준 입력에서 8진수 형태인 0o32를 입력하면, 16진수로 변환할 수 없는 문자열이므로 다음과 같은 실행 오류가 발생한다.

중간 점검

06 다음 문자열을 10진수로 변환하는 문장을 작성하시오.

① '156'

② '0b101'

③ '0o11'

④ '0xf'

07 다음과 같이 표준 입력으로 이름을 입력받아 출력하는 코드를 작성하시오.

```
당신의 이름은? 홍길동
만나서 반가워요, 홍길동씨!
```

정답

06
① int('156')
② int('0b101', 2)
③ int('0o11', 8)
④ int('0xf', 16)

07
```
name = input("당신의 이름은? ")
print("만나서 반가워요, " + name + "씨!")
```

프로젝트 Lab 1

02-pl01-arithmetic.py | **표준 입력한 실수와 연산식의 산술 연산 및 결과 출력** | 난이도 응용

표준 입력으로 2개의 실수를 입력받아 더하기, 빼기, 곱하기, 나누기의 연산을 출력한다. 이후 다시 표준 입력으로 하나의 연산식을 한 줄에 입력받아 그 결과를 출력하는 프로그램을 작성해 보자.

문제 이해(Understanding)

이 문제는 서로 다른 2개의 부분 문제를 해결하는 과정이다. 먼저 2개의 실수를 두 번의 표준 입력으로 입력받아 입력된 두 실수의 사칙연산 결과를 출력한다. 다음으로 한 줄에 입력되는 산술 연산식을 문자열로 입력받은 후 함수 eval()을 사용해 그 연산식의 결과를 바로 출력한다.

설계(Design)

알고리즘(Algorithm)

① 두 실수를 입력받는다.

- 변수 num1, num2에 입력, 함수 input()과 float() 사용

② 두 실수의 사칙연산 결과를 출력한다.

- 연산자 +, −, *, /를 사용해 출력

③ 하나의 연산식을 입력받아 그 결과를 출력한다.

- 변수 expression에 연산식 저장, 함수 eval() 사용해 출력

표준 입출력 샘플

```
첫 번째 수 입력 >> 3.4
두 번째 수 입력 >> 1.5
합: 4.9
차: 1.9
곱하기: 5.1
나누기: 2.2666666666666666
연산식 입력 >> 3 * 4 / 2
연산식: 3 * 4 / 2 결과: 6.0
```

구현(implementation)

```python
# 두 실수의 사칙연산과 표준 입력 연산식의 계산
num1 = float(input('첫 번째 수 입력 >> '))
num2 = float(input('두 번째 수 입력 >> '))
print('합:', num1 + num2)
print('차:', num1 - num2)
print('곱하기:', num1 * num2)
print('나누기:', num1 / num2)
expression = input('연산식 입력(예 3.2 + 4 * 1.5) >> ')
print('연산식:', expression, '결과:', eval(expression))
```

테스트와 실행 결과(Testing & Simulation)

```
첫 번째 수 입력 >> 10.0
두 번째 수 입력 >> 2.5
합: 12.5
차: 7.5
곱하기: 25.0
나누기: 4.0
```

```
첫 번째 수 입력 >> 3.9
두 번째 수 입력 >> 1.4
합: 5.3
차: 2.5
곱하기: 5.46
나누기: 2.785714285714286
```

```
연산식 입력 >> 30 // 4
연산식: 30 // 4 결과: 7
```

실행 오류

```
연산식 입력 >> 3 // * 3
Traceback (most recent call last):
  File "2-pl1-arithmetic.py", line 9, in <module>
    print('연산식:', expression, '결과:', eval(expression))
  File "<string>", line 1
    3 // * 3
         ^
SyntaxError: invalid syntax
```

연산자 //와 *이 연속으로 나와 연산식 자체에 문제가 생김으로써 실행 오류가 발생한다.

공유(Share)

위 실행 오류는 표준 입력에 의한 오류다. 이러한 실행 오류를 처리하는 방법은 Chapter 11의 예외 처리에서 학습한다. 친구의 코드와 비교해 보고 정수만을 입력받을 수 있는 프로그램으로 수정해 보자.

프로젝트 Lab 2

02-pl02-numconvert.py | 여러 진수를 표준 입력한 수를 여러 진수로 출력 | 난이도 실전

가장 먼저 변환할 수가 2진수, 8진수, 10진수, 16진수 중에 무엇인지 입력받는다. 그런 다음, 표준 입력한 수의 2진수, 8진수, 10진수, 16진수를 출력하는 프로그램을 작성하자.

문제 이해(Understanding)

처음에 입력받는 것은 2, 8, 10, 16 중 하나이며 진수를 결정할 기수다. 다음은 변환할 정수를 입력받은 후 이미 입력받은 기수를 사용해 10진수로 변환한다. 이후 적정한 함수를 사용해 각각 2진수, 8진수, 10진수, 16진수로 출력한다.

설계(Design)

알고리즘(Algorithm)

① 무슨 진수인지 입력받는다.
- 변수 base에 입력, 함수 input()과 int() 사용

② 위의 진수로 적정한 정수 하나를 입력받는다.
- 기수 base를 사용한 적정한 메시지 출력으로 정수 입력

③ 입력된 정수의 2진수, 8진수, 10진수, 16진수를 출력한다.
- 함수 bin(), oct(), hex() 사용

표준 입출력 샘플

```
입력할 정수의 진수(base)는? 2
2진수 정수 입력 >> 1011
2진수: 0b1011
8진수: 0o13
10진수: 11
16진수: 0xb
```

구현(implementation)

```python
# 진수와 그에 맞는 정수를 입력받아 2진수, 8진수, 10진수, 16진수 출력
base = int(input('입력할 정수의 진수(base)는? '))
invar = input(str(base) + '진수 정수 입력 >> ')
data = int(invar, base) # 입력 문자열을 base 진수로 변환
# 여러 진수로 출력
print('2진수:', bin(data))
print('8진수:', oct(data))
print('10진수:', data)
print('16진수:', hex(data))
```

테스트와 실행 결과(Testing & Simulation)

```
입력할 정수의 진수(base)는? 16
16진수 정수 입력 >> 1f
2진수: 0b11111
8진수: 0o37
10진수: 31
16진수: 0x1f
```

8진수인데 8진수의 자릿수가 아닌 9를 입력하면 실행 오류가 발생한다.

실행 오류

```
입력할 정수의 진수(base)는? 8
8진수 정수 입력 >> 9
Traceback (most recent call last):
  File "02-pl02-numconvert.py", line 6, in <module>
    data = int(invar, base) # 입력 문자열을
                              base 진수로 변환
ValueError: invalid literal for int() with
base 8: '9'
```

공유(Share)

위 실행 오류는 표준 입력에 의한 오류다. 이러한 실행 오류를 처리하는 방법은 예외 처리에서 학습한다. 친구의 코드와 비교해 보고 무슨 진수인지 입력받지 않고 진수를 인지해 여러 진수로 변환하는 프로그램을 연구해 보자.

학습 내용 점검

01 다음 문자열의 표현에서 오류가 있다면 수정하시오.

① `'python 언어'`
② `'python' + "언어"`
③ `"'자바" 언어"`
④ `'"귀도 반 로섬''`
⑤ `'파이썬' * "최고"`
⑥ `'파이썬 ' + "최고" * 3`

02 다음 수의 표현에서 오류가 있다면 수정하시오.

① `7`
② `5.`
③ `3.15e3`
④ `0b21`
⑤ `0o96`
⑥ `0xFG`

03 다음 함수의 호출과 표현식의 결과를 기술하시오.

① `(10 // 3) ** 2`
② `25 % 7 / 2`
③ `bin(9)`
④ `int('23', 8)`
⑤ `eval('20 - 4 ** 2 // 3')`
⑥ `divmod(25, 4)`

04 다음 변수 이름에 오류가 있다면 수정하시오.

① `distFromSun`
② `sale_Price`
③ `7seven`
④ `interest rate`
⑤ `except`
⑥ `percent%`

05 다음 변수 이름에 오류가 있다면 수정하시오.

① 변수 name에 문자열 string을 저장하는 문장
② 변수 univ에 문자열 큰따옴표를 포함한 "한국대학교"를 저장하는 문장
③ 변수 distance에 지구에서 태양까지의 거리 1억 4,960만 km 저장하는 문장
④ 변수 value에 2진수 101011를 저장하는 문장
⑤ 변수 a, b, c 모두 정수 256을 저장하는 문장
⑥ 변수 real에 실수 1.496×10^8를 저장하는 문장

06 다음과 같이 변수 a, b가 다음이라면 각각의 결괏값은 얼마인가?

```
a, b = 3, 4
```

① `a + 10 / 2`
② `a * b // 4`
③ `27 / a ** (b - 2)`
④ `int(3.14) + 4 // a - b`
⑤ `int(a + 3.4) - 4 % 3`
⑥ `int(-b / 3)`

07 다음 코드가 순차적으로 실행될 때 각각의 문장이 실행된 이후의 변수 x, y에 저장된 값을 채우시오.

코드	x	y
`x, y = 10, 5`	10	5
`x = y + 1;`		
`x /= 2;`		
`y += 2;`		
`x //= y - 1;`		
`print(x+1, y-1);`		
`y %= y // 2;`		

08 다음 문제에서 가장 적절한 것을 하나 선택하시오.

① 다음 중 파이썬의 상수(literals)로 부적합한 것은?

가) 5　　나) 7.3

다) 'float'　　라) 3.4F

② 다음 중 파이썬의 자료형이 아닌 것은?

가) int　　나) str

다) float　　라) double

③ 다음 중 대화형 모드에서 결괏값이 다른 것은?

가) 0xf　　나) int('0xf', 16)

다) int(0xf)　　라) bin(16)

09 다음 코드의 오류에 대해 설명하시오.

①
```
m = input()
print(m + 1)
```

②
```
n = int('3.14')
print(n - 1)
```

③
```
str = '34'
print('결괏값' + int(str))
```

④
```
a, b = 5, 7
a = b = 8 = c = 9
```

10 다음 프로그램 출력 결과를 참고하고 제시된 설명 절차에 따라 프로그램을 작성하시오.

```
지구에서 태양까지 거리 A: 149600000
지구에서 달까지 거리 B: 384400
A는 B의 389배
```

Ⅰ) 변수 distFromSun에 지구에서 태양까지의 거리인 149600000을 저장

Ⅱ) 변수 distFromMoon에 지구에서 달까지의 거리인 384400을 저장

Ⅲ) 지구에서 태양까지의 거리를 출력

Ⅳ) 지구에서 달까지의 거리를 출력

Ⅴ) 변수 ration에 distFromSun이 distFromMoon의 몇 배인지 계산

Ⅵ) 변수 ration를 정수로 출력

도전! 프로그래밍

01 두 문자열을 표준 입력으로 받아 한 줄에 출력하는 프로그램을 작성하시오.

기본

```
문자열 1: python
문자열 2: 언어
python 언어
```

02 킬로미터 단위로 거리를 입력받아 마일(mile) 단위로 변환해 출력하는 프로그램을 작성하시오.

기본

- 1마일은 1.61km

```
차의 속도를 입력(km) >> 135
135(km)은 83.85093167701862 마일(miles)이다.
```

03 아메리카노를 주문받아 총 가격을 출력하는 프로그램을 작성하시오.

기본

- 아메리카노의 가격은 3500원

```
아메리카노 몇 개 주문하세요? 7
총 가격은 24500 이다.
```

04 다음 조건을 참고해 지구를 원이라고 보고 원의 둘레를 계산해 실제와의 차이를 알아보는 프로그램을 작성하시오.

기본

- 지구의 둘레는 4만 120km, 반지름은 6378.1km
- 원둘레 공식: 2 × 3.141592 × r(반지름)

```
알려진 지구 둘레: 40120
지구와 같은 원둘레: 40074.77587040001
차이: 45.22412959999201(km)
```

05 다음 조건을 참고해 섭씨 온도를 입력받아 화씨 온도로 변환하는 프로그램을 작성하시오.

응용

- 다음 식을 사용해 정확한 계산을 수행하고
- 약식 계산은 f = c × 2 + 30으로 계산해 차이도 출력

```
온도 입력 >> 38
정확 계산: 섭씨: 38 , 화씨: 100.4
약식 계산: 섭씨: 38 , 화씨: 106
차이: -5.599999999999994
```

$$F = C \cdot \frac{9}{5} + 32 \qquad C = (F - 32) \cdot \frac{5}{9}$$

06 응용 두 정수를 입력받은 후 산술 연산 /, %, //, ** 4개를 수행해 결과를 출력하는 프로그램을 작성하시오.

```
Enter First number: 12
Enter Second number: 5
12 / 5 ==> 2.4
12 % 5 ==> 2
12 // 5 ==> 2
12 ** 5 ==> 248832
```

07 실전 다음에서 설명하는 함수 float.fromhex(str)를 이해하고 두 16진수 실수를 입력받아 사칙연산을 수행하는 프로그램을 작성하시오.

- 실수 float에 속한 함수(정확한 명칭은 메소드라고 함) float.fromhex(str)는 16진수 형태의 문자열 str을 실수로 변환하는 함수
- 즉 float.from('f')는 15, float.from('e.1')은 14.0625

```
첫 번째 16진수 실수 입력 >> f
두 번째 16진수 실수 입력 >> e.1
실수1: 15.0 실수2: 14.0625
합: 29.0625
차: 0.9375
곱하기: 210.9375
나누기: 1.0666666666666667
```

08 응용 네 자릿수 정수를 입력받은 후 그 정수를 역순으로 출력하는 프로그램을 작성하시오.

```
네 자릿수 정수 입력 >> 5432
2345
```

Chapter 03

일상에서 활용되는 문자열과 논리 연산

학습 목표

- 문자열에서 문자나 부분 문자열을 반환하는 여러 방법을 구현할 수 있다.
- 문자열 객체에 소속된 다양한 메소드를 이해하고 활용할 수 있다.
- 논리 값을 이해하고 다양한 연산을 사용해 실생활에서의 표현에 활용할 수 있다.

Section

01 문자열 다루기

Python

1.1 문자열 str 클래스와 부분 문자열 참조 슬라이싱

◆ 문자열은 클래스 str의 객체

파이썬에서 문자열은 '문자의 나열'로, 텍스트 시퀀스(text sequence)라고도 한다. 문자열의 자료형은 class str이다. 'python'과 같은 문자열 상수는 클래스 str의 객체다. 이미 학습한 문자열 표시 방법을 정리하면 다음과 같다.

- 작은따옴표: '"큰" 따옴표 표현'처럼 문자열 내부에 큰따옴표 사용 가능
- 큰따옴표: "'작은' 따옴표 표현"처럼 문자열 내부에 작은따옴표 사용 가능
- 삼중따옴표: '''문자열''' 또는 """문자열"""로 여러 줄의 문자열 표현

용어를 알아봅시다

클래스와 객체

일상생활에서 사용하는 입학생, 자동차, 고양이 등의 용어 자체를 클래스(class)라고 생각하자. 여기서 구체적으로 오래된 아버지 차, 신입생인 나, 우리집 고양이 등과 같은 구체적인 사례는 객체다. 즉, 클래스 str은 문자열의 개념을 정리해놓은 자료형이고, 여기서 'python', 'java' 등은 클래스 str의 객체다.

클래스는 객체지향 프로그래밍 언어의 관점에서 객체를 정의하기 위한 틀 또는 모형인 템플릿(templet)이라고 한다. 객체는 클래스로부터 만들어진 하나의 구체적인 사례인 인스턴스(instance)다. 다시 말해 클래스는 객체를 만들기 위한 정의, 객체는 해당 클래스의 구체적인 자료라고 생각하자.

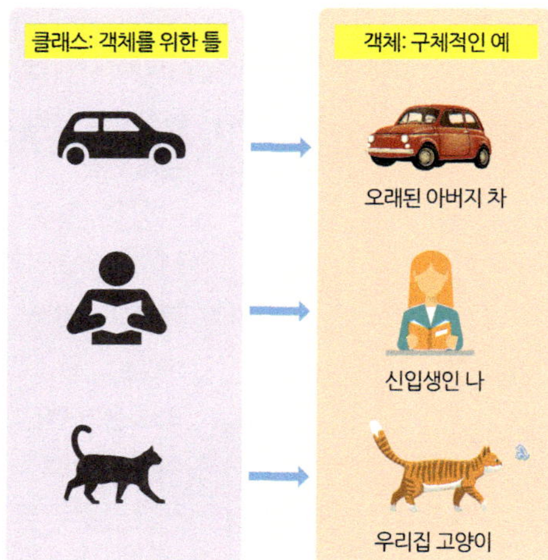

▲ 그림1 클래스와 객체

쉬운 용어는 아니므로 이해하지 못해도 상관없다.
나중에 배우면 알 수 있다.

◆ 함수 len()으로 문자열의 길이 참조

함수 len(문자열)으로 문자열의 길이를 알 수 있다.

```
>>> a = 'python'
>>> len(a)
6
>>> len('파이썬')
3
```

◆ 문자열의 문자 참조

문자열을 구성하는 문자는 0부터 시작되는 첨자(index)를 대괄호 안에 기술해 참조(indexing)가 가능하다. −1부터 시작돼 −2, −3으로 작아지는 첨자도 역순으로 참조한다. 첨자가 유효 범위를 벗어나면 IndexError가 발생한다.

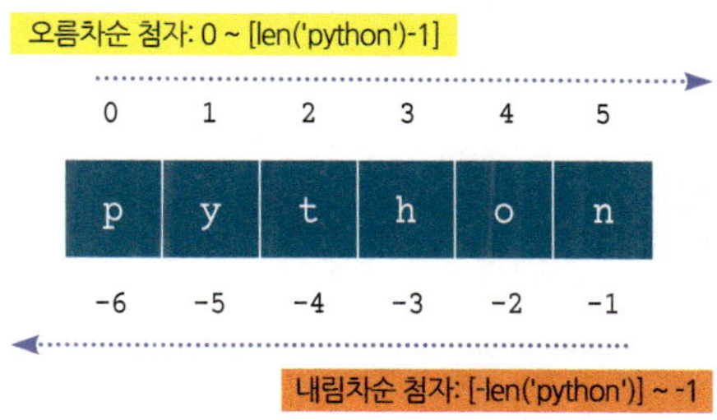


```
>>> 'python'[0]
'p'
>>> 'python'[3]
'h'
>>> 'python'[-1]
'n'
>>> 'python'[len('python')-1]
'n'
>>> 'python'[-4]
't'
>>>
>>> 'python'[6]
Traceback (most recent call last):
  File "<stdin>", line 1, in <module>
IndexError: string index out of range
>>> 'python'[-7]
Traceback (most recent call last):
  File "<stdin>", line 1, in <module>
IndexError: string index out of range
```

첨자가 유효한 범위는 0에서 5까지, −6에서 −1까지다. 따라서 오류가 발생한다.

다음은 문자열 'Hello python!'에서 길이와 첫 문자, 가운데와 마지막 문자를 첨자로 참조하는 프로그램이다.

3-1 코딩 03-01strindex.py **첨자로 문자열의 문자 참조** 난이도 기본

```python
str = 'Hello python!'
n = len(str)
print('문자열', str, '길이', n)
print('첫 문자', str[0], str[-n] )
print('가운데 문자', str[n//2], str[-n//2] )
print('마지막 문자', str[n-1], str[-1])
```

결과

```
문자열 Hello python! 길이 13
첫 문자 H H
가운데 문자 p p
마지막 문자 ! !
```

1.2 문자열의 부분 문자열 참조 방식

◆ 0과 양수를 이용한 문자열 슬라이싱

문자열에서 일부분을 참조하는 방법을 슬라이싱(slicing)이라고 한다. 치즈를 얇게 썬 것을 슬라이스 치즈라 하듯이 문자열에서 잘라 일부분을 참조한다고 생각하자. 물론 기존의 문자열은 절대 수정이 되는 것이 아니라 원 문자열은 변함이 없고 일부분을 반환하는 것이다.

콜론을 사용한 [start:end]로 부분 문자열을 반환하는데, start 첨자에서 end-1 첨자까지의 문자열을 반환한다. 이때 주의할 것은 마지막이 end 이전인 문자까지라는 것이다. 다른 방법인 경계선 방식으로는 문자열에서 각 문자의 경계선 사이를 숫자로 생각해 start에서 end까지라고 생각해도 좋다.

- 문자열 슬라이싱 str[start:end]: 문자열 str에서 start 첨자에서 end-1 첨자까지의 문자열을 반환

```
>>> 'python'[1:5]
'ytho'
>>> 'python'[2:4]
'th'
>>> 'python'[0:3]
'pyt'
>>> 'python'[0:6]
'python'
>>> 'python'[0:len('python')]
'python'
>>>
```

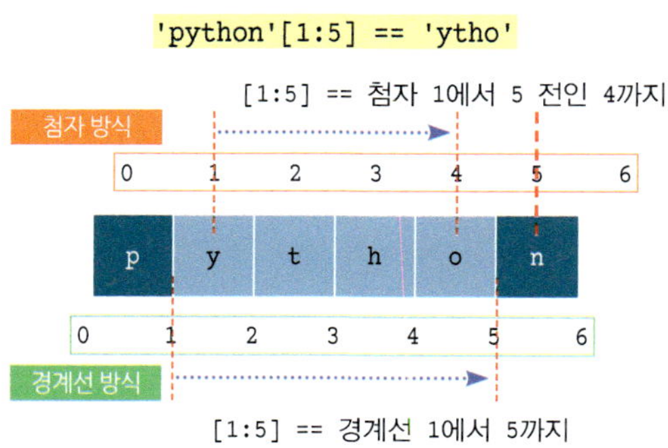

▲ **그림2** 0과 양수를 이용한 문자열 슬라이싱

◆ 음수를 이용한 문자열 슬라이싱

슬라이스 [start:end]에서는 음수도 사용할 수 있으며, 다음 그림의 '첨자 방식'처럼 start 첨자에서 end−1 첨자까지의 문자열을 반환한다. 양수와 마찬가지로 숫자를 문자열에서 각 문자까지의 경계선이라고 가정해 start에서 end까지라고 생각해도 좋다.

```
>>> 'python'[-5:-1]
'ytho'
>>> 'python'[-4:-1]
'tho'
>>> 'python'[-6:-3]
'pyt'
>>> 'python'[-6:-1]
'pytho'
>>> 'python'[-len('python'):-1]
'pytho'
```

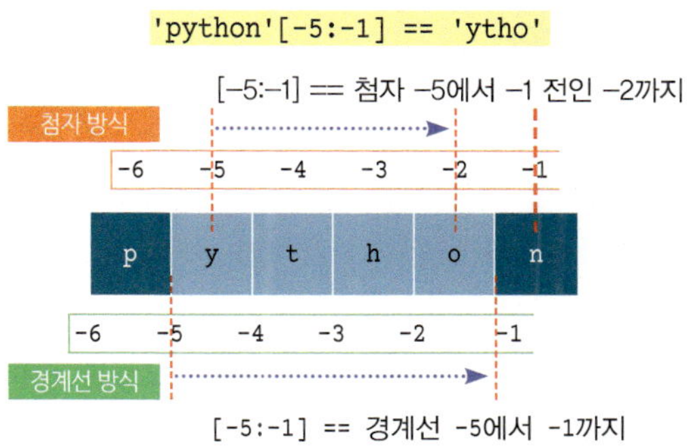

▲ **그림3** 음수를 이용한 문자열 슬라이싱

순방향의 0, 양수, 역방향의 음수를 혼합해 슬라이싱에 사용할 수 있다.

```
>>> 'python'[1:-1]
'ytho'
>>> 'python'[0:-2]
'pyth'
>>> 'python'[0:-1]
'pytho'
>>> 'python'[2:-2]
'th'
>>> 'python'[-5:5]
'ytho'
>>> 'python'[-6:4]
'pyth'
>>> 'python'[-4:6]
'thon'
```

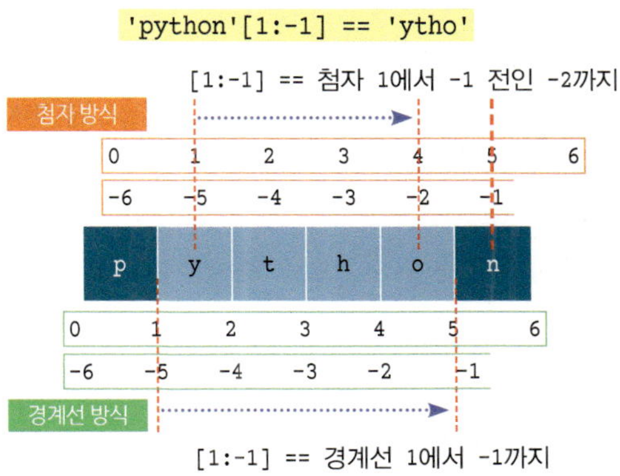

문자열 슬라이싱에서 start와 end로 구성하는 문자열이 없다면 아무것도 없는 빈 문자열 ''을 반환한다.

```
>>> 'python'[5:-1]
''
>>> 'python'[3:1]
''
>>> 'python'[-3:-4]
''
>>> 'python'[-3:0]
''
```

◆ start와 end를 비우면 '처음부터'와 '끝까지'를 의미

슬라이싱에서 start와 end를 비울 수 있으며, 각각 '처음부터'와 '끝까지'를 의미한다.

```
>>> 'python'[:3]
'pyt'
>>> 'python'[:4]
'pyth'
>>>
>>> 'python'[1:]
'ython'
>>> 'python'[3:]
'hon'
```

그러므로 앞뒤를 모두 비우면 문자열 전체를 반환한다.

```
>>> 'python'[:] # 전체 반환
'python'
```

문자열 슬라이싱을 정리하는 다음 대화형 모드의 코드를 작성해 보자. 파일로 저장해 실행하려면 함수 print()를 사용해 문자열의 길이나 슬라이싱을 출력해야 한다.

3-2 코딩 03-02strslicing.py | 슬라이싱으로 문자열의 부분 문자열 참조 | 난이도 기본

```
>>> str = 'Monty Python'
>>> len(str)
12
>>> str[0:5], str[6:], str[6:12]
('Monty', 'Python', 'Python')
>>> str[-12:-7], str[-6:], str[-6:0]
('Monty', 'Python', '')
```

이 사이의 부분 문자열을 구성할 수 없으므로 빈 문자열 ''이 결과다.

◆ str[start:end:step]으로 문자 사이의 간격을 step으로 조정 가능

부분 반환 문자열에서 문자 사이의 간격을 step으로 조정하려면 str[start:end:step]을 사용해야 한다. step을 생략하면 1이다.

- str[:] == str[::] == str[::1]은 모두 전체 문자열을 반환한다.

```
>>> 'python'[::1]
'python'
>>> 'python'[1:5:2]
```

```
'yh'
>>> 'python'[1:5:3]
'yo'
```

간격인 step은 음수도 가능하며, 이 경우 첨자 start는 첨자 end보다 오른쪽에 위치한 첨자여야 한다. str[::-1]은 문자열 str을 역순으로 구성된 문자열로 반환한다.


```
>>> 'python'[::-1]  # 역순의 문자열을 반환
'nohtyp'
>>> 'python'[5:0:-1]
'nohty'
>>> 'python'[-1:-7:-1]
'nohtyp'
```

다음 코드를 파일로 저장해 지금까지 배운 문자열 슬라이싱을 정리해 보자.

3-3 코딩 03-03strstep.py | **다양한 문자열 슬라이싱** | 난이도 기본

```
str = '일요일 기러기'
print(str[:3], str[4:]) # 양수 이용
print(str[:-4], str[-3:]) # 음수 이용
print(str[:], str[::], str[::1] ) # 모든 문자열 참조
print(str[::2]) # 한 문자씩 건너뛰기
print(str[::3]) # 두 문자씩 건너뛰기
print(str[::-2]) # 역순으로 한 문자씩 건너뛰기
print(str[::-1]) # 역순으로 출력
```

결과

```
일요일 기러기
일요일 기러기
일요일 기러기 일요일 기러기 일요일 기러기
일일기기
일 기
기기일일
기러기 일요일
```

잠/시/쉬/면/서

문자열의 부분 문자열 참조

다음에 사항을 유의해 문자열 s에서 부분 문자열을 참조하는 방식을 정리하면 다음과 같다.

- 첨자의 시작은 0부터이며, j-1까지다.
- 간격인 step의 기본은 1이며, 음수도 가능하다.

문자열뿐 아니라 시퀀스형인 리스트, 튜플 등에 사용되는 방법이므로 잘 이해하기 바란다.

▼ **표1** 문자열의 부분 문자열 참조

연산	결과	비고
s[i]	s의 첨자 i항목을 반환하며, i는 0에서 시작	하나의 문자 반환
s[i:j]	s의 첨자 i에서 j–1까지의 부분 문자열로 슬라이스	하나의 부분 문자열 반환
s[i:j:k]	s의 i 에서 j–1까지 스텝 k로 구성되는 부분 문자열로 슬라이스	간격으로 새로운 문자열 반환

1.3 문자 함수와 이스케이프 시퀀스

◆ 문자 함수 ord()와 chr()

파이썬은 유니코드 문자를 사용하므로 한글을 비롯한 세계의 언어를 사용하는 데 아무런 지장이 없다. 한글 문자 '가'의 유니코드 번호는 내장 함수 ord('가')로 알 수 있다. 이와 반대로 유니코드 번호 44032로 내장 함수 chr(44032)를 호출하면 문자를 반환한다.

```
>>> ord('가') # 44032
44032
>>> chr(44032) # '가'
'가'
>>> hex(ord('가')) # 44032의 16진수 ac00
'0xac00'
>>> hex(ord('힣'))
'0xd6a7'
```

◆ 이스케이프 시퀀스 문자

하나의 문자를 역슬래시(\)로 시작하는 조합으로 표현하는 문자를 이스케이프 시퀀스 문자(escape sequence characters)라고 한다. 파이썬도 다른 언어처럼 다음과 같은 이스케이프 시퀀스 문자를 제공한다.

```
>>> '\\' # backslash
'\\'
>>> print('\\')
\
>>> '\'' # single-quote
"'"
>>> '\"' # double quote
```

```
'"'
>>> '\a' # bell alert sounds
'\x07'
>>> '\b' # backspace(BS) removes previous character
'\x08'
>>> print("ab" + "\b" + "c")
ac
>>> '\n' # newline
'\n'
>>> print("hello\nworld")
hello
world
# Prints a character from the Unicode database
>>> '\N{DAGGER}'
'†'
>>> print('\N{REMINDER RIBBON}')
🎗
>>> '\r' # carriage return(CR).
'\r'
>>> print("123456\rXX_XX") # XX_XX6
123456
XX_XX
>>> 'a\tb'
'a\tb'
>>> print('a\tb') # ASCII horizontal tab(TAB).
a       b
>>> '\uac00' # unicode '가'
'가'
>>> "\u041b" # unicode 'Л'
'Л'
>>> print(u"\u00D7") # ×
×
# 가 \Uxxxxxxxx, 32-bit hex value Unicode character
>>> print(u"\U0000AC00")
가
>>> '\043' # octal value
'# '
>>> '\xff' # hex value
'ÿ'
>>>
```

이스케이프 시퀀스 문자	설명
\\	역슬래시
\'	작은따옴표
\"	큰따옴표
\a	벨소리(알람)
\b	백스페이스(이전 문자 지우기)
\n	새 줄
\N{name}	유니코드의 이름
\r	동일한 줄의 맨 앞으로 이동 (파이썬 쉘에서는 다음 줄로)
\f	폼피드(form feed) (예전 프린터에서 다음 페이지의 첫 줄로 이동)
\t	수평 탭
\v	수직 탭
\uxxxx	16비트 16진수 코드
\Uxxxxxxxx	32비트 16진수 코드
\ooo	8진수의 코드 문자
\xhh	16진수의 코드 문자

이스케이프 시퀀스 문자는 문자열 내부에도 사용할 수 있다. 작은따옴표로 둘러싸는 문자열 내부에서 작은따옴표를 쓰려면 \', 큰따옴표로 표시하는 문자열 내부에서 큰따옴표를 쓰려면 \"를 사용한다.

```
>>> str = '\'파이썬\'은 강력한 언어다.'
>>> print(str)
'파이썬'은 강력한 언어다.
>>> print("\"파이썬\"은 '자바'보다 코드의 양이 많이 줄어든다.")
"파이썬"은 '자바'보다 코드의 양이 많이 줄어든다.
```

◆ 문자열의 최대와 최소

내장 함수 min()과 max()는 인자의 최댓값과 최솟값을 반환하는 함수다. 인자가 문자열 1개이면 문자열을 구성하는 문자에서 코드 값으로 최대와 최소인 문자를 반환한다. 만일 인자가 문자열이 2개 이상이면 문자열 중 최대와 최소인 문자열을 반환한다. 2개 이상의 숫자도 인자가 될 수 있으며 최대와 최소 수를 반환한다.

```
>>> min('ipython')
'h'
>>> max('ipython')
'y'
>>> min('3259')
'2'
>>> max('3259')
'9'
>>> min(3, 96.4, 13)
3
>>> max(3, 96.4, 13)
96.4
>>> min('ipython', 'java')
'ipython'
>>> max('ipython', 'java')
'java'
```

용어를 알아봅시다

내장 함수

함수 len(), print(), int(), float(), str(), type(), min(), max() 등을 내장 함수(built-in function)라고 한다. 내장 함수는 파이썬 라이브러리로 인터프리터에서 아무런 설정 없이(나중에 배울 부가적인 설치와 임포트 필요 없이) 바로 사용할 수 있는 함수를 말한다. 다음 파이썬 튜토리얼에서는 공식 내장 함수 69개를 소개하고 있다. 이미 다양한 내장 함수를 학습했으며, 나머지 함수들도 해당 내용이 나오는 부분에서 대부분 설명할 것이다.

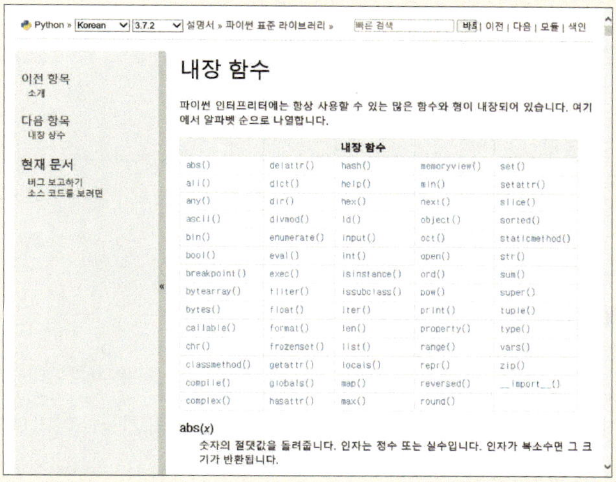
Python » Korean 3.7.2 설명서 » 파이썬 표준 라이브러리 » 빠른 검색 바로 | 이전 | 다음 | 모듈 | 색인

이전 항목
소개

다음 항목
내장 상수

현재 문서
버그 보고하기
소스 코드를 보려면

내장 함수

파이썬 인터프리터에는 항상 사용할 수 있는 많은 함수와 형이 내장되어 있습니다. 여기에서 알파벳 순으로 나열합니다.

내장 함수				
abs()	delattr()	hash()	memoryview()	set()
all()	dict()	help()	min()	setattr()
any()	dir()	hex()	next()	slice()
ascii()	divmod()	id()	object()	sorted()
bin()	enumerate()	input()	oct()	staticmethod()
bool()	eval()	int()	open()	str()
breakpoint()	exec()	isinstance()	ord()	sum()
bytearray()	filter()	issubclass()	pow()	super()
bytes()	float()	iter()	print()	tuple()
callable()	format()	len()	property()	type()
chr()	frozenset()	list()	range()	vars()
classmethod()	getattr()	locals()	repr()	zip()
compile()	globals()	map()	reversed()	__import__()
complex()	hasattr()	max()	round()	

abs(*x*)
숫자의 절댓값을 돌려줍니다. 인자는 정수 또는 실수입니다. 인자가 복소수면 그 크기가 반환됩니다.

◀ **그림 4** 파이썬 내장 함수 설명(docs.python.org/ko/3/library/functions.html)

중간 점검

01 다음 출력값을 기술하시오.

① `print(ord('D') - ord("A"))`

② `print(min('java'), max('java'))`

③ `print(len('python') - len('java'))`

④ `print(len('ab\td'))`

⑤ `print('abc\bd')`

02 다음 문자열 출력값을 기술하시오.

① `print('Hello_python'[5])`

② `print('Hello_python'[:5])`

③ `print('Hello_python'[6:])`

④ `print('Hello_python'[::2])`

⑤ `print('Hello_python'[:len('Hello_python')])`

정답

01
① 3
② a v
③ 2
④ 4
⑤ abd

02
① _
② Hello
③ python
④ Hlopto
⑤ Hello_python

Section

02 문자열 관련 메소드

Python

2.1 문자열 대체와 부분 문자열 출현 횟수, 문자열 삽입

◆ 문자열 바꿔 반환하는 메소드 replace()

클래스에 소속된 함수를 메소드(method)라 한다. 문자열 클래스 str에 속한 메소드는 매우 다양한데 메소드의 호출은 '문자열 객체명.함수 이름(인자)'와 같이 사용한다. 즉, 문자열 객체가 str이라면 str.replace(a, b)처럼 호출한다. 메소드 str.replace(a, b)는 문자열 str에서 a가 나타나는 모든 부분을 b로 모두 바꾼 문자열을 반환한다.

```
>>> str = '자바는 인기 있는 언어 중 하나다.'
>>> str.replace('자바는', '파이썬은')
'파이썬은 인기 있는 언어 중 하나다.'
>>> str.replace(' ', '')
'자바는인기있는언어중하나다.'
```

문자열 str이 수정되는 것이 아니다. 대체된 문자열을 반환한다.

문자열 str에서 빈 공백을 모두 없앤 문자열을 반환한다. 문자열을 반환한다.

메소드 replace(old, new, count)는 문자열 old를 new로 대체하는데, 옵션인 count는 대체 횟수를 지정한다. 옵션인 count가 없으면 모두 바꾸고, 있으면 앞에서부터 지정한 횟수만큼 바꾼다.

```
>>> str = '파이썬 파이썬 파이썬'
>>> str.replace('파이썬', 'Python!')
'Python! Python! Python!'
>>> str.replace('파이썬', 'Python!', 1)
'Python! 파이썬 파이썬'
>>> str.replace('파이썬', 'Python!', 2)
'Python! Python! 파이썬'
```

Tips 좀 더 알아봅시다!

문자열은 수정될 수 없는 자료

한 번 만들어진 문자열은 수정될 수 없다는(immutable) 특징이 있으며, 위 문장으로 문자열 str 자체가 수정되는 것이 아니라 replace() 등의 메소드 기능이 작용한 새로운 문자열을 반환한다는 것에 주의하라.

◆ 소수 형태의 실수에서 모든 자릿수의 합 구하기

실수 123.67, 345.93과 같이 다섯 자리의 실수에서 5개의 모든 자릿수의 합인 1+2+3+6+7 또는 3+4+5+9+3의 결과를 출력하는 프로그램을 작성해 보자.

- 표준 입력으로 받은 실수 형태의 문자열에서 메소드 replace()를 사용해 소수점을 제거한다.
- 각 자릿수를 참조해 모두 더한다.

3-4 코딩 03-04digitsum.py | **실수의 모든 자릿수 더하기** | 난이도 기본

```
value = input('실수(세 자리.두 자리로 345.78처럼)를 하나 입력하세요. >> ')
num = value.replace('.', '')
sum = 0
sum += int(num[0])
sum += int(num[1])
sum += int(num[2])
sum += int(num[3])
sum += int(num[4])
print('입력값:', value)
print('모든 자릿수 합:', sum)
```

결과

```
실수(세 자리.두 자리로 345.78처럼)를
하나 입력하세요. >> 345.67
입력값: 345.67
모든 자릿수 합: 25
```

```
실수(세 자리.두 자리로 345.78처럼)를
하나 입력하세요. >> 287.34
입력값: 287.34
모든 자릿수 합: 24
```

◆ 부분 문자열 출현 횟수를 반환하는 메소드 count()

문자열 str에서 문자나 부분 문자열의 출현 횟수를 알려면 메소드 str.count(부분 문자열)를 사용해야 한다.

```
str = '단순한 것이 복잡한 것보다 낫다.'
str.count('복잡')
1
str.count('것')
2
```

◆ 문자와 문자 사이에 문자열을 삽입하는 메소드 join()

문자열의 문자와 문자 사이에 원하는 문자열을 삽입하려면 메소드 join()을 사용한다. 메소드 호출 '->'.join('12345')은 문자열 '12345' 사이에 '->'을 삽입한 문자열을 반환한다.

```
>>> num = '12345'
>>> '->'.join(num)
'1->2->3->4->5'
```

인자인 num에 문자열 중간중간에 '->'을 삽입한다. 반대로 생각하면 안 된다.

용어를 알아봅시다

함수와 메소드

함수(function)는 특정 작업을 수행하는 독립된 '코드 모임'이다. 함수 len()을 호출할 때는 len('function')이라고 호출한다. 반면, 메소드는 클래스에 포함돼 있는 함수를 말한다. 메소드 호출을 살펴보면 'object'.count('o')처럼 str 객체 'object'에 점(.)을 붙인 후 메소드 count('0')라는 이름으로 호출한다. 즉, 함수는 독립적으로 직접 호출하지만 메소드는 객체를 통해 호출한다.

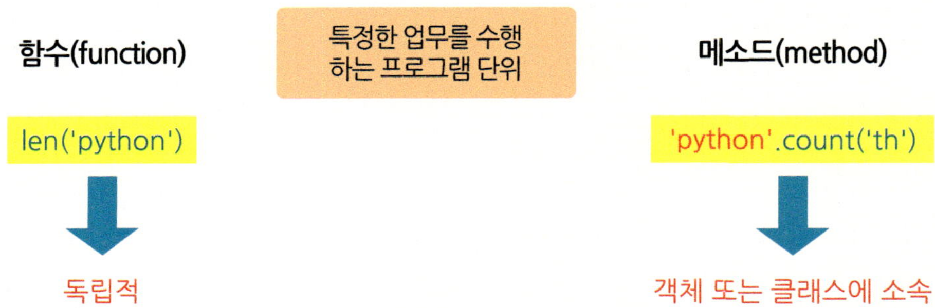

▲ **그림 5** 함수와 메소드

2.2 문자열 찾기

◆ 문자열을 찾는 메소드 find()와 index()

클래스 str에서 부분 문자열 sub가 맨 처음에 위치한 첨자를 반환받으려면 메소드 str.find(sub) 또는 str.index(sub)를 사용한다. 메소드 index()는 찾는 문자열이 없을 경우, ValueError를 발생시키지만 find()는 오류가 발생시키지 않고 −1을 반환한다.

```
>>> str = '자바 C 파이썬 코틀린'
>>> str.find('자바')
0
>>> str.index('자바')
0
>>> str.find('파이')
5
>>> str.index('파이썬')
5
```

```
>>> str.find('C++')
-1
>>> str.index('C++')
Traceback (most recent call last):
  File "<stdin>", line 1, in <module>
ValueError: substring not found
```


메소드 rfind()와 rindex()는 역순으로 부분 문자열을 찾아 첨자를 반환한다.

```
'python ipython'.rfind('on')
'python ipython'.rindex('py')
```

다음 코드는 두 단어로 구성된 문자열에서 단어의 순서를 바꾸고 다시 단어의 문자를 역순으로 출력하는 프로그램이다.

3-5 코딩 03-05strchange.py | **문자열에 두 단어의 순서 교환과 역순 출력** | 난이도 기본

```python
str = input('2개의 단어를 빈 공간으로 구분해 입력하세요. >> ')
pos = str.find(' ')
preWord = str[:pos]
postWord = str[pos+1:]
print(preWord, postWord)
print(preWord[::-1], postWord[::-1])
```

결과

```
2개의 단어를 빈 공간으로 구분해 입력하세요. >> 사과 복숭아
사과 복숭아
과사 아숭복
```

2.3 문자열 나누기

◆ 문자열을 여러 문자열로 나누는 split() 메소드

문자열 메소드 str.split()는 문자열 str에서 공백(whitespace라고도 부르며 Spacebar, Tab, Enter 키 등을 말함)을 기준으로 문자열을 나눠 준다. 결과는 나눠진 항목들이 리스트라는 형태인 [항목1, 항목2, …] 처럼 표시된다.

```
>>> '사과 배 복숭아 딸기 포도'.split()
['사과', '배', '복숭아', '딸기', '포도']
>>> '데스크톱 1000000, 노트북 1800000, 스마트폰 1200000'.split()
['데스크톱', '1000000,', '노트북', '1800000,', '스마트폰', '1200000']
```

만일 str.split(',')처럼 괄호 안에 특정한 문자열 값이 있을 경우에는 이 부분 문자열 값을 구분자를 이용해 문자열을 나눠 준다.

```
>>> '데스크톱 1000000, 노트북 1800000, 스마트폰 1200000'.split(',')
['데스크톱 1000000', ' 노트북 1800000', ' 스마트폰 1200000']
>>> '데스크톱 1000000, 노트북 1800000, 스마트폰 1200000'.split(', ')
['데스크톱 1000000', '노트북 1800000', '스마트폰 1200000']
```

다음 split() 메소드의 사용 코드를 참고하면 표준 입력 input()에서 여러 값을 입력받을 수 있다.

```
>>> m, n = '100 200'.split()
>>> m, n
('100', '200')
```

4개의 수를 입력받아 합과 평균값과 최댓값 및 최솟값을 출력하는 코드를 작성해 보자. 합은 +, 평균값은 합을 4로 나누고, 최댓값과 최솟값은 함수 max()와 min()을 사용한다.

3-6 코딩 03-06multinput.py **4개의 수를 입력받아 합, 평균값, 최댓값, 최솟값을 출력** **난이도** 기본

```
m, n, x, y = input('4개의 수 입력 >> ').split()
a, b, c, d = float(m), float(n), float(x), float(y)
print('입력값: ', a, b, c, d)
sum = a + b + c + d
print('합: ', sum, '평균: ', sum / 4)
print('최대: ', max(a, b, c, d), '최소: ', min(a, b, c, d))
```

결과

```
4개의 수 입력 >> 3.7 5.8 9 2.5
입력값:  3.7 5.8 9.0 2.5
합:  21.0 평균값 5.25
최댓값:  9.0 최솟값:  2.5
```

2.4 다양한 문자열 변환 메소드

◆ 영문자 알파벳의 다양한 변환 메소드

문자열 변환 메소드는 upper()와 lower() 등과 같이 매우 다양하다.

```
'python'.upper() # 모두 대문자로 변환해 반환                        'PYTHON'
'PYTHON'.lower() # 모두 소문자로 변환해 반환                        'python'
'python lecture'.capitalize() # 첫 문자만 대문자로 변환해 반환       'Python lecture'
'python lecture'.title() # 단어마다 첫 문자를 대문자로 변환해 반환    'Python Lecture'
'PyThOn'.swapcase() # 소문자와 대문자를 서로 변환해 반환             'pYtHoN'
```

◆ 폭을 지정하고 중앙에 문자열 배치하는 메소드 center()

전체 문자열의 폭을 '30'으로 지정한 후 중앙에 '파이썬 강좌'를 배치하고 좌우의 나머지는 문자 *를 채우려면 메소드 '중앙 문자열'.center(폭, 채울 문자)처럼 사용한다. 두 번째 인자는 반드시 하나의 채울 문자로 선택적이며, 없으면 공백 문자로 채워진다.

```
' 파이썬 강좌 '.center(30, '*')
' 파이썬 강좌 '.center(30)
' 파이썬 강좌 '.center(30, '=')
```

```
'*********** 파이썬 강좌 ***********'
'            파이썬 강좌            '
'=========== 파이썬 강좌 ==========='
```

◆ 폭을 지정하고 왼쪽 또는 오른쪽 정렬하는 메소드 ljust()와 rjust()

문자열의 폭을 지정하고 왼쪽에 붙여 정렬하려면 ljust(), 오른쪽에 붙여 정렬하려면 rjust()로 호출한다. 빈 공간을 문자로 채우려면 두 번째 인자로 입력한다.

```
'python'.ljust(10)
'python'.ljust(10, '*')
'python'.rjust(10)
'python'.rjust(10, '*')
```

```
'python    '
'python****'
'    python'
'****python'
```

◆ 문자열 앞뒤의 특정 문자들을 제거하는 strip() 메소드

str.strip() 메서드는 문자열 str에서 맨 앞뒤의 공백 문자를 제거해 반환하는 메소드다. 이와 마찬가지로 str.strip('문자들')은 문자열 str의 맨 앞뒤에서 '문자들'에 속한 모든 문자를 제거해 반환하는 메소드다.

```
'  python  '.lstrip()
'  python  '.rstrip()
'  python  '.strip()
'  ***python---  '.strip('* -')
```

```
'python  '
'  python'
'python'
'python'
```

◆ 제로 0을 채워 넣는 zfill() 메소드

문자열의 지정한 폭 앞 빈 부분에 0을 채워 넣고 싶다면 메소드 zfill(폭)을 사용한다.

```
'234'.zfill(5)
'abc'.zfill(5)
'-345'.zfill(8)
'+7897'.zfill(8)
```

```
'00234'
'00abc'
'-0000345'
'+0007897'
```

Tips 좀 더 알아봅시다!

True, False를 반환하는 문자열의 다양한 메소드

다음 문자열 str의 메소드의 결과는 논리 값으로 문자열의 내용을 점검하는 메소드다. 메소드 isidentifier()는 문자열을 변수나 함수 이름의 식별자로 사용 가능한지를 알 수 있다.

```
'python'.startswith('py')          True
'python'.endswith('on')            True

'fortran99'.isidentifier()         True
'99fortran'.isidentifier()         False

'Python'.islower()                 False
'PYTHON'.isupper()                 True
'PYTHON Lecture'.istitle()         False
'\t '.isspace()                    True

'kotlim'.isalpha()                 True
'35'.isdecimal()                   True
'345b'.isdigit()                   False
'34f'.isnumeric()                  False
'ANSI99C'.isalnum()                True

'\f'.isprintable()                 False
```

▼ **표 2** 문자열의 다양한 메소드

문자열 메소드	의미
str.startswith(sub)	문자열 str이 부분 문자열 sub로 시작하는지 검사
str.endswith(sub)	문자열 str이 부분 문자열 sub로 끝나는지 검사
str.isidentifier()	문자열 str이 식별자로 사용 가능한지 검사
str.islower()	문자열 str이 소문자인지 검사
str.isupper()	문자열 str이 대문자인지 검사
str.istitle()	문자열 str이 제목(단어의 첫문자가 대문자)인지 검사
str.isspace()	문자열 str이 제목(단어의 첫문자가 대문자)인지 검사
str.isalpha()	문자열 str이 알파벳인지 검사
str.isdecimal()	문자열 str이 숫자인지 검사
str.isdigit()	문자열 str이 숫자인지 검사
str.isnumeric()	문자열 str이 숫자인지 검사
str.isalnum()	문자열 str이 알파벳이거나 숫자인지 검사
str.isprintable()	문자열 str이 출력 가능한지 검사

2.5 출력을 정형화하는 함수 format()

◆ 문자열의 format() 메소드를 이용해 간결한 출력 처리

문자열 중간중간에 변수나 상수를 함께 출력하는 방법인 포맷팅(formatting)에 대해 알아보자. 파이썬은 문자열 메소드 str.format(인자들)을 사용해 문자열 str 중간중간에 변수나 상수를 함께 출력할 수 있다. 만약 '3 + 4 = 7'이라고 출력하길 원한다면 다음과 같은 코드를 사용해야 한다.

- 문자열 '{} + {} = {}' 내부에서 중괄호(curly brace) {}이 위치한 부분에 format(3, 4, 3+4) 인자인 3, 4, 7이 순서대로 출력된다.
- 문자열에서 {}을 제외한 나머지 부분인 '+ ='은 쓰여 있는 그대로 출력된다.

메소드 format()을 호출한 문자열을 print() 함수의 인자로 사용하면 원하는 결과가 표시된다.

```
>>> '3 + 4 = 7'
'3 + 4 = 7'
>>> str = '{} + {} = {}'.format(3, 4, 3 + 4)
>>> print(str)
3 + 4 = 7
```

인자는 상수뿐 아니라 변수도 가능하다. {0}, {1}처럼 인자의 순서를 나타내는 정수를 0부터 삽입하면 인자의 순서와 출력 순서를 조정할 수 있다.

```
>>> a, b = 10, 4
>>> print('{} * {} = {}'.format(a, b, a * b))
10 * 4 = 40
>>> print('{0} / {1} = {2}'.format(a, b, a / b))
10 / 4 = 2.5
>>> print('{1} / {0} = {2}'.format(a, b, b / a))
4 / 10 = 0.4
```

이 순번은 선택적이다. 그러나 모든 {}에 사용해야 한다.

◆ 문자열의 중괄호 {n:md}로 정수를 형식 유형으로 출력 처리

{1:5d}처럼 중괄호의 내부에서 인자의 순번 다음 콜론 이후에 5d, 10f 등의 출력 폭(5, 10 등)과 출력 형식(d, f 등)을 지정할 수 있다. 10진수(decimal) 정수는 d, 부동소수(float)는 f로 표기한다. 실수인 경우, 폭 10.3은 소수점이 포함된 전체 폭 10, 소수점 이하 폭 3을 의미한다.

```
>>> a, b = 10, 3
>>> print('{0:d} / {1:d} = {2:f}'.format(a, b, a / b))
10 / 3 = 3.333333
>>> print('{0:5d} / {1:5d} = {2:10.3f}'.format(a, b, a / b))
   10 /     3 =      3.333
```

정수를 2진수(binary))와 8진수(octal), 16진수(hexadecimal)로 출력하려면 각각 b, o, x로 형식 유형을 지정해 출력할 수 있다. 인자의 순번은 모두 적어야 하며, 빼려면 모두 빼야 한다. 부분적으로 적으면 다음과 같이 오류가 발생한다.

```
>>> a, b = 19, 8
>>> print('{:5b} // {:5o} = {:5d}'.format(a, b, a // b))
10011 //    10 =     2
>>> print('{0:5b} // {:5o} = {:5d}'.format(a, b, a // b))
Traceback (most recent call last):
  File "<stdin>", line 1, in <module>
ValueError: cannot switch from manual field specification to automatic field numbering
```

다음은 정수 10을 출력 폭 5로 지정해 각각 {0:5b}로 2진수, {0:5o}로 8진수, {0:5d}와 {0:5n}로 10진수 두 번, {0:5x}와 {0:5X}로 16진수 두 번 출력한 코드다. 출력값은 기본적으로 오른쪽 정렬인 것을 알 수 있다.

인자는 10 하나이지만 출력은 다양한 형식으로 여러 번 가능하다.

```
>>> print('12345' * 6)
>>> print('{0:5b}{0:5o}{0:5d}{0:5n}{0:5x}{0:5X}'.format(10))
```

```
123451234512345123451234512345
 1010   12   10   10    a    A
```

◆ 문자열의 중괄호 {n:mf}로 실수를 형식 유형 출력 처리

형식 유형 f와 F는 모두 실수를 소수점 형태로 출력한다. 기본적으로 소수점 이하 여섯 자리다.

- 폭을 10.3f로 지정하면 전체 폭은 10, 반올림해 소숫점 이하 세 자리까지 출력한다.
- 다만 F는 무한대를 의미하는 INF와 계산이 불가한 수(Not A Number)를 표현하는 NAN을 대문자로 표시한다.

```
>>> print('1234567890' * 2)
>>> print('{0:10f}{0:10.3F}'.format(3.1415))
>>> print('{0:10f}{0:10.3F}'.format(3.5E1000))
>>> print('{0:10f}{0:10.3F}'.format(float('nan')))
```

```
12345678901234567890
  3.141500     3.142
       inf       INF
       nan       NAN
```

◆ 메소드 format()의 다양한 형식 지정

표 3은 문자열 메소드 format()에서 이용되는 형식 지정 방법을 정리한 것이다.

▼ **표3** 문자열의 다양한 형식 유형

형식 유형	의미
d, n	10진수 정수이며, n은 국가에 맞는 구분자를 추가
c	유니코드 수에 대응하는 문자 출력
f, F	기본적으로 소숫점 여섯 자리까지 실수로 출력하며, F인 경우는 'inf', 'nan' 표시를 대문자 'INF', 'NAN'로 표시
b	2진수 정수
o	8진수 정수
x, X	16진수 표현으로 a~f까지 소문자와 대문자로 각각 표시
e, E	지수 형식 3.141592e+00으로 지수 표현이 각각 소문자 e와 대문자 E
g, G	실수를 일반적으로는 소수점 형식으로 출력하지만 커지면 지수승으로 표시
%	퍼센트 형식, 인자의 100배를 소수점으로 출력하고 맨 뒤에 %를 출력
s	문자열 형식이며, 기본적으로 왼쪽 정렬, 그러나 수 형식은 모두 기본이 오른쪽 정렬

Tips 좀 더 알아봅시다!

지수승, 퍼센트, 문자, 문자열 출력 형식 유형 e, %, c, s

형식 유형 e와 E는 실수를 x.nnnnne+dd와 x.nnnnnE+dd의 지수 형태로 출력한다. 형식 유형 g와 G는 실수 값으로 소수점과 지수 형식 중 적당한 유형으로 하나를 선정해 출력한다.

```
print('1234567890abcdef' * 2)
print('{0:16e}{0:16E}'.format(3.141592))
print('{0:16e}{0:16E}'.format(314.1592))
print('{0:16g}{1:16g}'.format(31.41592E2, 31.41592E20))
print('{0:16G}{1:16G}'.format(31.41592E2, 31.41592E20))
```

```
1234567890abcdef1234567890abcdef
    3.141592e+00    3.141592E+00
    3.141592e+02    3.141592E+02
         3141.59     3.14159e+21
         3141.59     3.14159E+21
```

유니코드 수를 문자로 출력하려면 형식 지정 c를 사용한다. 폭을 지정하면 오른쪽 정렬이 기본이다. 모든 format() 메소드 형식에서 정렬을 왼쪽, 가운데, 오른쪽으로 바꾸려면 방향 표시와 비슷한 문자인 <, ^, >를 사용해야 한다.

```
print('12345' * 3)
print('{0:5c}{1:5c}{2:5c}'.format(0x41, 65, 0o101))
print('{0:<5c}{1:^5c}{2:>5c}'.format(0x42, 67, 0o104))
```

```
123451234512345
    A    A    A
B    C        D
```

형식 유형 %는 인자에 100을 곱한 실수와 맨 뒤에 %를 붙여 출력한다. 그러므로 8.1%는 전체 폭 8에 소수점 한 자리로 출력하며 .2%는 전체 폭은 적절히, 소수점 이하 두 자리로 출력한다.

```
>>> print('{0:8.1%} {0:.2%} {0:f}'.format(.345))
   34.5% 34.50% 0.345000
```

형식 유형 s는 문자열 출력에 이용되고, 기본 정렬은 왼쪽이며, <, ^, >로 정렬 조정이 가능하다.

```
print('1234567890' * 3)
print('{:10s}{:10s}{:10s}'.format('java', 'python', 'kotlin'))
print('{0:<10s}{0:^10s}{0:>10s}'.format('java'))
print('{0:<10s}{0:^10s}{0:>10s}'.format('python'))
```

```
123456789012345678901234567890
java      python    kotlin
java         java         java
python      python      python
```

2.6 C 언어의 포맷팅 스타일인 %d와 %f 등으로 출력

◆ 전통적인 정형화 방식인 %d와 %f를 사용한 출력 처리

프로그래밍 언어 C의 printf()에서 사용하는 형식 지정자 %d와 같은 스타일도 지원한다. 문자열 중간중간에 변수나 상수를 출력하는 부분을 %d, %x, %o, %f, %c, %s 등을 사용해 %로 이어지는 뒤의 상수나 변수를 순서대로 10진수, 16진수, 8진수, 소수점, 문자, 문자열로 출력한다. 또한 %%는 %를 출력한다.

```
>>> '%d - %x = %o' % (30, 20, 30 - 20)
'30 - 14 = 12'
>>> print('%d ** %x = %o' % (3, 2, 3 ** 2))
3 ** 2 = 11
>>> print('%10.2f' % 2.718281)
      2.72
>>> print('%10c' % 'p')
         p
>>> print('%10s' % 'python')
    python
>>> print('%d%%' % 99)
99%
```

출력 인자가 1개이면 괄호는 생략할 수 있다.

중간 점검

03 다음 출력값을 기술하시오.

```
① print('python'.replace('p', 'P'))
② print('#'.join('C++'))
③ print('python'.find('th'))
④ print('python'.index('py'))
⑤ print('정수,실수,문자열,논리'.split(','))
```

04 다음 출력값을 기술하시오.

```
① print('p{}{}'.format('y', 'charm'))
② print('{0:d} {0:b} {0:o}'.format(7))
③ print('{2} {1} {0}'.format(5, 20, 20 - 5))
④ print('{0:6.3f} {0:5.2f}'.format(31.456))
⑤ print('%d %f' % (3.14, 3.14))
```

정답

03
① Python
② C#+#+
③ 2
④ 0
⑤ ['정수', '실수', '문자열', '논리']

04
① pycharm
② 7 111 7
③ 15 20 5
④ 31.456 31.46
⑤ 3 3.140000

Section

03 논리 자료와 다양한 연산

Python

3.1 논리 값과 논리 연산

◆ 논리 유형 bool과 함수 bool()

파이썬은 논리 값으로 참과 거짓을 의미하는 True와 False를 키워드로 제공한다. 파이썬에서는 이러한 논리 값의 자료형을 클래스 bool로 제공한다.

```
>>> print(True, False)
True False
>>> type(True)
<class 'bool'>
```

정수의 0, 실수의 0.0, 빈 문자열 '' 등은 False이며, 음수와 양수, 뭔가가 있는 'java' 등의 문자열은 모두 True다. 내장 함수 bool(인자)로 인자인 변수나 상수의 논리 값을 알 수 있다.

```
>>> bool(0), bool(0.0), bool('')
(False, False, False)
>>> bool(10), bool(3.14), bool('python')
(True, True, True)
```

논리 값 True와 False는 int(논리값) 함수에 의해 각각 1과 0으로 변환된다.

```
>>> int(True), int(False)
(1, 0)
```

◆ 논리곱과 논리합 연산자 and와 or

논리곱인 and와 & 연산자는 두 항이 모두 참이어야 True다. 하나라도 거짓이면 False다.

```
>>> True & True, True and True
(True, True)
>>> True & False, True and False
(False, False)
>>> False & True, False and True
```

```
(False, False)
>>> False & False, False and False
(False, False)
```

논리합이라는 or과 | 연산자는 두 항이 모두 거짓이어야 False다. 하나라도 참이면 True다.

```
>>> True | True, True or True
(True, True)
>>> True | False, True or False
(True, True)
>>> False | True, False or True
(True, True)
>>> False | False, False or False
(False, False)
```

◆ 배타적 논리합 연산자 ^와 not 연산자

배타적 논리합(exclusive or) 연산자인 ^은 두 항이 다르면 True, 같으면 False다.

```
>>> True ^ True
False
>>> True ^ False
True
>>> False ^ True
True
>>> False ^ False
False
```

연산자 not은 뒤에 위치한 논리 값을 바꾼다.

```
>>> not True, not False
(False, True)
```

◆ 논리 연산 우선순위 not and or

논리 연산은, not 연산, 논리곱 and, 논리합 or 순이다.

```
>>> not False and True                  True
>>> (not False) and True                True
>>> not True or True and False          False
>>> (not True) or (True and False)      False
```

3.2 관계 연산

◆ 수학에서 자주 다뤘던 관계 연산자

관계 연산자(relational operator)는 수나 문자열 등의 크기 비교에 사용되는 연산자로, 결과는 논리 값이다. 수의 비교는 익숙하지만 문자열의 비교는 생소할 수 있다. 문자열의 비교는 문자열을 구성하는 하나하나의 문자와 문자를 왼쪽부터 순서대로 비교한다. 비교 값은 유니코드 값이며, 쉽게 생각하면 사전 순서(lexicographically)에서 먼저 나오는 문자열이 작은 값이다. 영문 대문자의 코드 값이 소문자보다 작다는 것을 아스키 또는 유니코드 표나 내장 함수 ord(문자)로 확인할 수 있다.

```
>>> ord('a'), ord('A'), ord('\0'), ord('B')
(97, 65, 0, 66)
>>> 8 > 2,  'a' > 'A'
(True, True)
>>> 8 >= 2, 'a' >= 'A'
(True, True)
>>> 8 < 2,  'a' < 'aB'
(False, True)
>>> 8 <= 2, 'a' <= 'aB'
(False, True)
>>> 8 == 2, 'a' == 'aB'
(False, False)
>>> 8 != 2, 'a' != 'aB'
(True, True)
```

표 4는 비교 연산자를 정리한 것이며 같음을 비교하는 연산자는 ==으로, 대입 연산자 =와 유의해 사용하자.

▼ **표4** 대소 비교 관계 연산자

연산자	연산 사용	의미	문자열 관계 연산
>	a > b	크다(greater than).	사전 순서(lexicographically)에서 뒤에(코드 값이 크다)
>=	a >= b	크거나 같다 (greater than or equal to).	사전 순서에서 뒤에(코드 값이 크다) 있거나 동일
<	a < b	작다(less than).	사전 순서에서 앞에(코드 값이 작다)
<=	a <= b	작거나 같다 (less than or equal to).	사전 순서에서 앞에(코드 값이 작다) 있거나 동일
==	a == b	같다(equal to).	사전 순서에서 동일
!=	a != b	다르다(not equal to).	사전 순서와 다름

다음 코드는 문자열과 실수의 간단한 관계 연산 예제다. 수학에서 사용하던 관계 연산식으로 '속도(speed)는 50보다 크고 80보다 작거나 같다'라는 표현은 50 < speed <= 80으로 가능하다.

3-7 코딩 03-07relationop.py | **문자열과 실수의 관계 연산** | 난이도 기본

```
>>> print('cat' > 'dog')
False
>>> print('tiger' < 'lion')
False
>>> print(3.5 <= 3.56)
True
>>> speed = 60
>>> print(50 > speed)
False
>>> print(80 < speed)
False
>>> print(50 < speed and speed <= 80)
True
>>> print(50 < speed <= 80)
True
>>> print(True > False)
True
```

예전에 수학 시간이 많이 봤던 그림이다. 수직선에 부등호 관계식으로 표현하던 방식으로 사용할 수 있다. 간단히 `50 < speed <= 80`처럼 사용하기를 권장한다.

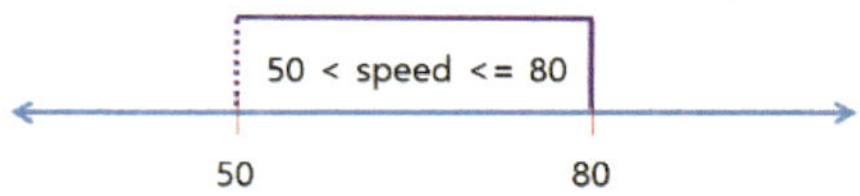

◆ 관계 연산을 이용한 비만도 측정

비만도를 나타내는 지수 중에 체질량 지수(BMI: Body Mass Index)가 있다. 키가 t 미터(m), 체중이 w 킬로그램(kg)일 때, BMI는 다음과 같다.

- $BMI = w / t^2$
- 여기서 키의 단위가 센티미터라면 계산식 $w / (t/100)^2$

식 t^2은 배운 지수승 연산자 **을 사용하면 된다.

비만의 판정 기준은 표 5와 같다. 만일 BMI 값을 변수 bmi에 저장했다면 표 5의 가장 오른쪽 열의 관계 연산식을 사용해 각각의 판정 결과를 알 수 있다.

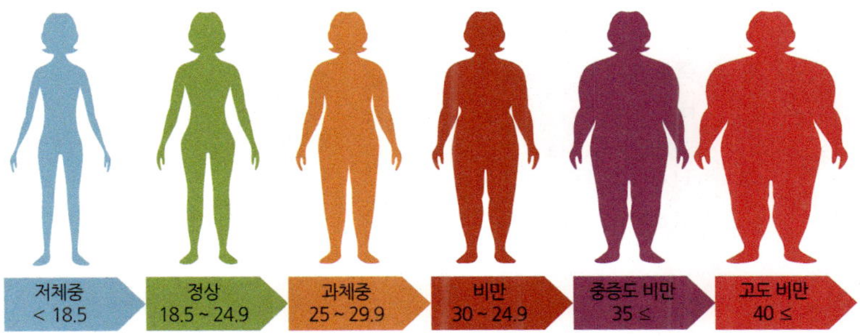

▼ **표5** BMI 기준과 관계 연산 표현

기준	판정	관계 연산 표현(BMI)
40 이상	고도 비만	40 <= bmi
35 ~ 39.9	중등도 비만	35 <= bmi < 40
30 ~ 34.9	비만	30 <= bmi < 35
25 ~ 29.9	과체중	25 <= bmi < 30
18.5 ~ 24.9	정상	18.5 <= bmi < 25
18.5 미만	저체중	bmi < 18.5

표준 입력으로 키(cm)와 몸무게(kg)를 입력받아 비만도 BMI를 계산한 후 각각의 판정 기준에 부합하는지 출력하는 코드를 작성해 보자. 입력은 한 번에 키(cm)와 몸무게(kg) 2개를 공백으로 구분해 실수로 입력받자. 센티미터로 입력받은 키와 몸무게로 BMI를 계산해 키, 몸무게, BMI를 출력하고, BMI 판정 기준에 따라 논리 값을 출력해 보자. 물론 하나의 판정에만 True가 나와야 한다.

3-8 코딩 03-08bmiop.py **키와 몸무게로 비만도 지수 BMI 판정** 난이도 응용

```
h, w = input('당신의 키(cm)와 몸무게(kg)는? >> ').split()
height = float(h)
weight = float(w)
bmi = weight / (height/100)**2
print('키:%6.1f(cm), 몸무게:%5.1f(km), BMI:%5.1f' % (height, weight, bmi))
print('{} {}'.format('고도 비만', 40 <= bmi))
print('{} {}'.format('중등도 비만', 35 <= bmi < 40))
print('{} {}'.format('비만', 30 <= bmi < 35))
print('{} {}'.format('과체중', 25 <= bmi < 30))
print('{} {}'.format('정상', 18.5 <= bmi < 25))
print('{} {}'.format('저체중', bmi < 18.5))
```

결과

```
당신의 키(cm)와 몸무게(kg)는? >> 171.2 67.5
키: 171.2(cm), 몸무게: 67.5(km), BMI: 23.0
고도 비만 False
중등도 비만 False
비만 False
과체중 False
정상 True
저체중 False
```

◆ 논리 값 True와 False의 산술 연산

파이썬은 논리 값 True와 False를 각각 1과 0으로 산술 연산에 활용할 수 있다.

```
>>> 40 * True, 30 * False
(40, 0)
```


◆ 관계 연산을 이용한 전기 기본 요금 계산

우리나라 가정용 전기 요금은 누진제이며, 전기 사용량에 따라 기본 요금이 부과된다. 가정의 전기 사용량(kWh)을 입력받아 기본 요금을 출력하는 프로그램을 작성하자. 누진제의 어느 구간에 속하는지 알려면 변수 3개에 저장한 후 다음 연산식을 사용해야 한다.

기본요금(원/호)	
200kWh 이하 사용	730
201 ~ 400kWh 사용	1,260
400kWh 초과 사용	6,060

- base = 730 * less200 + 1260 * less400 + 6060 * greater400

3-9 코딩 03-09epowerbase.py | 전기 사용량의 기본 요금 계산 | 난이도 응용

```
usage = float(input('가정의 전기 사용량(kWh)은 >> '))
less200 = usage <= 200
less400 = 200 < usage <= 400
greater400 = 400 < usage

base = 730 * less200 + 1260 * less400 + 6060 * greater400
print('전기 사용량(kw): %d, 기본 요금(원): %d' % (usage, base))
```

결과

```
가정의 전기 사용량(kWh)은 >> 180
전기 사용량(kw): 180, 기본 요금(원): 730
```

```
가정의 전기 사용량(kWh)은 >> 450
전기 사용량(kw): 450, 기본 요금(원): 6060
```

3.3 멤버십 연산 in

◆ 문자열에서의 부분 문자열인지 검사

파이썬 키워드인 in은 멤버의 소속을 알 수 있는 멤버십 연산으로, 결과는 True, False의 논리 값이다. 키워드 in 뒤의 문자열에서 in 앞의 부분 문자열이 있는지 확인할 수 있다. 이와 반대로 not in문은 부분 문자열이 아니면 True를 반환한다.

▼ **표6** 문자열에서 구문 in

연산	결과
x in s	문자열 s에 부분 문자열 x가 있으면 True, 없으면 False
x not in s	문자열 s에 부분 문자열 x가 없으면 True, 있으면 False

앞으로 배울 시퀀스인 리스트, 튜플, 셋, 딕셔너리 등에서도 in을 사용해 멤버십 검사가 가능하다.

◆ 배운 파이썬 키워드를 멤버십 in으로 검사

한 단어를 표준 입력으로 받아 그 단어가 지금까지 배운 파이썬의 키워드인지를 in문으로 검사해 결과를 출력하는 간단한 코드다.

3-10 코딩 03-10keywordin.py **멤버십 검사 in으로 배운 파이썬 키워드 검사** 난이도 기본

```python
inkey = input('배운 파이썬 키워드를 입력하세요 >> ')
# inkey = 'key'
keywords = "'False', 'True', 'and', 'in', 'is', 'not', 'or'"
print('입력 단어 {}, 키워드인가? {}'.format(inkey, inkey in keywords))
```

결과

```
배운 파이썬 키워드를 입력하세요 >> and
입력 단어 and, 키워드인가? True
```

```
배운 파이썬 키워드를 입력하세요 >> const
입력 단어 const, 키워드인가? False
```

3.4 비트 논리 연산

◆ 비트 논리곱 &, 비트 논리합 |, 비트 배타적 논리합 ^

비트 연산은 정수로 저장된 메모리에서 비트와 비트의 연산을 말한다. 비트 논리 연산을 이해하려면 피연산자인 정수를 2진수 비트로 변환해 비트와 비트 연산을 수행한 후 다시 그 결과를 10진수로 변환해야 한다. 즉, 결과도 정수다. 비트 논리 연산의 종류인 논리합, 논리곱, 배타적 논리합의 결과는 다음 표와 같이 논리 연산에서 True를 1, False를 0으로 생각하면 동일하다.

```python
>>> m, n = 0, 0
>>> '{} {} {} {} {}'.format(m, n, m & n, m | n, m ^ n)
'0 0 0 0 0'
>>> m, n = 0, 1
>>> '{} {} {} {} {}'.format(m, n, m & n, m | n, m ^ n)
'0 1 0 1 1'
>>> m, n = 1, 0
>>> '{} {} {} {} {}'.format(m, n, m & n, m | n, m ^ n)
'1 0 0 1 1'
>>> m, n = 1, 1
>>> '{} {} {} {} {}'.format(m, n, m & n, m | n, m ^ n)
'1 1 1 1 0'
```

▼ **표7** 비트 논리곱, 논리합, 배타적 논리합 연산

m	n	논리합 m & n	논리합 m | n	배타적 논리합 m ^ n
0	0	0	0	0
0	1	0	1	1
1	0	0	1	1
1	1	1	1	0

비트는 0과 1이므로 항의 종류도 0과 1, 단 2개뿐이다.

정수 23(0b00010111)과 57(0b00111001)의 비트 연산을 다음 표를 참고해 이해하자.

▼ **표8** 비트 논리 연산 이해

연산식	10진수	2진수 표현								설명
		128	64	32	16	8	4	2	1	
a	23	0	0	0	1	0	1	1	1	23의 2진수 00010111
b	57	0	0	1	1	1	0	0	1	57의 2진수 00111001
a & b	17	0	0	0	1	0	0	0	1	비트가 모두 1이면 1
a | b	63	0	0	1	1	1	1	1	1	비트가 하나라도 1이면 1
a ^ b	46	0	0	1	0	1	1	1	0	두 비트가 다르면 1, 같으면 0

다음은 위 표의 내용을 직접 확인할 수 있도록 파이썬 대화형 모드에서 코딩한 결과다.

```
>>> a, b = 23, 57
>>> print('10진수 {0:2d}, 2진수 {0:08b}'.format(a))
10진수 23, 2진수 00010111
>>> print('10진수 {0:2d}, 2진수 {0:08b}'.format(b))
10진수 57, 2진수 00111001
>>> print('10진수 {0:2d}, 2진수 {0:08b}'.format(a & b))
10진수 17, 2진수 00010001
>>> print('10진수 {0:2d}, 2진수 {0:08b}'.format(a | b))
10진수 63, 2진수 00111111
>>> print('10진수 {0:2d}, 2진수 {0:08b}'.format(a ^ b))
10진수 46, 2진수 00101110
```

0을 삽입해 2진수의 앞을 0으로 채우면 폭이 모두 8로 출력된다.

◆ 비트 논리곱 &로 특정 비트의 값 알아 내기

비트 논리곱 & 연산은 실제 정수의 특정 비트 값을 알아 내는 데 사용된다. 원하는 특정 비트를 모두 1로 지정한 마스크(mask) 값을 정수 a와 논리곱으로 연산한 a & mask 결과는 a의 특정 비트 값만을 뽑아 낸다.

- a & mask(특정 비트만 1로): a의 특정 비트 값만 표시
- 다음 mask = 0b1111은 가장 오른쪽 4비트를 추출해 내는 마스크로 사용

a:	x	x	x	x	x	x	x
mask:	0	0	0	1	1	1	1
a & mask:	0	0	0	x	x	x	x

다음은 표준 입력으로 받은 정수를 마스크 0b1111로 오른쪽 4비트를 추출해 내는 프로그램이다.

3-11 코딩 03-11extractbit.py **비트 연산자 &로 정수의 특정 비트 알아 내기** 난이도 응용

```python
a = int(input('정수 하나를 입력하세요 >> '))
mask = 0b1111 # 0xf도 가능
print('정수 {0} 2진수로는 {0:b}'.format(a))
print('가장 오른쪽 4비트: {0:04b} 정수로는 {0}'.format(a & mask))
```

결과

```
정수 하나를 입력하세요 >> 195
정수 195 2진수로는 11000011
가장 오른쪽 4비트: 0011 정수로는 3
```

```
정수 하나를 입력하세요 >> 57
정수 57 2진수로는 111001
가장 오른쪽 4비트: 1001 정수로는 9
```

◆ 비트 배타적 논리합 ^을 사용해 암호화

비트 배타적 논리합은 다음과 같은 특성이 있다.

- `a ^ a == 0, a ^ 0 == a, a ^ -1 [또는 (~0)] == ~a`
- `a ^ b == b ^ a, (a ^ b) ^ c == a ^ (b ^ c)`
- `(a ^ b) ^ b == a ^ (b ^ b) == a ^ 0 == a`

위 마지막 식을 활용하면 ^ 연산으로 간단한 암호화(encryption)에 활용할 수 있다. 즉, 정수 a를 key와 연산식 a ^ key한 결과를 암호화 결과로 저장한 후, 필요 시 다시 이 저장된 암호화 결과인 a ^ key를 사용해 다시 a ^ key ^ key하면 원래 a로 복호화(decryption)할 수 있다.

다음은 ID로 여덟자리 정수를 입력받아 ^로 암호화한 후, 다시 입력받은 ID가 원래 ID인지 검사하기 위해 복호화해 결과를 출력하는 프로그램이다.

3-12 코딩 03-12encryption.py **비트 배타적 논리합 ^으로 ID 암호화** 난이도 응용

```python
orgPwd = int(input('ID로 사용할 여덟자리의 정수를 입력하세요 >> '))
keyMask = 27182818 # 키로 사용할 정수 하나를 저장
encPwd = orgPwd ^ keyMask # ID를 암호화시켜 저장
print('입력한 ID: %d' % orgPwd)
print('암호화해 저장된 ID: %d' % encPwd)
inPwd = int(input('로그인할 ID를 입력하세요 >> '))
result = encPwd ^ keyMask # 키로 암호화된 것을 복호화
print('로그인 성공: {}'.format(inPwd == result))
```

결과

```
ID로 사용할 여덟자리의 정수를 입력하세요
>> 87652877
입력한 ID: 87652877
암호화해 저장된 ID: 78101743
로그인할 ID를 입력하세요 >> 87652877
로그인 성공: True
```

```
ID로 사용할 여덟자리의 정수를 입력하세요
>> 45678298
입력한 ID: 45678298
암호화해 저장된 ID: 52836408
로그인할 ID를 입력하세요 >> 45679299
로그인 성공: False
```

Tips 좀 더 알아봅시다!

비트 보수 연산 ~

비트 연산자 ~n은 n의 2진수 표현에서 비트 0은 1, 1은 0으로 변환하는 비트 보수(complement) 연산자다. 그러므로 두 번 보수를 취한 ~(~n) 결과는 n 자신이다. 다음은 34의 비트 보수 연산인 ~34의 결과인 −35를 확인하는 코드다. 2진수 보수 연산은 다음과 같은 식이 성립한다.

```
(~n + 1) == -n
```

```
~n == -n - 1
```

```python
>>> n = 34
>>> print('10진수 {0:3d}, 2진수 {0:08b}'.format(n))
10진수  34, 2진수 00100010
>>> print('10진수 {0:3d}, 2진수 {0:08b}'.format(~n))
10진수 -35, 2진수 -0100011
>>> print('10진수 {0:3d}, 2진수 {0:08b}'.format(~~n))
10진수  34, 2진수 00100010
```

▼ **표9** 비트 보수 연산 이해

연산식	10진수	2진수 표현								설명
		128	64	32	16	8	4	2	1	
n	34	0	0	1	0	0	0	1	0	34의 2진수 00100010
~n	−35	1	1	0	1	1	1	0	1	−35의 2진수 11011101
~~n	34	0	0	1	0	0	0	1	0	~~n은 다시 n
~n + 1	−34	1	1	0	1	1	1	1	0	−35 + 1

음수 정수 −34를 형식 유형 :08b로 출력하면 폭 8, 음수 부호 -를 붙여 -0100011로 표현된다. 그러나 이 표현은 2진수 34앞에 음수 부호를 붙인 (우리를 위한) 표현일 뿐 음수의 내부 비트 정보는 아니다. 실제 −34 내부의 8비트 표현은 논리곱에서 배운 마스크 0xff로 −34 & 0xff 연산을 하면 정확히 알 수 있다.

```
>>> mask = 0xff
>>> print('{}의 가장 오른쪽 8비트: {:8b}'.format(-34, -34 & mask))
-34의 가장 오른쪽 8비트: 11011110
```

−34의 16비트의 표현은 앞의 8비트가 모두 11111111이다.

3.5 비트 이동 연산

◆ 비트 이동 연산자 >>와 <<

어릴 때 학교에서 오른쪽 또는 왼쪽으로 줄줄이 자리 이동을 한 경험이 있을 것이다. 바로 비트 이동 연산자(bit shift operators) >>와 <<는 연산자의 방향인 오른쪽 또는 왼쪽으로, 비트 단위로 뒤 피연산자인 지정된 횟수만큼 이동시키는 연산자다. <<에 의해 생기는 오른쪽 빈 자리는 모두 0으로 채워지며, >>에 의한 빈 자리는 원래의 정수 부호에 따라 0이나 양수이면 0, 음수이면 1이 채워진다.

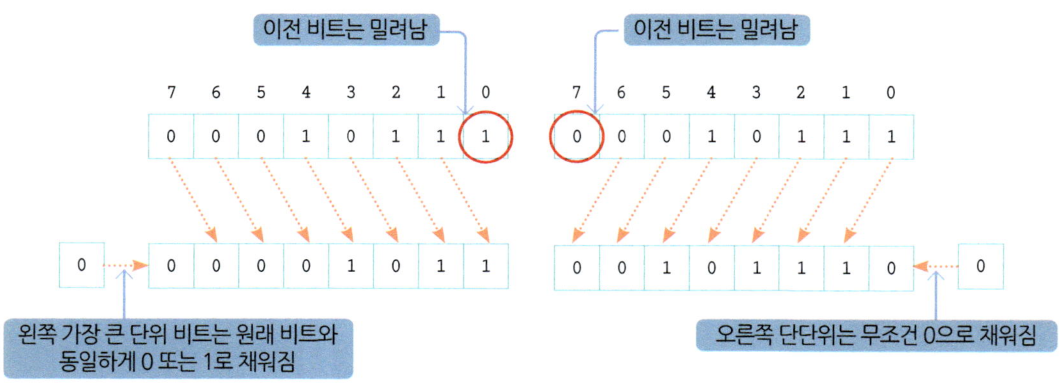

▲ **그림6** 8비트에서 비트 이동 연산 수행의 이해

다음 코드를 실행한 오른쪽 결과를 보면, 오른쪽 이동 연산 >> 수행 1회마다 2로 나눈 효과가 있는 것을 알 수 있다.

```
a = 0b00010111
print('10진수 {0:3d}, 2진수 {0:08b}'.format(a))
print('10진수 {0:3d}, 2진수 {0:08b}'.format(a >> 1))
print('10진수 {0:3d}, 2진수 {0:08b}'.format(a // 2))
print('10진수 {0:3d}, 2진수 {0:08b}'.format(a >> 2))
print('10진수 {0:3d}, 2진수 {0:08b}'.format(a // 2**2))
```

실행 결과

```
10진수  23, 2진수 00010111
10진수  11, 2진수 00001011
10진수  11, 2진수 00001011
10진수   5, 2진수 00000101
10진수   5, 2진수 00000101
```

이와 마찬가지로 왼쪽 이동 연산 << 수행 1회마다 2를 곱한 효과가 있는 것을 알 수 있다.

```
a = 0b00010111
print('10진수 {0:3d}, 2진수 {0:08b}'.format(a))
print('10진수 {0:3d}, 2진수 {0:08b}'.format(a << 1))
print('10진수 {0:3d}, 2진수 {0:08b}'.format(a * 2))
print('10진수 {0:3d}, 2진수 {0:08b}'.format(a << 2))
print('10진수 {0:3d}, 2진수 {0:08b}'.format(a * 2**2))
```

실행 결과

```
10진수  23, 2진수 00010111
10진수  46, 2진수 00101110
10진수  46, 2진수 00101110
10진수  92, 2진수 01011100
10진수  92, 2진수 01011100
```

◆ 표준 입력으로 비트 이동 연산 num << cnt 계산하기

비트 이동 연산 num << cnt를 위해 표준 입력으로 num과 cnt를 입력받는다. 변수 num과 연산식 num << cnt 그리고 num * 2^{cnt}를 계산해 다음 결과와 같이 32비트의 2진수와 10진수를 각각 출력해 보자. 연산식 num << cnt 와 num * 2^{cnt}의 결과가 같음을 알 수 있다.

3-13 코딩 03-13bitshiftop.py | 표준 입력으로 비트 이동 연산 << 계산 | 난이도 응용

```
num = int(input('이동 연산 num << cnt를 수행할 정수 num 입력 ? '))
cnt = int(input('이동 연산 num << cnt를 수행할 정수 cnt 입력 ? '))

print('{0:032b} {0:8d} :num'.format(num))
print('{2:032b} {2:8d} :{0} << {1}'.format(num, cnt, num << cnt))
print('{2:032b} {2:8d} :{0} * 2**{1}'.format(num, cnt, num * 2**cnt))
```

결과

```
이동 연산 num << cnt를 수행할 정수 num 입력 ? 25
이동 연산 num << cnt를 수행할 정수 cnt 입력 ? 3
00000000000000000000000000011001       25 :num
00000000000000000000000011001000      200 :25 << 3
00000000000000000000000011001000      200 :25 * 2**3
```

◆ 연산자 우선순위: 지수, 단항, 산술, 비트, 관계, 비교, 논리 연산 순서

파이썬 연산자는 지수, 단항, 산술, 비트, 관계, 비교, 논리 연산 순이다. 괄호를 사용해 명확한 우선순위를 나타내는 것이 좋다.

```
print(   20 +  30 // 5   >> 2  | 1 )
print( ((20 + (30 // 5)) >> 2) | 1 )
print(   3 << 2  < 100  and    3 ** 3  >> 2  >= 5  )
print( ((3 << 2) < 100) and (((3 ** 3) >> 2) >= 5) )
```

실행 결과

```
7
7
True
True
```

다음은 파이썬의 연산자 우선순위 표다.

<table>
<tr><th>순위</th><th>연산자</th><th>설명</th><th>부류</th></tr>
<tr><td>1</td><td>**</td><td>지수승</td><td>지수 연산</td></tr>
<tr><td>2</td><td>~</td><td>비트 보수</td><td rowspan="2">단항 연산</td></tr>
<tr><td>3</td><td>+x, −x</td><td>부호</td></tr>
<tr><td>4</td><td>* / // %</td><td>곱, 나누기, 몫, 나머지</td><td rowspan="2">산술 연산</td></tr>
<tr><td>5</td><td>+ −</td><td>더하기, 빼기</td></tr>
<tr><td>6</td><td>>> <<</td><td>비트 이동</td><td rowspan="4">비트 연산</td></tr>
<tr><td>7</td><td>&</td><td>비트 and</td></tr>
<tr><td>8</td><td>^</td><td>비트 xor</td></tr>
<tr><td>9</td><td>|</td><td>비트 or</td></tr>
<tr><td>10</td><td>< <= > >= == != in not in is is not</td><td>관계, 소속, id 비교</td><td>관계 소속</td></tr>
<tr><td>11</td><td>= %= /= //= −= += *= **=</td><td>대입, 여러 대입</td><td>대입 연산</td></tr>
<tr><td>12</td><td>not</td><td>논리 not</td><td rowspan="3">논리 연산</td></tr>
<tr><td>13</td><td>and</td><td>논리 and</td></tr>
<tr><td>14</td><td>or</td><td>논리 or</td></tr>
</table>

* 참고: https://docs.python.org/3/reference/expressions.html# operator-precedence

◆ 다양한 연산과 연산자 우선순위를 고려한 윤년 검사

윤년(leap year)에 대해 알아보자. 윤년인 2020년은 2월이 하루 많은 29일이다. 어느 연도의 윤년을 검사하는 방법은 다음과 같다. 다음 두 가지 조건 중 하나를 만족하면 윤년이다.

- 4로 나눠지고 100으로는 나눠지지 않는 해(연도)
- 400으로 나눠지는 해(연도)

조건 1을 '4로 나눠지는 해'라고 생각하고, 조건 2를 '100으로는 나눠지지 않는 해' 그리고 조건 3을 400으로 나눠지는 해라고 생각해 보자. 바로 윤년의 검사 방법은 다음과 같다. 논리 and 연산은 or 연산보다 먼저 수행하므로 괄호는 생략할 수 있다.

윤년은 지구의 자전 주기와 공전 주기가 딱 맞물리지 않기 때문에 발생한다고 한다. 지구가 태양을 한 바퀴 도는 공전 주기는 365.2422일이기 때문에 1년이 365일이면 0.2422일이 남는다. 이 오차를 대략 4년 모으면 하루로, 4년마다 가장 짧은 달인 2월에 하루를 추가하는데 이를 윤년이라고 한다. 이 윤년을 계산하는 방법을 파이썬 코딩으로 알아보자.

- 조건 1 and 조건 2 or 조건 3 == (조건 1 and 조건 2) or 조건 3

이제 조건 1, 조건 2, 조건 3에 사용할 변수를 각각 cond1, cond2, cond3에 표현해 논리 연산을 수행해 보자.

- 조건 1: cond1 = year % 4 == 0
- 조건 2: cond2 = year % 100 != 0
- 조건 3: cond3 = year % 400 == 0

다음과 같이 표준 입력으로 연도를 입력받아 윤년 검사의 결과를 출력해 보자. 윤년 검사는 위에서 설명한 개별 방식, 하나의 윤년 검사 표현식을 사용한 통합 검사로 수행한다.

- result2 = year % 4 == 0 and year % 100 != 0 or year % 400 == 0

3-14 코딩 03-14leapyear.py | **표준 입력의 연도가 윤년인지 검사해 출력** | 난이도 응용

```
year = int(input('윤년을 검사할 연도 입력 >> '))
print('입력한 연도: %d' % year)
cond1 = year % 4 == 0
cond2 = year % 100 != 0
cond3 = year % 400 == 0
result1 = cond1 and cond2 or cond3
print('개별 검사 {} and {} or {}: {}'.format(cond1, cond2, cond3, result1))
result2 = year % 4 == 0 and year % 100 != 0 or year % 400 == 0
print('통합 검사: %s' % result2)
```

결과

```
윤년을 검사할 연도 입력 >> 2020
입력한 연도: 2020
개별 검사 True and True or False: True
통합 검사: True
```

```
윤년을 검사할 연도 입력 >> 2021
입력한 연도: 2021
개별 검사 False and True or False: False
통합 검사: False
```

중간 점검

05 다음 출력값을 기술하시오.

① `print('python' < 'Python')`

② `print(50 <= 50 < 60)`

③ `print(3 < 5 and 10 < 20)`

④ `print(3 >= 5 or not (10 < 20))`

⑤ `print('셋' not in '리스트 튜플 딕셔너리 셋')`

06 다음 출력값을 기술하시오.

① `print(0b100 & 0b011)`

② `print(5 | 2)`

③ `print(~5)`

④ `print(0b1100 >> 2)`

⑤ `print(10 << 2)`

정답

05 ① False ② True ③ True ④ False ⑤ False

06 ① 0 ② 7 ③ -6 ④ 3 ⑤ 40

프로젝트 Lab 1 | 03-pl01-discount.py | 할인율에 따른 할인 가격 | 난이도 응용

다음 표와 같은 할인 조건인 경우에 총 가격을 입력받아, 원 가격, 할인된 가격, 할인율, 할인액을 출력하는 프로그램을 작성하자.

조건	총액 할인율
10,000원 이상, 20,000원 미만	1%
20,000원 이상, 40,000원 미만	2%
40,000원 이상	4%

문제 이해(Understanding)

총 가격에 따른 할인율을 계산하는 것이 가장 중요하다. 위 조건을 관계 연산식으로 만들고 이 식으로 할인율을 계산한다.

설계(Design)

알고리즘(Algorithm)

① 총 가격(price)을 입력받는다.
- 변수 price에 입력, 함수 input()과 int() 사용

② 관계 연산식의 결과인 True와 False가 산술 연산에서 1과 0으로 사용되는 것을 활용한다.
- (10000 <= price < 20000) * 할인율/100 등을 사용

③ 할인액과 할인된 가격을 계산해 출력한다.

표준 입출력 샘플

```
총 가격(원 가격) 입력 >> 50000
원 가격: 50000 할인된 가격: 48000.0
할인율: 0.04 할인액: 2000.0
```

구현(implementation)

```python
price = int(input('총 가격(원 가격) 입력 >> '))

rate1 = (10000 <= price < 20000) * 1/100
rate2 = (20000 <= price < 40000) * 2/100
rate3 = (40000 <= price) * 4/100
rate = rate1 + rate2 + rate3

discount = price * rate
discPrice = price - discount
print("원 가격:", price, '할인된 가격:', discPrice)
print("할인율:", rate, '할인액:', discount)
```

가격이 2만 원에서 4만 원 미만이면 할인율은 0.02다.

테스트와 실행 결과(Testing & Simulation)

```
총 가격(원 가격) 입력 >> 9000
원 가격: 9000 할인된 가격: 9000.0
할인율: 0.0 할인액: 0.0
```

```
총 가격(원 가격) 입력 >> 30000
원 가격: 30000 할인된 가격: 29400.0
할인율: 0.02 할인액: 600.0
```

공유(Share)

할인 조건은 구간과 할인율이 달라질 수 있다. 위 구간과 할인율을 변화시킨 후 프로그램을 수정해 보자. 친구의 코드와 비교해 보고 결과가 맞는지 확인해 보자.

프로젝트 Lab 2 03-pl02-extractword.py | 단어를 추출해 회문인지 검사 | 난이도 실전

표준 입력으로 3개의 단어를 콤마로 구분해 입력받자. 3개의 단어를 추출해 각 단어와 역순의 단어를 출력한다. 그리고 그 단어가 회문(palindrome)인지를 판단하는 논리 값도 출력하는 프로그램을 작성하자.

- 회문 또는 팰린드롬(palindrome)은 거꾸로 읽어도 제대로 읽는 것과 같은 문장이나 낱말을 말한다. 예를 들면 level, 기러기 등이다.

문제 이해(Understanding)

표준 입력에서 콤마로 구분된 단어 토큰을 분리해 낸다. 분리된 단어를 부분 문자열 참조 방법을 사용해 역순으로 출력한다. 분리된 단어가 회문인지를 부분 문자열 참조 방법으로 검사해 논리 값을 출력한다.

설계(Design)

알고리즘(Algorithm)

① 3개의 단어를 콤마로 구분해 입력받는다.

- 콤마 다음에 빈 공백을 넣을 것을 고려해 먼저 메소드 replace()로 공백을 제거한 후, 다시 메소드 split(',')으로 3개의 단어를 빼냄

② word에 저장된 단어를 역순으로 출력한다.

- word[::−1]

③ 단어와 역순의 단어가 동일한지를 검사한다.

- word == word[::−1]

표준 입출력 샘플

콤마로 구분된 단어 4개 입력 >> 여보보여, 파이썬, level
단어: 여보보여, 역순: 여보보여, 회문: True
단어: 파이썬, 역순: 썬이파, 회문: False
단어: level, 역순: level, 회문: True

구현(implementation)

```python
# 단어를 추출해 회문인지 검사
str = input('콤마로 구분된 단어 3개 입력 >> ')
str = str.replace(' ', '')
w1, w2, w3 = str.split(',')

print('단어: {}, 역순: {}, 회문: {}'.format(w1, w1[::-1], (w1 == w1[::-1])))
print('단어: {}, 역순: {}, 회문: {}'.format(w2, w2[::-1], (w2 == w2[::-1])))
print('단어: {}, 역순: {}, 회문: {}'.format(w3, w3[::-1], (w3 == w3[::-1])))
```

단어 w1의 역순을 반환한다.

테스트와 실행 결과(Testing & Simulation)

```
콤마로 구분된 단어 3개 입력 >> 기러기, 파이썬, level
단어: 기러기, 역순: 기러기, 회문: True
단어: 파이썬, 역순: 썬이파, 회문: False
단어: level, 역순: level, 회문: True
```

공유(Share)

실행에서 콤마 2개로 3개의 단어가 입력돼야 한다. 그렇지 않으면 실행 오류가 발생한다. 친구의 코드와 비교해 보고 구분자인 콤마를 빼고 공백으로 분리해 입력받을 수 있는 프로그램으로 수정해 보자.

학습 내용 점검

01 : 다음 문장의 반환 값을 쓰시오.

① len('파이썬')
② len('자바'*3)
③ len('Kotlin')
④ len('컴퓨팅사고력')
⑤ 'python 언어'[7]
⑥ ('python' + "언어")[1]
⑦ '파이썬'[0]
⑧ '귀도 반 로섬'[5]
⑨ '파이썬'[2]
⑩ ('파이썬' + '최고'*2)[4]

02 : 다음 문자열 슬라이싱의 결과를 쓰시오.

① 'dictionary'[0:4]
② 'dictionary'[1:5]
③ 'dictionary'[2:6]
④ 'dictionary'[3:10]
⑤ 'dictionary'[6:9]
⑥ 'dictionary'[7:11]

03 : 다음 문자열 슬라이싱의 결과를 쓰시오.

① 'tuple'[-5:-1]
② 'tuple'[-5:-2]
③ 'tuple'[-4:-1]
④ 'tuple'[-5:]
⑤ 'tuple'[-5:]
⑥ 'tuple'[:]

04 : 다음 문자열 슬라이싱의 결과를 쓰시오.

① 'python'[:6]
② 'python'[1:]
③ 'python'[-6:]
④ 'python'[-5:5]
⑤ 'python'[-4:7]
⑥ 'python'[-3:0]

05 : 다음 부분 문자열 간격인 step이 있는 문자열 슬라이싱의 결과를 쓰시오.

① 'java python'[::2]
② 'java python'[::-1]
③ 'java python'[::-1]
④ 'java python'[2::2]
⑤ 'java python'[-1::-3]
⑥ 'java python'[1:8:2]

06 : 다음 함수 min()과 max()의 반환 값을 쓰시오.

① `min(3, 5, 7)`

② `min('7659')`

③ `min('abcd')`

④ `max(3.45, 5, 28.9)`

⑤ `max('a', 'b', 'c')`

⑥ `max('kotlin')`

07 : 다음 여러 문자열 메소드의 반환 값을 쓰시오.

① `'python'.replace('y', 'i')`

② `'palindrome'.count('pa')`

③ `'-'.join('abc')`

④ `'palindrome'.find('lind')`

⑤ `'palindrome'.index('d')`

⑥ `'palindrome'.rindex('d')`

⑦ `'palindrome'.upper()`

⑧ `'palindrome'.title()`

⑨ `'제목'.center(20, '=')`

⑩ `'kotlin'.ljust(10, '# ')`

⑪ `'  id'.lstrip()`

⑫ `' pwd '.strip()`

08 : 다음 format() 메소드의 반환 값을 쓰시오.

① `'{} {} {}'.format(1, 2, 3)`

② `'{1} {0} {2}'.format(1, 2, 3)`

③ `'{2} {1} {0}'.format(1, 2, 3)`

④ `'{1} {0} {0}'.format(10, 20)`

⑤ `'{0:5d} {0:<5d} {0:^5d} {0:>5d}'.format(57)`

⑥ `'{0:10.3f} {0:10.2f} {0:10.1f}'.format(3.141592)`

⑦ `'{0:d} {0:b} {0:o} {0:x}'.format(15)`

⑧ `'{:s} {:.1%}'.format('퍼센트', 0.153)`

09 : 다음 논리와 관계 연산의 결괏값을 쓰시오.

① `(True and True) or False`

② `(True ^ True) and False`

③ `(30 > 25) or (25 < 100)`

④ `(30 >= 40) and (50 <= 100)`

⑤ `'a' > 'b'`

⑥ `'a' < 'bc'`

⑦ `'a' == 'A'`

⑧ `'a' != 'a'`

10 : 다음 논리와 관계, 비트 연산이 있는 표현식의 결괏값을 쓰시오.

① `True + False`

② `True*(30 < 40) + False*(40 < 50)`

③ `45 << 2`

④ `3 >> 3`

⑤ `~6`

⑥ `~6 + 1`

11 : 다음 코드의 실행 오류에 대해 설명하시오.

① `'Python'.index('ja')`

② `'Python'[7]`

③ `'{} {}'.format(3)`

④ `'{0} {}'.format(3, 5)`

12 : 다음 프로그램 출력 결과를 참고하고 제시된 설명 절차에 따라 프로그램을 작성하시오.

```
어떤 일에든 명확한 – 바람직하며 유일한 – 방법이 존재한다.
34
바람직하며 유일한
어떤일에든명확한–바람직하며유일한–방법이존재한다.
```

Ⅰ) 변수 str에 위 결과 첫 문장인 문자열을 저장해 출력

Ⅱ) 변수 slen에 변수 str에 저장된 문자열의 길이를 저장해 출력

Ⅲ) 메소드 find()와 부분 문자열 슬라이싱 방법으로 중간 부분 문자열 '바람직하며 유일한' 출력

Ⅳ) 변수 str에 저장된 문자열에서 모든 공백을 제거해 출력

도전! 프로그래밍

01 기본 한 줄의 문자열을 표준 입력으로 받아 문자열의 소속 문자를 참조할 범위를 출력하고 다시 첨자 하나를 입력받아 문자열의 전체와 길이 그리고 참조 문자를 출력하는 프로그램을 작성하시오.

```
문자열 입력 >> Python is a good language!
참조할 첨자: 0 ~ 25
참조할 첨자 입력 >> 12
문자열: Python is a good language!, 길이: 26
참조 문자: g
```

02 기본 다섯 문자 이상의 문자열을 입력받아 다음과 같이 입력된 전체 문자열의 출력을 시작으로 결과 예시에 보이는 다양한 부분 문자열을 출력하는 프로그램을 작성하시오.

- 모두 문자열 슬라이싱 방법을 사용

```
다섯 문자 이상의 문자열 입력 >> Python String Slicing
입력 문자열: Python String Slicing
첫 문자: P
마지막 문자: g
첫 문자를 제외한 부분 문자열: ython String Slicing
마지막 문자를 제외한 부분 문자열: Python String Slicin
맨 앞과 뒤의 두 문자씩을 제외한 부분 문자열: thon String Slici
문자 하나씩을 건너뛴 부분 문자열: Pto tigSiig
역문자열 gnicilS gnirtS nohtyP
```

03 기본 파이썬의 다음 첫 번째 철학을 저장한 후, 메소드 replace()를 사용해 두 번째 철학으로 다시 저장해 출력하는 프로그램을 작성하시오.

- Beautiful is better than ugly.
- Explicit is better than implicit.

```
Beautiful is better than ugly.
위 철학을 메소드 replace()를 사용해 다음 철학으로 다시 저장
Explicit is better than implicit.
```

04 기본 다음 파이썬 튜토리얼 페이지 주소 문자열에서 메소드 find()와 rfind() 그리고 문자열 슬라이싱을 활용해 부분 문자열 https, docs.python.org, tutorial을 출력하는 프로그램을 작성하시오.

- url = 'https://docs.python.org/3/tutorial'
- 가능한 슬라이싱의 첨자는 직접 정수를 입력하지 말고, 메소드 find()와 rfind() 그리고 함수 len() 등을 이용

```
https
docs.python.org
tutorial
```

05 기본 문자열의 split() 메소드를 사용해 '14:21:45'와 같은 시각 정보를 표준 입력으로 받아 입력된 문자열을 출력하고 다시 시, 분, 초로 출력하는 프로그램을 작성하시오.

- 입력 문자열 13:40:15, '13시 40분 15초'로 출력
- hours, mins, secs = time.split(':') 활용

```
시각 정보(16:30:15) 입력 >> 17:29:52
입력 시각 정보: 17:29:52
17시 29분 52초
```

06 기본 실수 2개를 표준 입력으로 받아 다음 결과 예시와 같이 6개의 관계 연산의 결과를 출력하는 프로그램을 작성하시오.

```
실수 두개 입력 >> 5.4 2.7
5.4 > 2.7 결과: True
5.4 >= 2.7 결과: True
5.4 < 2.7 결과: False
5.4 <= 2.7 결과: False
5.4 == 2.7 결과: False
5.4 != 2.7 결과: True
```

07 응용 −7에서 0까지 10진수와 2진수, 8진수, 16진수를 다음과 같이 정형화해 출력하는 프로그램을 작성하시오.

- 2진수는 8비트의 정보 표현으로 출력
- 8진수와 16진수는 2진수의 비트 표현에서 8진수와 16진수로 출력

```
10진수:  -7 2진수: 11111001 8진수:  371 16진수: f9
10진수:  -6 2진수: 11111010 8진수:  372 16진수: fa
(중간 생략)...
10진수:  -1 2진수: 11111111 8진수:  377 16진수: ff
10진수:   0 2진수:        0 8진수:    0 16진수:  0
```

08 응용 정수 하나와 2의 지수승으로 사용할 정수를 입력받아 연산자 <<와 **을 사용해 각각 계산한 결과가 같음을 보이는 프로그램을 작성하시오.

```
정수 입력 >>> 67
2의 지수승 입력 >>> 3

정수 67 << 3, 결과: 536
정수 67 * 2**3, 결과: 536
2진수(32비트):                         1000011 정수: 67
2진수(32비트):                      1000011000 정수: 67 << 3
2진수(32비트):                      1000011000 정수: 67 * 2**3
```

Chapter

04

일상생활과 비유되는 조건과 반복

학습 목표

- 조건에 따라 하나를 결정하는 if문을 구현할 수 있다.
- 반복을 수행하는 while문과 for문을 구현할 수 있다.
- 임의의 수인 난수를 이해하고 반복을 제어하는 break문과 continue문을 활용할 수 있다.

Section

01 조건에 따른 선택 if … else

Python

1.1 조건의 논리 값에 따른 선택 if

◆ 조건에 따른 선택을 결정하는 if문

아침에 일어나 휴대폰의 일기예보를 보면서 '오늘 날씨가 화창하면 어제 산 신발을 신고 가야지!'라고 생각해 본 적이 있을 것이다. 요즘은 미세먼지가 문제가 심각해 미세먼지 예보가 '나쁨' 이상이면 마스크를 착용하는 것도 일상이 돼 버렸다. 이렇듯 일상생활에서 조건에 따라 뭔가를 선택하는 경우가 매우 많다. 프로그램에서도 마찬가지다.

```
weather = '화창'
if weather == '화창':
    print('어제 산 신발을 신고 가야지!')
```

▲그림 1 일상생활에서 날씨나 미세먼지 조건에 따른 선택

이와 같이 조건에 따라 해야 할 일(문장들)을 처리해야 하는 경우, if문을 사용한다. 다음 if문은 조건인 논리 표현식(boolean expression)의 결과가 True이면 이후에 구성된 블록 구문인 문장 1과 문장 2를 실행한다. 그러나 결과가 False이면 실행하지 않는다.

- if문에서 논리 표현식 이후에는 반드시 콜론이 있어야 한다.
- 콜론 이후 다음 줄부터 시작되는 블록은 반드시 들여쓰기(indentation)를 해야 한다. 그렇지 않으면 오류가 발생하니 주의하자.

들여쓰기는 보통 4개의 빈 공백을 사용한다. 통합 개발 환경에서는 대부분의 자동으로 들여쓰기가 수행되는데, 대부분 직접 Tab 을 사용하면 4개의 빈 공백이 삽입된다.

```
if 논리 표현식 :
    문장 1
    문장 2
```

블록의 시작의 표시인 콜론(:)은 반드시 필요하다. : 앞의 빈 공간은 선택이다.

진리 표현식의 결과가 true이면 블록인 문장 1과 문장 2가 실행되며, 필요하면 더 많은 문장을 쓰면 된다.

미세먼지가 농도가 81을 넘으면 대기 질이 '나쁨' 수준으로, '마스크'를 써야 한다면 다음과 같은 if문을 활용할 수 있다. : 이후 들여쓰기의 블록 사용에 유의해 작성하자.

```
PM = 90 # particulate matter: 미세먼지
if 81 < PM:
    print('마스크를 착용합시다!')
```


잠/시/쉬/면/서

쉘의 대화형 모드에서 블록 코딩 주의 사항

대화형 모드에서 if 등의 블록을 종료하려면 공백 줄이 하나 필요하다.

```
Python 3.7.2 Shell
File Edit Shell Debug Options Window Help
Python 3.7.2 (tags/v3.7.2:9a3ffc0492, Dec
(Intel)] on win32
Type "help", "copyright", "credits" or "l
>>> PM = 90
>>> if 81 < PM:
        print('마스크를 착용 합시다!')


마스크를 착용 합시다!
>>>
```

콜론을 입력한 후 Enter를 누르면 다음 줄에서 자동으로 들여쓰기가 되며, 블록의 첫 줄을 입력한 후 다시 Enter를 누르면 다시 다음 줄에서 자동으로 들여쓰기가 되는데, 더 이상 블록에 쓸 문장이 없을 경우 바로 Enter를 누르면 if문이 실행된다. 그러므로 쉘에서는 빈 줄이 보인다.

◆ 일상 코딩: 놀이공원에서 키를 제한하는 놀이 기구

놀이공원을 기억해 보자. 놀이공원에는 키를 제한하는 놀이 기구가 있다. 재미있는 놀이공원을 상상하면서 if문을 내 것으로 만들어 보자.

if문을 활용한 첫 예제를 만들어 보자. 변수 height에 검사할 키를 저장하고 if문을 사용해 키가 140 이상이면 놀이 기구를 즐길 수 있다는 문구를 출력해 보자. If문 이후 조건 표현식 `140 <= height:` 이후의 콜론을 잊지 말고 if문의 블록으로 놀이 기구를 탈 수 있다는 메시지를 print()로 작성한다. 변수 height에 여러 값을 저장해 실행해 보자.

4-1 코딩 04-01rideif.py **키가 140 이상이면 놀이 기구 타기** 난이도 기본

```
1 height = 152 # 탑승을 체크할 키를 대입
2 if 140 <= height:
3     print('롤러코스터 T-Express, 즐기세요!')
```

height가 140 미만이면 이 문자열은 출력되지 않는다.

주의 조건 검사 이후의 콜론을 잊지 말고 3번 줄은 블록으로 들여쓰기하자.

결과 롤러코스터 T-Express, 즐기세요!

Upgrade coding

변수 height에 표준 입력으로 검사할 키를 표준 입력으로 받아 저장하도록 수정해 보자. 키를 139로 입력하면 아무것도 출력되지 않을 것이다.

힌트 `int(input('키 ? '))`

◆ 일상 코딩: 평균 평점이 3.8 이상이면 장학금 지급 대상자

1학기의 평균 평점을 저장할 변수 grade에 표준 입력으로 평균 평점을 입력받자. '1학기의 평균 평점이 3.8 이상'이란 표현식 3.8 <= grade을 사용해 if문을 구현한다. 조건 표현식 이후 :을 잊지 말고 if문의 블록으로 축하를 알리는 1개의 print()를 작성한다. 이후 네 번째 줄의 평균 평점을 출력하는 print() 문은 들여쓰기 없이 Backspace 등으로 앞으로 당겨 두 번째 줄의 if문 열을 맞춰 입력한다. 입력되는 평균 평점이 3.8보다 크거나 같다면 '축하합니다! …'가 출력되며, 네 번째 줄의 평균 평점 출력은 평균 평점의 값에 관계없이 출력된다. 만일 네 번째 줄도 들여쓰기를 한다면 다른 결과가 나온다는 것에 주의하자.

4-2 코딩 04-02gradeif.py **평균 평점 3.8 이상이면 장학금 지급 대상자** 난이도 기본

```
1 grade = float(input('1학기 평균 평점은? '))
2 if 3.8 <= grade:
3     print('축하합니다! 장학금 지급 대상자이다.')
4 print('당신의 1학기 평균 평점 %.2f이다.' % (grade))
```

표준 입력값이 3.8 미만이면 이 문자열은 출력되지 않는다.

주의 4번 줄은 들여쓰기가 없으므로 if의 블록이 아니며, if문이 종료된 후 무조건 실행되는 문장이다.

결과

```
1학기 평균 평점은? 3.89
축하합니다! 장학금 지급 대상자이다.
당신의 1학기 평균 평점 3.89이다.
```

```
1학기 평균 평점은? 3.5
당신의 1학기 평균 평점 3.50입니다
```

Tips 좀 더 알아봅시다!

파이썬과 들여쓰기

파이썬에서는 콜론 이후 통상 4개의 공백(spaces)을 넣고 시작하는 들여쓰기로 여러 문장을 묶는 블록(block)을 구성한다. 파이썬은 자바, C와 같은 다른 언어와 달리, 블록 구성을 들여쓰기로 사용한다. 이때 주의할 것은 들여쓰기를 공백 4개나 하나의 탭으로 일관되게 사용해야 한다. 만일 공백 4개와 하나의 탭을 함께 섞어 사용하면 문법 오류가 발생할 수 있다. 파이썬 쉘 등의 편집기에서는 탭도 공백 4개로 삽입해 주므로 문제가 없을 수 있지만 주의하자. 다음은 파이썬 코드의 스타일 가이드인 PEP-8(Python Enhancement Proposals)에 기술된 내용으로 빈 공백 4개인 들여쓰기 방법으로 권장한다.

`Spaces are the preferred indentation method.`

빈 공백은 선호되는 들여쓰기 방법이다.

`Tabs should be used solely to remain consistent with code that is already indented with tabs.`

탭을 이미 삽입된 코드와 일관성을 유지하기 위해서만 사용해야 한다.

`Python 3 disallows mixing the use of tabs and spaces for indentation.`

Python 3은 들여쓰기를 위해 탭과 빈 공백의 혼용을 허용하지 않는다.

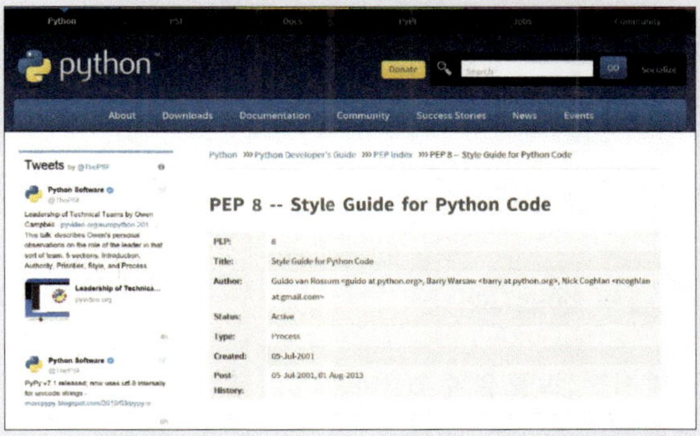

▲ **그림 1** 파이썬 코드 스타일 가이드 PEP-8(www.python.org/dev/peps/pep-0008)

1.2 조건에 따라 하나를 선택하는 if … else

◆ 논리 표현식 결과인 True와 False에 따라 나뉘는 if … else문

조건 if의 논리 표현식 결과는 True 또는 False이며, if … else문에서 else: 블록은 논리 표현식 결과가 False일 때 실행된다.

- if문에서 논리 표현식 결과가 True이면 논리 표현식 콜론 이후 블록을 실행한다.
- 논리 표현식의 결과가 False이면 else: 이후의 블록을 실행한다.

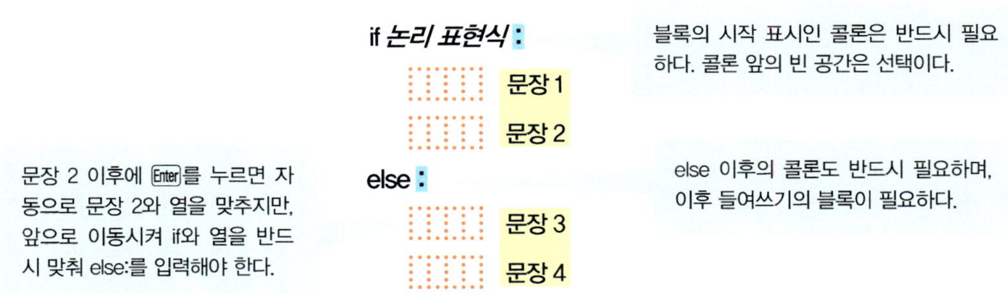

◆ 일상 코딩: 영화의 조조 할인 판정

영화에는 조조 할인이 있다. 오전 10시 이전의 영화 가격이 조조 할인이라고 가정하자. 현재 시간을 체크해 10시 이전이면 조조 할인 메시지를 출력하는 프로그램을 작성해 보자.

Tips 좀 더 알아봅시다!

현재 시간 정보를 알 수 있을까요?

표준 입력으로 시간을 입력받을 수도 있겠지만 컴퓨터에서 현재 시간을 알아 내는 방법을 먼저 알아보자. 모듈 time의 함수 localtime()으로 현재 시각 정보를 얻을 수 있다. 이를 위해 문장 from time import localtime이 필요하며, localtime().tm_hour와 localtime().tm_min으로 시간과 분을 알 수 있다.

```
>>> from time import localtime
>>> print(localtime().tm_hour)
15
>>> print(localtime().tm_min)
45
```

Time은 라이브러리가 모여 있는 파일인 모듈, localtime()은 time에 속한 함수다.

위에서 알아본 함수 localtime()을 사용해 현재 시간과 분을 각각 변수 hour와 mnt에 저장하자. if … else문에 조건식 `hour < 10:`을 사용하면 조조 할인 여부를 판정할 수 있다. 다음을 파일로 저장해 실행해 보자.

4-3 코딩 04-03earlybirddiscount.py **영화 조조 할인 판정** 난이도 응용

```
from time import localtime
hour = localtime().tm_hour
mnt = localtime().tm_min

if hour < 10:
```

```
6         print('지금 시각: %d시 %d분, 조조 할인 된다. ' % (hour, mnt))
7     else:
8         print('지금 시각: %d시 %d분, 조조 할인 안 된다. ' % (hour, mnt))
```

주의 1, 2, 3번줄에 유의해 작성하자. 여러분의 실행 기간에 따라 조조 할인이 결정된다.

결과 지금 시각: 15시 59분, 조조 할인 안 된다. ⋮ 지금 시각: 9시 58분, 조조 할인된다.

◆ 나머지 연산자 %를 사용한 짝수와 홀수 판정

나머지 연산자 %는 매우 다양한 곳에 사용된다. 나머지 연산자 %로 배수를 쉽게 판별할 수 있다. 다음 표현식은 n이 짝수이면 True, 홀수이면 False다.

```
>>> n = 3
>>> n%2 == 0 # 2로 나눠떨어지는지 검사, 결국 True이면 짝수 False이면 홀수
False
```

위 표현식을 if … else문에 사용하면 표준 입력받은 정수가 홀수인지, 짝수인지 쉽게 판정할 수 있다.

4-4 코딩 04-04oddoreven.py | **정수의 홀수와 짝수 판정** | 난이도 기본

```
n = int(input('정수 입력 >> '))
if n%2 == 0:
    print('%d은 짝수다.' % n)
else:
    print('%d은 홀수다.' % n)
```

결과

```
정수 입력 >> 11
11은 홀수다.
```

```
정수 입력 >> 10
10은 짝수다.
```

Upgrade coding 나머지 연산자 %를 이용해 3의 배수 여부를 판정하는 프로그램으로 수정해 보자.
힌트 `n%3 == 0:`

1.3 여러 조건 중에서 하나를 선택하는 구문 if … elif

◆ 다중 택일 결정 구조인 if … elif

다음은 조건의 여러 경로 중에서 하나를 선택하는 if … elif문이다. 논리 표현식 1이 True이면 문장 1, 문장 2의 블록을 실행하고 종료된다. 논리 표현식 1이 False여야 elif 논리 표현식 2로 진행되며, 그 이후도 마찬가지다. elif는 필요한 만큼 늘릴 수 있으며, 마지막 else는 선택적으로 생략할 수 있다.

- 블록은 단 하나만 선택돼 실행

```
if 논리 표현식 1:
    문장 1
    문장 2
elif 논리 표현식 2:
    문장 3
    문장 4
elif 논리 표현식 3:
    문장 5
    문장 6
else:
    문장 7
    문장 8
```

키워드 elif는 else if를 의미하며, 논리 표현식 1이 False여야 논리 표현식 2를 검사한다.

else 이후의 콜론도 반드시 필요하며, 이후 들여쓰기 블록이 필요하다.

시험 점수에 따른 성적 처리를 생각해 보자. 점수가 저장된 변수 point를 다음 if문으로 90 이상이면 'A' 학점을 출력할 수 있다.

```
if 90 <= point:
    print('점수 {}, 성적 {}'.format(point, 'A'))
```

학점 판정 구간이 다음과 같으므로 A뿐 아니라 B, C, D, F를 판정하는 데는 else if를 의미하는 elif문이 요긴하게 사용된다.

▼ **표1** 성적에 따른 학점 판정

학점 판정 구간	표현식	if … elif문	설명
점수가 90 이상이면 A	90 <= point	if 90 <= point:	else의 의미에 point < 90 조건이 있으므로 elif 조건에서는 간단히 80 <= point:으로 가능
점수가 80 이상, 90 미만이면 B	80 <= point < 90	elif 80 <= point:	
점수가 70 이상, 80 미만이면 C	70 <= point < 80	elif 70 <= point:	70 <= point < 80과 동일
점수가 60 이상, 70 미만이면 D	60 <= point < 70	elif 60 <= point:	60 <= point < 70 과 동일
점수가 60 미만이면 F	point < 60	else:	else:만으로 점수가 60점 미만

다음은 위 표에 해당하는 if … elif … else문으로, 점수가 82점에 대한 학점 판정 코드다.

```
>>> point = 82 # 성적
>>> if 90 <= point:
...     print('점수 {}, 성적 {}'.format(point, 'A'))
... elif 80 <= point:
...     print('점수 {}, 성적 {}'.format(point, 'B'))
... elif 70 <= point:
...     print('점수 {}, 성적 {}'.format(point, 'C'))
... elif 60 <= point:
...     print('점수 {}, 성적 {}'.format(point, 'D'))
... else:
...     print('점수 {}, 성적 {}'.format(point, 'F'))
...
점수 82, 성적 B
```

◆ 일상 코딩: 미세먼지 농도에 따른 미세먼지 경고 예보

다음은 우리나라의 미세먼지 예보 구간이다. 10마이크로그램의 미세먼지 농도에 따라 다음 4개의 구간으로 예보한다. 미세먼지 농도가 저장된 변수를 PM이라고 하면, 다음 표의 두 번째 열은 if … elif문에서 사용할 문장을 나타낸다.

미세먼지 발생 시 생활 수칙

▼ **표2** 미세먼지(10마이크로그램) 판정 구간

미세먼지 농도 구간	if…elif문(변수 PM에 미세먼지 농도 저장)	등급
151 이상	if 151 <= PM:	매우 나쁨
81 이상, 151 미만	elif 81 <= PM:	나쁨
31 이상, 81 미만	elif 31 <= PM:	보통
31 미만	else:	좋음

if … elif문을 사용해 표준 입력으로 미세먼지의 농도를 입력받아 위 표를 기준으로 등급을 출력하는 프로그램을 작성해 보자.

4-5 코딩 04-05dustforecast.py **미세먼지 예보** 난이도 기본

```
1    PM = float(input('미세먼지(10마이크로그램)의 농도는 ? '))
2    if 151 <= PM:
3        print('미세먼지 농도: {:.2f}, 등급: {}'.format(PM, '매우 나쁨'))
4    elif 81 <= PM:
5        print('미세먼지 농도: {:.2f}, 등급: {}'.format(PM, '나쁨'))
6    elif 31 <= PM:
7        print('미세먼지 농도: {:.2f}, 등급: {}'.format(PM, '보통'))
8    else:
9        print('미세먼지 농도: {:.2f}, 등급: {}'.format(PM, '좋음'))
```

주의 2, 4, 6, 8번 줄에는 콜론, 3, 5, 7, 9번줄에는 들여쓰기가 반드시 필요하다.

결과

```
미세먼지(10마이크로그램)의 농도는 ? 140
미세먼지 농도: 140.00, 등급: 나쁨
```

```
미세먼지(10마이크로그램)의 농도는 ? 30
미세먼지 농도: 30.00, 등급: 좋음
```

1.4 중첩된 조건

◆ 일상 코딩: 커피와 주스의 메뉴 선택

커피, 주스와 같은 음료의 부류를 선택한 후에 다시 구체적인 음료를 선택하는 것을 구현하려면 다음과 같이 if문의 내부에 다시 if문을 사용해야 한다.

```
category = int(input('원하는 음료는? 1. 커피 2. 주스 '))
if category == 1:
    menu = int(input('번호 선택? 1. 아메리카노 2. 카페라테 3. 카푸치노 '))
    if menu == 1:
    # 선택한 커피 메뉴로 출력
    …
else:
    menu = int(input('번호 선택? 1. 키위주스 2. 토마토주스 3. 오렌지주스 '))
    # 선택한 주스 메뉴로 출력
```

다음은 위 조건을 모두 구현한 프로그램이다.

4-6 코딩 04-06nestedmenu.py | **커피와 주스 선택 이후 메뉴 선택** | 난이도 응용

```python
category = int(input('원하는 음료는? 1. 커피 2. 주스 '))

if category == 1:
    menu = int(input('번호 선택? 1. 아메리카노 2. 카페라테 3. 카푸치노 '))
    if menu == 1:
        print('1. 아메리카노 선택')
    elif menu == 2:
        print('2. 카페라테 선택')
    elif menu == 3:
        print('3. 카푸치노 선택')
else:
    menu = int(input('번호 선택? 1. 키위주스 2. 토마토주스 3. 오렌지주스 '))
    if menu == 1:
        print('1. 키위주스 선택')
    elif menu == 2:
        print('2. 토마토주스 선택')
    elif menu == 3:
        print('3. 오렌지주스 선택')
```

결과

```
원하는 음료는? 1. 커피 2. 주스 1
번호 선택? 1. 아메리카노 2. 카페라테 3. 카푸치노 2
2. 카페라테 선택
```

```
원하는 음료는? 1. 커피 2. 주스 2
번호 선택? 1. 키위주스 2. 토마토주스 3. 오렌지주스 3
3. 오렌지주스 선택
```

중간 점검

01 다음 출력값을 기술하시오.

①
```python
if 'o' in 'python':
    print('o')
```

②
```python
if not 27 % 3:
    print('27은 3의 배수이다.')
```

02 다음 코드에서 오류를 수정하시오.

①
```python
a = 30
if a <= 50
    print(a / 2)
```

②
```python
speed = 60
if 60 <= speed <= 100:
    print('적정 속도')
else if 100 < speed:
    print('속도 초과')
```

정답

01 ① o

② 27은 3의 배수이다.

02 ①
```python
a = 30
if a <= 50:
    print(a / 2)
```

②
```python
speed = 60
if 60 <= speed <= 100:
    print('적정 속도')
elif 100 < speed:
    print('속도 초과')
```

Section

02 반복을 제어하는 for문과 while문

Python

2.1 시퀀스의 내부 값으로 반복을 실행하는 for문

◆ 일상생활과 같은 반복의 실행

게임을 생각해 보자. 게임을 시작하고 동일한 지시 사항을 실행한다. 로그인 시 기본적인 사용자 정보를 입력한 후 캐릭터 및 아이템과 같은 옵션을 선택하면 비로소 게임 화면이 표시된다. 게임이 시작되면 비슷한 일들이 반복된다.

```
for i in 1, 2, 3:
    print('로그인')
    print('캐릭터 및 아이템 등 여러 옵션 선택')
    print('게임 실행')
    print('게임 종료')
```

반복 결과

```
로그인
캐릭터 및 아이템 등 여러 옵션 선택
게임 실행
게임 종료
로그인
캐릭터 및 아이템 등 여러 옵션 선택
게임 실행
게임 종료
로그인
캐릭터 및 아이템 등 여러 옵션 선택
게임 실행
게임 종료
```

▲ **그림2** 게임과 반복

일상생활과 마찬가지로 프로그램에서 반복의 비중은 매우 높다. 반복문을 사용하면 중복을 줄여 프로그램이 간결해지며, 프로그램 절차를 효과적으로 수행할 수 있다. 파이썬에서 제공하는 반복 방법은 크게 두 가지다. while문은 〈반복조건〉에 따라 반복을 결정하며, for문은 항목의 나열인 〈시퀀스〉의 구성 요소인 모든 항목이 순서대로 변수에 저장돼 반복을 수행한다.

- 콜론과 반복 몸체인 블록 구성이 반드시 필요하다.

〈반복 조건〉에 따른 반복

```
while <반복 조건>:
    반복 몸체인_문장들
```

〈시퀀스〉 항목마다 반복

```
for 변수 in <시퀀스>:
    반복 몸체인_문장들
```

▲ **그림4** 파이썬의 while문과 for문

◆ 정해져 있는 시퀀스의 항목 값으로 반복을 실행하는 for문

다음 구문을 보면서 천천히 알아보자. 처음에는 쉽지 않다. 하다 보면 익숙해질 것이다.

여러 자료 값이 순서대로 구성된 시퀀스에서 자료 값의 개수만큼 반복적인 작업을 수행하기 위한 구문이 for문이다. 다음 for문에서 시퀀스 이후의 콜론과 반복 몸체인 블록 구조, 실행 흐름을 이해하자.

Sequence?
1, 2, 3, 4, 5, 6, …
'python'

- 여러 개의 값을 갖는 시퀀스에서 변수에 하나의 값을 순서대로 할당한다.
- 할당된 변숫값을 갖고 블록의 문장들(문장 1, 문장 2)을 순차적으로 실행한다.
- 반복 몸체인 문장 1, 문장 2에서 변수를 사용할 수 있다.
- 시퀀스의 그 다음 값을 변수에 할당해 다시 반복 블록을 실행한다.
- 이러한 과정을 시퀀스의 마지막 항목까지 수행한다.
- 시퀀스의 마지막 항목까지 실행한 후 선택 사항인 else: 블록을 실행하고 반복을 종료한다.

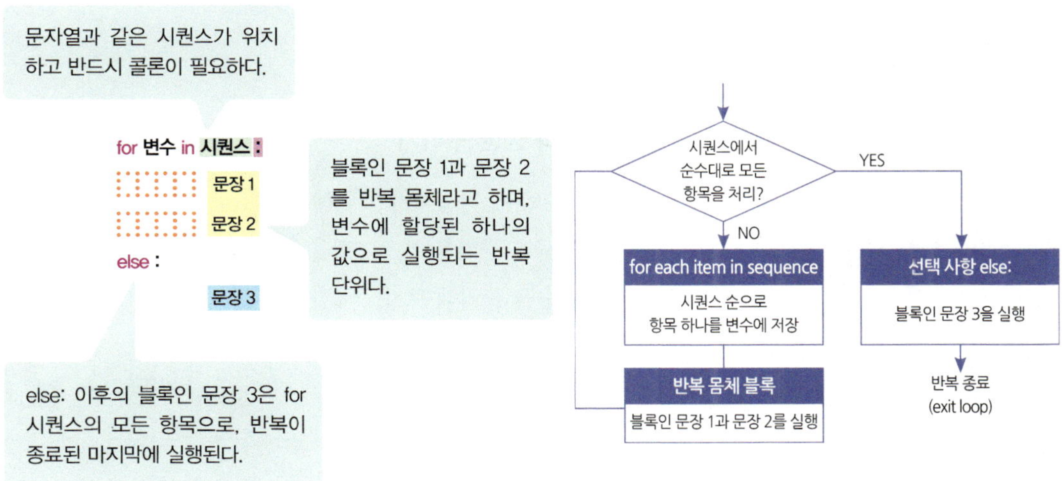

▲ **그림3** for문과 실행 흐름

흔히 보는 시퀀스의 예로는 문자열을 들 수 있다. 다음은 문자열 'python'의 구성 문자 하나하나를 순차적으로 변수 s에 할당받아 처리하는 반복 구문이다. 함수 ord(문자)는 문자의 코드 번호를 반환한다.

```
>>> for s in 'python':
...     print(s, ord(s))
... else:
...     print('반복 for문 완료')
```

- 시퀀스의 항목인 문자와 코드 번호를 출력한다.
- 반복을 종료하고 마지막에 실행할 문장들로 구성된 블록을 구성한다. 필요 없으면 생략할 수 있다.

```
p 112
y 121
t 116
h 104
o 111
n 110
반복 for문 완료
```

시퀀스로 다음과 같이 콤마로 구분한 수의 나열인 튜플이 올 수 있다. 튜플은 시퀀스의 한 예로, 수와 같은 항목의 나열이라고 생각하면 된다. 다음 코드는 변수 i에 튜플의 항목인 1에서 5까지의 정수가 순차적으로 저장돼 출력된다.

```
>>> for i in 1, 2, 3, 4, 5:
...     print(i, end=' ')
...
1 2 3 4 5
```

> 내장 함수 print()는 기본적으로 출력 항목들을 출력한 후 다음 줄로 이동한다. 만일 같은 줄에서 계속 출력하고 싶다면 end=' '와 같이 출력 이후에 삽입할 빈 공백 문자열 등을 입력하면 된다. 이제 필요하면 한 줄에 여러 항목을 출력하라!

◆ 실수의 나열인 시퀀스에서 for 구문으로 합과 평균 구하기

수의 합과 평균을 모르는 사람은 없을 것이다. for문에 익숙해지기 위해 반복 for 구문을 사용해 실수의 나열인 시퀀스에서 항목인 각 실수의 합과 평균을 구하는 프로그램을 작성해 보자. 모든 실수 항목이 순회한 후에 실행되는 else: 블록에서 합과 평균을 출력해 보자.

4-7 코딩 04-07numseq.py **수의 나열에서 합과 평균 구하기** 난이도 기본

```
1   sum = 0
2   for i in 1.1, 2.5, 3.6, 4.2, 5.4:
3       sum += i
4       print(i, sum)
5   else:
6       print('합: %.2f, 평균: %.2f' % (sum, sum / 5))
```

주의 2, 5번 줄에는 콜론을 잊지 말아야 하고, 3, 4, 6번줄은 들여쓰기로 입력해야 한다.

결과

```
1.1 1.1
2.5 3.6
3.6 7.2
4.2 11.4
5.4 16.8
합: 16.80, 평균: 3.36
```

◆ 내장 함수 range()를 사용한 for문

함수 range()는 수학과 관련된 함수라고 생각해 하품부터 나오는 독자도 있을 것이다. 그런데 range()는 수학이 아니라 초등학교 산수에 가깝다. 내용이 어렵게 느껴지더라도 자신을 한탄하지 말라. 잘 모르면 또 보면 되고 그래도 모르겠다면 인터넷에서 찾아보면 된다. 항상 길은 여러 개 있다. range()는 유용한 함수이므로 몸에 배어 있어야 한다. 내장 함수 range()는 처음이지만 어렵지 않다.

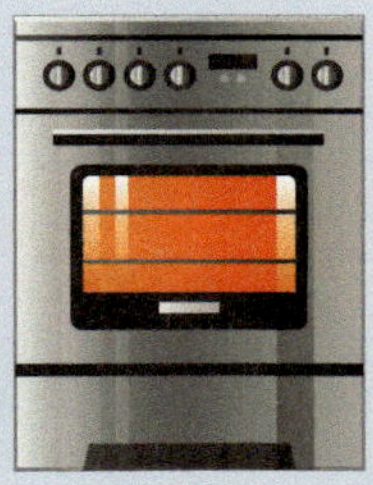

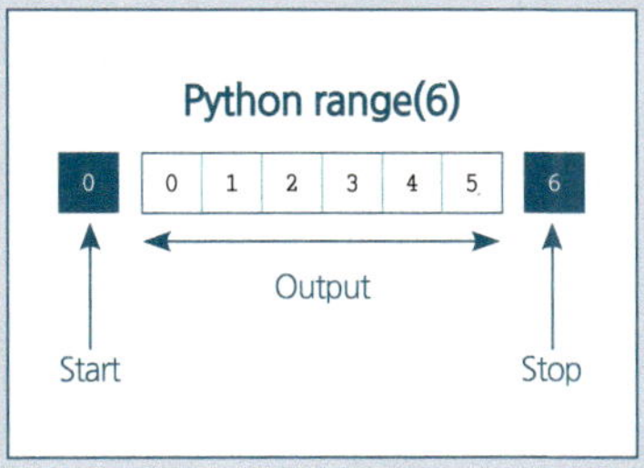

반복 for문의 시퀀스에 내장 함수 range()를 활용하면 매우 간결하다. 내장 함수 range(5)는 정수 0에서 4까지 5개의 항목인 정수로 구성되는 시퀀스를 만든다. 그러므로 다음 반복 구문에서 변수 i에 할당되는 0에서 4까지 5개의 정수로 반복을 수행할 수 있다.

- 오른쪽 코드처럼 쉘에서 range() 함수를 list() 내부에 적으면 곧바로 항목을 볼 수 있다.

```
>>> for i in range(5):
...     print(i, end = ' ')
...
0 1 2 3 4
```

내장 함수 range(5)처럼 인자가 1개이면 반복이 5회 수행된다고 생각하자. 다만 시퀀스의 항목이 1부터가 아니라 0부터이므로 마지막도 5가 아니라 4라는 것을 잊지 말자.

실행 결과

```
>>> list(range(5))
[0, 1, 2, 3, 4]
```

range(10)은 0에서 9까지 10개의 정수를 반복할 수 있다.

```
for i in range(10):
...     print(i, end = ' ')
...
0 1 2 3 4 5 6 7 8 9
```

실행 결과

```
>>> list(range(10))
[0, 1, 2, 3, 4, 5, 6, 7, 8, 9]
```

range(1, 10)은 시작 정수인 1에서 9까지 9개의 정수를 반복할 수 있다.

```
>>> for i in range(1, 10):
...     print(i, end = ' ')
...
1 2 3 4 5 6 7 8 9
```

실행 결과

```
>>> list(range(1, 10))
[1, 2, 3, 4, 5, 6, 7, 8, 9]
```

range(1, 10, 2)은 1에서 9까지 간격이 2씩 증가하면서 5개의 정수를 반복할 수 있다.

```
for i in range(1, 10, 2):        - start: 시퀀스의 시작
...     print(i, end = ' ')      - stop: 시퀀스의 끝(미만), 실질적으로 stop-1까지
...                              - step: 증가 값
1 3 5 7 9
```

Tips 좀 더 알아봅시다!

범위라는 단어를 쓰는 함수 range()

내장 함수 range()는 일정 간격의 정숫값을 가진 리스트(list)라는 시퀀스를 생성해 주는 함수다. 함수의 인자는 총 3개로, 적어도 1개의 인자를 지정해 줘야 한다. 만약 인자 중 하나만 지정하면 자동으로 stop 값이 지정되는데, stop의 이전 정숫값까지 포함된다. 시퀀스의 시작인 start와 인접한 숫자의 간격인 step은 자동으로 각각 0, 1로 지정된다. 인자를 2개 지정하면 자동으로 start와 stop 값을 설정하게 되며, 증가 값은 자동으로 1로 지정된다.

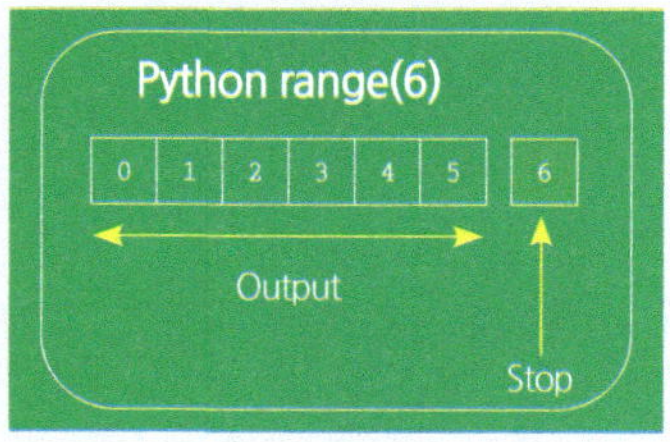

- 모든 인자는 문자열 또는 부동소수점 숫자나 다른 유형이 올 수 없으며 반드시 정수여야 한다.

다음 코드에서 볼 수 있듯이 list() 함수 내부에 range() 함수를 사용하면 바로 시퀀스 결과를 알 수 있다.

```
>>> list(range(4))
[0, 1, 2, 3]
>>> list(range(6, 10))
[6, 7, 8, 9]
>>> list(range(10, 20, 2))
[10, 12, 14, 16, 18]
```

함수 호출	인자	결과
range(4)	stop	0, 1, 2, 3
range(6, 10)	start, stop	6, 7, 8, 9
range(10, 20, 2)	start, stop, step	10, 12, 14, 16, 18

◆ 일상 코딩: 커피 주문받기

표준 입력으로 아메리카노, 카페라테, 카푸치노 세 종류의 커피를 주문받는 코드를 작성해 보자. 주문은 for문으로 총 3회에 걸쳐 받으며, 사용자로부터 커피의 종류를 직접 입력하도록 한다. 입력이 잘못되면 '모르겠어요.', 3회의 주문이 종료되면 '주문을 마치겠습니다.'를 출력한다.

4-8 코딩 04-08coffeeorder.py **3회에 걸쳐 커피 주문받기** 난이도 기본

```
for i in range(3):
    coffee = input("주문하세요! [아메리카노] [카페라테] [카푸치노] >> ")
    if coffee == '아메리카노':
        print('%s 주문' % coffee)
    elif coffee == '카페라테':
```

```
6          print('%s 주문' % coffee)
7      elif coffee == '카푸치노':
8          print('%s 주문' % coffee)
9      else:
10         print('모르겠어요.')
11 else:
12     print('주문을 마치겠습니다.')
```

주의 1, 3, 5, 7, 9, 11번 줄에서는 블록 시작인 콜론을 잊지말고 입력한다.

결과

```
주문하세요! [아메리카노] [카페라테] [카푸치노] >> 아메리카노
아메리카노 주문
주문하세요! [아메리카노] [카페라테] [카푸치노] >> 카페라테
모르겠어요.
주문하세요! [아메리카노] [카페라테] [카푸치노] >> 카페라테
카페라테 주문
주문을 마치겠습니다.
```

Upgrade coding

위 if … elif문에서 print()가 반복되고 있으며, print()을 한 번 사용하도록 or을 사용해 문장을 좀 더 간단하게 수정해 보자.

힌트 `if coffee == '아메리카노' or coffee == '카페라테' …:`

◆ 표준 입력값을 최소 한 번 포함하는 두 자리 정수 찾기

표준 입력으로 0에서 9까지 하나의 값을 입력받은 후 두 자릿수 정수에서 입력값이 최소 한 번이라도 포함된 정수를 모두 출력하는 프로그램을 작성해 보자. 반복 for문과 내장 함수 range(10, 100)을 사용하면 두 자릿수 정수 10에서 99까지 순회 할 수 있다. if문과 in문을 사용해 입력받은 자릿수가 포함되는지를 검사한다.

- 함수 str(정수): 정수를 문자열로 변환

4-9 코딩 04-09findnum.py | 지정된 최소 한 자릿수가 포함된 두 자리 정수 찾기 | 난이도 응용

```
1  n = input("10진수의 한 자릿수 입력 >> ")
2  print('두 자릿수 정수에서 최소 한 자릿수가 %s인 정수 찾기: ' % n)
3  print(' 결과 '.center(50, '='))
4
5  for i in range(10, 100):
6      snum = str(i)
7      if n in snum:
8          print(i, end= ' ')
```

주의 6, 7번 줄은 들여쓰기로 입력한다.

결과	10진수의 한 자릿수 입력 >> 7 두 자릿수 정수에서 최소 한 자릿수가 7인 정수 찾기: ======================= 결과 ======================= 17 27 37 47 57 67 70 71 72 73 74 75 76 77 78 79 87 97

2.2 횟수를 정하지 않은 반복에 적합한 while 반복

◆ 반복 구조가 간단한 while 반복

while문은 for문에 비해 간결하며 반복 조건인 논리 표현식의 값에 따라 반복을 수행한다. while문은 횟수를 정해놓지 않고 어떤 조건이 False가 될 때까지 반복을 수행하는 데 적합하다.

- 논리 표현식이 True이면 반복 몸체인 문장 1, 문장 2를 실행한 후 다시 논리 표현식을 검사해 실행한다.
- 논리 표현식이 False이면 반복 몸체를 실행하지 않고, 선택 사항인 else: 이후의 블록을 실행한 후 반복을 종료한다.

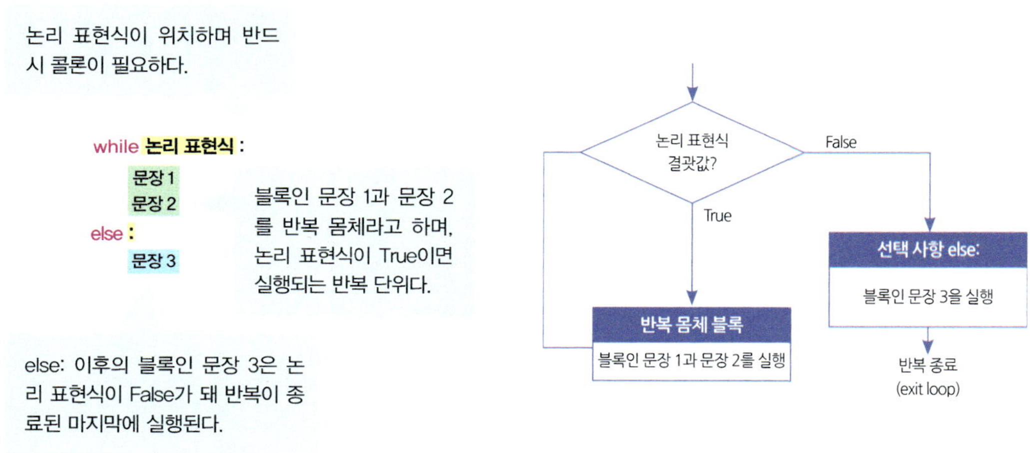

▲ **그림 4** while문과 실행 흐름

다음 while문은 반복 조건인 n <= 5이 True이면 변수 n을 출력하고 1 증가시킨다. 그러므로 n이 1, 2, 3, 4, 5인 동안 n이 출력되고 n이 6이 되면 while의 else: 블록을 실행한다.

```
>>> n = 1
>>> while n <= 5:
...     print(n, end = ' ')
...     n += 1
... else:
...     print("\n 반복 while 종료: n => %d" % n)
```

while n <= 5:에서 반복 조건 n <= 5이 False가 될 때는 n이 6이 되는 경우다. 따라서 else: 블록에 6이 출력된다.

```
...
1 2 3 4 5
반복 while 종료: n => 6
```

◆ 일상 코딩: 어린이를 위한 놀이 기구 탑승 처리

다시 놀이공원에 가 보자. 키가 130cm 미만인 어린이를 위한 놀이 기구는 한 번에 4명까지 탑승할 수 있다고 한다. 줄 서 있는 어린이의 키를 확인해 놀이 기구에 4명까지 탑승시키는 과정을 코드로 구현해 보자.

논리 변수 more로 while 반복의 여부를 결정한다. 키가 130 미만이면 현재 탑승한 인원이 저장된 변수 cnt를 증가시키고, 탑승 인원 cnt가 최대 인원 4명이 되면 while문의 조건 검사인 논리 변수 more를 False로 저장해 빠져나오면서 else: 블록에서 다음 번에 이용하라는 메시지를 출력한다.

4-10 코딩 | 04-10checkrides.py | **어린이를 위한 놀이 기구 탑승 검사** | 난이도 응용

```python
MAXNUM = 4
MAXHEIGHT = 130

more = True
cnt = 0
while more:
    height = float(input("키는 ? "))
    if height < MAXHEIGHT:
        cnt += 1
        print('들어가세요.', '%d명' % cnt)
    else:
        print('커서 못 들어갑니다.')
    if cnt == MAXNUM:
        more = False
else:
    print('%d명 모두 찼습니다. 다음 번에 이용하세요.' % cnt)
```

주의 변수 cnt를 사용해 한 번에 탑승 인원인 4명을 검사한다.

결과

```
키는 ? 120
들어가세요. 1명
키는 ? 110
```

```
키는 ? 125
들어가세요. 1명
키는 ? 129
```

결과

```
들어가세요. 2명
키는 ? 105
들어가세요. 3명
키는 ? 107
들어가세요. 4명
4명 모두 찼습니다. 다음 번에 이용하세요.
```

```
들어가세요. 2명
키는 ? 131
커서 못 들어갑니다.
키는 ? 110
들어가세요. 3명
키는 ? 105
들어가세요. 4명
4명 모두 찼습니다. 다음 번에 이용하세요.
```

◆ 일상 코딩: 콤보 번호로 햄버거 주문받기

햄버거 주문을 번호로 받는 프로그램을 작성하자. 반복 while을 사용해 번호 0을 입력하기 전까지 계속 주문받는다. 주문 번호는 1번부터 4번까지 유효하며, 유효하지 않은 번호가 입력되면 '모르겠어요.' 메시지를 출력하고 주문을 계속 받는다. 0번을 입력하면 주문이 종료되며 '주문을 마치겠습니다.'를 출력한다.

4-11 코딩 04-11burgerorder.py **번호로 버거 메뉴 주문받기** 난이도 응용

```python
menu = '''버거, 콤보 번호로 주문하세요!
    0. 주문 종료
    1. 올인원팩
    2. 투게더팩
    3. 트리오팩
    4. 패밀리팩
        >> '''

more = True
while more:
    order = int(input(menu))
    if order == 1:
        print('%s 주문' % '올인원팩')
    elif order == 2:
        print('%s 주문' % '투게더팩')
    elif order == 3:
```

```
17            print('%s 주문' % '트리오팩')
18        elif order == 4:
19            print('%s 주문' % '패밀리팩')
20        elif order == 0:
21            print('주문 종료'.center(20, '*'))
22            more = False
23        else:
24            print('모르겠어요.')
25    else:
26        print('주문을 마치겠습니다.')
```

주의 5, 7번 줄은 들여쓰기로 입력한다.

결과

```
버거, 콤보 번호로 주문하세요!
   0. 주문 종료
   1. 올인원팩
   2. 투게더팩
   3. 트리오팩
   4. 패밀리팩
      >> 1
올인원팩 주문
버거, 콤보 번호로 주문하세요!
   0. 주문 종료
   1. 올인원팩
   2. 투게더팩
   3. 트리오팩
   4. 패밀리팩
      >> 2
투게더팩 주문
버거, 콤보 번호로 주문하세요!
   0. 주문 종료
   1. 올인원팩
   2. 투게더팩
   3. 트리오팩
   4. 패밀리팩
      >> 4
패밀리팩 주문
버거, 콤보 번호로 주문하세요!
   0. 주문 종료
   1. 올인원팩
   2. 투게더팩
   3. 트리오팩
   4. 패밀리팩
      >> 5
모르겠어요.
버거, 콤보 번호로 주문하세요!
   0. 주문 종료
   1. 올인원팩
   2. 투게더팩
   3. 트리오팩
   4. 패밀리팩
      >> 0
********주문 종료********
주문을 마치겠습니다.
```

2.3 중첩된 반복

◆ 일상 코딩: 반복 for의 중첩 표준 구구단

먼저 구구단의 6단을 출력해 보자. 변수 i에 6을 저장한 후 1에서 9까지의 수를 반복하기 위해 반복 for에서 변수 j와 함수 range(1, 10) 시퀀스를 사용한다.

```python
i = 6
for j in range(1, 10):
    print('%d * %d = %2d' % (i, j, i * j), end= '   ')
print()
```

실행 결과

```
6 * 1 = 6   6 * 2 = 12   6 * 3 = 18   6 * 4 = 24   …중략…   6 * 8 = 48   6 * 9 = 54
```

이제 2단에서 9단까지 구구단 전체를 출력해 보자. 위의 변수 i가 6이면 6단을 출력하듯이 변수 i가 2에서 9까지 반복하도록 for와 range(2, 10)을 외부의 반복으로 사용한다. 변수 j의 반복은 내부에 그대로 사용하면 구구단이 완성된다.

4-12 코딩 04-12multiplicationtable.py **전형적인 구구단 출력** 난이도 응용

```python
for i in range(2, 10):
    for j in range(1, 10):
        print('%d * %d = %2d' % (i, j, i * j), end= '   ')
    print()
```

주의 콜론과 들여쓰기를 잊지 말자.

결과

```
2*1= 2 2*2= 4 2*3= 6 2*4= 8 2*5=10 2*6=12 2*7=14 2*8=16 2*9=18
3*1= 3 3*2= 6 3*3= 9 3*4=12 3*5=15 3*6=18 3*7=21 3*8=24 3*9=27
4*1= 4 4*2= 8 4*3=12 4*4=16 4*5=20 4*6=24 4*7=28 4*8=32 4*9=36
5*1= 5 5*2=10 5*3=15 5*4=20 5*5=25 5*6=30 5*7=35 5*8=40 5*9=45
6*1= 6 6*2=12 6*3=18 6*4=24 6*5=30 6*6=36 6*7=42 6*8=48 6*9=54
7*1= 7 7*2=14 7*3=21 7*4=28 7*5=35 7*6=42 7*7=49 7*8=56 7*9=63
8*1= 8 8*2=16 8*3=24 8*4=32 8*5=40 8*6=48 8*7=56 8*8=64 8*9=72
9*1= 9 9*2=18 9*3=27 9*4=36 9*5=45 9*6=54 9*7=63 9*8=72 9*9=81
```

중간 점검

03 다음 출력값을 기술하시오.

①
```python
for i in range(1, 10, 2):
    print(i, end = ' ')
```

②
```python
n = 0
while n <= 5:
    n += 1
    print(n, end = ' ')
```

04 다음 코드의 결괏값을 쓰시오.

```python
for i in range(7):
    if i == 4:
        break
    print(i, end = ' ')

print()
```

정답 03 ① 1 3 5 7 9 ② 1 2 3 4 5 6 04 0 1 2 3

Section

03 임의의 수인 난수와 반복을 제어하는 break문, continue문

Python

3.1 임의의 수인 난수 발생과 반복에 활용

◆ 임의의 수를 발생하는 난수

주사위는 1에서 6까지 하나의 수를 정할 수 있다. 주사위를 사용하면 신이 아닌 이상 누구도 다음에 어떤 수가 나올지 예측할 수 없다. 바로 주사위에서 결정되는 수처럼 난수(random number)는 주어진 범위의 수 중에서 예측할 수 없는 임의의 수를 말한다. 난수는 여러 다각형 주사위나 로또 복권의 추첨 기계처럼 기기를 이용해 만들 수도 있고, 아파트 분양처럼 많은 당첨 번호가 필요할 때는 주로 컴퓨터를 사용해 만들 수 있다.

파이썬에서는 모듈 random의 함수 randint(시작, 끝)를 사용해 정수 시작과 끝 수 사이에서 임의의 정수를 얻을 수 있다. 여기서는 시작과 끝을 모두 포함한다. 즉, random.randint(1, 3)는 import random으로 모듈 활용을 선언한 후 1, 2, 3 중 한 가지 수를 임의로 얻을 수 있다.

```
>>> import random
>>> random.randint(1, 3)
3
>>> random.randint(1, 3)
1
```

모듈 random에 속한 함수 randint()를 호출하는 문장이다.

◆ 난수로 로또 복권의 6개 수 발생

6개의 복권 번호를 위해 for문과 range(6) 그리고 random.randint(1, 45)로 1에서 45까지의 6개의 난수를 얻어 로또 복권을 실험할 수 있다. 다만 아래 코드로는 난수가 중복될 수 있다.

```
>>> import random
>>> for i in range(6):
...     n = random.randint(1, 45)
...     print(n, end=' ')
...
35 30 3 38 39 4
```

◆ 일상 코딩: 로또 복권 모의 실험

로또 복권의 6개 당첨 번호가 11, 17, 28, 30, 33, 35이라고 가정해 보자. 6개의 난수를 얻어 당첨 여부를 확인하는 프로그램을 작성해 보자. 당첨 번호는 콤마로 구분해 6개의 다음 코드로 작성한다.

```
winnumber = 11, 17, 28, 30, 33, 35
```

변수(winnumber)는 간단히 수를 나열해 표현하는 튜플이라고 하며 Chapter 05 '목록과 튜플'에서 학습할 예정이다.

난수가 저장된 n에서 if 문장 if n in winnumber: 코드로 n의 당첨 번호를 쉽게 검사할 수 있다. 6개의 난수 중에서 당첨 번호를 맞힌 총 개수를 출력한다.

4-13 코딩 04-13lotto.py **1에서 45까지의 6개 수를 맞히는 로또** 난이도 응용

```
winnumber = 11, 17, 28, 30, 33, 35
print(' 모의 로또 당첨 번호 '.center(28, '='))
print(winnumber)
print()
print(' 내 번호 확인 '.center(30, '-'))
cnt = 0
import random
for i in range(6):
    n = random.randint(1, 45)
    if n in winnumber:
        print(n, 'O ', end = ' ')
        cnt += 1
    else:
        print(n, 'X ', end = ' ')

print()
print(cnt, '개 맞음')
```

주의 print()는 빈 줄을 삽입하기 위해 사용한다.

결과

```
======= 모의 로또 당첨 번호 =======
(11, 17, 28, 30, 33, 35)

-------- 내 번호 확인 ---------
33 O  45 X  17 O  5 X  35 O  7 X
3 개 맞음
```

```
======= 모의 로또 당첨 번호 =======
(11, 17, 28, 30, 33, 35)

-------- 내 번호 확인 ---------
24 X  4 X  17 O  22 X  35 O  38 X
2 개 맞음
```

Tips 좀 더 알아봅시다!

random.randint()를 randint()로 사용할 수 없나요?

코딩은 가능하면 간결한 것이 좋다. from 모듈을 사용하면 코드가 간결해질 수 있으므로 먼저 from import를 간략히 살펴 보자.

import는 모듈을 가져오는 구문이며, import 이후 모듈에 속한 함수는 random.randint(1, 5)와 같이 모듈.함수명()으로 사용한다.

```
import random # import 모듈
random.randint(1, 5) # 모듈.함수()
```

from 모듈 import 함수 구문은 모듈의 특정 함수를 모듈명 없이 바로 사용할 수 있다. from random import randint와 같이 from 뒤에 모듈 이름을 지정하고 import 뒤에 가져올 함수를 기술한다. from import 이후에 가져온 함수를 사용할 때는 randint()와 같이 모듈의 이름을 붙이지 않고 바로 사용할 수 있다.

```
from random import randint # from 모듈 import 변수
randint(1, 5) # 모듈 없이 바로 함수() 사용 가능
```

`from random import randint`
위 구문을 사용하면 모듈 random에 있는 함수 randint()를 바로 사용할 수 있다.

3.2 반복을 제어하는 break문과 continue문

◆ 반복을 종료하는 break문

반복 while의 논리 표현식이 True라면 무한히 반복된다. 이를 무한 반복(indefinite loop)이라고 한다. for나 while 반복 내부에서 문장 break는 else: 블록을 실행시키지 않고 반복을 무조건 종료한다.

무한 반복

```
while True:
        반복 문장들
```

반복을 종료

```
while True:
        ...
        break
        ...
```

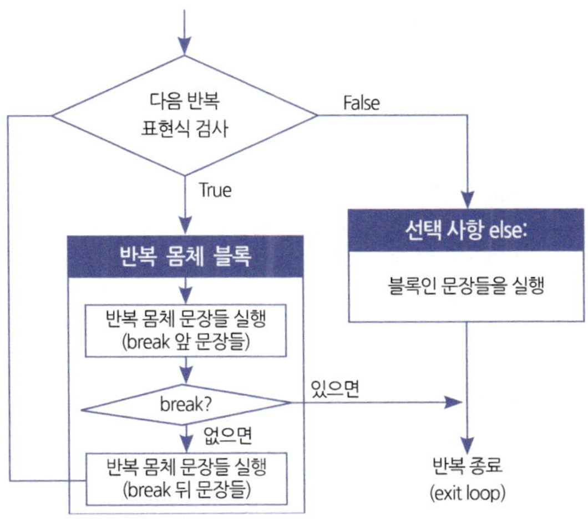

▲ **그림 5** 반복의 종료 break문

반복 while이나 for문에서 break 문장은 반복을 종료하고 반복 문장 이후를 실행한다. 즉, break문은 특정한 조건에서 즉시 반복을 종료할 경우에 사용된다. break문으로 반복이 종료되는 경우, 반복의 else: 블록은 실행되지 않는다.

```
for 변수 in 시퀀스:
    break_앞_문장들
    if 조건:
        break
    break_뒤_문장들
else:
    반복이_정상적으로_종료되면_실행되는_문장들

for문_종료_이후_코드
```

```
while 논리 표현식:
    break_앞_문장들
    if 조건:
        break
    break_뒤_문장들
else:
    반복이_정상적으로_종료되면_실행되는_문장들

while문_종료_이후_코드
```

▲그림6 반복 while과 for에서의 break

◆ 일상 코딩: 메뉴 선택에서 [종료]를 선택하면 반복을 종료

다음은 반복 while 문장에서 break문으로 반복을 종료하는 예제다. 메뉴인 '[0]종료 [1]계속 ?'에서 1을 표준 입력하면 반복을 계속하고, 0을 입력하면 종료하도록 해 보자.

4-14 코딩 04-14menubreak.py **1을 입력하면 계속하고 0을 입력하면 반복 종료** 난이도 기본

```
1  while True:
2      menu = input('[0]종료  [1]계속 ? ')
3      if menu == '0':
4          break
5  print('종료')
```

주의 5번 줄은 첫 열부터 입력한다.

결과

```
[0]종료 [1]계속 ? 1
[0]종료 [1]계속 ? 1
[0]종료 [1]계속 ? 0
종료
```

```
[0]종료 [1]계속 ? 1
[0]종료 [1]계속 ? 0
종료
```

◆ 0에서 9 사이의 난수 중에서 7이 나오면 반복 종료

while문의 내부에서 모듈 random의 randint(0, 9)로 0에서 9 사이의 난수를 계속 생성한다. while True:문은 무한 반복을 수행하다가 난수인 n이 7이 되면 break문으로 반복을 종료한다.

- 반복에서 break문에 의해 종료되면 반복 while이나 for의 else: 블록은 실행되지 않는다.

다음 코드는 random.randint(0, 9)가 아닌 함수를 호출하는 randint(0, 9) 문장을 바로 사용할 수 있다.

```
from random import randint
```

모듈 random에 있는 함수 randint()를 바로 사용할 수 있도록 한다.

4-15 코딩 04-15break7.py | 0에서 9까지의 수 중에서 7이 나오면 반복 종료 | 난이도 응용

```
1   from random import randint
2   LUCKY = 7
3
4   while True:
5       n = randint(0, 9)
6       if n == LUCKY:
7           print('드디어 %d, 종료!' % n)
8           break
9       else:
10          print('%d, %d 나올 때까지 계속!' % (n, LUCKY))
11  else:
        print('여기는 실행되지 않습니다.')
```

주의 1번 줄은 문장으로, 5번 줄은 randint(0, 9)를 바로 사용할 수 있다.

결과

```
2, 7 나올 때까지 계속!
8, 7 나올 때까지 계속!
3, 7 나올 때까지 계속!
5, 7 나올 때까지 계속!
드디어 7, 종료!
```

```
6, 7 나올 때까지 계속!
9, 7 나올 때까지 계속!
3, 7 나올 때까지 계속!
드디어 7, 종료!
```

◆ continue 이후의 반복 몸체를 실행하지 않고 다음 반복을 계속 실행

반복 for와 while문 내부에서 continue 문장은 이후의 반복 몸체를 실행하지 않고 다음 반복을 위해 논리 조건을 수행한다.

for에서 continue

```
for 변수 in 시퀀스:
    ...
        continue
    ...
```

while에서 continue

```
while 논리 표현식:
    ...
        continue
    ...
```

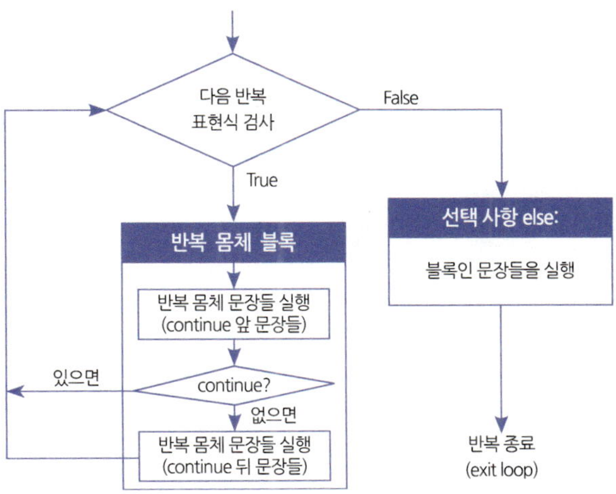

▲ **그림7** 반복 몸체에서 continue문 이후의 문장을 제외하고 계속 반복

다음 코드는 continue 문장을 사용해 단어 'python'에서 영어의 모음인 'aeiou'를 제외한 자음을 출력하는 코드다. 즉, 영어 문자가 모음에 해당하는 조건 검사인 if s in 'aeiou'을 통과하면 continue가 실행돼 뒤의 print()가 실행되지 않는다.

```
>>> for s in 'python':
...     if s in 'aeiou':
...         continue
...     print(s, end = ' ')
...
... else:
        print()
...
p y t h n
```

모음이란, 목과 입에서 소리가 날 때 방해를 받지 않고 내는 소리라고 한다. 영어에서 'a, e, i, o, u'가 모음에 해당한다.

◆ 일상 코딩: continue와 break로 여러 영어 단어 중에서 적어도 하나의 철자 맞히기

혹시 요일을 영어로 쓸 수 있을까? 모르면 알아보자.

월, 화, 수요일의 영어 단어를 테스트하는 프로그램을 작성해 보자. 먼저 정답인 영어 단어를 대괄호에 안에 콤마로 구분해 문자열로 나열한다. 변수 days는 다음 단원에서 배울 리스트를 활용하면 훨씬 코딩이 수월하다.

```
days = ['monday', 'tuesday', 'wednesday']
```

반복 while문을 사용해 사용자에게 위 셋 중 하나를 표준 입력으로 받은 후, 맞으면 정답을 출력하고 break로 while을 빠져나와 종료한다. 만일 맞지 않으면 continue문으로 계속 표준 입력을 받아 정답이 맞을 때까지 계속 반복한다.

4-16 코딩 04-16dayspelltest.py **월, 화, 수 중 영어 철자 하나 검사** 난이도 응용

```
days = ['monday', 'tuesday', 'wednesday']

while True:
    user = input('월, 화, 수 중 하나 영어 단어 입력 >> ')
    if user not in days:
        print('잘못 입력했어요!')
        continue
    print('입력: %s, 철자가 맞습니다.' % user)
    break

print(' 종료 '.center(15, '*'))
```

철자가 잘못돼 continue를 만나면 이후 문장 print()와 break를 실행하지 않고 바로 while True:로 진행해 실행한다.

주의 7, 9번 줄은 들여쓰기를 잘 입력한다.

결과

```
월, 화, 수 중 하나 영어 단어 입력 >> monday
입력: monday, 철자가 맞습니다.
****** 종료 *****
```

```
월, 화, 수 중 하나 영어 단어 입력 >> tusday
잘못 입력했어요!
월, 화, 수 중 하나 영어 철자 입력 >> tuesday
입력: tuesday, 철자가 맞습니다.
****** 종료 *****
```

Upgrade coding

모든 요일에 대해 하나라도 맞히는 문제로 향상시켜 보자.

힌트 days의 정답을 7개로 수정하고, 표준 입력 질의도 수정한다.

중간 점검

05 다음 출력값을 기술하시오.

①
```
for i in range(1, 10, 2):
    print(i, end = ' ')
```

②
```
n = 0
while n <= 5:
    n += 1
    print(n, end = ' ')
```

06 다음 코드의 결괏값을 쓰시오.

```
for i in range(7):
    if i == 4:
        break
    print(i, end = ' ')

print()
```

정답 05 ① 1 3 5 7 9 ② 1 2 3 4 5 6 06 0 1 2 3

프로젝트 Lab 1 | 04-pl01-numguess.py | 1에서 10 사이의 수 맞히기 | 난이도 실전

컴퓨터가 정한 1에서 10 사이의 정수인 정답을 사용자가 맞히는 프로그램을 작성해 보자. 사용자가 정답을 맞출 때까지 계속 힌트를 준다. 입력한 수보다 '작은 수' 또는 '큰 수'라는 정보를 제공해 사용자가 정답을 맞힐 확률을 높인다.

문제 이해(Understanding)

난수를 1개 생성해 정답으로 저장한 후 표준 입력으로 정답을 맞출 때까지 입력을 반복한다. 사용자가 입력한 값과 정답을 비교해 힌트를 준다. 정답이면 적절한 메시지를 출력하고 종료한다.

설계(Design)

알고리즘(Algorithm)

① 모듈 random으로 1에서 10 사이 하나의 난수를 생성해 정답으로 저장한다.

② 표준 입력으로 사용자에게 정답으로 추정되는 정수를 입력받는다.

③ 반복 while True:문 내부에서 if문으로 정답을 검사한다.

- 정답이면 break로 반복을 종료하고 게임 종료
- 정답이 아니면 옆의 입출력 예와 같은 메시지로 다시 입력받음

표준 입출력 예

```
1에서 10 사이의 수를 맞히세요 >> 5
5보다 더 작은 수로 다시 입력 >> 3
3보다 더 큰 수로 다시 입력 >> 4
축하한다. 4: 정답이다.
************* 종료 *************
```

위와 같이 힌트를 제공해 정답을 맞히도록 유도한다.

구현(implementation)

```python
import random
answer = random.randint(1, 10)

indata = int(input('1에서 10 사이의 수를 맞히세요 >> '))
while True:
    if indata == answer:
        print('축하한다. {}: 정답이다.'.format(indata))
        break;
    elif indata < answer:
        str = '{}보다 더 큰 수로 다시 입력 >> '.format(indata)
    else:
        str = '{}보다 더 작은 수로 다시 입력 >> '.format(indata)
    indata = int(input(str))

print(" 종료 ".center(30, '*'))
```

테스트와 실행 결과(Testing & Simulation)

```
1에서 10 사이의 수를 맞히세요 >> 5
5보다 더 작은 수로 다시 입력 >> 3
3보다 더 작은 수로 다시 입력 >> 2
축하한다. 2: 정답이다.
************** 종료 **************
```

```
1에서 10 사이의 수를 맞히세요 >> 5
5보다 더 큰 수로 다시 입력 >> 8
8보다 더 작은 수로 다시 입력 >> 7
축하한다. 7: 정답이다.
************** 종료 **************
```

공유(Share)

자신만의 프로그램을 작성해 위 프로그램과 친구의 코드를 비교해 보자. 1에서 100 사이의 정답을 맞히도록 수정해 보고, 프로그램으로 입력 횟수를 4회 또는 5회 이내로 맞히도록 수정해 보자.

프로젝트 Lab 2 04-pl02-pricecoffeeorder.py | 커피 주문받아 주문 가격 표시 | 난이도 실전

요즘은 식당이나 커피 전문점에서 셀프 주문기를 자주 본다. 주문을 위해 커피 종류와 수량을 입력받아 총 주문 가격을 출력하는 프로그램을 작성해 보자. 커피의 종류는 네 가지이며, 0을 입력하면 주문을 종료한다. 1에서 4까지의 커피를 주문하면 바로 수량을 입력받도록 한다. 한 종류의 커피와 수량을 입력받으면 그때까지의 주문 가격도 표시하며, 주문이 종료되면 총 주문 가격을 출력한다. 반복 while True:로 무한 반복하다가 주문이 종료되면 break로 종료하도록 프로그램을 작성해 보자.

```
Coffee menu!
  1. 아메리카노       2000
  2. 카페라테         2500
  3. 카푸치노         3000
  4. 캐러멜마키아또   4000
  0. 주문 종료
```

- 주문 종류와 주문 종료를 모두 정수 형태로 입력

문제 이해(Understanding)

커피 종류는 1에서 4까지이며, 0이 입력되면 주문을 종료한다. 표준 입력으로 종류와 수량을 입력받아 중간 주문 가격을 출력한다. 주문이 완료되면 총 주문 가격을 출력한다.

설계(Design)

알고리즘(Algorithm)

① 메뉴 출력에 사용할 문자열을 만들자.
- 여러 줄에 걸친 메뉴 문자열을 생성

② 변수를 사용
- 메뉴 문자열 저장 변수
- 총 가격 저장 변수
- 주문 번호 저장 변수

③ while 루프로 무한 반복을 구현한다.
- 종류가 0이면 반복 종료
- 반복 내부에서 커피 종류와 수량을 입력

④ 주문 종료인 0이 입력되면
- 수량 입력이 필요 없으며, 주문 종료를 알리는 메시지 출력
- break로 반복 종료

⑤ 커피 선택인 1에서 4가 입력되면
- 변수 total에 주문 가격을 계속 누적
- 현재 주문한 종류와 수량 출력
- 현재까지 누적된 주문 가격 출력

⑥ 반복 while 이후에 총 주문 가격 출력 후 프로그램을 종료한다.
- '안녕!' 메시지도 출력
- '주문 종료'나 '안녕!'은 문자열의 center() 함수 사용

표준 입출력 샘플

```
환영합니다. 음료를 선택하세요
Coffee menu!
    1. 아메리카노       2000
    2. 카페라테         2500
    3. 카푸치노         3000
    4. 캐러멜마키아또   4000
    0. 주문 종료
종류 ? 1
수량 ? 1

아메리카노 1개 주문
현재 주문 가격: 2000원

Coffee menu!
    1. 아메리카노       2000
    2. 카페라테         2500
    3. 카푸치노         3000
    4. 캐러멜마키아또   4000
    0. 주문 종료
종류 ? 2
수량 ? 2

카페라테 2개 주문
```

```
현재 주문 가격: 7000원
Coffee menu!
    1. 아메리카노      2000
    2. 카페라테        2500
    3. 카푸치노        3000
    4. 캐러멜마키아또  4000
    0. 주문 종료
종류 ?  0

******** 주문 종료 ********
총 주문 가격: 7000원
========== 안녕! ==========
```

구현(implementation)

```python
menu = '''Coffee menu!
    1. 아메리카노      2000
    2. 카페라테        2500
    3. 카푸치노        3000
    4. 캐러멜마키아또 4000
    0. 주문 종료
종류 ? '''

print('환영합니다. 음료를 선택하세요')
total = 0
while True:
    order = int(input(menu))
    if order == 0:
        print()
        print(' 주문 종료 '.center(18, '*'))
        break
    else:
        cnt = int(input('수량 ? '))
        if order == 1:
            total += cnt * 2000
            print('\n%s %d개 주문' % ('아메리카노', cnt))
        elif order == 2:
            total += cnt * 2500
            print('\n%s %d개 주문' % ('카페라테', cnt))
        elif order == 3:
            total += cnt * 3000
            print('\n%s %d개 주문' % ('카푸치노', cnt))
        elif order == 4:
            total += cnt * 4000
            print('\n%s %d개 주문' % ('캐러멜마키아또', cnt))
        else:
            print('모르겠어요.')
```

```
            print('현재 주문 가격: %d원' % total)
            print()

    print('총 주문 가격: %d원' % total)
    print(' 안녕! '.center(20, '='))
```

테스트와 실행 결과(Testing & Simulation)

환영한다. 음료를 선택하세요.

```
Coffee menu!
     1. 아메리카노       2000
     2. 카페라테         2500
     3. 카푸치노         3000
     4. 캐러멜마키아또   4000
     0. 주문 종료
종류 ? 2
수량 ? 3

카페라테 3개 주문
현재 주문 가격: 7500원

Coffee menu!
     1. 아메리카노       2000
     2. 카페라테         2500
     3. 카푸치노         3000
     4. 캐러멜마키아또   4000
     0. 주문 종료
종류 ? 4
수량 ? 2

캐러멜마키아또 2개 주문
현재 주문 가격: 15500원

Coffee menu!
     1. 아메리카노       2000
     2. 카페라테         2500
     3. 카푸치노         3000
     4. 캐러멜마키아또   4000
     0. 주문 종료
종류 ? 0

******* 주문 종료 *******
총 주문 가격: 15500원
======= 안녕! ========
```

공유(Share)

자신만의 코드를 작성해 친구의 코드와 비교해 보자. Chapter 05, '항목의 나열인 리스트와 튜플'의 리스트를 활용하면 프로그램이 훨씬 간결해질 수 있다. 나중에 리스트에 대해 배운 후 프로그램을 수정해 보자.

프로젝트 Lab 3 | 04-pl03-printonemonth.py | 1개월 달력 출력 | 난이도 실전

주어진 조건으로 1개월 달력을 출력하는 프로그램을 작성해 보자. 주변의 달력을 보면서 매월 무엇이 바뀌는지 살펴보자. 매월 1일부터의 요일이 바뀌거나 마지막 날짜가 바뀔 수 있다. 예를 들어 어느 달은 1일이 금요일이고, 30일이며, 그 다음 달은 1일이 월요일이고 31일이다.
표준 입력으로 한 달의 최대 일수와 첫 날 1일의 시작 요일을 입력받아 그 달 한 달의 달력을 출력하는 프로그램을 작성해 보자.

- 일반적으로 달력 표시는 일요일부터 시작하며 1일부터 말일까지 출력한다.

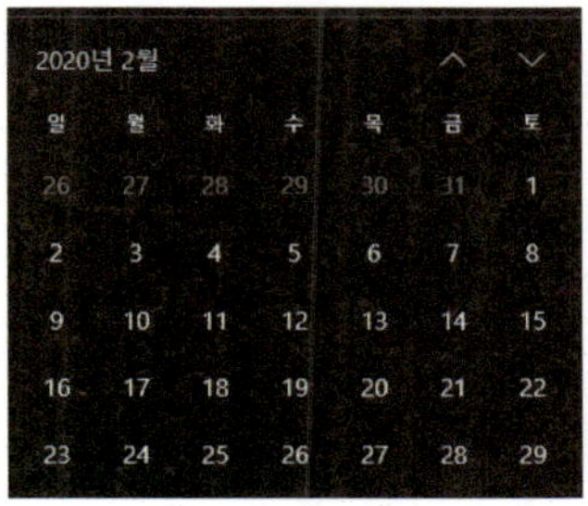

문제 이해(Understanding)

한 달의 최대 일수와 첫 날 1일의 시작 요일을 표준 입력으로 입력받아 그 달 한 달의 달력을 출력한다. 관건은 일요일부터 시작되는 달력 표시에서 1일 요일의 출력을 맞히는 일이다.

설계(Design)

알고리즘(Algorithm)

① 변수 dates와 day에 두 표준 입력값을 저장한다.
- dates에 한 달 최대 일수를 저장
- day: 1일의 시작 요일은 0에서 6까지로 받음
- 0: 일, 1: 월, 2: 화, 3: 수, 4: 목, 5: 금, 6: 토
- 만일 6 이상을 입력하면 7로 나눈 나머지를 계산

② 적절히 제목 줄로 요일을 출력한다.

③ 첫 주에서 1일의 시작 앞부분의 공백을 출력
- 하루의 출력에 해당하는 빈 공백 3개를 요일 수만큼 출력

④ 변수 cnt로 요일을 맞히는 변수로 활용한다.
- 출력한 횟수를 저장해 7번을 출력(cnt % 7 == 0)하면 그 다음 줄로 이동해 출력한다.

⑤ 첫 주의 빈 부분을 출력한다.
- 빈 공백을 입력받은 day만큼 출력

표준 입출력 샘플

```
한 달 최대 일수 입력 >> 31
첫 날 1일의 시작 요일 입력
(0=일, 1=월, . . . 6=토) >> 6

일 월 화 수 목 금 토

                    1
 2  3  4  5  6  7  8
 9 10 11 12 13 14 15
16 17 18 19 20 21 22
23 24 25 26 27 28 29
30 31
```

구현(implementation)

```python
dates = int(input('한 달 최대 일수를 입력 >> '))
day = int(input('첫 날 1일의 시작 요일을 입력(0=일, 1=월, ... 6=토) >> '))
day %= 7 # 7이 넘어가면 재설정

# 요일 출력
print('\n', end= ' ')
for i in '일월화수목금토':
    print('%s' % i, end= ' ')
```

```python
    else:
        print('\n')

    cnt = 0
    # 빈 날짜 출력
    if day != 0:
        print('   ' * day, end = '')
        cnt += day

    # 1일부터 말일까지 출력
    for i in range(1, dates + 1):
        print('%2d' % i, end= ' ')
        cnt += 1
        if cnt % 7 == 0: # 1주가 모두 출력되면 다음부터는 다음 줄에서 출력
            print()
    else:
        print()
```

하루의 출력에 해당하는 빈 공백 3개를 요일 수만큼 출력한다.

테스트와 실행 결과(Testing & Simulation)

```
한 달 최대 일수를 입력 >> 31
첫 날 1일의 시작 요일을 입력(0=일, 1=월, ... 6=토) >> 4

일 월 화 수 목 금 토

             1  2  3
 4  5  6  7  8  9 10
11 12 13 14 15 16 17
18 19 20 21 22 23 24
25 26 27 28 29 30 31
```

공유(Share)

시간이 걸리더라도 직접 코딩해 보자. 위 코드와 친구의 코드를 비교해 보자.

학습 내용 점검

01 다음 코드의 출력 결과를 쓰시오.

①
```
if 4 > 2:
    print('4가 2보다 크다')
```

②
```
if 'python' > 'py':
    print("'python'은 'py'보다 크다")
```

③
```
if not 'P' in 'python':
    print('P')
else:
    print('python')
```

④
```
if 4 == 0b100:
    print('4는 0b100과 같다')
else:
    print('4는 0b100과 다르다')
```

02 다음 for 반복의 출력 결과를 쓰시오.

①
```
for s in 'kotlin':
    print(s, end = ' ')
```

②
```
for s in '12345':
    print(s, end = ' ')
```

③
```
for i in 10, 20, 30:
    print(i, end = ' ')
```

④
```
for x in 2.5, 4.2, 3.1:
    print(x, end = ' ')
```

03 다음 함수 range()의 결과를 쓰시오.

① `list(range(4))`

② `list(range(8))`

③ `list(range(4, 10))`

④ `list(range(2, 11))`

⑤ `list(range(0, 11, 2))`

⑥ `list(range(10, 20, 3))`

⑦ `list(range(10, 0, -1))`

⑧ `list(range(20, 10, -2))`

04 다음 반복문의 결과를 쓰시오.

①
```
for s in 'python'[::-1]:
    print(s, end = ' ')
```

②
```
for s in 'python'[1::2]:
    print(s, end = ' ')
```

③
```
for i in range(5):
    print(i, end = ' ')
```

④
```
for i in range(1, 11, 2):
    print(i, end = ' ')
```

⑤
```
total = 0
for i in range(1, 11, 4):
    total += i
print(total)
```

⑥
```
mult = 1
for i in range(3, 11, 6):
    mult *= i
print(mult)
```

05 다음 조건문에 대한 표준 입력이 다음과 같을 때 출력 결과를 쓰시오.

① 21

② 18

③ 15

④ 10

⑤ 5

⑥ 8

```
x = int(input())

if 20 < x:
    print(x)
elif x%2:
    print(x // 3)
else:
    print(x * 3)
```

06 다음 반복문의 결과를 쓰시오.

①
```
for n in range(10):
    if n%3 == 0:
        print(n, end = ' ')
print()
```

②
```
for n in range(10, 20):
    if n%4 == 0:
        print(n, end = ' ')
print()
```

③
```
s = '*'
for j in range(1, 6):
    print(s * j)
```

④
```
s = '*'
for j in range(1, 6, 2):
    print(s * j)
```

⑤
```
for i in range(5):
    for j in range(5):
        print('*', end = '')
    print()
```

⑥
```
for i in range(3):
    for j in range(6):
        print('*', end = '')
    print()
```

⑦
```
for j in range(1, 6):
    if j%2 == 0:
        s = '*'
    else:
        s = '# '
    print(s * j)
```

⑧
```
for j in range(2, 7):
    if j%2 == 0:
        s = '*'
    else:
        s = '# '
    print(s * (j-1))
```

07 다음 continue와 break에 유의해 반복문의 결과를 쓰시오.

①
```
number = 1
while True:
    number += 2
    if number > 10:
        break;
    print(number)
print()
```

②
```
number = 1
while number <= 16:
    number += 3
    if number % 4 == 0:
        continue;
    print(number)
print()
```

③
```
for word in "rain", "sun", "exit", "weather":
    if word == "exit" :
        break;
    print(word)
print()
```

④
```
for word in "rain", "sun", "exit", "weather":
    if word == "exit" :
        continue;
    print(word)
print()
```

08 : 다음 조건과 반복문에 대한 표준 입력이 다음과 같을 때 출력 결과를 쓰시오.

① 4

② 7

③ 10

④ 12

```
num = int(input())
for n in range(2, num):
    for x in range(2, n):
        if n % x == 0:
            print('%d * %d = %d' % (x, n//x, n))
            break
    else:
        print(n, '소수(prime number)')
```

09 : 다음 코드의 실행 오류에 대해 설명하시오.

①
```
if 'py' >= 'pi'
    print('py가 더 크네요!')
```

②
```
if 'py' >= 'pi':
print('py가 더 크네요!')
```

③
```
for in range(5):
    print('for 반복')
```

④
```
for n in range(5):
print('for 반복')
```

10 : 다음 프로그램 출력 결과를 참고해 제시된 설명 절차에 따라 프로그램을 작성하시오.

```
종료하려면 "stop" 또는 "quit" 입력 ? q
q
종료하려면 "stop" 또는 "quit" 입력 ? qu
qu
종료하려면 "stop" 또는 "quit" 입력 ? s
s
종료하려면 "stop" 또는 "quit" 입력 ? stop
stop
******** 종료 ********
```

i while True: 반복을 사용

ii 반복 내부에서 표준 입력을 받아 reply 변수에 저장

iii 입력된 문자열을 출력

iv 변수 reply가 quit 또는 stop이면 반복을 종료

v 마지막으로 종류를 문자열 center(20, '*') 메소드로 호출

도전! 프로그래밍

01 다음을 참고해 월(month)을 표준 입력으로 입력받아 계절을 출력하는 프로그램을 작성하시오.

기본

- 봄: 4, 5월, 여름: 6, 7, 8월, 가을: 9, 10월, 겨울: 11, 12, 1, 2, 3월

```
월 입력 ? 3
3월 겨울
```

02 근로 시급이 12,000원이고, 일주일에 40시간 이상 근무하면 시급의 1.5배의 급여를 준다고 한다. 일주일 근로 시간을 35~50 시간 사이에서 임의의 난수로 정하고, 주급을 계산해 출력하는 프로그램을 작성하시오.

기본

- 반복으로 5회의 근로 시작에 대해 출력

```
근로 시간 37시간, 주급 444000
근로 시간 48시간, 주급 624000
근로 시간 37시간, 주급 444000
근로 시간 45시간, 주급 570000
근로 시간 48시간, 주급 624000
```

03 다음을 참고해 1에서 99까지의 난수인 임의의 정수 3개를 대상으로 가장 큰 정수를 출력하는 프로그램을 작성하시오.

기본

- `from random import randint`

```
92 38 22 중에서 최대: 92
```

04 다음을 참고해 인간의 비만도를 측정하는 체질량 지수를 계산해 판정 결과를 출력하는 프로그램을 작성하시오.

기본

- `h, w = input('당신의 키(cm)와 몸무게(kg)는? >> ').split()`
- 위 코드를 사용해 키와 몸무게 입력
- 키가 tcm, 체중이 wkg일 때, BMI 계산식 $w / (t / 100)^2$
- 판정표

기준	판정	관계 연산 표현(BMI)
40이상	고도 비만	40 <= bmi
35 ~ 39.9	중등도 비만	35 <= bmi < 40
30 ~ 34.9	비만	30 <= bmi < 35
25 ~ 29.9	과체중	25 <= bmi < 30
18.5 ~ 24.9	정상	18.5 <= bmi < 25
18.5 미만	저체중	bmi < 18.5

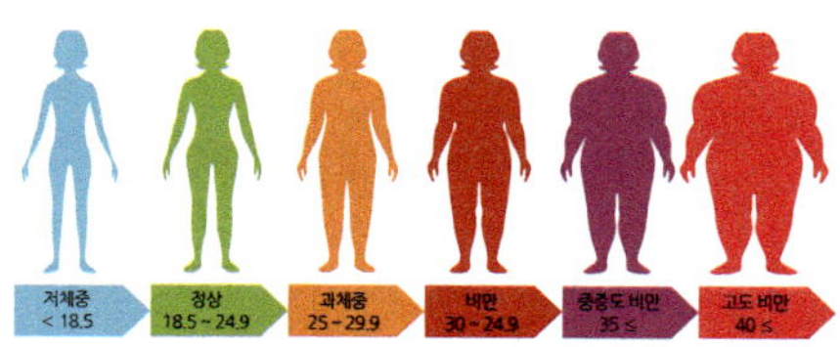


```
당신의 키(cm)와 몸무게(kg)는? >> 171 72
키: 171.0(cm), 몸무게: 72.0(km)
BMI: 24.6 정상
```

05 기본

다음을 참고해 섭씨 온도 20도에서 41도까지 3도씩 증가하면서 화씨로 변환해 출력하는 프로그램을 작성하시오.

- 섭씨 온도에서 화씨 온도로의 변환 공식은 오른쪽 공식을 사용
- 약식 계산으로 (섭씨 온도 * 2 + 30)으로 계산
- 정식 계산과 약식 계산의 차이를 내장 함수 abs(인자)로 출력

$$F = C \cdot \frac{9}{5} + 32$$

```
섭씨: 20 화씨: 68.0 화씨(약식): 70 차이: 2.00
섭씨: 23 화씨: 73.4 화씨(약식): 76 차이: 2.60
섭씨: 26 화씨: 78.8 화씨(약식): 82 차이: 3.20
중간 생략 ...
섭씨: 38 화씨: 100.4 화씨(약식): 106 차이: 5.60
섭씨: 41 화씨: 105.8 화씨(약식): 112 차이: 6.20
```

06 기본

다음을 참고해 1에서 99까지 정수인 난수를 2개 생성하고 곱하기의 결과를 출력하는 프로그램을 작성하시오.

- 반복 while True로 계속 난수를 발생해 출력
- 표준 입력으로 y 또는 n을 입력받아 n이면 반복을 종료하고 프로그램을 마침

```
51 * 29 = 1479

계속 y / n ? y
9 * 32 = 288

계속 y / n ? n
```

07 응용

정수 1개를 표준 입력으로 받아 소수인지를 판별하는 프로그램을 작성하시오.

- 2 이상의 정수를 입력해 입력한 정수의 판별

```
소수(prime number)인지를 판별한 2 이상의 정수 입력 >> 11
정수 11는 소수이다.
```

08 실전

난수로 발생시킨 1에서 100 사이의 첫 번째 피연산자와 사용자가 표준 입력한 산술 연산자 문자 그리고 표준 입력한 두 번째 피연산자를 계산해 출력하는 프로그램을 작성하시오.

- 반복 while True:로 계속 산술 연산 결과를 출력
- 산술 연산 종류인 연산자는 표준 입력으로 '+-*/%' 중 하나를 입력
- 입력한 연산자가 위 연산자가 아니면 반복을 종료하고 프로그램을 마침

```
첫 값은 56 이다.
산술 연산의 종류를 입력하세요. >> *
두 번째 피연산자를 입력하세요. >> 20
56 * 20 = 1120

산술 연산의 종류를 입력하세요. >> -
두 번째 피연산자를 입력하세요. >> 45
56 - 45 = 11
산술 연산의 종류를 입력하세요. >> /
두 번째 피연산자를 입력하세요. >> 5
56 / 5 = 11.2

산술 연산의 종류를 입력하세요. >> &
*************** 종료 ***************
```

Chapter

05

항목의 나열인 리스트와 튜플

학습 목표

- 다양한 종류의 항목을 쉽게 나열하는 리스트를 구현할 수 있다.
- 리스트에서 부분 참조 방법, 이를 이용한 수정, 리스트 연결, 삽입과 삭제 그리고 리스트 컴프리헨션 등을 구현할 수 있다.
- 수정할 수 없는 다양한 종류의 항목 나열을 쉽게 처리하는 튜플을 구현할 수 있다.

Section

01 여러 자료 값을 편리하게 처리하는 리스트

Python

1.1 리스트의 개념과 생성

관련된 나열 항목을 관리하는 리스트

한국은 커피 소비국 7위라고 한다. 아마 대부분의 사람이 커피를 즐길 것이다. 커피 전문점의 메뉴를 살펴보면 메뉴나 가격에 관련된 일련의 자료를 쉽게 볼 수 있다. 프로그래밍 언어는 일반적으로 여러 항목을 한 번에 관리할 수 있는 자료형을 지원한다. 파이썬도 여러 항목(item)을 하나의 단위로 묶어 손쉽게 사용하는 복합(compound) 자료형을 여러 개 제공하는데, 그중 대표적인 것이 바로 리스트(list)다.

다음은 위 커피 메뉴의 일부를 리스트로 표현한 예다.

```
menu = ['coffee', 'beverage', 'ade']
coffee = ['에스프레소', '아메리카노', '카페라테', '카페모카']
coffeeprice = [['에스프레소', 2500], ['아메리카노', 2800], ['카페라테', 3200]]
```

리스트는 항목의 나열인 시퀀스다. 즉, 리스트는 콤마로 구분된 항목(또는 원소라고도 부름)들의 리스트로 표현되며, 각 항목은 모두 같은 자료형일 필요는 없다. 즉, 정수, 실수, 문자열, 리스트 등이 모두 가능하다. 항목 순서는 의미가 있으며, 항목 자료 값은 중복돼도 상관없다.

- 리스트는 대괄호(square brackets) [] 사이에 항목을 기술한다.

```
[항목 1, 항목 2, 항목 3, …] # 리스트
```

리스트는 다음과 같이 대괄호로 생성하며 변수 menu에 대입할 수 있다. 대화형 모드에서 변수 menu로 그 내용을 볼 수 있으며, print(menu)로 손쉽게 리스트 전체를 출력할 수 있다.

```
>>> menu = ['COFFEE', 'BEVERAGE', 'ADE']
>>> menu
>>> print(menu)
['COFFEE', 'BEVERAGE', 'ADE']
```

대괄호 내부의 항목의 나열은 리스트다.

◆ 일상 코딩: 다양한 커피의 종류를 저장한 리스트

변수 coffee에 다양한 커피 메뉴의 문자열을 항목으로 하는 리스트를 만들어 저장해 보자. 함수 print()로 리스트를 출력하면 대괄호의 리스트 형태로 출력할 수 있다. 리스트의 자료형은 클래스 list다.

```
>>> coffee = ['에스프레소', '아메리카노', '카페라테', '카페모카']
>>> print(coffee)
['에스프레소', '아메리카노', '카페라테', '카페모카']
>>> type(coffee)
<class 'list'>
```

리스트도 시퀀스이므로, 반복 for문의 시퀀스 위치에 리스트를 배치해 각 리스트의 항목을 변수에 저장함으로써 반복을 구현할 수 있다. 다음은 항목이 커피 종류인 리스트 변수 coffee를 만들어 for문으로 커피의 종류를 출력하는 프로그램이다.

5-1 코딩 05-01coffee.py | **다양한 커피 종류가 저장된 리스트** | 난이도 기본

```python
coffee = ['에스프레소', '아메리카노', '카페라테', '카페모카']
print(coffee)
print(type(coffee))

num = 0
for s in coffee:
    num += 1
    print('%d. %s' % (num, s))
```

주의 리스트 생성에서 대괄호와 콤마에 유의하자.

결과

```
['에스프레소', '아메리카노', '카페라테', '카페모카']
<class 'list'>
1. 에스프레소
2. 아메리카노
3. 카페라테
4. 카페모카
```

◆ 일상 코딩: 커피 메뉴 형식으로 출력

다음과 같이 커피 메뉴 형식으로 출력하는 프로그램을 작성해 보자. 제목으로 음료의 종류가 저장된 리스트 menu를 출력한 후 커피의 종류를 출력한다. 리스트 항목의 출력은 모두 for 반복을 이용한다.

5-2 코딩 05-02coffeemenu.py **간단한 커피 메뉴 만들기 1** 난이도 기본

```
1   menu = ['COFFEE', 'BEVERAGE', 'ADE']
2   coffee = ['에스프레소', '아메리카노', '카페라테', '카페모카']
3
4   print('=' * 45)
5   for category in menu:
6       print('{:^15s}'.format(category),  end=' ')
7   print()
8   print('=' * 45)
9
10  for ckind in coffee:
11      print('{:^10s}'.format(ckind))
```

문자열 category를 폭 15, 중앙 정렬로 출력하는 방법이다.

주의 1, 2번 줄의 리스트를 만드는 첫 문장에 주의하자.

결과

```
=============================================
    COFFEE          BEVERAGE             ADE
=============================================
  에스프레소
  아메리카노
   카페라테
   카페모카
```

◆ 빈 리스트의 생성과 항목 추가

다음과 같이 빈 대괄호로 빈 리스트를 만들 수 있다. 출력하면 빈 리스트 표기인 [ ]로 표시된다.

```
>>> pl = [] # 빈 리스트
>>> print(pl)
[]
```

인자가 없는 내장 함수 list()로도 빈 리스트를 생성할 수 있다. 리스트의 가장 뒤에 항목을 추가하려면 리스트의 메소드 append(삽입할 항목)를 사용한다.

```
>>> pl = list()
>>> pl.append('C++')
>>> pl.append('java')
>>> print(pl)
['C++', 'java']
```

빈 리스트를 만들어 변수 pl에 저장하는 문장이다.

◆ 문자열의 문자로 구성되는 리스트와 리스트의 항목 수를 반환하는 함수 len()

항목 모두가 문자인 리스트는 처음에 다음과 같이 생성할 것이다. 꽤 입력할 것이 많다.

```
>>> py = ['p', 'y', 't', 'h', 'o', 'n']
>>> py
['p', 'y', 't', 'h', 'o', 'n']
```

여기 간단한 방법이 있다. 문자열 시퀀스는 함수 list('문자열')로, 문자열의 항목인 문자로 구성되는 리스트로 변환된다. 함수 len(리스트)으로 리스트의 항목 수를 알 수 있다.

```
>>> py = list('python')
>>> py
['p', 'y', 't', 'h', 'o', 'n']
>>> len(py)
6
```


◆ 일상 코딩: 리스트의 메소드 append()로 편의점의 품목 리스트 생성

빈 리스트를 만들어 편의점에서 구입할 품목 리스트를 만드는 프로그램을 작성해 보자. for문으로 3회 반복하면서 품목을 표준 입력으로 받아 메소드 append()를 사용해 리스트에 추가한다. 품목이 추가될 때마다 리스트를 바로 출력해 품목을 확인할 수 있도록 한다.

5-3 코딩 05-03mart.py | 리스트로 편의점에서 구입할 품목 만들기 | 난이도 기본

```
1   goods = []
2   for i in range(3):
3       item = input('구입할 품목은 ? ')
4       goods.append(item)
5       print(goods)
6   print('길이: %d' % len(goods))
```

주의 2번 줄의 변수 i는 사용하지 않으므로 변수 _를 사용할 수 있다.

결과

```
구입할 품목은 ? 과자
['과자']
구입할 품목은 ? 우유
['과자', '우유']
구입할 품목은 ? 세면도구
['과자', '우유', '세면도구']
길이: 3
```

1.2 리스트의 항목 참조

◆ 문자열 시퀀스와 같이 첨자로 리스트의 항목 참조

리스트에서 첨자(index)를 사용해 항목 하나하나를 참조할 수 있다. 물론 첨자는 정수여야 하며, 이는 문자열에서 배운 첨자 방식과 동일하다.

- 첨자는 첫 요소가 0부터 시작하며, 순차적으로 1씩 증가한다.
- 마지막 요소의 첨자는 역순으로 –1부터 시작하며, 반대로 1씩 감소한다.
- 그러므로 첨자의 범위는 0에서 [len(시퀀스)–1]까지, –1에서 [–len(시퀀스)]까지 가능하다.

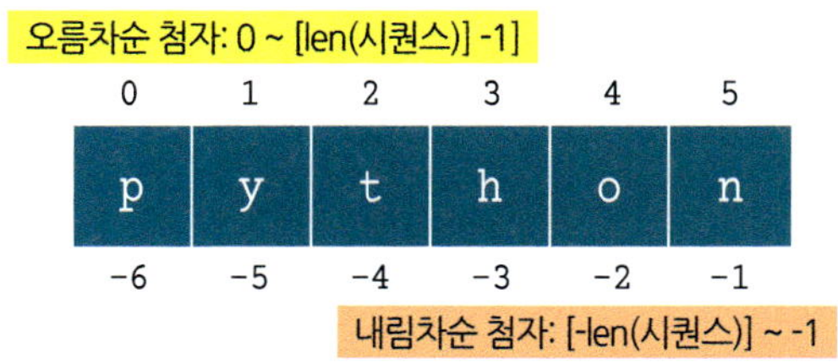

▲ **그림1** 시퀀스의 항목과 첨자

문자열 'python'으로 만들어진 리스트 py는 길이가 6이므로 [0 ~ 5] 그리고 [–6 ~ –1]까지 첨자를 사용할 수 있다.

```
>>> py = list('python')
>>> print(py[0], py[5])
p n
>>> print(py[-3], py[-1])
h n
>>> print(py[-len(py)], py[len(py)-1])
p n
```

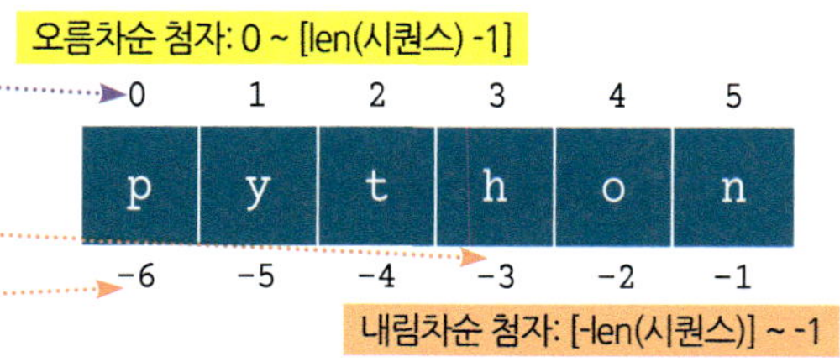

■ 일상 코딩: 프로그래밍 언어 리스트 생성과 첨자로 항목 참조

프로그래밍 언어 'C', 'C++' 등으로 구성되는 리스트 pl을 만들어 첫 번째와 세 번째 항목을 참조하자. 또한 for문으로 함수 len()과 첨자를 사용해 리스트의 모든 항목을 출력하는 프로그램을 작성해 보자.

5-4 코딩 05-04langugelist.py | **프로그래밍 언어 리스트에서 첨자로 항목 참조** | 난이도 기본

```
pl = ['C', 'C++', 'Python', 'Java']
print(pl[0])
print(pl[2])
print()

for i in range(len(pl)):
    print(pl[i])
```

주의 range() 인자로 len(pl)을 사용하면 효율적이다.

결과

```
C
Python

C
C++
Python
Java
```

Upgrade coding 친구 이름으로 리스트를 만든 후 첨자를 사용해 모든 친구 이름을 출력하는 프로그램을 작성해 보자.

◆ 일상 코딩: 가위바위보 게임을 위한 준비

가위바위보 게임을 구현할 준비를 해 보자. 먼저 '가위', '바위', '보'가 항목인 리스트를 만든다. 게임을 위해서는 가위바위보 중 하나를 자동으로 만들어야 하는데 random 모듈의 메소드 choice(리스트)를 사용하면 이를 간단히 해결할 수 있다. 다음 코드와 같이 '가위', '바위', '보' 리스트인 rsp를 메소드 choice의 인자로 호출한다.

```
>>> from random import choice
>>> rsp = ['가위', '바위', '보']
>>> print(choice(rsp))
가위
```

인자인 리스트 항목 중에서 임의로 하나를 선택해 반환해 주는 구문이다. (choice(rsp))

가위바위보 리스트를 만들어 첨자 참조로 출력해 보고, 난수를 활용해 임의로 5개의 가위바위보를 출력해 보자.

5-5 코딩 05-05rockgame.py | **가위바위보 리스트 항목 참조** | 난이도 기본

```python
rsp = ['가위', '바위', '보']
for i in range(len(rsp)):
    print(rsp[i], end=' ')
print()

from random import choice
print('컴퓨터의 가위 바위 보 5개')
for i in range(5):
    print(choice(rsp))
```

결과

```
가위 바위 보
컴퓨터의 가위 바위 보 5개
보
바위
가위
바위
바위
```

Upgrade coding

가위[0], 바위[1], 보[2]에 해당하는 정수를 표준 입력으로 받아 가위, 바위, 보를 출력하는 프로그램을 작성해 보자.

힌트 입력 정수가 n이라면 rsp[n]을 출력

1.3 리스트의 항목 수정

◆ 리스트의 메소드 count()와 index()

리스트의 메소드 count(값)는 값을 갖는 항목의 수, index(값)는 인자인 값의 항목이 위치한 첨자를 반환한다. 동일한 값이 여러 개이면 첫 번째로 나타난 위치의 첨자다.

다음 변수 top는 음원 순위의 가수 리스트라고 가정해 보자. 메소드 count('BTS')로 음원 순위에 방탄소년단이 몇 개 있는지 알 수 있다. 또한 index('볼빨간사춘기')로 '볼빨간사춘기'의 음원 순위도 알 수 있다. 물론 첨자는 0부터이므로 1을 더한 값이 순위가 된다.

```
>>> top = ['BTS', '볼빨간사춘기', 'BTS', '블랙핑크', '태연', 'BTS']
>>> top.count('BTS')
3
>>> top.index('볼빨간사춘기')
1
>>> top.index('BTS')
0
```

메소드 index(항목)에서 리스트에 항목이 없으면 오류가 발생한다. '여자친구'가 top에 없으므로 오류다.

```
>>> top.index('여자친구')
Traceback (most recent call last):
  File "<stdin>", line 1, in <module>
ValueError: '여자친구' is not in list
```

◆ 리스트의 첨자로 항목 수정

리스트의 첨자를 이용한 항목을 대입 연산자의 오른쪽에 위치시켜 리스트의 항목을 수정할 수 있다. 첨자는 유효한 것이어야 하므로 적어도 하나 이상의 항목이 있는 경우에 수정할 수 있다. 다음 코드로 첨자 1인 '볼빨간사춘기'가 '장범준'으로, 첨자 3인 '블랙핑크'가 '잔나비'로 수정된다.

```
>>> top = ['BTS', '볼빨간사춘기', 'BTS', '블랙핑크', '태연', 'BTS']
>>> top[1] = '장범준'
>>> top[3] = '잔나비'
>>> print(top)
['BTS', '장범준', 'BTS', '잔나비', '태연', 'BTS']
```


◆ 일상 코딩: 중국집에서 주문한 음식을 다시 주문 추가하고 삭제하기

중국집에서 주문한 음식을 리스트에 저장한 후 주문 추가나 주문 변경을 코딩으로 표현해 보자. 주문 추가는 메소드 append(), 주문 수정은 첨자를 사용하거나 메소드 index()도 사용할 수 있다.

'우동'과 '물만두' 문자열만 사용해 우동을 물만두로 변경하는 코드는 다음과 같다.

```
food = ['짜장면', '짬뽕', '우동', '울면']
# 우동을 물만두로 주문 변경
food[food.index('우동')] = '물만두'
```

5-6 코딩 05-06foodorder.py | **중국집에서 음식 주문하기** 난이도 응용

```
1   food = ['짜장면', '짬뽕', '우동', '울면']
2   print(food)
3   # 탕수육 주문 추가
4   food.append('탕수육')
5   print(food)
6   # 짬뽕을 굴짬뽕으로 주문 변경
7   food[1] = '굴짬뽕'
8   print(food)
9
10  # 우동을 물만두로 주문 변경
11  food[food.index('우동')] = '물만두'
12  print(food)
```

주의 7번줄에서 첨자는 0부터 시작이므로 food[1]은 '짬뽕'을 수정한다.

결과

```
['짜장면', '짬뽕', '우동', '울면']
['짜장면', '짬뽕', '우동', '울면', '탕수육']
['짜장면', '굴짬뽕', '우동', '울면', '탕수육']
['짜장면', '굴짬뽕', '물만두', '울면', '탕수육']
```

1.4 리스트 내부에 다시 리스트를 포함하는 중첩 리스트

◆ 리스트의 항목으로 리스트 구성

리스트 내부에 다시 리스트가 항목으로 올 수 있다. 다음 코드에서 animal[0]은 리스트인 ['사자', '코끼리', '호랑이']다.

```
>>> animal = [['사자', '코끼리', '호랑이'], '조류', '어류']
>>> print(animal)
[['사자', '코끼리', '호랑이'], '조류', '어류']
>>> print(animal[0])
['사자', '코끼리', '호랑이']
```

리스트 animal에서 '코끼리'를 참조하려면 첨자를 두 번 사용해 animal[0][1]로 표시해야 한다.

```
>>> print(animal[0][1])
코끼리
```

◆ 일상 코딩: 동물의 분류와 동물 이름을 리스트로 처리

동물의 왕국을 생각해 보자. 동물을 리스트로 표현한 후 필요한 부분 리스트에 다른 리스트를 대입해 출력하는 내용을 구현해 보자. 중첩된 리스트 항목을 각 줄에 직접 출력하려면 다음과 같이 for in문을 사용해야 한다. 각 항목이 한 줄씩 출력된다.

```
animal = [['사자', '코끼리', '호랑이'], '조류', '어류']
for s in animal:
    print(s)
```

실행 결과

```
['사자', '코끼리', '호랑이']
조류
어류
```

다음 부분 대입은 조류와 어류 부분이 bird와 fish 리스트로 대체된다. 결과는 동물 이름 리스트를 포유류, 조류, 어류 순으로 얻을 수 있다.

```
animal = [['사자', '코끼리', '호랑이'], '조류', '어류']
bird = ['독수리', '참새', '까치']
fish = ['갈치', '붕어', '고등어']
animal[1:] = [bird, fish]
```

실행 결과

```
[['사자', '코끼리', '호랑이'], ['독수리', '참새', '까치'], ['갈치', '붕어', '고등어']]
```

중첩된 for문으로 animal 리스트 내부의 항목인 동물 리스트의 이름을 item으로 참조할 수 있다. 중첩된 리스트는 다음과 같은 구문으로 참조할 수 있다. 잘 알아 두자.

```
for lst in animal:
    for item in lst:
        print(item, end = ' ')
    print()
print()
```

실행 결과

```
사자 코끼리 호랑이
독수리 참새 까치
갈치 붕어 고등어
```

5-7 코딩 05-07nestedanimallist.py | **동물의 분류를 리스트로 처리** | 난이도 응용

```
animal = [['사자', '코끼리', '호랑이'], '조류', '어류']
print(animal)

for s in animal:
    print(s)
print()

bird = ['독수리', '참새', '까치']
fish = ['갈치', '붕어', '고등어']
animal[1:] = [bird, fish]
print(animal)

for lst in animal:
    for item in lst:
        print(item, end = ' ')
    print()
print()
```

결과

```
[['사자', '코끼리', '호랑이'], '조류', '어류']
['사자', '코끼리', '호랑이']
조류
어류

[['사자', '코끼리', '호랑이'], ['독수리', '참새', '까지'], ['갈치', '붕어', '고등어']]
사자 코끼리 호랑이
독수리 참새 까치
갈치 붕어 고등어
```

중첩이 여러 단계인 리스트

리스트 books로 여러 책 정보를 저장하려고 한다. 하나의 책은 책 이름, 저자로 구성된다. 다만 저자는 여러 명일 수 있으므로 다시 리스트로 구성한다. 다음 코드에서 books[0], books[1], books[2]는 3개의 책을 표현한다. 그리고 books[i][0]은 책 이름, books[i][1]은 모든 저자의 리스트다. 저자가 여럿이라면 books[i][1][0]은 첫 번째 저자, books[i][1][1]은 두 번째 저자, books[i][1][2]은 세 번째 저자다.

```
>>> books = [['파이썬 개론', ['강환수']],
...          ['Perfect C', ['강환수', '이동규']],
...          ['컴퓨터 개론', ['강환수', '조진형', '신용현']]]
>>> print(books[0][0]) # 첫 번째 책의 책 이름
파이썬 개론
>>> print(books[1][1]) # 두 번째 책의 저자
['강환수', '이동규']
>>> print(books[1][1][1]) # 두 번째 책의 두 번째 저자
이동규
>>> print(books[2][1][2]) # 세 번째 책의 세 번째 저자
신용현
```

다음 for문으로 리스트 books에 저장된 책 이름과 저자를 출력할 수 있다.

```
>>> for b in books:
...     print('책 이름: %s,' % b[0], end = ' ')
...     print('저자:', b[1])
...
...
```

```
책 이름: 파이썬 개론, 저자: ['강환수']
책 이름: Perfect C, 저자: ['강환수', '이동규']
책 이름: 컴퓨터 개론, 저자: ['강환수', '조진형', '신용현']
```

만일 저자도 직접 출력하려면, for문 내부에서 다시 저자 리스트인 b[1]으로 for문을 구현해 변수 author를 출력한다.

```
>>> for b in books:
...     print('책 이름: %s,' % b[0], end = ' ')
...     print('저자:', end = ' ')
...     for author in b[1]:
...         print(author, end = ' ')
...     print()
```

```
책 이름: 파이썬 개론, 저자: 강환수
책 이름: Perfect C, 저자: 강환수 이동규
책 이름: 컴퓨터 개론, 저자: 강환수 조진형 신용현
```

중간 점검

01 다음 출력값을 기술하시오.

①
```
java = list('java')
print(type(java))
print(len(java))
```

②
```
numstr = '01234567890'
string = 'hellopython'
print(string[2:11:3])
```

02 다음 코드에서 오류를 수정하시오.

①
```
lst = [1, 3, 7, 9]
lst.index(5)
```

②
```
lst = [10, 30, 40, 50]
lst[:3] = 100
```

정답

01 ①
```
<class 'list'>
4
```

② lph

02 ① 1, 3, 7, 9 중 1개 입력

```
>>> lst.index(5)
Traceback (most recent call last):
  File "<stdin>", line 1, in <module>
ValueError: 5 is not in list
```

② [100]과 같이 리스트로 입력해야 함.

```
>>> lst[:3] = 100
Traceback (most recent call last):
  File "<stdin>", line 1, in <module>
TypeError: can only assign an iterable
```

Section

02 리스트의 부분 참조와 항목의 삽입과 삭제

2.1 리스트의 부분 참조인 슬라이싱

◆ 첨자 3개로 리스트 일부분을 참조하는 슬라이싱

문자열에서 봤듯이 시퀀스인 리스트도 콜론을 사용해 리스트 전체나 일부분을 참조할 수 있다. 슬라이스는 리스트[start:stop:step]와 같이 사용하며, 첨자 start에서 첨자 stop−1까지 step 간격의 요소로 구성된 부분 리스트를 반환한다. 첨자 stop이 속하지 않는다는 점, 즉 stop 이전까지라는 것에 주의하자.

리스트[start:stop:step]

: 첨자 start에서 첨자 stop−1까지 step 간격으로 부분 리스트 반환

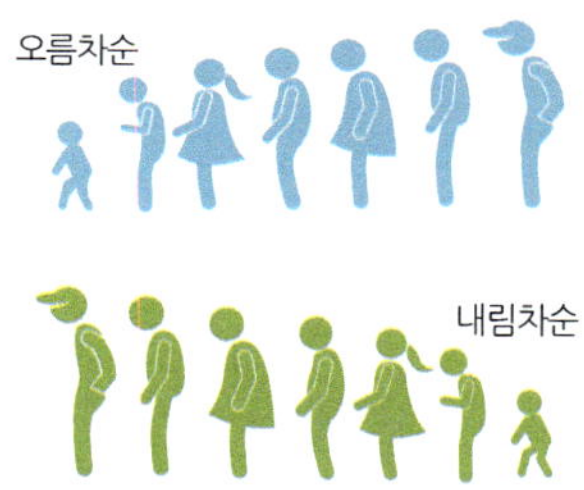

- 0에서 시작하는 오름차순(수가 차례로 늘어가는 것).
- 마지막 요소 −1에서 시작하는 내림차순(수가 차례로 줄어가는 것)의 첨자도 가능하며,
- 다소 복잡하지만 두 순차의 첨자를 함께 사용 가능

알파벳 a에서부터 10개의 문자로 구성된 리스트 alp를 예를 들어 알아보자. alp의 길이는 10인 것을 알 수 있다.

```
>>> alp = list('abcdefghij')
>>> print(alp)
['a', 'b', 'c', 'd', 'e', 'f', 'g', 'h', 'i', 'j']
>>> len(alp)
10
```

첨자 start와 stop은 생략하면 처음부터 마지막 항목까지 참조한다. step을 생략하면 1이다. 그러므로 alp[:]와 alp[::]는 리스트 전체를 참조한다. alp[::−1]은 리스트를 역순으로 구성한 리스트를 반환한다. 이러한 부분 참조는 원래의 리스트에는 전혀 영향을 미치지 않는다는 점에 주의하자.

```
>>> print(alp[:])
['a', 'b', 'c', 'd', 'e', 'f', 'g', 'h', 'i', 'j']
>>> print(alp[::])
['a', 'b', 'c', 'd', 'e', 'f', 'g', 'h', 'i', 'j']
>>> print(alp[::-1])
['j', 'i', 'h', 'g', 'f', 'e', 'd', 'c', 'b', 'a']
>>> print(alp[:])
['a', 'b', 'c', 'd', 'e', 'f', 'g', 'h', 'i', 'j']
```

◆ 0부터 시작되는 순차 첨자

알파벳 리스트 alp에서 alp[1:5]는 첨자 1에서 4까지인 b에서 e까지 4개로 구성되는 부분 문자열이고, 슬라이싱 alp[1:10:2]는 b에서 j까지 2씩 증가하는 항목으로 구성된 리스트다.

```
>>> alp = list('abcdefghij')
>>> print(alp[1:5])
['b', 'c', 'd', 'e']
>>> print(alp[1:10:2])
['b', 'd', 'f', 'h', 'j']
```

◆ −1부터 시작되는 역순 첨자

슬라이싱 alp[-2:-9:-1]는 역순으로 첨자 −2에서 −8까지인 i에서부터 c까지 구성되는 부분 리스트이고, alp[-3::-2]는 h에서 b까지 2씩 감소하는 역순의 항목으로 구성된 리스트다.

```
>>> alp = list('abcdefghij')
>>> print(alp[-2:-9:-1])
['i', 'h', 'g', 'f', 'e', 'd', 'c']
>>> print(alp[-3::-2])
['h', 'f', 'd', 'b']
```

◆ 0 또는 양수인 정순 첨자와 역순인 음수 첨자를 함께 사용하는 슬라이싱

알파벳 리스트 alp에서 첨자 1은 정순으로 두 번째인 b이다. 첨자 −1은 역순으로 마지막인 j다. 그러므로 alp[1:-1]은 b에서 i까지의 정순으로 구성되는 슬라이싱이다. alp[-1:1:-1]은 역순으로 j에서부터 c까지 구성되는 부분 리스트다. alp[-2:2:-2]는 i에서 e까지 2씩 감소하는 역순의 항목으로 구성된 리스트다.

```
>>> alp = list('abcdefghij')
>>> print(alp[1:-1])
['b', 'c', 'd', 'e', 'f', 'g', 'h', 'i']
>>> print(alp[-1:1:-1])
['j', 'i', 'h', 'g', 'f', 'e', 'd', 'c']
>>> print(alp[-2:2:-2])
['i', 'g', 'e']
```

◆ 일상 코딩: 한 글자의 단어로 슬라이싱 이해하기

우리나라에는 한 글자의 아름다운 말이 참 많다. 리스트 wlist에 9개의 한 글자 단어를 구성해 슬라이스를 알아보자.

5-8 코딩 05-08swordslice.py | 한 글자의 한국 단어로 이해하는 리스트 슬라이싱 | 난이도 기본

```
1   wlist = ['밥', '삶', '길', '죽', '꿈', '차', '떡', '복', '말']
2   print('wlist[:] = ', wlist[:])
3   print('wlist[::] = ', wlist[::])
4   print('wlist[::-1] = ', wlist[::-1])
5   # 오름차순
6   print(wlist[::3])
7   print(wlist[1::3])
8   print(wlist[2::3])
9   # 내림차순
10  print(wlist[::-2])
11  print(wlist[-1:-8:-3])
12  # 오름과 내림차순의 혼재
13  print(wlist[1:-1:])
14  print(wlist[-2:-9:-3])
```

주의 5, 7번 줄은 들여쓰기로 입력한다.

결과

```
wlist[:] =  ['밥', '삶', '길', '죽', '꿈', '차', '떡', '복', '말']
wlist[::] =  ['밥', '삶', '길', '죽', '꿈', '차', '떡', '복', '말']
wlist[::-1] =  ['말', '복', '떡', '차', '꿈', '죽', '길', '삶', '밥']
['밥', '죽', '떡']
['삶', '꿈', '복']
['길', '차', '말']
['말', '떡', '꿈', '길', '밥']
['말', '차', '길']
['삶', '길', '죽', '꿈', '차', '떡', '복']
['복', '꿈', '삶']
```

Upgrade coding

첫 줄의 한 글자 단어로 구성되는 wlist를 만드는 코드가 번거로울 수 있다. 이 문장을 보다 간소화시킬 수 있는 코드로 수정해 보자.

힌트 함수 `list()`와 문자열 활용

2.2 리스트의 부분 수정

◆ 리스트의 슬라이스로 리스트의 일부분을 수정

리스트의 일부분을 다른 리스트로 수정하려면 슬라이스 방식에 대입해야 한다. 다음 코드로 첨자 0, 1, 2에 해당하는 축구와 유사한 항목 '풋살', '족구', '비치사커'가 '축구'로 대체된다. 리스트의 일부분이므로 리스트 형식인 ['축구']로 대입해야 한다. 즉, 리스트의 일부분이 대입한 리스트로 대체된다.

```
>>> sports = ['풋살', '족구', '비치사커', '야구', '농구', '배구']
>>> sports[0:3] = ['축구']
>>> print(sports)
['축구', '야구', '농구', '배구']
```

Tips 좀 더 알아봅시다!

리스트와 항목 대입의 차이

위에서 왜 ['축구']로 대입할까? 만일 '축구'로 대입하면 '축구'를 리스트로 만들어 대입하므로 결과는 항목으로 '축', '구'가 대입된다. 문자열은 자동으로, 문자로 구성되는 리스트가 된다. 리스트의 일부분을 대체하는 것이므로 리스트가 필요한 것이다.

```
>>> sports = ['풋살', '족구', '비치사커', '야구', '농구', '배구']
>>> sports[0:3] = '축구'
>>> print(sports)
['축', '구', '야구', '농구', '배구']
```

항목이 정수인 사례를 생각해 보자. 리스트 t[1:3]에 [30, 40]을 대입하는 것은 전혀 문제가 없다.

```
>>> t = [1, 2, 3, 4, 5, 6]
>>> t[1:3] = [30, 40]
>>> t
[1, 30, 40, 4, 5, 6]
```

그러나 t[1:3]에 항목인 30을 대입하면 오류가 발생한다.

```
>>> t[1:3] = 30
Traceback (most recent call last):
  File "<stdin>", line 1, in <module>
TypeError: can only assign an iterable
```

이와 반대로 항목 sports[5]에 리스트인 ['핸드볼']을 대입하면 배구 항목이 리스트 ['핸드볼']로 대체되므로 주의하자. 원하는 것이 '핸드볼'이라면 그대로 '핸드볼'을 대입해야 한다.

```
>>> sports = ['풋살', '족구', '비치사커', '야구', '농구', '배구']
>>> sports[5] = ['핸드볼']
>>> print(sports)
['풋살', '족구', '비치사커', '야구', '농구', ['핸드볼']]
```

◆ 리스트 슬라이스에 슬라이스 대입

리스트의 슬라이스에 동일한 리스트의 슬라이스를 대입해도 아무런 문제가 없다. 물론 이런 일이 자주 발생하지는 않을 듯하다.

```
          첨자  0       1       2         3       4       5
>>> sports = ['풋살', '족구', '비치사커', '야구', '농구', '배구']
>>> sports[1:3] = sports[4:6]
>>> print(sports)
['풋살', '농구', '배구', '야구', '농구', '배구']
```

'족구', '비치사커'가 '농구', '배구'로 대체된다.

물론 다른 리스트의 슬라이스를 대입해도 상관 없다.

```
>>> sports = ['풋살', '족구', '비치사커', '야구', '농구', '배구']
>>> others = ['축구', '미식축구', '골프']
>>> sports[1:4] = others[:2]
>>> print(sports)
['풋살', '축구', '미식축구', '농구', '배구']
```

2.3 리스트의 항목 삽입과 삭제

◆ 리스트 메소드 insert(첨자, 항목)으로 삽입

리스트의 첨자 위치에 항목을 삽입하려면, 리스트.insert(첨자, 항목)을 이용한다. 삽입되는 항목은 무엇이든 가능하며, 빈 리스트에도 삽입할 수 있다.

```
>>> kpop = []
>>> kpop.insert(0, '블랙핑크')
>>> kpop.insert(0, 'BTS')
>>> kpop
['BTS', '블랙핑크']
```

계속 첨자 1에 '장범준'을 삽입하면 두 번째 항목으로 삽입된다.

```
>>> kpop.insert(1, '장범준')
>>> kpop
['BTS', '장범준', '블랙핑크']
```

◆ 리스트 메소드 remove(항목)과 pop(첨자), pop()로 항목 삭제

리스트에서 하나의 항목을 삭제하려면 메소드 remove(값) 또는 pop(첨자), pop()를 사용한다. 메소드 remove(값)은 리스트에서 지정된 값의 항목을 삭제한다.

```
>>> kpop = ['BTS', '장범준', '블랙핑크', '잔나비']
>>> kpop.remove('장범준')
>>> print(kpop)
['BTS', '블랙핑크', '잔나비']
```

삭제할 값이 리스트에 없으면 다음과 같은 오류가 발생한다.

```
>>> kpop.remove('장준')
Traceback (most recent call last):
  File "<stdin>", line 1, in <module>
ValueError: list.remove(x): x not in list
```

위와 같은 오류 방지를 위해 in kpop으로 값을 검사한 후 삭제하면 오류가 발생하지 않는다. 물론 다음 코드에서는 '장준'이 리스트에 없으므로 삭제 코드를 실행하지 않는다.

```
>>> if '장준' in kpop:
...     kpop.remove('장준')
...
>>> print(kpop)
['BTS', '블랙핑크', '잔나비']]
```

인자가 없는 pop()은 마지막 항목을 삭제하고 삭제된 값을 반환하며, 첨자를 사용한 pop(첨자)는 지정된 첨자의 항목을 삭제하고 반환한다. 그러므로 pop()의 호출로 삭제된 값을 대입하거나 출력할 수 있다.

```
>>> kpop = ['BTS', '장범준', '블랙핑크', '잔나비']
>>> print(kpop.pop(1))
장범준
>>> print(kpop.pop())
잔나비
>>> print(kpop)
['BTS', '블랙핑크']
```

첨자 1인 '장범준'이 삭제된다.

마지막 항목인 '잔나비'가 삭제된다.

◆ 문장 del에 의한 항목이나 변수의 삭제

문장 del은 뒤에 위치한 변수나 항목을 삭제한다. 코드 del kpop[0]으로 리스트의 첫 번째 항목이 삭제된다.

```
>>> kpop = ['BTS', '장범준', '블랙핑크', '잔나비']
>>> del kpop[0] # del(kpop[0])도 가능
>>> print(kpop)
['장범준', '블랙핑크', '잔나비']
```

문장 del은 슬라이스로 리스트의 일부분을 삭제할 수도 있다. 코드 del kpop[0:2]로 리스트의 첫 번째와 두 번째 항목이 삭제된다.

```
>>> kpop = ['BTS', '장범준', '블랙핑크', '잔나비']
>>> del kpop[0:2]
>>> print(kpop)
['블랙핑크', '잔나비']
```

문장 del kpop은 아예 변수 kpop 자체를 메모리에서 제거한다. 그러므로 삭제 이후 kpop을 참조하면 오류가 발생하므로 주의하자.

```
>>> kpop = ['BTS', '장범준', '블랙핑크', '잔나비']
>>> del kpop
>>> print(kpop)
Traceback (most recent call last):
  File "<stdin>", line 1, in <module>
NameError: name 'kpop' is not defined
```

◆ 리스트의 모든 항목을 제거해 빈 리스트로 만드는 메소드 clear()

다음 kpop.clear()로 리스트 kpop의 모든 항목이 삭제된다. 이후 리스트 kpop은 빈 리스트가 된다.

```
>>> kpop = ['BTS', '장범준', '블랙핑크', '잔나비']
>>> kpop.clear()
>>> print(kpop)
[]
```

◆ 일상 코딩: 자신의 학용품 품목과 개수를 리스트에 삽입과 삭제

자신이 갖고 다니는 학용품의 품목 및 개수를 갖는 리스트를 만들어 항목의 삽입과 삭제하는 코드를 작성해 보자.

5-9 코딩 | 05-09iteminsertremove.py | 학용품 리스트의 항목 삽입과 삭제 | 난이도 기본

```
1  item = ['연필', '볼펜']
2  # 현재 학용품 품목 출력
3  print(item)
4
5  # 연필 1개와 볼펜 세 자루 삽입
6  item.insert(1, 2)
7  item.insert(3, 3)
8  # 맨 뒤에 지우개, 1개 삽입
9  item.insert(4, '지우개')
10 item.insert(5, 1)
11 # 현재 학용품 품목 출력
12 print(item)
13
14 # 연필 두 자루 삭제
15 print(item.pop(1)) # 첨자 1 항목 삭제
16 item.remove('연필') # 항목 연필 항목 삭제
17 del item[2:] # 지우개와 수 품목 삭제
18
19 # 현재 학용품 품목 출력
20 print(item)
```

주의 15번 줄의 iemp.pop(1)은 삭제된 것을 반환하므로 print()로 삭제된 내용을 출력할 수 있다.

결과

```
['연필', '볼펜']
['연필', 2, '볼펜', 3, '지우개', 1]
2
['볼펜', 3]
```

2.4 리스트의 추가, 연결과 반복

◆ 리스트에 리스트를 추가하는 메소드 extend()

리스트 메소드 리스트.extend(list)는 리스트에 인자인 list를 가장 뒤에 추가한다.

```
>>> day = ['월', '화', '수']
>>> day2 = ['목', '금', '토', '일']
>>> day.extend(day2)
>>> print(day)
['월', '화', '수', '목', '금', '토', '일']
```

◆ 리스트를 연결하는 + 연산자

더하기 연산자인 +는 리스트와 리스트를 연결해 준다.

```
>>> korean = ['불고기', '설렁탕']
>>> chinese = ['탕수육', '기스면']
>>> food = korean + chinese
>>> print(food)
['불고기', '설렁탕', '탕수육', '기스면']
```

리스트와 정수와 *로 곱하면 항목이 지정된 정수만큼 반복된 리스트를 반환한다.

```
>>> days = ['월', '화']
>>> print(days * 3)
['월', '화', '월', '화', '월', '화']
```

2.5 리스트 항목의 순서와 정렬

◆ 리스트 항목 순서를 뒤집는 메소드 reverse()

다음 코드는 우리나라의 아름다운 한 글자 과일이나 견과류로 만든 리스트다.

```
>>> one = '잣밤배귤감'
>>> wlist = list(one)
>>> print(wlist)
['잣', '밤', '배', '귤', '감']
```

리스트 메소드 reverse()는 항목 순서를 반대로 뒤집는다. 문장 wlist.reverse()로 wlist의 항목 순서를 반대로 바꾼다.

```
>>> wlist.reverse()
>>> print(wlist)
['감', '귤', '배', '밤', '잣']
```

◆ 리스트 항목 순서를 정렬하는 메소드 sort()

정렬을 간단히 알아보자. 정렬이란, 나열된 여러 항목을 기준에 따라 순서대로 재배열하는 것이다. 정렬(sorting)의 방식에는 작은 것부터 배열하는 오름차순(ascending order)과 큰 것부터 배열하는 내림차순(descending order)이 있다.

리스트 정렬에 대해 알아보자. 리스트 메소드 sort()는 리스트 항목의 순서를 오름차순으로 정렬한다. sort(reverse=True)로 호출하면 역순인 내림차순으로 정렬한다. 항목이 문자열이면 정렬 기준은 유니코드 값으로, 사전의 순서와 동일하다고 생각하면 이해하기 쉽다.

```
>>> one = '잣밤배귤감'
>>> wlist = list(one)
>>> wlist.sort()
>>> print(wlist)
['감', '귤', '밤', '배', '잣']
>>> wlist.sort(reverse=True)      리스트 wlist 자체를 역순으로 정렬한다.
>>> print(wlist)
['잣', '배', '밤', '귤', '감']
```

◆ 리스트 항목의 순서를 정렬한 리스트를 반환하는 내장 함수 sorted()

내장 함수 sorted(리스트)는 리스트의 항목 순서를 오름차순으로 정렬(alignment)한 새로운 리스트를 반환한다. 그러므로 반환 값을 새 변수에 대입해 사용할 수 있다. 원래의 리스트 자체는 변화되지 않는다는 점에 주의하자.

```
>>> fruit = ['사과', '귤', '복숭아', '파인애플']
>>> s_fruit = sorted(fruit)
>>> print(s_fruit)
['귤', '복숭아', '사과', '파인애플']
>>> print(fruit)
['사과', '귤', '복숭아', '파인애플']
```

함수 sorted(리스트, reverse=True)로 호출하면 역순인 내림차순으로 정렬된 리스트를 반환한다.

```
>>> rs_fruit = sorted(fruit, reverse=True)      역순인 내림차순으로 정렬된 리스트를 반환한다. 없으면 0을 반환한다.
>>> print(rs_fruit)
['파인애플', '사과', '복숭아', '귤']
```

◆ 일상 코딩: 한 글자 단어 5개와 과일 4개로 구성되는 리스트 생성과 정렬

리스트 메소드 extend()와 sort() 그리고 리스트의 연결 연산자인 +를 직접 구현해 보자. 다음 두 문장은 한 글자 단어 5개로 구성된 리스트 ['삶', '꿈', '정', '복', '빛']을 생성한다. 과일 4개로 구성된 변수 fruit와 word를 연결한 후 내장 함수 sorted(리스트)를 사용해 정렬해 보자.

```
word = list('삶꿈정')
word.extend('복빛')
```

5-10 코딩 05-10wordsort.py 한 글자 단어와 과일의 정렬 난이도 기본

```
1   word = list('삶꿈정')
2   word.extend('복빛')
3   print(word)
4   word.sort()
5   print(word)
6
7   fruit = ['복숭아', '자두', '골드키위', '귤']
8   print(fruit)
9   fruit.sort(reverse=True)
10  print(fruit)
11
12  mix = word + fruit
13  print(sorted(mix))
14  print(sorted(mix, reverse=True))
```

주의 2번 줄의 '복빛'은 리스트로 이전의 리스트 '삶꿈정' 뒤에 추가된다.

결과

```
['삶', '꿈', '정', '복', '빛']
['꿈', '복', '빛', '삶', '정']
['복숭아', '자두', '골드키위', '귤']
['자두', '복숭아', '귤', '골드키위']
['골드키위', '귤', '꿈', '복', '복숭아', '빛', '삶', '자두', '정']
['정', '자두', '삶', '빛', '복숭아', '복', '꿈', '귤', '골드키위']
```

2.6 리스트 컴프리헨션

◆ 조건을 만족하는 항목으로 리스트를 간결히 생성하는 컴프리헨션

다음 왼쪽 구문의 리스트 even은 2에서 10까지의 짝수 항목으로 구성된 리스트가 된다.

```
>>> even = []
>>> for i in range(2, 11, 2):
...     even.append(i)
...
>>> print(even)
[2, 4, 6, 8, 10]
```

리스트 컴프리헨션

```
>>> even = [i for i in range(2, 11, 2)]

>>> print(even)
[2, 4, 6, 8, 10]
```

위 왼쪽 구문은 오른쪽 코드로 함축할 수 있으며, 이를 리스트 컴프리헨션(comprehension)이라 한다. 즉, 리스트 컴프리헨션은 리스트를 만드는 간결한 방법을 제공한다. 리스트 컴프리헨션은 리스트를 만들므로 대괄호 […]로 감싸고, 구성 항목인 i를 가장 앞에 배치하며, for문이 오는데 range(2, 11, 2) 뒤에 콜론이 빠진다.

즉, 리스트 컴프리헨션을 사용하면 한 리스트의 모든 항목 각각에 대해 어떤 조건을 적용한 후 그 반환값을 항목으로 갖는 다른 리스트를 쉽게 만들 수 있다. 컴프리헨션은 함축, 축약, 내포, 내장 등으로도 불린다.

◆ 조건이 있는 컴프리헨션

이번에는 조건이 있는 컴프리헨션을 살펴보자. 다음 리스트 odd는 1에서 9까지의 홀수가 저장된다.

```
>>> odd = []
>>> for i in range(10):
...     if i%2 == 1:
...         odd.append(i)
...
>>> print(odd)
[1, 3, 5, 7, 9]
```

위 구문은 다음 컴프리헨션으로 함축할 수 있다. 변수 i의 조건을 뒤에 붙이면 되고, 조건에서 콜론이 빠진다.

```
>>> odd = [i for i in range(10) if i%2 == 1]
>>> print(odd)
[1, 3, 5, 7, 9]
```

리스트 컴프리헨션은 다음과 같이 변환된다.

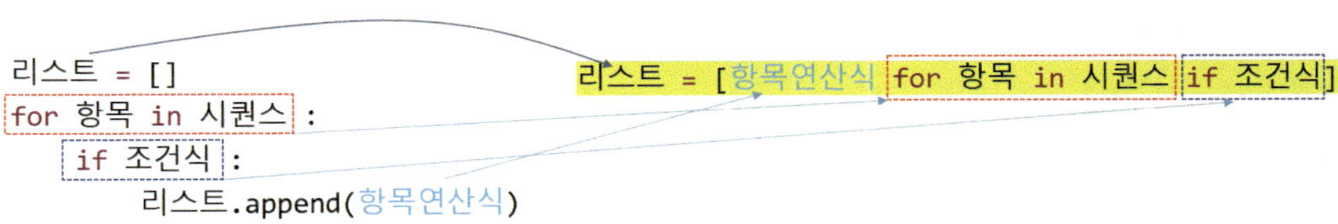

▲ **그림2** 리스트 컴프리헨션 구문

◆ 0에서 9까지의 리스트와 10 이하의 홀수의 제곱을 구하는 리스트 컴프리헨션

다음 두 코드로 생성되는 리스트를 컴프리헨션으로 축약해 보자. 다음의 일반 방식과 축약된 리스트 컴프리헨션 방식으로 리스트를 만들어 각각 출력하는 프로그램을 작성해 보자.

```
a = []
for i in range(10):
    a.append(i)
```

```
s = []
for i in range(10):
    if i%2 == 1:
        s.append(i**2)
```

5-11 코딩 05-11listcomprehension.py **간단한 리스트 컴프리헨션** 난이도 기본

```
# for문으로 리스트 생성
a = []
for i in range(10):
    a.append(i)
print(a)

# 컴프리헨션으로 리스트 생성
seq = [i for i in range(10)]
print(seq)

# for문으로 리스트 생성
s = []
for i in range(10):
    if i%2 == 1:
        s.append(i**2)
print(s)

# 컴프리헨션으로 리스트 생성
squares = [i**2 for i in range(10) if i%2 == 1]
print(squares)
```

주의 컴프리헨션에는 콜론이 제거된다는 점에 주의하자.

결과

```
[0, 1, 2, 3, 4, 5, 6, 7, 8, 9]
[0, 1, 2, 3, 4, 5, 6, 7, 8, 9]
[1, 9, 25, 49, 81]
[1, 9, 25, 49, 81]
```

2.7 리스트 대입과 복사

◆ 리스트 대입에 의한 동일 리스트의 공유

리스트의 대입에는 주의가 필요하다. 리스트에서 대입 연산자 =은 얕은 복사(shallow copy)라고 해서 대입되는 변수가 동일한 시퀀스를 가리킨다. 다음 코드 f2 = f1로 변수 f2는 f1이 가리키는 원래의 리스트를 그대로 가리킨다. 결국 변수 f2와 f1은 하나의 같은 리스트다. 그러므로 f2.pop()으로 맨 마지막 항목을 삭제하면 f1이나 f2의 리스트에 반영된다.

```
>>> f1 = ['사과', '귤', '복숭아', '파인애플']
>>> f2 = f1          두 변수는 같은 객체가 된다.
>>> f2.pop()
'파인애플'
>>> print(f1)
['사과', '귤', '복숭아']
>>> print(f2)
['사과', '귤', '복숭아']
```

다음 그림과 같이 코드 f2 = f1으로 동일한 메모리 공간을 사용하는 리스트를 공유하게 된다. f2.pop()을 실행하면 공유 리스트에서 마지막 항목인 파인애플이 삭제된다.

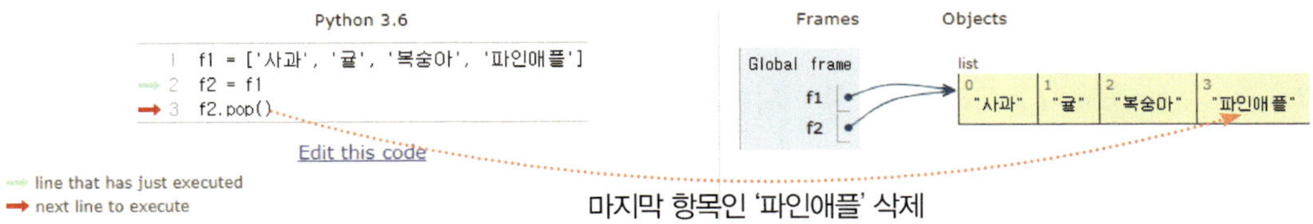

▲ **그림3** 리스트의 얕은 복사 대입으로 인한 동일한 리스트 공유

Tips 좀 더 알아봅시다!

파이썬 실행 시 메모리 모습을 볼 수 있어요

파이썬 튜터 홈페이지에서는 파이썬 실행 시의 메모리 모습을 볼 수 있다. 그림 2가 이 웹 사이트에서 얻은 것이다. 파이썬 프로그램을 한 줄씩 실행하면서 메모리 내부의 변화되는 모습을 시각화해 보여 준다. 잘 활용하면 유용하다.

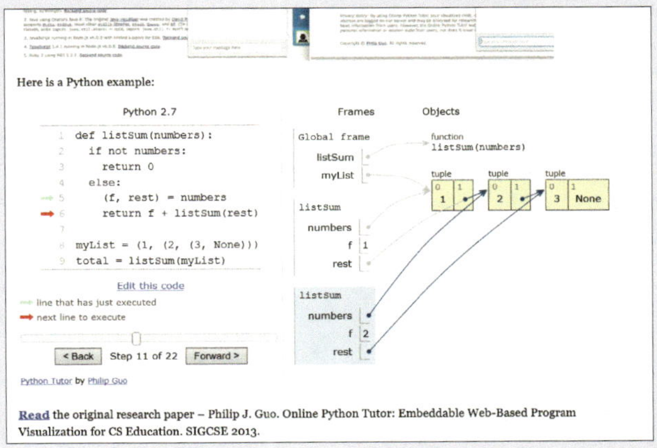

파이썬 튜터 홈페이지(pythontutor.com) ▶

◆ 리스트의 깊은 복사에 의한 대입으로 새로운 리스트의 생성

리스트에서 완전히 새로운 리스트를 만들어 복사하려면 슬라이스 [:]나 copy() 또는 list() 함수를 이용해야 한다. 코드 f2 = f1[:]로 f2는 f1과 항목이 같은 새로운 리스트가 된다. 이러한 복사를 깊은 복사(deep copy)라 한다.

```
>>> f1 = ['사과', '귤', '복숭아', '파인애플']
>>> f2 = f1[:]
>>> f2.pop(1)
'귤'
>>> print(f1, f2)
['사과', '귤', '복숭아', '파인애플'] ['사과', '복숭아', '파인애플']
```

두 변수는 다른 객체가 된다.

다음 그림과 같이 f1과 f2는 항목이 같지만 전혀 다른 리스트다.

▲ **그림 4** 리스트의 깊은 복사 대입으로 인한 다른 리스트의 생성

코드 `f3 = f1.copy()`로도 깊은 복사가 되며, f3은 f1과 항목이 같은 새로운 리스트가 된다.

```
>>> f3 = f1.copy()
>>> f3.pop()
'파인애플'
>>> print(f1, f3)
['사과', '귤', '복숭아', '파인애플'] ['사과', '귤', '복숭아']
```

코드 `f4 = list(f1)`로도 깊은 복사가 되며, f4는 f1과 항목이 같은 새로운 리스트가 된다.

```
>>> f4 = list(f1)
>>> f4.append('감')
>>> print(f1, f4)
['사과', '귤', '복숭아', '파인애플'] ['사과', '귤', '복숭아', '파인애플', '감']
```

◆ 변수의 동일 객체 여부를 검사하는 is

문장 is는 피연산자인 변수 2개가 동일한 메모리를 공유하는지 검사한다. 그러므로 같으면 True, 다르면 False를 반환한다.

```
>>> f1 = ['사과', '귤', '복숭아', '파인애플']
>>> f2 = f1
>>> print(f1 is f2)
True
>>> f3 = f1[:]
>>> print(f1 is f3)
False
```


중간 점검

03 다음 출력값을 기술하시오.

①
```
lst = [1, 5]
lst[0] = 3
lst.append(7)
lst[1:3] = [10]
print(lst)
```

②
```
lst = [1, 5, 1, 7, 1]
lst[lst.count(1)] = 70
lst[len(lst)-1] = 80
lst.insert(1, 50)
print(lst)
```

04 다음 코드의 결괏값을 쓰시오.

```
squares = [x**2 for x in
range(1, 11, 2)]
print(squares)
```

정답

03 ① [3, 10]
② [1, 50, 5, 1, 70, 80]

04 [1, 9, 25, 49, 81]

Section

03 항목의 순서나 내용을 수정할 수 없는 튜플

Python

3.1 괄호로 정의하는 시퀀스 튜플

◆ 수정할 수 없는 항목의 나열인 튜플

튜플은 문자열, 리스트와 같은 항목의 나열인 시퀀스다. 튜플은 리스트와 달리 항목의 순서나 내용의 수정이 불가능하다. 튜플도 모두 콤마로 구분된 항목들의 리스트로 표현되며, 각각의 항목은 정수, 실수, 문자열, 리스트, 튜플 등 제한이 없다.

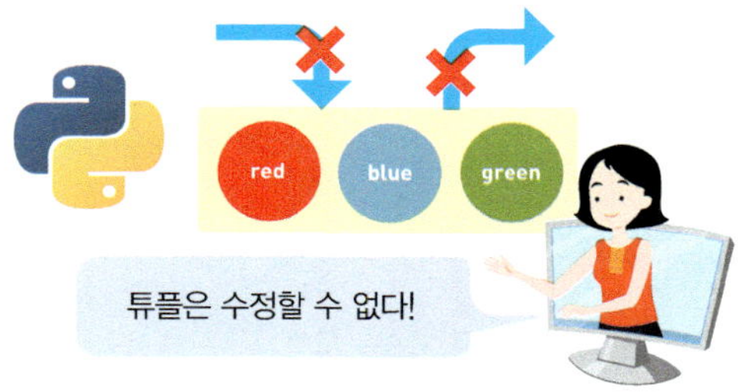

- 튜플은 괄호(parentheses) (…) 사이에 항목을 기술한다. 괄호는 생략할 수 있다.

```
(항목 1, 항목 2, 항목 3, …) # 튜플
```

```
singer = ('BTS', '볼빨간사춘기', 'BTS', '블랙핑크', '태연')
credit = ([2020, 1, 18], [2020, 2, 17])
space = '밤', '낮', '해', '달'
```

▲ **그림 5** 튜플 구문과 예제

◆ 튜플의 생성

빈 튜플은 ()로 만든다. 튜플의 자료형 이름은 클래스 tuple이다.

```
>>> empty1 = ()
>>> type(empty1)
<class 'tuple'>
>>> print(empty1)
()
```

빈 튜플을 나타낸다.

빈 튜플은 함수 tuple()로도 생성할 수 있다.

```
>>> empty2 = tuple()
>>> print(empty2)
()
```

수정할 수 없는 지난 두 학기에 얻은 학점을 튜플 credit에 저장하려면 (16, 17)로 저장해야 한다. 괄호는 생략할 수 있다.

```
>>> credit = (16, 17)
>>> credit = 16, 17
>>> print(credit)
(16, 17)
```

다음 변수 inta는 int형 1이 저장된 변수다. 그러나 1,로 저장한 변수 tupa는 튜플이며, 항목이 1, 하나다. 항목이 하나인 튜플을 표현할 때는 마지막에 콤마를 반드시 붙여야 한다. (1,)과 같이 출력되는 것을 알 수 있다.

```
>>> inta = 1
>>> tupa = 1,
>>> print(tupa)
(1,)
```

항목이 1 하나인 튜플을 나타낸다.

◆ 튜플 항목 참조와 출력

다음 코드에서 변수 nation은 나라 이름, 변수 city는 도시 이름으로 구성된 튜플이다. 튜플도 리스트와 같이 첨자 참조 tuple[index]와 tuple[start:stop:step] 슬라이스가 가능하다.

```
>>> nation = '대한민국', '뉴질랜드', '캐나다'
>>> city = ('부산', '웰링톤', '몬트리올')
>>> nation[1]
'뉴질랜드'
>>> city[1:3]
('웰링톤', '몬트리올')
```

그러나 튜플은 수정이 불가능하므로 첨자와 슬라이스로 수정할 수 없다.

```
>>> city[2] = '오타와' # 오류
Traceback (most recent call last):
  File "<stdin>", line 1, in <module>
TypeError: 'tuple' object does not support item assignment
```

다음과 같이 for문으로 튜플의 모든 나라와 도시 이름을 출력할 수 있다. 특히 실행된 결괏값이 저장되는 변수 _를 for문에서 사용하면 편리하다.

```
>>> for _ in range(len(nation)):
...     print('%s: %s' % (nation[_], city[_]))
...
대한민국: 부산
뉴질랜드: 웰링톤
캐나다: 몬트리올
```

◆ K-pop 가수와 곡으로 구성된 튜플의 참조

K-pop 가수와 노래를 튜플에 구현해 보자. 튜플 변수 singer에는 K-pop 가수가 저장된다. 튜플 변수 song에는 singer에 대응하는 주요 노래를 저장하자. 수정이 아닌 참조에 해당하는 메소드 count()와 index()는 튜플에서 사용할 수 있다. 그러나 append(), insert(), pop() 등과 같이 수정이 발생하는 메소드는 튜플에 없으므로 사용할 수 없다. 반복 for문으로 K-pop 가수와 노래를 연결해 출력해 보자.

5-12 코딩 05-12kpoptuple.py | K-pop 가수와 곡으로 구성된 튜플의 참조 | 난이도 기본

```python
singer = ('BTS', '볼빨간사춘기', 'BTS', '블랙핑크', '태연')
song = ('작은 것들을 위한 시', '나만, 봄', '소우주', 'Kill This Love', '사계')
print(singer)
print(song)

print(singer.count('BTS'))
print(singer.index('볼빨간사춘기'))
print(singer.index('BTS'))
print()

for _ in range(len(singer)):
    print('%s: %s' % (singer[_], song[_]))
```

주의 print()는 빈 줄을 삽입하기 위해 사용한다.

결과

```
('BTS', '볼빨간사춘기', 'BTS', '블랙핑크', '태연')
('작은 것들을 위한 시', '나만, 봄', '소우주', 'Kill This Love', '사계')
2
1
0

BTS: 작은 것들을 위한 시
볼빨간사춘기: 나만, 봄
BTS: 소우주
블랙핑크: Kill This Love
태연: 사계
```

Tips 좀 더 알아봅시다!

수정 가능 객체와 수정 불가능 객체

객체가 수정 불가능한 것의 대표적인 예로는 문자열과 튜플을 들 수 있다. 한 번 선언된 문자열과 튜플은 수정될 수 없다. 내장 함수 id(변수)는 변수의 메모리 공간 위치(C 언어에서는 이를 주소라 함)를 반환한다. 결국 동일한 객체는 변수의 메모리 공간 위치가 같다. 문자열에서 동일한 상수 문자열은 1개를 활용한다. 또한 문자열은 절대 내부 문자를 수정할 수 없다.

```
>>> p = 'python'
>>> y = 'python'
>>> print(id(p), id(y))
3076938957688 3076938957688
>>> print(p is y)
True
>>> p[0] ='P' # 수정 불가능, 오류 발생
Traceback (most recent call last):
  File "<stdin>", line 1, in <module>
TypeError: 'str' object does not support item assignment
```

두 객체는 완전히 같은 객체다.

튜플을 동일한 목록이라도 다른 공간을 사용하며 튜플의 수정은 불가능하다.

```
>>> tup1 = (1, 2, 3)
>>> tup2 = (1, 2, 3)
>>> print(id(tup1), id(tup2))
3076935160000 3076935160600
>>> print(tup1 is tup2)
False
>>> tup[0] = 10 # 수정 불가능
Traceback (most recent call last):
  File "<stdin>", line 1, in <module>
NameError: 'tup' object does not support item assignment
```

두 객체는 다른 객체다.

리스트와 다음 단원에 나올 딕셔너리, 집합은 수정 가능한 객체다. 리스트는 동일한 리스트라도 다른 변수에 대입하면 다른 리스트를 갖는다. 물론 수정도 가능하다. 내용이 동일한 리스트는 == 비교는 True라도 메모리 위치가 다르면 id 값이 다르다는 것을 알 수 있다.

```
>>> lst1 = [1, 2, 3]
>>> lst2 = [1, 2, 3]
>>> print(lst1 == lst2)
True
>>> print(id(lst1), id(lst2))
3076942124808 3076942099912
```

두 객체의 내용이 같으므로 True다.

두 객체는 내용 값은 같더라도 다른 객체다.

```
>>> print(lst1 is lst2)
False
>>> lst1[0] = 10 # 수정 가능
>>> print(lst1)
[10, 2, 3]
```

3.2 튜플 연결과 반복, 정렬과 삭제

◆ 튜플 연결 + 연산자와 반복 * 연산자

리스트와 같이 +와 *는 각각 튜플을 연결하고 항목이 횟수만큼 반복된 튜플을 반환한다.

```
>>> kpop = ('BTS', '블랙핑크')
>>> num = (7, 4)
>>> print(kpop + num)
('BTS', '블랙핑크', 7, 4)
>>>
>>> days = ('1학기', '2학기')
>>> print(days * 4)
('1학기', '2학기', '1학기', '2학기', '1학기', '2학기', '1학기', '2학기')
```

◆ 튜플 항목의 순서를 정렬한 리스트를 반환하는 내장 함수 sorted()

내장 함수 sorted(튜플)은 튜플 항목의 순서를 오름차순으로 정렬한 새로운 리스트를 반환한다. 따라서 반환 값을 리스트 변수에 대입해 사용할 수 있다. 함수 sorted(튜플, reverse=True)로 호출하면 역순인 내림차순으로 정렬된 리스트를 반환한다. 절대 튜플 자체가 수정되지는 않는다.

```
>>> fruit = ('사과', '귤', '복숭아', '파인애플')
>>> tup = sorted(fruit)
>>> print(type(tup), tup)
<class 'list'> ['귤', '복숭아', '사과', '파인애플']
>>>
>>> print(sorted(fruit, reverse=True))
['파인애플', '사과', '복숭아', '귤']
>>> print(fruit)
('사과', '귤', '복숭아', '파인애플')
```

역순인 내림차순으로 정렬된 리스트를 반환한다. 없으면 0을 반환한다.

◆ 문장 del에 의한 튜플 변수 자체의 제거

문장 del에서 변수 kpop을 지정하면 변수 자체가 사라진다. 그러므로 삭제 이후에는 변수 자체가 메모리에서 제거되므로 참조하면 오류가 발생한다.

```
>>> kpop = ('BTS', '장범준', '블랙핑크', '잔나비')
>>> del kpop
>>> print(kpop)
Traceback (most recent call last):
  File "<stdin>", line 1, in <module>
NameError: name 'kpop' is not defined
```

◆ 일주 요일에 영어 단어를 튜플로 생성해 출력

튜플 변수 day1, day2에 월요일부터 토요일까지의 영어 단어를 나눠 튜플로 생성한다. 튜플 변수 day3에는 'sunday' 하나로 구성된 튜플로 만든다. 변수 day1, day2, day3를 사용해 새로운 변수 day에 월부터 일까지 모든 요일로 구성된 튜플을 만들고 저장하는 프로그램을 작성하자.

5-13 코딩 05-13daytuple.py | **영어 요일 단어로 구성된 튜플 만들기** | 난이도 기본

```
1   day1 = ('monday', 'tuesday', 'wednesday')
2   day2 = ('thursday', 'friday', 'saturday')
3   # ('sunday')로 하면 튜플이 아니고 문자열
4   day3 = ('sunday', )
5
6   day = day1 + day2 + day3
7   print(type(day))
8   print(day)
9
10  day = day1 + day2 + day3 * 3
11  print(day)
```

주의 4번 줄의 콤마는 반드시 필요하다.

결과

```
<class 'tuple'>
('monday', 'tuesday', 'wednesday', 'thursday', 'friday', 'saturday', 'sunday')
('monday', 'tuesday', 'wednesday', 'thursday', 'friday', 'saturday', 'sunday',
'sunday', 'sunday')
```

중간 점검

05 다음 출력값을 기술하시오.

①
```
a = 1
print(type(a))
```

②
```
b = 1,
print(type(b))
```

06 다음 코드의 결괏값을 쓰시오.

①
```
print(sorted((5, 4, 1)))
```

②
```
print(sorted((5, 4, 1),
reverse=True))
```

정답 05 ① <class 'int'> ② <class 'tuple'> 06 ① [1, 4, 5] ② [5, 4, 1]

프로젝트 Lab 1 05-pl01-sportsnumber.py | 스포츠 종목과 팀원 수를 리스트로 적절히 출력 | 난이도 실전

다음과 같이 스포츠 종목과 팀원 수로 구성된 리스트로 적절히 출력하는 프로그램을 작성하자.

```
sports = ['축구', '야구', '농구', '배구']
# 위 종목에 대응하는 팀원 수를 항목으로 구성
num = [11, 9, 5, 6]
```

실행 결과

```
축구: 11명 야구: 9명 농구: 5명 배구: 6명
```

또한 위 두 리스트 sports와 num으로 다음 중첩된 리스트를 만들어 종목과 팀원 수를 적절히 출력하는 코드도 포함시키자.

```
[['축구', '야구', '농구', '배구'], [11, 9, 5, 6]]
```

마지막으로 두 리스트 sports와 num을 갖고 리스트 컴프리헨션으로 다음 구조의 중첩된 리스트도 만들어 종목과 팀원 수를 적절히 출력하는 코드도 포함시켜 보자.

```
[['축구', 11], ['야구', 9], ['농구', 5], ['배구', 6]]
```

문제 이해(Understanding)

리스트 생성과 리스트 컴프리헨션으로 다양한 구조의 리스트를 만든다. 만들어진 리스트에서 for문으로 항목을 적절히 출력하도록 한다. for문에서 시퀀스로 range(4) 또는 range(2)를 사용할지, 리스트 자체를 사용할지를 선택하도록 한다.

설계(Design)

알고리즘(Algorithm)

① 리스트 sports와 num을 생성한 후 각각 print( )로 출력한다.

② '축구: 11명'과 같이 출력하기 위해 for i in range(4)를 사용한다.

- (sports[i], num[i])를 적절히 출력

③ sponum = [sports, num]으로 다음 구조의 리스트 생성해 출력한다.

- [['축구', '야구', '농구', '배구'], [11, 9, 5, 6]]

④ 다음과 같은 구조를 가진 리스트를 생성하기 위해 리스트 컴프리헨션으로 만들어 출력한다.

- [['축구', 11], ['야구', 9], ['농구', 5], ['배구', 6]]
- [[sports[i], num[i]] for i in range(4)]
- 위 리스트 컴프리헨션을 psponum 변수에 저장

표준 입출력의 예

```
['축구', '야구', '농구', '배구']
[11, 9, 5, 6]
축구: 11명  야구: 9명  농구: 5명  배구: 6명
[['축구', '야구', '농구', '배구'], [11, 9,
5, 6]]
축구: 11명  야구: 9명  농구: 5명  배구: 6명
[['축구', 11], ['야구', 9], ['농구', 5],
['배구', 6]]
축구: 11명  야구: 9명  농구: 5명  배구: 6명
```

구현(implementation)

```python
sports = ['축구', '야구', '농구', '배구']
# 위 종목에 대응하는 팀원 수를 항목으로 구성
num = [11, 9, 5, 6]
print(sports)
print(num)
# 위 두 리스트로 출력
for i in range(len(sports)):
    print('%s: %d명 ' % (sports[i], num[i]), end = ' ')
print(); print()

# 2차원 리스트로 생성
sponum = [sports, num]
print(sponum)
# 2차원 리스트에서 출력
for i in range(len(sponum[0])):
    print('%s: %d명 ' % (sponum[0][i], sponum[1][i]), end = ' ')
print(); print()

# 다른 구조의 2차원 리스트 생성을 컴프리헨션으로 처리
psponum = [[sports[i], num[i]] for i in range(len(sports))]
print(psponum)
# 위 리스트에서 출력
for one in psponum:
    print('%s: %d명 ' % (one[0], one[1]), end = ' ')
print()
```

테스트와 실행 결과(Testing & Simulation)

```
['축구', '야구', '농구', '배구']
[11, 9, 5, 6]
축구: 11명  야구: 9명  농구: 5명  배구: 6명

[['축구', '야구', '농구', '배구'], [11, 9, 5, 6]]
축구: 11명  야구: 9명  농구: 5명  배구: 6명

[['축구', 11], ['야구', 9], ['농구', 5], ['배구', 6]]
축구: 11명  야구: 9명  농구: 5명  배구: 6명
```

공유(Share)

자신만의 프로그램을 작성해 위 프로그램과 친구의 코드를 비교해 보자. 특히 컴프리헨션 방식 구문에 익숙해지도록 노력하자.

프로젝트 Lab 2 | 05-pl02-priceburgerorder.py | 햄버거 콤보 번호를 받아 주문 가격 표시 | 난이도 실전

이번에는 햄버거 주문을 구현해 보자. 주문을 위해 콤보의 종류와 수량을 입력받아 주문한 내역과 가격 그리고 총 주문 가격을 출력하는 프로그램을 작성해 보자. 주문 종류는 오른쪽과 같으며, 0을 입력하면 주문을 종료한다. 콤보 종류와 수량을 한 번에 입력받으면 주문 내역과 총 가격을 표시하고, 주문이 종료되면 총 주문 가격을 출력한다.

이미 커피 주문은 이전 단원에서 살펴봤다. 이번에는 주문 리스트와 가격을 이번 단원에서 배운 리스트나 튜플로 사용하면 훨씬 간결하다. 주문에 사용하는 번호와 menu의 항목 첨자 번호를 같게 하면 편리하다. 물론 price의 가격 리스트와 메뉴가 맞으면 menu[i]의 가격이 price[i]가 된다.

```
주문할 콤보 번호와 수량을 계속 입력하세요!
 0 주문 종료
 1 올인원팩 6000 원
 2 투게더팩 7000 원
 3 트리오팩 8000 원
 4 패밀리팩 10000 원
 >> 2 2
```

```
menu = ('주문 종료', '올인원팩', '투게더팩', '트리오팩', '패밀리팩')
price = (0, 6000, 7000, 8000, 10000)
```

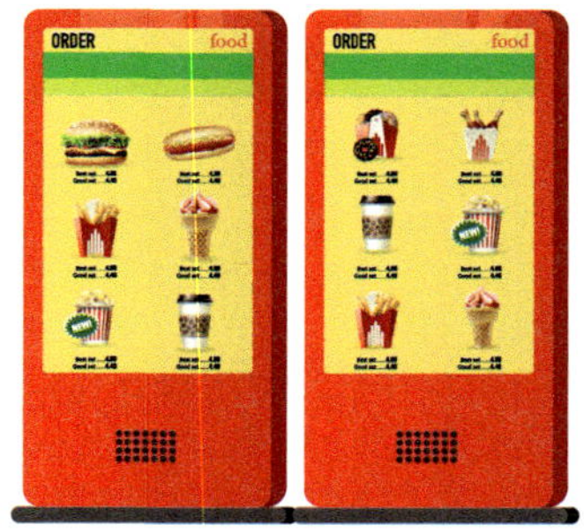

문제 이해(Understanding)

햄버거의 종류가 1에서 4까지이며, 0이 입력되면 주문을 종료한다. 표준 입력으로 종류와 수량을 입력받아 중간 주문 가격을 출력한다. 주문이 완료되면 총 주문 가격을 출력한다.

설계(Design)

알고리즘(Algorithm)

① 주요 변수를 만들어 값을 저장한다.
- 메뉴와 가격을 튜플 menu, price로 생성
- 부울 변수 more에 True, 총 가격이 저장될 total에 0을 저장

② 메뉴 출력에 사용할 문자열을 만든다.
- 튜플 menu, price를 사용해 여러 줄에 걸친 메뉴 문자열을 생성

③ while 루프를 변수 more로 반복해 구현한다.
- 콤보의 종류가 0이면 반복 종료
- 반복 내부의 한 줄에서 콤보의 종류와 수량 입력

④ 주문의 입력이 2개인지 1개인지 판별한다.
- 입력 문자열에서 공백 문장 ' '의 수가 1개 이상이면 입력이 2개

⑤ 주문 종료인 0이 입력되면
- 입력이 하나인지를 판별해 주문 번호로 인지

표준 입출력 샘플

```
주문할 콤보 번호와 수량을 계속 입력하세요!
        0 주문 종료
        1 올인원팩   6000원
        2 투게더팩   7000원
        3 트리오팩   8000원
        4 패밀리팩 10000원
>> 2 2
투게더팩, 2개 주문
투게더팩 주문 가격 14000, 총 가격 14000

주문할 콤보 번호와 수량을 계속 입력하세요!
        0 주문 종료
        1 올인원팩   6000 원
        2 투게더팩   7000 원
```

• 변수 more를 false로 지정해 종료

⑥ 콤보 선택이 1에서 4가 입력되면

• 현재 주문한 종류와 수량 출력
• 변수 total에 주문 가격을 계속 누적
• 현재 주문 가격과 총 주문 가격 출력

⑦ 반복 while의 else에서 프로그램을 종료한다.

• 총 주문 가격과 종료 메시지 출력

```
         3 트리오팩   8000 원
         4 패밀리팩  10000 원
 >> 4 2
패밀리팩, 2개 주문
패밀리팩 주문 가격 20000, 총 가격
34000

주문할 콤보 번호와 수량을 계속
입력하세요!
         0 주문 종료
         1 올인원팩   6000 원
         2 투게더팩   7000 원
         3 트리오팩   8000 원
         4 패밀리팩  10000 원
 >> 0

******* 주문 종료 *******
총 주문 가격 34000 원
주문을 마치겠습니다.
======= 안녕! ========
```

구현(implementation)

```
menu = ('주문 종료', '올인원팩', '투게더팩', '트리오팩', '패밀리팩')
price = (0, 6000, 7000, 8000, 10000)

# 주문에 필요한 메시지 만들기
msg = '주문할 콤보 번호와 수량을 계속 입력하세요!'
for i in range(len(menu)):
    msg += '\n\t %d %s' % (i, menu[i])
    if i != 0:
        msg +=  ' %5d 원' % (price[i])
msg += '\n >> '

more = True
total = 0
while more:
    instr = input(msg)
    if instr.count(' ') > 0: # 2개의 입력 인지를 검사
        # 입력이 2개이면 분리해 각각 입력
        order, cnt = instr.split()
        cnt = int(cnt)
    else:
        # 입력이 1개이면 주문 번호 입력
        order = instr
    order = int(order)
```

```python
        if order == 0:
            print()
            print(' 주문 종료 '.center(20, '*'))
            more = False
        elif 1 <= order <= 4:
            print('%s, %d개 주문' % (menu[order], cnt))
            sub = price[order] * cnt
            total += sub
            print('%s 주문 가격 %d, 총 가격 %d' % (menu[order], sub, total))
        else:
            print('모르겠어요. 다시 주문하세요!')

    else:
        print('총 주문 가격 %d 원' % total)
        print('주문을 마치겠습니다.')
        print(' 안녕! '.center(20, '='))
```

테스트와 실행 결과(Testing & Simulation)

```
주문할 콤보 번호와 수량을 계속 입력하세요!
         0 주문 종료
         1 올인원팩   6000 원
         2 투게더팩   7000 원
         3 트리오팩   8000 원
         4 패밀리팩 10000 원
 >> 1 1
올인원팩, 1개 주문
올인원팩 주문 가격 6000, 총 가격 6000

주문할 콤보 번호와 수량을 계속 입력하세요!
         0 주문 종료
         1 올인원팩   6000 원
         2 투게더팩   7000 원
         3 트리오팩   8000 원
         4 패밀리팩 10000 원
 >> 3 2
트리오팩, 2개 주문
트리오팩 주문 가격 16000, 총 가격 22000

주문할 콤보 번호와 수량을 계속 입력하세요!
         0 주문 종료
         1 올인원팩   6000 원
         2 투게더팩   7000 원
         3 트리오팩   8000 원
         4 패밀리팩 10000 원
```

```
 >> 0

******* 주문 종료 *******
총 주문 가격 22000 원
주문을 마치겠습니다.
======= 안녕! ========
```

공유(Share)

자신만의 코드를 작성해 친구의 코드와 비교해 보자.

학습 내용 점검

01 다음 코드의 출력 결과를 쓰시오.

①
```
a = [1, 'python', 2, '밥']
print(type(a))
```

②
```
b = list('2020')
print(b)
```

③
```
c = [10, 20, 30, 40]
c.append(50)
print(c)
```

④
```
d = []
d.append(3)
print(d)
```

02 다음 리스트의 출력 결과를 쓰시오.

```
lst = [1, 5, 7, 9, 11, 13, 15]
```

① `print(len(lst))`

② `print(lst[:2])`

③ `print(lst[-2:-8:-2])`

④ `print(lst[1:-1:2])`

03 다음 리스트의 출력 결과를 쓰시오.

```
goods = ['우유', '과자', '김밥', '아이스크림', '물']
```

① `print(goods.count('우유'))`

② `print(goods.index('과자'))`

③
```
goods[1] = '세면도구'
print(goods)
```

④
```
goods[4] = '도시락'
print(goods)
```

04 다음 중첩된 리스트에 대한 출력 결과를 쓰시오.

```
data = [[1, 2, 3], [11, 22, 33], [50, 50, 70]]
```

①
```
for row in data:
    print(row)
```

②
```
for row in data:
    for item in row:
        print(item, end = ' ')
    print()
```

05 다음 리스트에 대한 슬라이스의 부분 리스트 출력 결과를 쓰시오.

```
wlist = ['밥','삶','길','죽','꿈','차','떡','복','말']
```

① `print(wlist[2:10:3])`

② `print(wlist[-2:-10:-2])`

③ `print(wlist[1:-1])`

④ `print(wlist[-2:0:-1])`

06 다음 리스트에서 슬라이스 참조에 의한 수정 결과를 쓰시오.

```
lst = [1, 2, 3, 4, 5, 6, 7, 8, 9, 10]
```

①
```
lst[0:3] = [10, 20, 30]
print(lst)
```

②
```
lst[1:7:2] = [20, 40, 60]
print(lst)
```

③
```
lst[-2:-5:-1] = [90, 80, 70]
print(lst)
```

④
```
lst[-1::-3] = [100, 70, 40, 10]
print(lst)
```

07 다음 리스트 day에 대해 다음 순서로 실행 시 결과를 쓰시오.

```
day = list('월화수')
```

①
```
day.insert(0, '일')
print(day)
```

②
```
day.append('목')
print(day)
```

③
```
day.append('목')
print(day)
```

④
```
day.pop()
print(day)
```

⑤
```
day.remove('일')
print(day)
```

⑥
```
day.clear()
print(day)
```

08 다음 리스트 pl과 so에 대해 다음 순서로 실행 시 결과를 쓰시오.

```
pl = ['java', 'python']
os = ['window', 'ios']
```

①
```
cat = pl + os
print(cat)
```

②
```
cat.sort()
print(cat)
```

③
```
cat.extend(['linux'])
print(cat)
```

④
```
cat2 = sorted(cat, reverse=True)
print(cat2)
```

09 다음 리스트 컴프리헨션 실행 결과를 쓰시오.

①
```
a = [i for i in range(11) if i%3 != 0]
print(a)
```

②
```
b = [i**3 for i in range(4)]
print(b)
```

③
```
low = [s.lower() for s in 'ABC']
print(low)
```

④
```
upp = [s.upper() for s in 'abc']
print(upp)
```

10 다음 튜플에 대한 코드에서 오류가 없으면 결과, 오류가 있으면 오류의 원인을 쓰시오.

①
```
a = 1
print(type(a))
```

②
```
b = 1,
print(type(b))
```

③
```
c = 1, 2, 3
print(type(c))
```

④
```
d = (1, 2, 3)
print(type(d))
```

⑤
```
tup = (3, 2, 1)
print(sorted(tup))
```

⑥
```
tup = (1, 2, 3)
tup[1] = 6
```

도전! 프로그래밍

01 기본 1에서 99까지의 난수 10개로 리스트를 만든 후 리스트와 정렬된 리스트 그리고 내림차순으로 정렬된 역순 리스트를 출력하는 프로그램을 작성하시오.

```
리스트 [39, 34, 45, 73, 12, 92, 2, 47, 39]
정렬 리스트 [2, 12, 34, 39, 39, 45, 47, 73, 92]
역순 리스트 [92, 73, 47, 45, 39, 39, 34, 12, 2]
```

02 기본 영한 사전과 같이 한글과 영어에 대응되는 튜플 korean과 english를 만든 후, 표준 입력으로 한글을 입력받아 영어를 출력하는 프로그램을 작성하시오.

```
korean = ('정렬', '초보자', '내포', '사전')
english = ('sorting', 'novice', 'comprehension', 'dictionary')
```

- 단어가 사전에 없으면 적절한 메시지를 출력

```
찾을 단어 입력 ? 초보자
novice
```

03 기본 문자열 'HelloPython!'으로 리스트를 만들어 부분 리스트 참조인 슬라이스를 위한 3개의 정수를 표준 입력으로 받은 후 슬라이스 결과를 출력하는 프로그램을 작성하시오.

- 계속 입출력을 반복하며, 0 0 0을 입력하면 종료
- 슬라이스를 위해 첨자를 문자열의 위아래로 출력

```
+ 012345678901
  HelloPython!
- 210987654321
슬라이스[?:?:?] 3개 입력 >> 3 10 2
['l', 'P', 't', 'o']
슬라이스[?:?:?] 3개 입력 >> 0 0 0
************** 종료 **************
```

04 응용 다음 중첩된 리스트 data에서 각 행의 합과 열의 합을 리스트 rsum과 csum에 저장해 출력하는 프로그램을 작성하시오.

```
data = [ [1, 2, 3],
         [4, 5, 6],
         [7, 8, 9] ]
```

```
각 행의 합:  [6, 15, 24]
각 열의 합:  [12, 15, 18]
```

05 : 다음 리스트 sports와 num을 활용해 스포츠 종목과 팀원 수가 번갈아 나오는 리스트를 만든 후 다음과 같이 출력하는 프로그램을 작성하시오.

응용

```
sports = ['축구', '야구', '농구', '배구']
num = [11, 9, 5, 6]
```

- 리스트 sports에 insert() 메소드로 직접 팀원 수를 삽입
- 리스트 sports의 홀수 참조에 빈 문자 ''을 insert() 메소드로 삽입
- 위 결과 리스트에서 슬라이스 sports[1::2]에 num을 대입

```
메소드 insert()로 팀원 수 삽입
['축구', 11, '야구', 9, '농구', 5, '배구', 6]

메소드 insert()로 '' 삽입
['축구', '', '야구', '', '농구', '', '배구', '']

슬라이스 sports[1::2]에 num을 대입
['축구', 11, '야구', 9, '농구', 5, '배구', 6]
```

06 : 다음 중첩된 리스트를 for문으로 행과 열을 맞춰 항목을 출력한 후 다시 행과 열이 바뀐 형태를 for문으로 출력하는 프로그램을 작성하시오.

응용

```
m = [[1, 2], [3, 4], [5, 6], [7, 8]]
```

- 수학의 행렬에서 행과 열이 바뀐 행렬을 전치(transpose) 행렬이라 함.

```
원 행렬(m) 출력:
1 2
3 4
5 6
7 8

전치 행렬 출력:
1 3 5 7
2 4 6 8
```

07 : 위와 동일한 중첩된 리스트에서 리스트 컴프리헨션을 활용해 행과 열이 바뀐 형태의 리스트를 새로 만들고, 이 변환된 리스트를 다음과 같이 출력하는 프로그램을 작성하시오.
응용

```
m = [[1, 2], [3, 4], [5, 6], [7, 8]]
```

- 다음 리스트 컴프리헨션을 활용

```
transpose = [[row[i] for row in m] for i in range(len(m[0]))]
```

```
트랜스포즈를 컴프리헨션으로 만들어 그대로 출력
[[1, 3, 5, 7], [2, 4, 6, 8]]

트랜스포즈를 for문으로 출력
1 3 5 7
2 4 6 8
```

08 : 1에서 99까지의 난수 10개로 리스트를 만든 후 다시 이 리스트를 튜플로 변환하고, 다음과 같이 정렬된 리스트와 합, 항목 수, 최대, 최소, 평균을 출력하는 프로그램을 작성하시오.
실전

- 함수 tuple(리스트)은 리스트를 튜플로 변환해 반환
- 함수 sorted(튜플)은 튜플의 항목을 정렬해 다시 리스트로 반환
- 함수 min(튜플)은 튜플에서 최소인 항목을 반환
- 함수 max(튜플), sum(튜플) 등도 사용

```
리스트: [91, 5, 80, 31, 56, 73, 92, 11, 24, 96]
튜플: (91, 5, 80, 31, 56, 73, 92, 11, 24, 96)
튜플 정렬된 리스트: [5, 11, 24, 31, 56, 73, 80, 91, 92, 96]

합: 559, 항목수: 10
최대 96, 최소: 5, 평균: 55.90
```

Chapter 06

키와 값의 나열인 딕셔너리와 중복을 불허하는 집합

학습 목표

- 키와 값의 쌍인 항목을 관리하는 딕셔너리를 생성하고 수정하는 방법을 이해하고, 다양한 방법으로 딕셔너리를 구현할 수 있다.
- 집합의 특징을 이해하고, 합집합 등과 같은 다양한 집합의 연산을 구현할 수 있다.
- 내장 함수 zip()과 enumerate(), 시퀀스 간의 변환을 이해하고, 구현할 수 있다.

Section

01 키와 값인 쌍의 나열인 딕셔너리

1.1 딕셔너리의 개념과 생성

◆ 키와 값의 쌍을 항목으로 관리하는 딕셔너리

딕셔너리는 말 그대로 '사전'을 생각하면 이해하기 쉽다. 사전은 여러 낱말 각각의 의미, 어원 따위를 설명한 내용을 담고 있다. 여기서 낱말을 키(key), 해설을 값(value)이라고 생각하면 된다.

딕셔너리는 키와 값의 쌍인 항목을 나열한 시퀀스다. 즉, 딕셔너리는 콤마로 구분된 항목(또는 요소, 원소)들의 리스트로 표현된다. 각각의 항목은 키:값과 같이 키와 값을 콜론으로 구분하고 전체는 중괄호(curly brace) {…}로 묶는다.

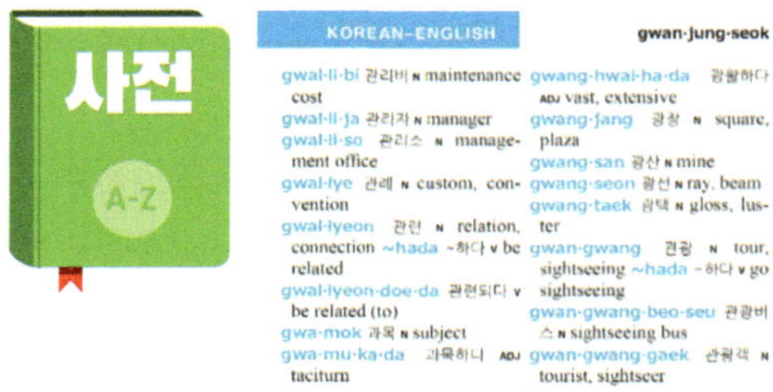

- 딕셔너리는 중괄호 {…} 사이에 키와 값의 항목을 기술한다.
- 딕셔너리의 항목 순서는 의미가 없으며, 키는 중복될 수 없다.
- 키는 수정될 수 없지만, 값은 수정될 수 있다.
- 값은 키로 참조된다.

```
dct = { <key>: <value>, <key>: <value>, ..., <key>: <value> } # 딕셔너리
```

```
groupnumber = {'엑소': 9, '트와이스': 9, '블랙핑크': 4, '방탄소년단': 7}
coffeeprice = {'에스프레소': 2500, '아메리카노': 2800, '카페라테': 3200}
mycar ={"brand": "현대", "model": "제네시스", "year": 2016}
```

▲ **그림1** 딕셔너리 구문

딕셔너리는 다음과 같이 중괄호로 생성하며, 변수 mycar에 대입할 수 있다. 대화형 모드에서 변수 mycar로 그 내용을 볼 수 있으며, print(mycar)로 손쉽게 딕셔너리 전체를 출력할 수 있다. 딕셔너리의 자료형은 클래스 dict인 것을 알 수 있다.

```
>>> mycar = {"brand": "현대", "model": "제네시스", "year": 2016}
>>> print(mycar)
{'brand': '현대', 'model': '제네시스', 'year': 2016}
>>> print(type(mycar))
<class 'dict'>
```

딕셔너리의 자료형은 클래스 dict다.

◆ 일상 코딩: 자신이 좋아하는 K-pop 그룹명과 인원수로 구성된 딕셔너리

자신이 좋아하는 K-pop 가수의 이름과 인원수를 딕셔너리로 생성해 보자. 함수 print()로 딕셔너리를 출력하면 중괄호의 딕셔너리 형태로 출력할 수 있다.

6-1 코딩 06-01groupnumber.py | K-pop 그룹의 인원수 　난이도 기본

```
groupnumber = {'잔나비': 5, '트와이스': 9, '블랙핑크': 4, '방탄소년단': 7}
print(groupnumber)
print(type(groupnumber))
```

주의 딕셔너리 생성에서 중괄호 항목의 생성과 나열에서 콜론과 콤마에 주의하자.

결과

```
{'잔나비': 5, '트와이스': 9, '블랙핑크': 4, '방탄소년단': 7}
<class 'dict'>
```

◆ 빈 딕셔너리의 생성과 항목 추가

다음과 같이 빈 중괄호로 빈 딕셔너리를 만들 수 있다. 출력하면 빈 딕셔너리 표기인 {}로 표시된다.

```
>>> lect = {} # 빈 딕셔너리
>>> print(lect)
{}
```

빈 딕셔너리를 만들어 변수 lect에 저장하는 문장이다.

인자가 없는 내장 함수 dict() 호출로도 빈 딕셔너리를 생성할 수 있다. 항목을 딕셔너리에 넣으려면 '딕셔너리[키] = 값'의 문장을 사용해야 한다. 다음은 키-값의 쌍인 '강좌명': '파이썬 기초'의 항목을 삽입하는 문장이다.

```
>>> lect = dict() # 빈 딕셔너리
>>> lect['강좌명'] = '파이썬 기초';
```

딕셔너리 항목 값으로 리스트나 튜플 등이 가능하다.

```
>>> lect['개설년도'] = [2020, 1];
>>> lect['학점시수'] = (3, 3);
>>> lect['교수'] = '김민국';
>>> print(lect)
{'강좌명': '파이썬 기초', '개설년도': [2020, 1], '학점시수': (3, 3), '교수': '김민국'}
```

◆ 일상 코딩: 강좌 정보로 딕셔너리를 생성해 각각의 항목 값 참조

이번 학기에 듣는 강좌 정보를 딕셔너리로 만들어 출력해 보자. 딕셔너리 값은 대괄호를 사용한 딕셔너리[키]로 해당 키의 값을 참조할 수 있다.

```
>>> lect['개설년도']
[2020, 1]
```

키가 '개설년도'인 값을 참조할 수 있다.

딕셔너리에 없는 키를 참조하면 KeyError가 발생하므로 주의하자.

```
>>> lect['개설 년도']
Traceback (most recent call last):
  File "<stdin>", line 1, in <module>
KeyError: '개설 년도'
```

키가 '개설년도'인 값을 참조할 수 있다.

6-2 코딩 06-02lectdict.py **강좌 정보로 구성된 딕셔너리 생성과 참조** 난이도 기본

```
1   lect = dict() # 빈 딕셔너리
2   lect['강좌명'] = '파이썬 기초';
3   lect['개설년도'] = [2020, 1];
4   lect['학점시수'] = (3, 3);
5   lect['교수'] = '김민국';
6   print(lect)
7   print(len(lect))
8   print()
9   # 딕셔너리의 항목 참조
10  print(lect['개설년도'], lect['학점시수'])
11  print(lect['강좌명'], lect['교수'])
```

주의 3, 4번 줄처럼 딕셔너리의 값은 리스트나 튜플 등 제한이 없다.

결과

```
{'강좌명': '파이썬 기초', '개설년도': [2020, 1], '학점시수': (3, 3), '교수': '김민국'}
4

[2020, 1] (3, 3)
파이썬 기초 김민국
```

1.2 다양한 인자의 함수 dict()로 생성하는 딕셔너리

◆ 리스트 또는 튜플로 구성된 키-값을 인자로 사용

내장 함수 dict() 함수에서 인자로 리스트나 튜플 1개를 사용해 딕셔너리를 만들 수 있다. 다음 문장도 빈 딕셔너리를 생성한다.

```
>>> day = dict([]) # 빈 딕셔너리
>>> day = dict(()) # 빈 딕셔너리
```

함수 dict()의 리스트나 튜플 내부에서 일련의 키-값 쌍으로 [키, 값] 리스트 형식과 (키, 값) 튜플 형식을 모두 사용할 수 있다.

콜론을 사용한 [키: 값] 또는 (키: 값)의 형태가 아닌 것에 주의하자.

```
>>> day = dict([['월', 'monday'], ['화', 'tuesday'], ['수', 'wednesday']])
>>> day = dict([('월', 'monday'), ('화', 'tuesday'), ('수', 'wednesday')])
>>> day = dict((['월', 'monday'], ['화', 'tuesday'], ['수', 'wednesday']))
>>> day = dict((('월', 'monday'), ('화', 'tuesday'), ('수', 'wednesday')))
>>> print(day)
{'월': 'monday', '화': 'tuesday', '수': 'wednesday'}
```

◆ 키가 문자열이면 키 = 값 항목의 나열로도 딕셔너리 생성

위와 같이 키가 단순 문자열이면 간단히 월='monday'처럼 키=값 항목 나열(함수의 키워드 인수라고 부름)로도 지정할 수 있다.

```
>>> day = dict(월='monday', 화='tuesday', 수='wednesday')
>>> print(day)
{'월': 'monday', '화': 'tuesday', '수': 'wednesday'}
```

키가 문자열이면 따옴표 없이 기술할 수 있다.

◆ 일상 코딩: 방탄소년단 정보를 저장하는 다양한 딕셔너리 생성 방법

방탄소년단의 '그룹명', '인원수', '리더', '소속사'를 키로 적절한 값을 저장하는 딕셔너리를 만들어 보자. 딕셔너리의 생성 방법으로 중괄호에 '그룹명': '방탄소년단' 등의 항목들로 삽입하는 방법과 함수 dict()에서 ['그룹명', '방탄소년단'] 등의 리스트를 이용하는 방법 등을 활용한다. 키 '구성원'으로 방탄소년단 멤버로 구성되는 리스트를 추가해 참조도 해 보자.

6-3 코딩 06-03btsdict.py **방탄소년단 정보를 저장하는 다양한 딕셔너리 생성과 참조** 난이도 기본

```
1   bts1 = {'그룹명': '방탄소년단', '인원수': 7, '리더': '김남준'}
2   bts1['소속사'] = '빅히트 엔터테인먼트';
3   print(bts1)
4   bts2 = dict([['그룹명', '방탄소년단'], ['인원수', 7]])
5   print(bts2)
6   bts3 = dict((('리더', '김남준'), ('소속사', '빅히트 엔터테인먼트')))
7   print(bts3)
8
9   bts = dict(그룹명='방탄소년단', 인원수=7, 리더='김남준', 소속사='빅히트 엔터테인
10  먼트')
11  # 구성원 추가
12  bts['구성원'] = ['RM', '진', '슈가', '제이홉', '지민', '뷔', '정국']
13
14  print(bts) # 전체 출력
15  print(bts['구성원']) # 구성원 출력
```

주의 9번 줄에서 키인 구룹명, 인원수 등에는 따옴표를 붙이면 안 된다.

결과

```
{'그룹명': '방탄소년단', '인원수': 7, '리더': '김남준', '소속사': '빅히트 엔터테인먼트'}
{'그룹명': '방탄소년단', '인원수': 7}
{'리더': '김남준', '소속사': '빅히트 엔터테인먼트'}

{'그룹명': '방탄소년단', '인원수': 7, '리더': '김남준', '소속사': '빅히트 엔터테인먼트',
'구성원': ['RM', '진', '슈가', '제이홉', '지민', '뷔', '정국']}
['RM', '진', '슈가', '제이홉', '지민', '뷔', '정국']
```

Upgrade coding 방탄소년단의 주요 히트곡을 키 'songs'에 두세 곡 저장해 출력하는 프로그램을 추가해 보자.

1.3 딕셔너리 키는 수정 불가능한 객체로 사용

◆ 딕셔너리의 키로 정수, 실수 등 사용 가능

딕셔너리의 키는 수정 불가능한 객체는 모두 가능하다. 따라서 정수는 물론 실수도 가능하다. 다음은 키 3.14로 '원주율'을 저장한 문장이다.

```
>>> real = {3.14: '원주율'}
```

다음은 키로 2.71에 값 '자연수' 항목을 삽입하는 문장이다.

```
>>> real[2.71] = '자연수'
>>> print(real)
{3.14: '원주율', 2.71: '자연수'}
```

만일 키 2.71을 2.72라고 입력하면 키 2.72는 이전에 없던 키이므로 새로운 항목으로 삽입된다.

```
>>> real[2.72] = '자연수'
>>> print(real)
{3.14: '원주율', 2.71: '오일러수', 2.72: '자연수'}
```

새로운 키이므로 새로운 항목으로 삽입된다.

새로운 키로 대입하면 항상 새로운 키-값의 항목이 삽입된다. 그러므로 다음 문장으로 1.61-'황금비'의 항목이 삽입된다.

```
>>> real[1.61] = '황금비'
>>> print(real)
{3.14: '원주율', 2.71: '오일러 수', 2.72: '자연수', 1.61: '황금비'}
```

이미 있는 키로 항목을 참조하면 값이 반환된다.

```
>>> print(real[3.14])
원주율
>>> print(real[2.71])
오일러 수
>>> print(real[1.61])
황금비
```

물론 키로 정수도 가능하다.

```
>>> month = {1: 'January', 2: 'February', 3: 'March'}
```

month[2]에서 2는 키로 첨자가 아님을 잊지 말자.

```
>>> print(month[2])
February
```

구문 month[0]에서 0은 첨자가 아니라 키를 의미하는데, 딕셔너리 month에는 키 0이 없으므로 KeyError가 발생한다.

```
>>> print(month[0]) # 오류 발생
Traceback (most recent call last):
  File "<stdin>", line 1, in <module>
KeyError: 0
```

◆ 일상 코딩: 1월에서 9월의 영어 단어로 구성되는 딕셔너리

1월에서 9월까지의 영어 단어를 표현하기 위해 1-'January'처럼 키-값을 월-영어 단어 항목으로 하는 딕셔너리를 생성하자. 1에서 9까지의 난수를 만들어 임의의 월과 영어 단어를 5번 출력하는 프로그램을 작성해 보자.

6-4 코딩 06-04monthdictionary.py **월 영어 단어 구성과 검색** 난이도 응용

```
1   month = {1: 'January', 2: 'February', 3: 'March', 4: 'April'}
2   month[5] = 'May'
3   month[6] = 'June'
4   month[7] = 'July'
5   month[8] = 'August'
6   month[9] = 'September'
7   print(month)
8   print()
9
10  from random import randint
11  # 임의로 5번의 월 단어 출력
12  for i in range(5):
13      r = randint(1, 9)
14      print('%d: %s' % (r, month[r]))
```

주의 2번 줄에서 6번 줄까지 딕셔너리 month에 새로운 5개의 항목을 삽입한다.

결과

```
{1: 'January', 2: 'February', 3: 'March', 4: 'April', 5: 'May', 6: 'June',
7: 'July', 8: 'August', 9: 'September'}

4: April
6: June
7: July
9: September
8: August
```

◆ 튜플은 키로 가능하지만 리스트는 키로 사용 불가능

수정 불가능한 튜플은 딕셔너리의 키로 사용될 수 있다. 다음은 위도와 경도로 구성되는 튜플 (37.33, 126.58)을 키로 사용한 예다. 즉, 서울과 부산의 키를(위도, 경도)의 튜플로 표현할 수 있다.

```
>>> city = {(37.33, 126.58): '서울', (35.06, 129.03): '부산'}
>>> print(city)
{(37.33, 126.58): '서울', (35.06, 129.03): '부산'}
```

그러나 수정 가능한 리스트는 키로 사용할 수 없다. 따라서 리스트인 [위도, 경도]는 키로 사용될 수 없으며, TypeError가 발생한다.

```
>>> city = {[37.33, 126.58]: '서울', [35.06, 129.03]: '부산'}
Traceback (most recent call last):
  File "<stdin>", line 1, in <module>
TypeError: unhashable type: 'list'
```

1.4 딕셔너리 항목의 순회

◆ 딕셔너리 메소드 keys()

딕셔너리 메소드 keys()는 키로만 구성된 리스트를 반환한다.

```
>>> day = dict(월='monday', 화='tuesday', 수='wednesday', 목='thursday')
>>> print(day)
{'월': 'monday', '화': 'tuesday', '수': 'wednesday', '목': 'thursday'}
>>> print(day.keys())
dict_keys(['월', '화', '수', '목'])
```

그러므로 for문에서 시퀀스 위치에 메소드 keys()를 사용하면 딕셔너리의 모든 항목을 참조하는 구문을 사용할 수 있다.

```
>>> for key in day.keys():
...     print('%s요일 %s' % (key, day[key]))
...
월요일 monday
화요일 tuesday
수요일 wednesday
목요일 thursday
```

◆ 딕셔너리 메소드 items()

딕셔너리 메소드 items()는 (키, 값) 쌍의 튜플이 들어 있는 리스트를 반환한다. 각 튜플의 첫 번째 항목은 키, 두 번째 항목은 키 값이다.

```
>>> day = dict(월='monday', 화='tuesday', 수='wednesday', 목='thursday')
>>> print(day.items())
dict_items([('월', 'monday'), ('화', 'tuesday'), ('수', 'wednesday'), ('목',
'thursday')])
```

그러므로 for문에서 변수 위치에 키 값을 저장할 2개의 변수와 시퀀스 위치에 메소드 items()를 사용하면 딕셔너리의 모든 항목을 참조하는 간단한 구문을 사용할 수 있다.

```
>>> for key, value in day.items():
...     print('%s요일 %s' % (key, value))
...
월요일 monday
화요일 tuesday
수요일 wednesday
목요일 thursday
```

◆ 딕셔너리 메소드 values()

딕셔너리 메소드 values()는 값으로 구성된 리스트를 반환한다.

```
>>> day = dict(월='monday', 화='tuesday', 수='wednesday', 목='thursday')
>>> print(day.values())
dict_values(['monday', 'tuesday', 'wednesday', 'thursday'])
```

◆ 반복 for문에서 딕셔너리 변수로만 모든 키 순회

반복 for문에서는 시퀀스 위치에 있는 딕셔너리 변수만으로도 모든 키를 순회할 수 있다.

```
>>> game = dict(일월='소나무', 이월='매화', 삼월='벚꽃', 사월='등나무')
>>>
>>> for key in game:
...     print('%s: %s' % (key, game[key]))
...
일월: 소나무
이월: 매화
삼월: 벚꽃
사월: 등나무
```

◆ 일상 코딩: 네 계절 단어의 한영 사전을 만들어 항목 순회

봄, 여름, 가을, 겨울을 키로 한영 사전을 만들어 보자. 사계절의 딕셔너리에서 메소드 keys(), items(), values()를 출력한다. 그리고 각각 메소드 key()와 items()를 사용해 사전의 전체 항목을 순회한 후 출력하는 프로그램을 작성해 보자.

메소드 `items( )`는 (키, 값)의 튜플을 반환하는데, 다음과 같이 한 변수에 받아 각각 변수명[0], 변수명[1]로 값을 나눠 출력할 수 있다.

```
for item in season.items():
    print('{} {}  '.format(item[0], item[1]), end= ' ')
print()
```

문자열의 format() 메소드에서 인자로 *item을 사용하면 나누지 않고도 자동으로 튜플이 나뉘어 출력된다. 인자 *item의 의미는 함수에서 학습할 계획이다.

```
for item in season.items():
    print('{} {}  '.format(*item), end= ' ')
print()
```

6-5 코딩 | 06-05seasondict.py | **사계절의 영어 사전 생성과 항목 순회** | 난이도 응용

```
season = {'봄': 'spring', '여름': 'summer', '가을': 'autumn', '겨울':
'winter'}
print(season.keys())
print(season.items())
print(season.values())

# 메소드 keys()로 항목 순회
for key in season.keys():
    print('%s %s  ' % (key, season[key]))

for item in season.items():
    print('{} {}  '.format(item[0], item[1]), end= ' ')
print()
# 메소드 items()의 반환 값인 튜플을 한 변수에 저장한 경우, 항목 순회 2
for item in season.items():
    print('{} {}  '.format(*item), end= ' ')
print()
```

결과

```
dict_keys(['봄', '여름', '가을', '겨울'])
dict_items([('봄', 'spring'), ('여름', 'summer'), ('가을', 'autumn'), ('겨울',
'winter')])
dict_values(['spring', 'summer', 'autumn', 'winter'])
봄 spring
여름 summer
가을 autumn
겨울 winter
봄 spring   여름 summer   가을 autumn   겨울 winter
봄 spring   여름 summer   가을 autumn   겨울 winter
```

1.5 딕셔너리 항목의 참조와 삭제

◆ 키로 조회하는 딕셔너리 메소드 get(키[, 키가_없을_때_반환 값])

딕셔너리 메소드 get(키)는 키의 해당 값을 반환한다.

```
>>> city = {'대한민국':'부산', '뉴질랜드':'웰링톤', '캐나다':'몬트리올'}
>>> city.get('대한민국')
'부산'
```

메소드 get(키)은 딕셔너리에 키가 없어도 오류가 발생하지 않고 아무것도 없다는 의미인 None을 반환한다. 만일 키 뒤에 다른 인자를 넣으면 딕셔너리에 키가 없을 때 이 지정된 값을 반환한다.

```
>>> city.get('미국')
>>> city.get('미국', '없네요')
'없네요'
```

키에 '미국'이 없어 '없네요'가 반환된다.

◆ 키로 삭제하는 딕셔너리 메소드 pop(키[, 키가_없을_때_반환 값])

딕셔너리 메소드 pop(키)는 키인 항목을 삭제하고, 삭제되는 키의 해당 값을 반환한다.

```
>>> city = {'대한민국':'부산', '뉴질랜드':'웰링톤', '캐나다':'몬트리올'}
>>> print(city.pop('뉴질랜드'))
웰링톤
>>> city
{'대한민국': '부산', '캐나다': '몬트리올'}
```

만일 삭제할 키가 없다면 두 번째에 지정한 값이 반환된다.

```
>>> city = {'대한민국':'부산', '뉴질랜드':'웰링톤', '캐나다':'몬트리올'}
>>> print(city.pop('중국', '없네요'))
없네요
>>> city
{'대한민국': '부산', '뉴질랜드': '웰링톤', '캐나다': '몬트리올'}
```

키에 '미국'이 없으므로 '없네요'가 반환된다.

인자로 키만 적었는데, 삭제할 키가 없다면 KeyError가 발생하므로 주의하자.

```
>>> print(city.pop('중국'))
Traceback (most recent call last):
  File "<stdin>", line 1, in <module>
KeyError: '중국'
```

◆ 임의의 항목을 삭제하는 딕셔너리 메소드 popitem()

딕셔너리 메소드인 popitem()은 임의의 (키, 값)의 튜플을 반환하고 삭제한다. 만일 데이터가 하나도 없다면 오류가 발생한다.

```
>>> city = {'대한민국':'부산', '뉴질랜드':'웰링톤'}
>>> print(city.popitem())
('뉴질랜드', '웰링톤')
>>> city
{'대한민국': '부산'}
>>> print(city.popitem())
('대한민국', '부산')
>>> city
{}
>>> print(city.popitem())
Traceback (most recent call last):
  File "<stdin>", line 1, in <module>
KeyError: 'popitem(): dictionary is empty'
```

삭제할 항목이 하나도 없으므로 오류가 발생한다.

◆ 문장 del로 딕셔너리 항목 삭제

딕셔너리를 문장 del에 이어 키로 지정하면 해당 항목이 삭제된다.

```
>>> city = {'대한민국':'부산', '뉴질랜드':'웰링톤'}
>>> del city['뉴질랜드']
>>> city
{'대한민국': '부산'}
```

1.6 딕셔너리 항목 전체 삭제와 변수 제거

◆ 모든 항목을 제거하는 딕셔너리 메소드 clear()

딕셔너리 메소드 clear()는 기존의 모든 키:값 항목을 삭제한다.

```
>>> city = {'대한민국':'부산', '뉴질랜드':'웰링톤', '캐나다':'몬트리올'}
>>> city.clear()
>>> city
{}
```

◆ 문장 del로 딕셔너리 변수 자체 제거

딕셔너리를 문장 del에 이어 키로 지정하면 변수 자체가 메모리에서 제거된다. 따라서 제거 이후에는 변수를 참조할 수 없다.

```
>>> city = {'대한민국':'부산', '뉴질랜드':'웰링톤'}
>>> del city
>>> city
Traceback (most recent call last):
  File "<stdin>", line 1, in <module>:
NameError: name 'city' is not defined
```

◆ 일상 코딩: 사계절 단어의 한영 사전을 만들어 항목 순회

색상을 표현하는 영어 사전을 만들어 새로운 항목을 추가하고, 메소드 get(), pop(), popitem(), clear() 등을 사용해 조회를 하거나 항목을 삭제해 보자. 또한 문장 del로도 색상 항목을 1개 삭제하는 프로그램을 작성해 보자.

6-6 코딩 06-06colordict.py **색상 사전의 조회와 삭제** 난이도 기본

```python
color = dict(검은색='black', 흰색='white', 녹색='green', 파란색='blue')
print(color)

# 항목 조회
print(color.get('녹색'))
print(color.get('노란색'))
print()

# 항목 추가
color['노란색'] = 'yellow'
print(color)
print()

# 항목 삭제
c = '흰색'
print('삭제: %s %s' % (c, color.pop('흰색')))
print(color)
c = '빨간색'
print('삭제: %s %s' % (c, color.pop(c, '없어요')))

print('임의 삭제: {} '.format(color.popitem()))
print('임의 삭제 후: {} '.format(color))

c = '검은색'
```

```
del color[c]
print('{} 삭제 후: {}'.format(c, color))

# 모든 항목 삭제
color.clear()
print(color)
```

결과

```
{'검은색': 'black', '흰색': 'white', '녹색': 'green', '파란색': 'blue'}
green
None

{'검은색': 'black', '흰색': 'white', '녹색': 'green', '파란색': 'blue', '노란
색': 'yellow'}

삭제: 흰색 white
{'검은색': 'black', '녹색': 'green', '파란색': 'blue', '노란색': 'yellow'}
삭제: 빨간색 없어요
임의 삭제: ('노란색', 'yellow')
임의 삭제 후: {'검은색': 'black', '녹색': 'green', '파란색': 'blue'}
검은색 삭제 후: {'녹색': 'green', '파란색': 'blue'}
{}
```


1.7 딕셔너리 결합과 키의 멤버십 검사 연산자 in

◆ 딕셔너리를 결합하는 메소드 update()

딕셔너리의 메소드 update(다른 딕셔너리)는 인자인 다른 딕셔너리를 합병한다.

```
>>> kostock = {'Samsung Elec.': 40000, 'Daum KAKAO': 80000}
>>> usstock = {'MS': 150, 'Apple': 180}
>>> kostock.update(usstock)
>>> kostock
{'Samsung Elec.': 40000, 'Daum KAKAO': 80000, 'MS': 150, 'Apple': 180}
```

인자 딕셔너리에 원 딕셔너리와 동일한 키가 있다면 인자 딕셔너리의 값으로 대체된다.

```
>>> usstock.update({'MS': 200})
>>> usstock
{'MS': 200, 'Apple': 180}
```

◆ 문장 in으로 쉽게 검사

문장 in으로 딕셔너리에 키가 존재하는지 간단히 검사할 수 있다. 값의 존재 여부는 확인할 수 없으므로 값으로 조회하면 항상 False다.

```
>>> cp = {'한국':'서울', '중국':'북경', '독일':'베를린'}
>>> '한국' in cp
True
>>> 'USA' in cp
False
```

물론 not in도 가능하다.

```
>>> if '미국' not in cp:
...     cp['미국'] = '워싱턴'
...
>>> cp
{'한국': '서울', '중국': '북경', '독일': '베를린', '미국': '워싱턴'}
```

중간 점검

01 다음 출력값을 기술하시오.

①
```
cprice = {'에스프레소': 2500, '아메리카노': 2800, '카페라테': 3200}
print(cprice['에스프레소'])
print(cprice.get('카페라테'))
print(cprice.get('카푸치노'))
```

②
```
age = {'손흥수':25, '김연수':34, '김훈엽':45}
age['손흥수'] = 26
age['엄성희'] = 28
print(len(age))
```

02 다음 딕셔너리를 만드는 코드에서 오류를 수정하시오.

①
```
dct = {('가위', 'scissor'), ('바위', 'rock'), ('보', 'paper')}
print(dct)
```

②
```
dct = dict('가위'='scissor', '바위'='rock', '보'='paper')
print(dct)
```

정답

01 ① 2500
3200
None
② 4

02 ① dct = {'가위': 'scissor', '바위': 'rock', '보': 'paper'}
② dct = dict(가위='scissor', 바위='rock', 보='paper')

Section

02 중복과 순서가 없는 집합

Python

2.1 수학에서 배운 집합을 처리하는 자료형

◆ 원소는 유일하고 순서는 의미 없는 집합

파이썬의 집합은 중학교에서 배운 수학의 집합을 생각하면 이해하기 쉽다. 혹시 기억나지 않는다면 지금 배우면 된다. 집합은 중복되는 요소가 없으며, 순서도 없는 원소의 모임(collections)이다. 다음은 집합A, B의 관계를 이해하기 쉽도록 표현한 벤 다이어그램이다.

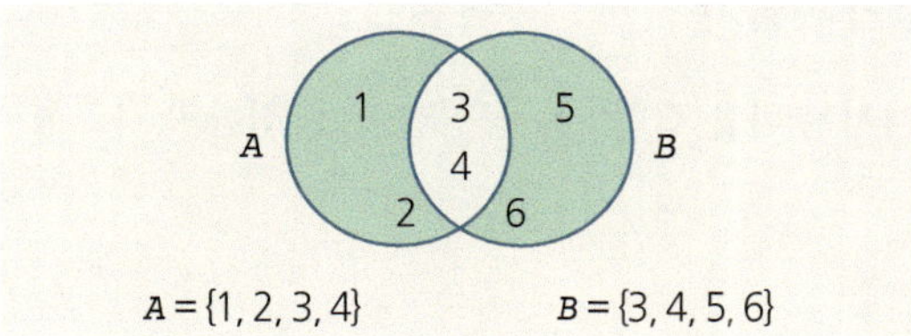

▲ **그림1** 수학의 집합과 벤 다이어그램

파이썬에서 집합은 수학과 같이 원소를 콤마로 구분하며 중괄호로 둘러싸 표현한다.

```
{ 원소 1, 원소 2, … 원소 n }
```

- 원소는 불변 값으로 중복될 수 없으며 서로 다른(unique) 값이어야 한다.
- 즉, 원소는 중복을 허용하지 않으며 원소의 순서는 의미가 없다.

```
s1 = {1, 2, 3, 4, 5}
s2 = {'py', 'java', 'go'}
s3 = {(1, 1), (2, 4), (3, 9)}
```

▲ **그림2** 집합 구문과 집합 문장

집합의 원소는 정수, 실수, 문자열, 튜플 등 수정 불가능한 것이어야 하며, 리스트나 딕셔너리처럼 가변적인 것은 허용되지 않는다. 집합의 원소는 중복을 허용하지 않으므로 멤버십 검사와 중복 제거에 주로 사용될 수 있다.

2.2 내장 함수 set()을 활용한 집합 생성

◆ 집합을 만드는 내장 함수 set()

집합은 내장 함수 set()으로도 생성할 수 있다.

```
set(원소로 구성된 리스트_or_튜플_or_문자열)
```

- 인자가 없으면 빈 집합인 공집합이 생성된다.
- 인자가 있으면 하나이며, 리스트와 튜플, 문자열 등이 올 수 있다.

함수 set()에서 인자는 리스트와 튜플, 문자열처럼 반복적(iterable)이면 가능하다. 그러나 리스트나 튜플의 항목은 변할 수 없는 것이어야 하며, 항목이 리스트나 딕셔너리처럼 가변적인 것은 허용되지 않는다.

◆ 함수 set() 호출로 공집합 만들기

내장 함수 set()으로 만들어지는 다음 집합 a는 공집합이며, 집합의 자료형 이름은 클래스 set이다.

```
>>> s = set()
>>> type(s)
<class 'set'>
```

공집합을 출력해 보면 set()인 것을 알 수 있다.

```
>>> s
set()
```

빈 리스트와 튜플이 각각 [], ()이며, 빈 딕셔너리는 {}이다. 수학의 {}은 공집합이지만 파이썬의 {}은 빈 딕셔너리다. 파이썬에서는 set()으로 공집합을 만든다.

```
d = {}
>>> type(d)
<class 'dict'>
```

◆ 리스트나 튜플을 인자로 사용하는 함수 set()

함수 set()에서는 인자로 리스트 또는 튜플 자체를 사용할 수 있으며, 결과는 시퀀스 항목에서 중복을 제거한 원소로 구성된다. 생성된 집합은 수학에서 배운 것과 같이 중괄호 안에 원소가 콤마로 구분돼 {1, 2, 3}으로 표시된다.

```
>>> set([1, 2, 3])
{1, 2, 3}
>>> set((1, 2, 2))
{1, 2}
>>> set(['a', 'b']) # 'a', 'b'가 원소로 구성되는 집합
{'b', 'a'}
```

인자인 리스트나 튜플의 항목으로 구성되는 집합을 생성한다.

인자의 튜플 항목은 3개였지만 중복을 제거해 2개가 됐다.

순서는 의미가 없다.

◆ 문자열을 인자로 사용하는 함수 set()

함수 set()의 인자로 문자열이 사용되면 각각의 문자가 원소인 집합이 생성된다. 단, 집합이므로 순서는 의미가 없다.

```
>>> set('abc')
{'c', 'b', 'a'}
```

◆ 수정 가능한 리스트와 딕셔너리는 집합의 원소로 사용 불가

함수 set()의 인자에서 리스트나 튜플의 항목으로 수정될 수 있는 리스트나 딕셔너리는 허용되지 않으며, 다음과 같이 TypeError가 발생하므로 주의하자.

```
>>> set([1, [2, 3]]) # 오류
Traceback (most recent call last):
  File "<stdin>", line 1, in <module>
TypeError: unhashable type: 'list'
```

집합의 원소로 리스트는 불가능하다.

'해시가 불가능한(unhashable)'은 쉽게 표현해 '가변적'이라는 것이다.

2.3 중괄호로 직접 원소를 나열해 집합 생성

◆ {원소 1, 원소 2, …}로 생성

집합을 생성하는 다른 방법은 중괄호 {} 안에 직접 원소를 콤마로 구분해 나열하는 방법이다. 집합의 원소는 문자, 문자열, 숫자, 튜플 등과 같이 변할 수 없는 것이어야 한다.

```
>>> {1, 2, 3}
{1, 2, 3}
>>> {1, 'seoul', 'a', (1.2, 3.4)}
{1, (1.2, 3.4), 'seoul', 'a'}
```

문자열, 숫자, 튜플 등과 같이 불변하는 객체는 원소로 사용할 수 있다.

◆ {원소 1, 원소 2, …}에서 리스트나 딕셔너리는 원소로 사용 불가

리스트나 딕셔너리와 같이 가변적인 것은 원소로 사용할 수 없다.

```
>>> {['a', 'b']} # 오류
Traceback (most recent call last):
  File "<stdin>", line 1, in <module>
TypeError: unhashable type: 'list'
>>> {{1:'a', 2:'b'}} # 오류
Traceback (most recent call last):
  File "<stdin>", line 1, in <module>
TypeError: unhashable type: 'dict'
```

> 가변적인 리스트나 딕셔너리는 원소로 사용할 수 없다.

◆ 일상 코딩: 한 글자 단어로 구성된 집합 만들기

원소가 한 글자 단어로 구성된 집합을 만들어 출력해 보자. 함수 set()을 이용하면 리스트나 튜플 항목이 원소가 되는 집합이 생성된다. 직접 중괄호 {원소, …}에 원소를 삽입해 만들어 보자. 이 경우, 리스트나 딕셔너리는 원소로 삽입될 수 없다는 점에도 주의하자.

6-7 코딩 06-07onecharset.py **한 글자 단어의 집합 만들기** 난이도 기본

```
1   planets = set('해달별')
2   fruits = set(['감', '귤'])
3   nuts = {'밤', '잣'}
4   things = {('밤', '잣'), ('감', '귤'), '해달'}
5   # things = {['밤', '잣'], ('감', '귤'), '해달'} # 오류 발생
6
7   print(planets)
8   print(fruits)
9   print(nuts)
10  print(things)
```

주의 5번 줄의 ['밤', '잣']과 같은 리스트는 원소로 사용할 수 없다.

결과

```
{'해', '별', '달'}
{'귤', '감'}
{'잣', '밤'}
{'해달', ('감', '귤'), ('밤', '잣')}
```

2.4 집합의 원소 추가와 삭제

◆ 집합 메소드 add(원소)로 추가

이미 만들어진 집합에 원소를 추가해 보자. 원소의 추가는 메소드 add(원소)를 사용한다.

```
>>> odd = {1, 3, 5}
>>> odd.add(7)
>>> odd.add(9)
>>> print(odd)
{1, 3, 5, 7, 9}
```

◆ 집합 메소드 remove(원소)와 discard(원소), pop()으로 항목 삭제

원소의 삭제는 메소드 remove(원소)를 사용한다. 메소드 remove(원소) 호출에서 삭제하려는 원소가 없으면 KeyError가 발생하므로 주의하자.

```
>>> odd = {1, 3, 5}
>>> odd.remove(3)
>>> print(odd)
{1, 5}
>>> odd.remove(9)
Traceback (most recent call last):
  File "<stdin>", line 1, in <module>
KeyError: 9
```

메소드 discard(원소)로도 원소를 삭제할 수 있으며, 원소가 없어도 오류가 발생하지 않는다.

```
>>> odd = {1, 3, 5}
>>> odd.discard(3)
>>> print(odd)
{1, 5}
>>> odd.discard(9)
```

임의의 원소를 삭제하려면 pop()을 사용해야 한다.

```
>>> odd = {1, 3, 5}
>>> print(odd.pop())
1
>>> print(odd)
{3, 5}
```

메소드 clear()로 집합의 모든 원소 삭제

집합의 모든 원소를 삭제하려면 메소드 clear()를 사용해야 한다.

```
>>> odd = {1, 3, 5}
>>> odd.clear()
>>> print(odd)
set()
```

일상 코딩: 로또 번호를 집합을 이용해 생성

로또 복권처럼 1에서 45까지 6개 번호를 만드는 프로그램을 작성해 보자. 6개 번호는 두 가지 방법으로 생성한다. 첫 번째는 모듈 random의 randrange() 함수로 난수를 만들어 집합에 추가한다. 집합의 원소 수가 6개가 되도록 한다. 집합이기 때문에 같은 수를 넣더라도 추가되지 않는다. 두 번째는 모듈 random의 sample() 함수를 사용한다. 내장 함수 sorted()를 사용하면 집합이나 리스트 모두 정렬된 리스트를 반환한다.

모듈 random의 randrange(start, stop) 함수는 start에서 stop−1까지의 정수 중에서 임의의 한 정수를 반환하다. 따라서 randrange(1, 3)은 1, 2 중 하나가 난수로 생성된다.

```
>>> from random import randrange
>>> randrange(1, 3)
1
>>> randrange(1, 3)
2
```

1에서 3보다 작은 정수인 2까지의 난수가 발생한다. 딕셔너리는 원소로 허용되지 않는다.

모듈 random의 sample() 함수를 이용하면 로또와 같이 6개의 서로 다른 난수를 쉽게 얻을 수 있다. 함수 sample(시퀀스, n) 호출은 시퀀스 항목 중에서 서로 다른 n개의 항목을 선택해 리스트로 반환한다. 다음 코드와 같이 시퀀스가 문자열이면 문자열에서 문자 3개를 선택해 리스트로 반환한다.

```
>>> from random import sample
>>> sample('python', 3)
['o', 'n', 'y']
>>> sample('python', 3)
['h', 'y', 't']
```

'python'에서 문자 3개를 선택해 리스트로 반환한다.

다음은 1에서 45까지 6개 번호를 만드는 프로그램이다.

6-8 코딩 06-08lottoset.py | **로또 번호를 randrange()와 sample() 함수로 생성** | 난이도 응용

```
1  from random import randrange
2  from random import sample
3
4  # randrange() 함수와 집합을 이용, 중복 제거
5  mylotto = set()
6  while True:
7      num = randrange(1, 46)
8      print(num, end=' ')
9      mylotto.add(num)
10     if len(mylotto) == 6:
11         break
12 print()
13 print('집합: {}'.format(mylotto))
14 print('정렬 리스트: {}'.format(sorted(mylotto)))
15 print()
16
17 # sample() 함수를 이용하면 매우 간편
18 lotto = sample(range(1, 46), 6)
19 print('sample 함수 리스트: {}'.format(lotto))
20 print('sample 함수 정렬 리스트: {}'.format(sorted(lotto)))
```

주의 1~2번 줄은 모듈 random에서 함수 ranrange()와 sample()을 사용하기 위한 문장이다.

결과

```
14 29 30 15 10 14 43
집합: {10, 43, 14, 15, 29, 30}
정렬 리스트: [10, 14, 15, 29, 30, 43]

sample 함수 리스트: [1, 34, 39, 17, 29, 27]
sample 함수 정렬 리스트: [1, 17, 27, 29, 34, 39]
```

이미 발생된 난수이므로 다시 1개를 더 만들어 집합에 삽입한다.

2.5 집합의 주요 연산인 합집합, 교집합, 차집합, 여집합

◆ 집합 연산과 벤 다이어그램

중학교 때 배웠던 합집합, 교집합, 차집합, 여집합 등을 쉽게 구할 수 있다. 중학생 시절에 배운 벤 다이어그램을 생각하면 집합을 훨씬 쉽게 이해할 수 있다.

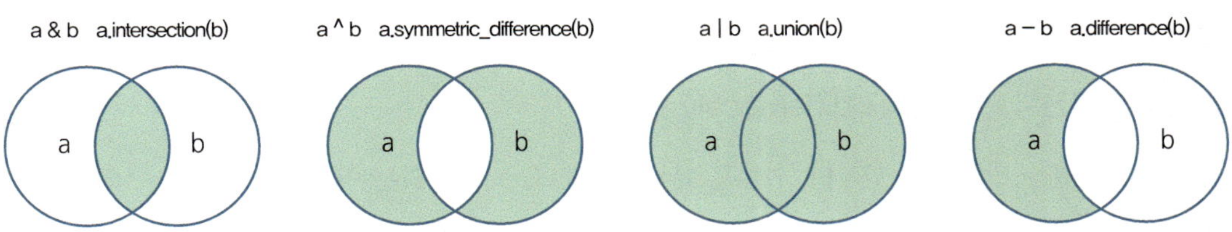

▲ **그림3** 집합의 벤 다이어그램

◆ 합집합 연산자 |와 메소드 union(), update()

먼저 양쪽 모든 원소를 합하는 합집합은 연산자 |와 메소드 union()을 사용한다. 메소드 union()은 합집합을 반환하며 a 자체가 수정되지 않는다.

```
>>> a = {4, 6, 8, 10, 12} # 4에서 12까지의 짝수
>>> b = {3, 6, 9, 12} # 3에서 12까지의 3의 배수
>>> a | b
{3, 4, 6, 8, 9, 10, 12}
>>> a.union(b)
{3, 4, 6, 8, 9, 10, 12}
>>> a
{4, 6, 8, 10, 12}
```

메소드 a.update(b)도 합집합과 같은 효과가 있으며, a와 b의 합집합 결과가 호출하는 집합 a에 반영돼 수정되는 차이점이 있다.

```
>>> a.update(b)
>>> a
{3, 4, 6, 8, 9, 10, 12}
```

◆ 교집합 연산자 &와 메소드 intersection()

양쪽 모든 집합에 속하는 원소로 구성되는 교집합은 연산자 &와 메소드 intersection()을 사용한다.

```
>>> a = {4, 6, 8, 10, 12} # 4에서 12까지의 짝수
>>> b = {3, 6, 9, 12} # 3에서 12까지의 3의 배수
>>> a & b
{12, 6}
>>> a.intersection(b)
{12, 6}
```

메소드 a.intersection(b)는 집합 a, b 모두에 영향을 미치지 않는다. 그러나 메소드 a.intersection_update(b)는 a를 교집합으로 수정한다.

```
>>> a.intersection_update(b)
>>> a
{12, 6}
```

◆ 차집합 연산자 –와 메소드 difference()

피연산자인 왼쪽 집합에는 있지만 오른쪽에는 없는 원소로 구성되는 차집합은 연산자 –와 메소드

difference()를 사용한다. 피연산자의 순서에 따라 결과가 달라지므로 교환 법칙은 성립하지 않는다. 4개의 집합 연산 중 차집합만 교환 법칙이 성립하지 않는다.

```
>>> a = {4, 6, 8, 10, 12} # 4에서 12까지의 짝수
>>> b = {3, 6, 9, 12} # 3에서 12까지의 3의 배수
>>> a - b
{8, 10, 4}
>>> a.difference(b)
{8, 10, 4}
>>> b - a
{9, 3}
```

◆ 여집합 연산자 ^와 메소드 symmetric_difference()

한쪽 집합에는 소속되지만 교집합이 아닌 원소로 구성되는 여집합은 대칭 차집합이라고도 부르며, 연산자 ^와 메소드 symmetric_difference()를 사용한다.

```
>>> a ^ b
{3, 4, 8, 9, 10}
>>> a.symmetric_difference(b)
{3, 4, 8, 9, 10}
```

◆ 집합 연산의 축약 대입 연산자 |=, &=, −=, ^=와 메소드 intersection_update() 등

산술 연산의 +=과 *=처럼 위에서 알아본 집합 연산 네 가지에도 축약 대입 연산자 |=, &=, −=, ^=을 제공한다.

다음은 합집합의 연산자 |=으로 합집합의 결과가 왼쪽 피연산자에 대입된다. 따라서 메소드 update()의 결과와 같다.

```
>>> A = set('abcd'); B = set('cde')
>>> A |= B # A = A | B, A.update(B)
>>> A
{'b', 'a', 'c', 'e', 'd'}
```

다음은 교집합의 연산자 &=으로 교집합의 결과가 왼쪽 피연산자에 대입된다.

```
>>> A = set('abcd'); B = set('cde')
>>> A &= B # A = A & B, A.intersection_update(B)
>>> A
{'c', 'd'}
```

또한 위와 결과가 같은 집합의 메소드 intersection_update()도 제공한다.

```
>>> A = set('abcd'); B = set('cde')
>>> A.intersection_update(B) # A = A & B, A &= B
>>> A
{'c', 'd'}
```

다음은 차집합의 연산자 -=에 대한 코드이며, 메소드 difference_update()도 제공한다.

```
>>> A = set('abcd'); B = set('cde')
>>> A -= B # A = A - B, A.difference_update(B)
>>> A
{'b', 'a'}
```

다음은 여집합의 연산자 ^=에 대한 코드이며, 메소드 symmetric_difference_update()도 제공한다.

```
>>> A = set('abcd'); B = set('cde')
>>> A ^= B # A = A ^ B, A.symmetric_difference_update(B)
>>> A
{'b', 'a', 'e'}
```

◆ 일상 코딩: 요일로 구성된 집합의 연산

다양한 방법으로 요일로 구성된 집합을 만들자. 합집합과 교집합, 차집합 등을 사용해 모든 요일과 주말 등을 만든 후 출력해 보자.

6-9 코딩	06-09daysetop.py	요일 문자열 원소로 구성된 집합 연산 수행	난이도 응용

```
1   daysA = {'월', '화', '수', '목'}
2   daysB = set(['수', '목', '금', '토', '일'])
3   weekends = set(('토', '일'))
4
5   alldays = daysA | daysB
6   print(alldays)
7
8   workdays = alldays - weekends
9   print(workdays)
10
11  print(daysA & daysB)
12  print(daysA.symmetric_difference(daysB))
```

주의 1~3번 줄에서와 같이 중괄호 {…}와 원소를 사용할 때와 함수 set()을 이용할 때의 구문을 이해하자.

결과

```
{'일', '토', '목', '월', '화', '금', '수'}
{'목', '월', '화', '금', '수'}
{'수', '목'}
{'월', '일', '금', '화', '토'}
```

2.6 함수 len()과 소속 연산 in

◆ 집합 원소 수 함수 len()

함수 len()으로 집합에 들어 있는 원소의 개수를 확인할 수 있다.

```
>>> p1 = {'fortran', 'basic', 'cobol', 'c'}
>>> p2 = {'python', 'kotlin'}
>>> len(p1)
4
>>> len(p2)
2
```

◆ 멤버십 연산자 in

소속 연산자 in은 집합에서 유용하게 사용될 수 있다. 특정 원소가 집합에 있는지 확인하기 위해 in을 사용한다.

```
>>> 'fortran' in p1
True
>>> 'fortran' in p2
False
>>> 'python' not in p1
True
```

중간 점검

03 다음 출력값을 기술하시오.

①
```
s = set('ascii')
print(len(s))
s.add('a')
print(len(s))
```

②
```
t = set([11, 13, 17])
t.discard(11)
t.remove(17)
print(len(t))
```

04 다음 코드의 결괏값을 쓰시오.

```
a = {1, 3, 5}
b = {3, 5, 10}
a.update(b)
print(a)
c = a.difference({1, 10})
print(a)
print(c)
```

정답 03 ① 4 4 ② 1　04 {1, 3, 5, 10} {1, 3, 5, 10} {3, 5}

Section 03

내장 함수 zip()과 enumerate(), 시퀀스 간의 변환

Python

3.1 내장 함수 zip()

◆ 리스트나 튜플 항목으로 조합된 항목을 생성하는 내장 함수 zip()

내장 함수 zip()을 이용하면 몇 개의 리스트나 튜플의 항목으로 조합된 튜플을 만들 수 있다. zip()은 동일한 수로 이뤄진 여러 개의 튜플 항목 시퀀스를 각각의 리스트로 묶어 주는 역할을 하는 함수다.

함수 zip()의 결과는 자료형 zip이다. 자료형 zip은 간단히 리스트나 튜플로 변환할 수 있다. 다음 a는 네트워크 서버의 서비스 명칭으로 구성된 리스트다. b는 각각의 서비스 기본 포트 번호다.

```
>>> a = ['FTP', 'telnet', 'SMTP', 'DNS']
>>> b = (20, 23, 25, 53)
>>> z = zip(a, b)
>>> type(z)
<class 'zip'>
```

zip()의 결과를 내장 함수 list()의 인자로 사용하면 항목이 튜플인 리스트가 생성된다.

```
>>> list(zip(a, b))
[('FTP', 20), ('telnet', 23), ('SMTP', 25), ('DNS', 53)]
```

이와 마찬가지로 zip()을 tuple()의 인자로 사용하면 항목이 튜플인 튜플이 생성된다.

```
>>> tuple(zip(a, b))
(('FTP', 20), ('telnet', 23), ('SMTP', 25), ('DNS', 53))
```

zip()에서 인자의 수는 2개 이상 올 수 있다. 다음 zip()의 인자는 3개이므로 항목이 3개인 튜플이 구성된다.

```
>>> list(zip('ABCD', a, b))
[('A', 'FTP', 20), ('B', 'telnet', 23), ('C', 'SMTP', 25), ('D', 'DNS', 53)]
```

zip()의 인자들의 길이가 같지 않더라도 짧은 쪽의 인자에 맞는 리스트를 구성하고 긴 것은 무시한다.

```
>>> tuple(zip('abcd', 'XY'))
(('a', 'X'), ('b', 'Y'))
```

◆ 2개의 리스트나 튜플로 키-값 항목인 딕셔너리를 생성하는 내장 함수 zip()

내장 함수 zip()을 이용하면, 기존 리스트나 튜플의 조합으로 딕셔너리를 간단히 만들 수 있다.

```
>>> a = ['FTP', 'telnet', 'SMTP', 'DNS']
>>> b = (20, 23, 25, 53)
```

내장 함수 dict()에서 zip()의 인자 2개를 사용하면, 앞은 키, 뒤는 값의 조합이 구성돼 딕셔너리가 생성된다.

```
>>> dict(zip(a, b))
{'FTP': 20, 'telnet': 23, 'SMTP': 25, 'DNS': 53}
>>> dict(zip('ABCD', a))
{'A': 'FTP', 'B': 'telnet', 'C': 'SMTP', 'D': 'DNS'}
```

함수 zip() 인자들의 길이가 같지 않더라도 짧은 쪽의 인자에 맞는 키:값의 항목을 구성하고 다른 쪽의 더 긴 부분은 무시한다.

```
>>> dict(zip('abcd', 'XY'))
{'a': 'X', 'b': 'Y'}
```

딕셔너리는 키:값의 항목이므로 zip(키, 값)처럼 인자가 2개여야 한다. 2개가 아니면 다음처럼 오류가 발생한다.

```
>>> dict(zip(a, b, b))
Traceback (most recent call last):
  File "<stdin>", line 1, in <module>
ValueError: dictionary update sequence element # 0 has length 3; 2 is required
```

3.2 내장 함수 enumerate()

◆ 첨자를 자동으로 만들어 첨자와 값과의 쌍인 튜플을 만들어 주는 내장 함수 enumerate()

내장 함수 enumerate(시퀀스)는 0부터 시작하는 첨자와 항목 값의 튜플 리스트를 생성한다.

```
>>> lst = [10, 20, 30]
>>> list(enumerate(lst))
[(0, 10), (1, 20), (2, 30)]
```

0부터 시작하는 첨자가 자동으로 삽입된 튜플 항목이 생성된다.

키워드 인자 start를 사용해 enumerate(시퀀스, start = 1)로 호출하면 시작 첨자를 1로 지정할 수 있다. 키워드 start는 생략할 수 있다.

```
>>> list(enumerate([10, 20, 30], start = 1))
[(1, 10), (2, 20), (3, 30)]
```

첨자가 1부터 시작되도록 지정할 수 있다.

다음과 같이 문자열 리스트를 사용할 수 있다.

```
>>> lst = 'python'
>>> list(enumerate(lst))
[(0, 'p'), (1, 'y'), (2, 't'), (3, 'h'), (4, 'o'), (5, 'n')]
```

◆ 반복에서 사용하는 내장 함수 enumerate()

함수 enumerate(시퀀스)는 for 반복의 시퀀스에 사용하는 것이 좋다. 다음과 같이 변수 tp로 지정하면 tp[0]는 첨자, tp[1]은 값이 된다. 물론 format() 메소드에서 *tp로 지정하면 자동으로 나뉘어 앞부분의 {}에는 첨자, 뒤의 {}에는 값이 출력된다.

```
>>> subj = ['국어', '영어', '수학']
>>> for tp in enumerate(subj):
...     print('lst[{}]: {}'.format(tp[0], tp[1]))
...     print('lst[{}]: {}'.format(*tp))
...
lst[0]: 국어
lst[0]: 국어
lst[1]: 영어
lst[1]: 영어
lst[2]: 수학
lst[2]: 수학
```

앞부분의 {}에는 첨자인 tp[0]가 뒷부분의 {}에는 값인 tp[1]이 출력된다.

다음처럼 2개의 변수 i, name으로 지정하면 i에는 첨자, name에는 값이 저장된다.

```
>>> subj = ['국어', '영어', '수학']
>>> for i, name in enumerate(subj):
...     print('lst[{}]: {}'.format(i, name))
...
lst[0]: 국어
```

```
lst[1]: 영어
lst[2]: 수학
```

3.3 시퀀스 간의 변환

◆ 튜플과 시퀀스 간의 변환

내장 함수 list()와 tuple(), set(), dict() 등을 사용하면 문자열을 비롯한 시퀀스를 간편하게 변환할 수 있다. 다음은 list(튜플) 함수를 사용해 튜플을 리스트로 변환하는 예다.

```
>>> space = '밤', '낮', '해', '달'
>>> print(space)
('밤', '낮', '해', '달')
>>> print(list(space))
['밤', '낮', '해', '달']
```

다음은 tuple(리스트) 함수를 사용해 리스트를 튜플로 변환하는 예다.

```
>>> singer = ['BTS', '볼빨간사춘기', 'BTS', '블랙핑크']
>>> print(singer)
['BTS', '볼빨간사춘기', 'BTS', '블랙핑크']
>>> print(tuple(singer))
('BTS', '볼빨간사춘기', 'BTS', '블랙핑크')
```

튜플로 변환된 것이 반환돼 출력된다.

◆ 리스트와 집합 간의 변환

다음은 set(리스트) 함수를 사용해 리스트를 집합으로 변환하는 코드다. 리스트에서 중복된 항목인 BTS는 집합으로 변환되면서 1개만 원소로 삽입되는 것을 알 수 있다. 순서도 무의미해진다.

```
>>> singer = ['BTS', '볼빨간사춘기', 'BTS', '블랙핑크']
>>> print(singer)
['BTS', '볼빨간사춘기', 'BTS', '블랙핑크']
>>> print(set(singer))
{'블랙핑크', 'BTS', '볼빨간사춘기'}
```

◆ 딕셔너리를 다른 시퀀스로 변환하면 항목이 키로만 구성

딕셔너리를 list(딕셔너리) 함수로 변환하면 항목이 키로만 구성된 리스트가 반환된다.

```
>>> game = dict(일월='소나무', 이월='매화', 삼월='벚꽃', 사월='등나무')
>>> lgame = list(game)
>>> print(lgame)
['일월', '이월', '삼월', '사월']
```

이와 마찬가지로 딕셔너리를 tuple(딕셔너리) 함수로 튜플로 변환하면 항목이 키로만 구성된 튜플이 반환된다.

```
>>> print(tuple(game))
('일월', '이월', '삼월', '사월')
```

집합도 마찬가지다. 물론 순서는 의미가 없다.

```
>>> print(set(game))
{'삼월', '이월', '사월', '일월'}
```

Tips 좀 더 알아봅시다!

시퀀스와 딕셔너리 간의 변환

딕셔너리를 생성하는 함수 dict()에 리스트나 튜플과 함수 enumerate()를 사용하면 첨자와 항목이 쌍으로 구성되는 딕셔너리를 만들 수 있다.

```
>>> space = '밤', '낮', '해', '달'
>>> print(space)
('밤', '낮', '해', '달')
>>> print(dict(enumerate(space)))
{0: '밤', 1: '낮', 2: '해', 3: '달'}
```

다음과 같이 리스트의 내부가 키와 값의 쌍인 항목이 아닌 단순한 나열이면 오류가 발생한다.

```
>>> print(dict(space))
Traceback (most recent call last):
  File "<stdin>", line 1, in <module>
ValueError: dictionary update sequence element # 0 has length 1; 2 is required
```

함수 dict()에서 키와 값을 키워드 인자로 사용할 수 있는데, a=10처럼 키워드 인자를 사용하면 쉽게 키와 값 'a':10으로 항목이 구성된 딕셔너리가 생성된다.

```
>>> dict(a=10, b=20)
{'a': 10, 'b': 20}
>>> dict(jan=1, feb=2, mar=3)
{'jan': 1, 'feb': 2, 'mar': 3}
```

키워드 인자도 가능하며, 이 경우 키는 숫자가 될 수 없다.

키는 'mar'가 되며, 값은 3이 된다.

두 문자로 구성된 문자열의 리스트나 튜플은 함수 dict()로 각각의 한 문자가 키와 값으로 구성된 딕셔너리가 된다.

```
>>> a = ('12', '56', '89')
>>> dict(a)
{'1': '2', '5': '6', '8': '9'}
>>> b = ['ab', 'cd', 'ef']
>>> dict(b)
{'a': 'b', 'c': 'd', 'e': 'f'}
```

그러나 문자가 3개 이상이면 ValueError가 발생한다.

```
>>> dict(['abc']) # 오류 발생
Traceback (most recent call last):
  File "<stdin>", line 1, in <module>
ValueError: dictionary update sequence element # 0 has length 3; 2 is required
```

딕셔너리를 리스트나 튜플 또는 집합으로 만들면 키로만 구성되는 시퀀스가 생성된다.

```
>>> dict(['1A', '5B', '8C'])
{'1': 'A', '5': 'B', '8': 'C'}
>>> list(dict(['1A', '5B', '8C']))
['1', '5', '8']
```

키로만 구성된 리스트가 생성된다.

◆ 일상 코딩: 구기 종목의 팀원 수를 딕셔너리로 만들기

다음 2개의 리스트를 갖고 함수 zip()을 사용해 리스트의 구기 종목에 대응하는 팀원 수를 적절히 출력해 보자. 또한 함수 dict()와 zip()을 사용해 '축구': 11처럼 종목이 키, 팀원 수가 값인 항목으로 구성되는 딕셔너리를 생성하는 프로그램을 작성해 보자.

```
sports = ['축구', '야구', '농구', '배구']
num = [11, 9, 5, 6]
```

6-10 코딩 | 06-10teamnumdict.py | 구기 종목과 팀원 수의 리스트에서 딕셔너리 구성 | 난이도 응용

```
# 구기 종목 리스트
sports = ['축구', '야구', '농구', '배구']
# 위 종목에 대응하는 팀원 수를 항목으로 구성
num = [11, 9, 5, 6]
print(sports)
print(num)
```

```
    print()

    print('함수 zip():')
    for s, i in zip(sports, num):
        print('%s: %d명' % (s, i), end = ' ')
    print()
    for tp in zip(sports, num):
        print('{}: {}명'.format(*tp), end = ' ')
    print(); print()

    # dict()와 zip() 함수로 종목의 이름을 키, 인원수를 값으로 저장
    print('함수 dict(zip()):')
    sportsnum = dict(zip(sports, num))
    print(sportsnum)
```

결과

```
['축구', '야구', '농구', '배구']
[11, 9, 5, 6]

함수 zip():
축구: 11명 야구: 9명 농구: 5명 배구: 6명
축구: 11명 야구: 9명 농구: 5명 배구: 6명

함수 dict(zip()):
{'축구': 11, '야구': 9, '농구': 5, '배구': 6}
```

중간 점검

05 다음 출력값을 기술하시오.

① `list(zip([1, 2], 'AB'))`
`tuple(zip(('python', 'java'), '12'))`

② `dict(zip('AB', '12'))`
`dict(zip([1991, 1995], ('python', 'java')))`

06 다음 코드의 오류를 수정하시오.

```
sports = ['축구', '야구', '농구', '배구']
for sport in enumerate(sports):
    print('lst[{}]: {}'.format(sport))
```

정답

05 ① `[(1, 'A'), (2, 'B')]`
`(('python', '1'), ('java', '2'))`

② `{'A': '1', 'B': '2'}`
`{1991: 'python', 1995: 'java'}`

06
```
sports = ['축구', '야구', '농구', '배구']
for sport in enumerate(sports):
    print('lst[{}]: {}'.format(*sport))
```

프로젝트 Lab 1 06-pl01-rspgame.py | 철수와 영희의 가위바위보 게임 | 난이도 실전

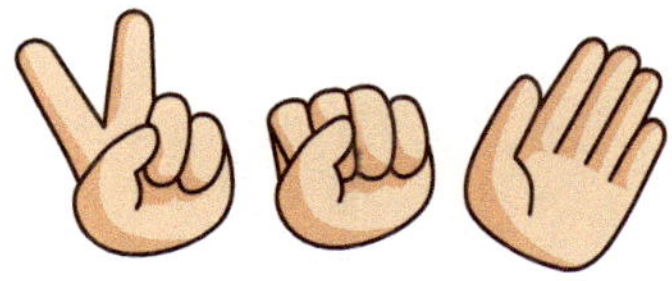

딕셔너리와 리스트 튜플 등을 활용해 철수와 영희의 가위바위보 게임을 구현해 보자. 철수와 영희에게 난수를 사용해 가위바위보 중 하나를 선정해 승부를 판정한다. 게임은 10회 연속하며 각각의 승부 내용을 출력한다.
구현하려는 가위바위보 게임에서 매우 유용한 구조가 딕셔너리다. 다음 딕셔너리 dcs는 가위바위보 게임의 승부를 결정(decision)하는 주요 구조로, 키:값의 쌍을 '가위': '보오'처럼 키(key)로 이기는 패와 값(value)으로 지는 패를 선택한다. 그러므로 항목은 3개가 나온다. 다만 한글 형식화 출력에 정렬 문제가 있어 보를 두 글자인 '보오'로 표현하자.

```
dcs = {'가위':'보오', '바위':'가위', '보오':'바위'}
```

바위는 가위를 이기므로 '바위':'가위'로 기술한다. 다른 항목도 마찬가지다.

두 게임 참여자의 승부를 결정하는 데 있어 위 딕셔너리는 매우 효과적이다. 철수와 영희가 서로 다른 것을 내고 철수가 낸 것을 키로 검색해 'dcs[철수 낸 것] == 영희 낸 것'이라면 철수가 승자가 된다. 이와 반대로 조건이 아니면 영희가 승리한 것으로 판정하면 된다. 매우 간단하지만 처음에는 익숙하지 않을 수 있다.
또한 모듈 random의 함수 choice()는 임의로 여러 가지 중 하나를 선택하는 데 활용되는 함수다. 다음과 같이 튜플이나 리스트인 rsp를 인자로 choice(rsp)를 호출하면 임의로 '가위', '바위', '보오' 중의 하나를 선택해 반환한다.

```
rsp = ('가위', '바위', '보오')
# 철수 결정
cs = choice(rsp)
# 영희 결정
yh = choice(rsp)
```

문제 이해(Understanding)

가위바위보 게임은 누구나 아는 게임이다. 이 프로그램의 관건은 두 참여자의 선택이고 이 선택에 의한 승부 판정이다. 위에서 설명한 딕셔너리 dcs와 모듈 random의 choice()를 잘 이해하고 구현하도록 한다.

설계(Design)

알고리즘(Algorithm)

① 중요한 자료를 딕셔너리와 리스트, 튜플로 정의한다.
- 승부를 결정하는 딕셔너리 dcs
- 영희와 철수 등 주요 출력 단어로 구성된 리스트 tit
- 가위바위보가 저장된 튜플 rsp

② 제목을 출력한다.

③ 반복 for문으로 10회의 반복을 실행한다.
- 영희와 철수에게 가위바위보 중 하나를 함수 choice(rsp)로 결정해 출력
- 승패와 비김을 판단해 출력

표준 입출력 예

```
******************
철수    영희    승자
******************
바위    보오    영희
가위    바위    영희
...
```

구현(implementation)

```python
from random import choice
# 한글의 format 출력 문제로 '보'를 '보오'로
dcs = {'가위':'보오', '바위':'가위', '보오':'바위'}
# 출력에 필요한 단어를 구성해 리스트로 생성
tit = ['비김', '철수', '영희', '승자']
# rock scissors paper
rsp = ('가위', '바위', '보오')
# 제목출력
print('*'*17)
print('{:4} {:4} {:4}'.format(tit[1], tit[2], tit[3]))
print('*'*17)

for _ in range(10):
    # 철수의 결정
    cs = choice(rsp)
    # 영희 결정
    yh = choice(rsp)

    # 철수와 영희의 결정 출력
    print('{:4} {:4}'.format(cs, yh), end = ' ')

    # 비기는 조건
    if cs == yh:
        index = 0 # 비김 출력
    # 철수가 이기는 조건
    elif dcs[cs] == yh:
        index = 1  # 철수 출력
    # 영희가 이기는 조건
    else:
        index = 2  # 영희 출력
    # 게임 결과 출력
    print('{:4}'.format(tit[index]))
```

테스트와 실행 결과(Testing & Simulation)

```
*****************
철수   영희   승자
*****************
보오   보오   비김
바위   바위   비김
보오   가위   영희
(… 중간생략)
바위   가위   철수
```

공유(Share)

자신만의 프로그램을 작성해 위 프로그램과 친구의 코드를 비교해 보자. 특히 딕셔너리 구현 구문에 익숙해지도록 노력하자.

프로젝트 Lab 2 | 06-pl02-kpopchartdic.py | 딕셔너리로 만드는 K-pop 차트 | 난이도 실전

딕셔너리로 가상의 K-pop 차트를 만들어 출력하는 프로그램을 작성해 보자. 우선 가수의 모음인 리스트와 노래의 모음인 리스트를 만든 후, 함수 zip()과 enumerate()를 사용한다.
함수 zip()으로 가수와 노래를 조합하고, 다시 이 조합된 리스트를 함수 enumerate()로 순위를 키로 하는 딕셔너리를 만든다.

```
{1: ('BTS', '작은 것들을 위한 시'),
 2: ('볼빨간사춘기', '나만 봄'),
 3: ('BTS', '소우주'),
 4: ('블랙핑크', 'Kill This Love'),
 5: ('태연', '사계')}
```

```
singer = ['BTS', '볼빨간사춘기', 'BTS', '블랙핑크', '태연', 'BTS']
song = ['작은 것들을 위한 시', '나만 봄', '소우주', 'Kill This Love', '사계']
kpop = list(zip(singer, song))
# dict()와 enumeratezip() 함수로 순위를 키로 가수와 곡을 사전으로 구성
kpchart = dict(enumerate(kpop, start = 1))
```

최종으로 만든 kpchart를 위와 같이 보기 좋게 출력하려면 모듈 pprint의 함수 pprint()를 사용한다.

```
# 모듈 pprint의 pprint() 함수 활용
import pprint
pprint.pprint(kpchart)
```

문제 이해(Understanding)

가수의 리스트 singer와 이에 대응되는 곡의 리스트인 song을 이해하고, 함수 zip()으로 두 리스트의 항목을 결합한다. 다시 위 결과의 리스트를 값, 순위를 키로 조합하는 딕셔너리 kpchart를 만든다.

설계(Design)

알고리즘(Algorithm)

① 가수와 곡을 저장할 리스트를 만들어 값을 저장한다.
- 리스트 singer와 song

② 함수 zip()으로 두 리스트 singer와 song을 조합해 리스트 kpop을 만들어 출력한다.
- kpop = list(zip(singer, song))

③ kpop 리스트를 함수 enumerate()에 사용해 순위로 사용할 번호와 조합한 리스트를 만들고, 이 결과를 다시 딕셔너리로 만들어 kpchart에 저장하고 출력한다.
- kpchart = dict(enumerate(kpop, start = 1))

④ 딕셔너리 kpchart를 보기 좋게 출력하기 위해 모듈 pprint의 함수 pprint()로 출력한다.
- pprint.pprint(kpchart)

표준 입출력 예

```
[('BTS', '작은 것들을 위한 시'),
('볼빨간사춘기', '나만 봄'), ('BTS',
'소우주'), ('블랙핑크', 'Kill This
Love'), ('태연', '사계')]
{1: ('BTS', '작은 것들을 위한 시'),
2: ('볼빨간사춘기', '나만 봄'),
3: ('BTS', '소우주'), 4: ('블랙핑크',
'Kill This Love'), 5: ('태연',
'사계')}

{1: ('BTS', '작은 것들을 위한 시'),
 2: ('볼빨간사춘기', '나만 봄'),
 3: ('BTS', '소우주'),
 4: ('블랙핑크', 'Kill This Love'),
 5: ('태연', '사계')}
```

구현(implementation)

```
# K-pop 가수와 곡을 차트 순위에 맞춰 입력
singer = ['BTS', '볼빨간사춘기', 'BTS', '블랙핑크', '태연', 'BTS']
song = ['작은 것들을 위한 시', '나만 봄', '소우주', 'Kill This Love', '사계']

# zip() 함수로 가수와 곡을 조합
kpop = list(zip(singer, song))
print(kpop)

# dict()와 enumeratezip() 함수로 순위를 키로 가수와 곡을 사전으로 구성
kpchart = dict(enumerate(kpop, start = 1))

# 일반 출력
print(kpchart)
print()

# 모듈 pprint의 pprint() 함수 활용
import pprint
pprint.pprint(kpchart)
```

테스트와 실행 결과(Testing & Simulation)

```
[('BTS', '작은 것들을 위한 시'), ('볼빨간사춘기', '나만 봄'), ('BTS', '소우주'), ('
블랙핑크', 'Kill This Love'), ('태연', '사계')]
{1: ('BTS', '작은 것들을 위한 시'), 2: ('볼빨간사춘기', '나만 봄'), 3: ('BTS', '소우
주'), 4: ('블랙핑크', 'Kill This Love'), 5: ('태연', '사계')}

{1: ('BTS', '작은 것들을 위한 시'),
 2: ('볼빨간사춘기', '나만 봄'),
 3: ('BTS', '소우주'),
 4: ('블랙핑크', 'Kill This Love'),
 5: ('태연', '사계')}
```

공유(Share)

자신만의 코드를 작성해 친구의 코드와 비교해 보자.

학습 내용 점검

01 다음 코드의 출력 결과를 쓰시오.

①
```
print(type({}))
```

②
```
print(type(dict()))
```

③
```
d = dict()
d['월'] = 3
d['화'] = 6
print(d)
```

④
```
p = dict()
p['name'] = '철수'
p['age'] = 20
print(p)
```

02 다음 딕셔너리의 출력 결과를 쓰시오.

①
```
d = {1: '철수', 2: '영철', 3: '영희'}
print(d)
```

②
```
d = {'Name': 'Tommas', 1: [1, 2, 3, 4]}
print(d)
```

③
```
d = dict((('A', 10), ('B', 20), ('C', 30)))
print(d)
```

④
```
d = dict([(1, 'java'), (2, 'python')])
print(d)
```

03 다음 딕셔너리를 참조해 오류의 원인을 기술하시오.

```
month = {1: 'January', 2: 'February', 3: 'March'}
```

① `month[0]`

② `month[4]`

③ `month['January']`

④ `month['February']`

04 다음 딕셔너리에 대한 출력 결과를 쓰시오.

```
sales = { 'apple': 2, 'orange': 3, 'grapes': 4 }
```

① `print(list(sales.items()))`

② `print(list(sales.keys()))`

③ `print(list(sales.values()))`

④ `print(len(sales))`

05 다음 딕셔너리에 대한 출력 결과를 쓰시오.

```
sq = {1: 1, 2: 4, 3: 9, 4: 16, 5: 25}
```

①
```
print(sq.pop(4))
print(sq)
```

②
```
del sq[5]
print(sq)
```

③
```
sq.clear()
print(sq)
```

④
```
sq[6] = 36
print(sq)
```

06 다음 집합에 대한 결과를 쓰시오.

①
```
s = set()
print(type(s))
```

②
```
s = {1}
print(type(s))
```

③
```
s = set("HelloWorld")
print(s)
```

④
```
s = {1, 2, 5}.union({2, 3, 4, 5})
print(s)
```

07 다음 코드의 실행 결과를 쓰시오.

①
```
players = [ "철수", "영희", "미영", "수지"]
scores = [100, 15, 17, 28]
for pl, sc in zip(players, scores):
    print("%s 점수 : %d" % (pl, sc))
```

②
```
grocery = ['bread', 'milk', 'butter']
for item in enumerate(grocery, 100):
    print("{} {}".format(*item))
```

08 다음은 리스트 컴프리헨션과 같은 딕셔너리 컴프리헨션에 대한 코드다. 실행 결과를 쓰시오.

①
```
sq = {}
for i in range(6):
    sq[i] = i ** 2
print(sq)
```

②
```
sq = {i: i ** 2 for i in range(6)}
print(sq)
```

09 다음 딕셔너리에 대한 코드에서 오류를 수정하시오.

```
dict('월'=monday, '화'=tuesday, '수'=wednesday)
```

도전! 프로그래밍

01 다음 개인 정보를 딕셔너리에 저장하고 출력하는 프로그램을 작성하시오.

기본

이름-김영희, 전화번호-010-3017-4468, 성별-여자, 나이-22, 대학교-한국대학교

```
이름: 김영희
전화번호: 010-3017-4468
성별: 여자
나이: 22
대학교: 한국대학교
```

02 다음 회사 6개의 주식 가격을 딕셔너리로 만든 후 다음과 같이 표준 입력으로 검색해 가격을 출력하는 프로그램을 작성하시오.

기본

- 검색을 계속하면서, 주식 이름이 없으면 종료

```
{'삼성에스디에스': 242000, '삼성전자': 47000, '엔씨소프트': 52600, '핸디소프트': 5120,
'골프존': 215000, '기아': 56300}

주식 이름 ? 엔씨소프트
엔씨소프트: 52600

주식 이름 ? 골프존
골프존: 215000

주식 이름 ? 현대
주식 이름이 없습니다.
```

03 다음 책에 대한 정보를 저장한 딕셔너리에 대해 다음과 같이 출력하는 프로그램을 작성하시오.

응용

```
books = {'파이썬 개론': ['강환수'],
         'Perfect C': ['강환수', '이동규'],
         '컴퓨터 개론': ['강환수', '조진형', '신용현']}
```

```
책 이름: 파이썬 개론,  저자: 강환수
책 이름: Perfect C,  저자: 강환수 이동규
책 이름: 컴퓨터 개론,  저자: 강환수 조진형 신용현
```

04 : 이 단원의 프로젝트 Lab에서 코딩한 가위바위보 게임을 다음과 같이 수정해 프로그램을 작성하시오.

응용

- 게임의 회수는 20으로 하고 매번 승자의 승리 회수 또는 비긴 회수가 출력
- 마지막에는 다음과 같이 비긴 회수와 각각의 승률이 출력

```
*********************
철수    영희    승자
*********************
바위    가위    철수 1
바위    가위    철수 2
보오    바위    철수 3
가위    가위    비김 1
바위    보오    영희 1
가위    가위    비김 2
보오    가위    영희 2
가위    보오    철수 4
가위    바위    영희 3
가위    가위    비김 3
바위    보오    영희 4
가위    가위    비김 4
가위    보오    철수 5
보오    보오    비김 5
바위    보오    영희 5
보오    보오    비김 6
가위    바위    영희 6
보오    가위    영희 7
바위    가위    철수 6
바위    보오    영희 8

총 게임 회수: 20  비긴 회수: 6
철수 승률: 0.43
영희 승률: 0.57
```

05 : 다음 리스트와 튜플을 갖고 먼저 딕셔너리를 만든 후 다음과 같이 출력하는 프로그램을 작성하
응용 시오.

```
fruits = ['apple', 'banana', 'grapes', 'pear']
prices = (1000, 500, 1200, 1500)

딕셔너리: {'apple': 1000, 'banana': 500, 'grapes': 1200, 'pear': 1500}
```

- 함수 zip()과 enumerate() 사용

```
{'apple': 1000, 'banana': 500, 'grapes': 1200, 'pear': 1500}

1 apple 가격: 1000
2 banana 가격: 500
3 grapes 가격: 1200
4 pear 가격: 1500
```

06 : 1에서 20까지의 난수 5개를 두 번 얻어 각각 집합인 변수 A, B에 저장한다. 집합 A와 B의 합집
실전 합과 교집합, 차집합, 여집합을 구해 출력하는 프로그램을 작성하시오.

- 모듈 random의 sample() 함수를 사용한 다음 문장을 집합 변수 A에 저장

```
A = set(sample(list(range(1, 21)), 5))
```

```
A = {1, 3, 8, 10, 20}
B = {1, 3, 14, 15, 19}

A | B = {1, 3, 8, 10, 14, 15, 19, 20}
A & B = {1, 3}
A - B = {8, 10, 20}
A ^ B = {19, 20, 8, 10, 14, 15}
```

Chapter 07

특정 기능을 수행하는 사용자 정의 함수와 내장 함수

학습 목표

- 함수의 내용과 필요성을 이해하고 함수를 직접 정의해 호출할 수 있다.
- 인자의 기본 이해와 기본값 지정, 가변 인수와 키워드 인수를 활용할 수 있다.
- 간편한 람다 함수와 표준 설치된 내장 함수를 사용할 수 있다.

Section

01 함수 정의와 활용

1.1 함수 개요

◆ 특정한 기능을 수행하는 프로그램 단위인 함수

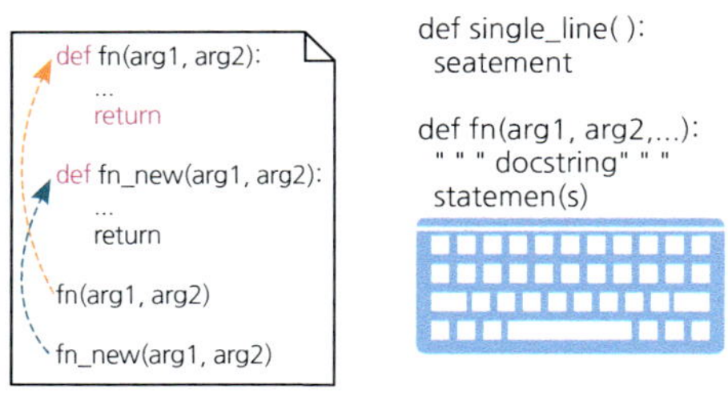

우리는 일상생활에서 특정한 기능을 담당하는 기기를 많이 사용한다. 가장 흔하고 요긴한 것이 전화와 컴퓨터 기능을 하는 스마트폰이다. 또한 가정에서 쓰는 믹서기, 냉장고, TV, 커피머신 등을 들 수 있다.

프로그래밍 언어에서 함수란 스마트폰, 믹서기와 커피머신처럼 특정한 기능을 수행하는 프로그램 단위다. 이러한 함수는 사용자가 직접 정의해 사용할 수 있으며, 파이썬에 설치된 다양한 함수를 활용할 수도 있다.

믹서기에 여러 야채나 과일을 넣으면 즙을 만들 수 있고 커피머신에 커피와 물, 우유 등을 넣으면 맛있는 아메리카노나 카페라테 등의 커피를 만들 수 있다. 함수도 여러 입력을 받아 특정한 기능을 수행하고 결괏값을 반환하는 코드의 모임이다.

▲ **그림1** 함수 개념: 커피머신과 믹서기

◆ 사용자 정의 함수의 함수 정의와 함수 호출

우리가 주로 사용할 파이썬의 함수는 사용자 정의 함수(user-defined functions)와 내장 함수(built-in functions)로 나눌 수 있다. 사용자 정의 함수가 우리가 직접 만들어(사서) 이용하는 가전 제품이라면, 내장 함수는 마치 아파트에 이미 설치돼 있는 냉장고, 에어컨과 같이 파이썬 설치와 함께 이미 설치된 함수를 말한다. 지금까지 직접 함수를 만들지는 못했지만 print()와 input(), str(), int(), float(), len() 등과 같은 내장 함수는 잘 사용해왔다.

사용자 정의 함수(user-defined dunctions)

우리가 직접 만드는 함수

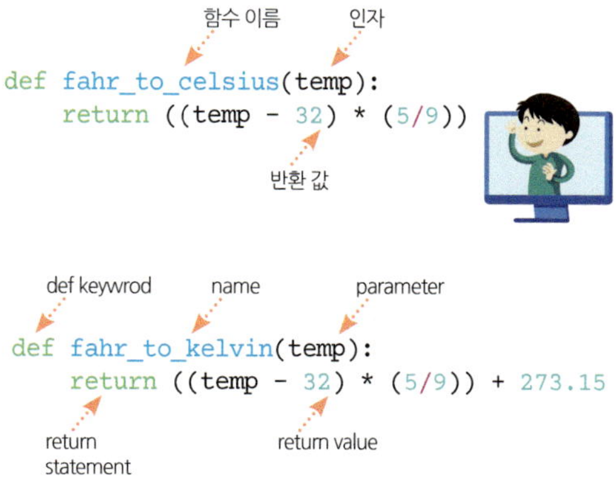

내장 함수(built-in-functions)

파이썬 설치와 함께 이미 만들어 놓은 함수

내장함수				
abs()	delattr()	hash()	memoryview()	set()
all()	dict()	help()	min()	setattr()
any()	dir()	hex()	next()	slice()
ascii()	divmod()	id()	object()	sorted()
bin()	enumerate()	input()	oct()	staticmethod()
bool()	eval()	int()	open()	str()
breakpoint()	exec()	isinstance()	rod()	sum()
bytearray()	filter()	issubclass()	pow()	super()
bytes()	float()	iter()	print()	tuple()
callable()	format()	len()	property()	type()
chr()	frozenset()	list()	range()	vars()
classmethod()	getattr()	locals()	repr()	zip()
compile()	globals()	map()	reversed()	__import__()
complex()	hasattr()	max()	round()	

▲ **그림2** 사용자 정의 함수와 내장 함수(built-in function)의 이해

우리는 이 섹션에서 사용자인 우리가 직접 정의해 사용하는 사용자 정의 함수에 대해 알아볼 예정이다. 사용자 정의 함수를 활용하려면 함수 정의(function definition)와 함수 호출(function call)이 필요하다. 먼저 함수 정의(function definition)를 알아보자.

1.2 함수 구현과 활용

◆ 파이썬 함수 정의 구문: 함수 이름과 인자, 반환 값

파이썬에서 함수를 정의하려면 키워드 def로 시작하는 일련의 함수 구문이 필요하다. 함수 구문은 다음과 같으며 크게 함수 머리(function header)와 함수 몸체(function body)로 나뉜다.

- 함수 머리는 키워드 def, 함수 이름과 괄호, 괄호 사이의 인자들 그리고 함수 정의의 몸체인 블록을 예고하는 콜론(:)이 필요하다.
- 함수 몸체는 들여쓰기로 시작하며, 기능을 수행하는 문장들과 마지막으로 키워드 return에 의한 반환 값을 돌려 주는 구문이 필요하다.
- 인자(arguments)와 return 문장은 선택적(optional)이다.

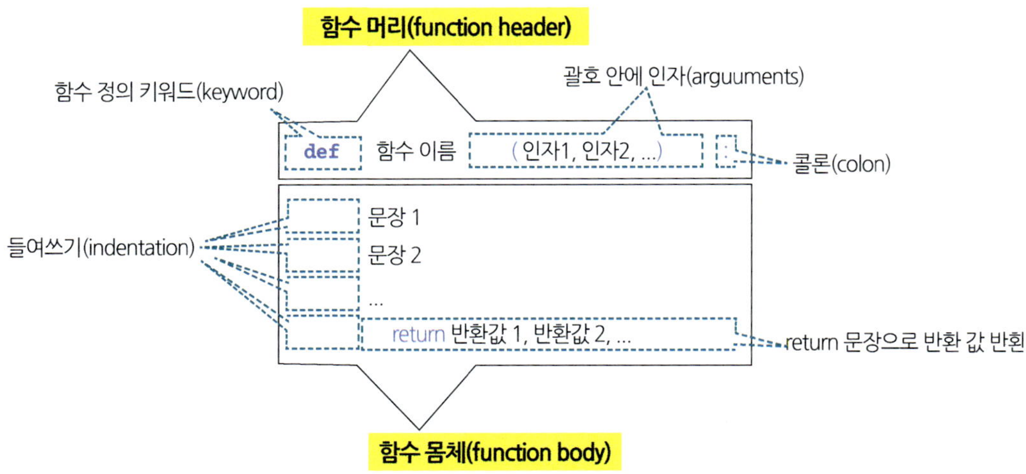

▲ **그림 3** 파이썬의 함수 정의 구문

함수는 주요 요소로 이름, 입력과 출력 그리고 내부 기능이 필요하다. 이 4개의 함수 요소는 위 구문에서 각각 함수 이름, 인자, 반환 값, 함수 몸체에서 담당한다.

- 함수 이름은 식별자 규칙에 따라 내부 기능을 대표하는 적절한 이름으로 작명
- 인자는 변수 이름으로 함수 내부에 전달할 내용을 인자에 전달할 목적으로 사용되며 선택적
- return 반환 값으로 함수의 출력에 사용되며 선택적

◆ 함수 정의와 함수 호출의 이해

정의된 함수를 사용하는 함수 호출은 마치 친구에게 전화를 걸어(call) 모르는 내용을 묻는 과정과 유사하다. 이 과정을 친구에게 전화(전화번호, 내용)로 표현할 수 있다. 즉, 친구에게 전화('010-1001-9988', '함수가 뭐야?')하는 것이 함수 호출이고, 괄호 사이의 전화번호와 내용은 함수 인자에 해당한다고 볼 수 있다.

▲ **그림 4** 함수 호출과 일상에서의 전화 걸기

함수를 만드는 것을 함수 정의 또는 함수 구현이라고 한다. 앞에서 살펴본 함수 구문에 맞게 만들어 보자.

다음은 간단히 Hello Python!을 출력하는 함수 정의다. 키워드 def, 함수 이름과 괄호를 넣은 def hello() 이후에 콜론이 필요하며 이후 다음 줄부터 들여쓰기한 블록에서 함수 기능을 구현한다.

```
def hello():
    print('Hello, Python!')
```

괄호와 콜론이 반드시 필요하며, 이후 들여쓰기한 블록 구문이 필요하다.

함수를 위와 같이 구현해도 함수는 절대 실행되지 않는다. 즉, 함수는 함수 정의만으로 함수가 실행되지 않는다는 점에 유의하자. 정의된 함수는 함수 호출로 실행된다.

- 함수 호출은 함수 이름과 괄호인 hello()로 수행되며 함수 호출은 코드 순서상 함수 정의 이후에 가능하다.
- 오른쪽과 같이 함수 호출이 함수 정의보다 먼저 실행되면 오류가 발생한다.

```
# 함수 정의(구현)
def hello():
    print('Hello, Python!')

hello() # 함수 호출
```

함수 정의 후 함수 호출 가능

```
hello() # 함수 호출

    NameError: name 'hello' is not defined

# 함수 정의(구현)
def hello():
    print('Hello, Python!')
```

▲ **그림 5** 함수 호출 실행: 함수 호출은 함수 정의 이후에만 가능하다.

◆ 함수 호출의 실행 순서

함수는 함수 정의만으로는 실행되지 않는다. 함수 정의는 함수를 사용하기 위해 메모리에 저장하는 방법이다. 마치 변수를 사용하기 전에 생성하는 것과 같은 이치다.

함수 정의에 의해 메모리에 저장된 함수는 함수 호출에 의해 비로소 실행된다.

함수 호출에 의한 실행 과정이 이해된다면 이후 설명은 건너뛰어도 좋다. 함수의 실행 과정을 살펴보자.

다음 코드를 실행하면 1~2줄의 함수 function() 정의로 메모리에 함수가 저장되며, 아직 실행되지는 않는다. 이후 4번 줄에서 처음으로 1이 출력되고, 5번 줄에서 메모리에 정의된 function() 정보와 위치가 출력되고, 6번 줄에서 비로소 함수 helloint()가 호출된다. 함수 helloint()가 호출되면 실제 함수가 정의된 메모리로 이동해 함수를 실행한 후 다시 호출한 이후로 돌아와 실행을 계속한다. 우리가 쉽게 이해하려면 함수 helloint() 호출로 다시 함수 정의 부분으로 이동해 1~2줄이 실행된다고 생각하면 이해하기가 쉽다. 그러므로 helloint() 실행에서 2줄의 77이 탭(\t) 이후에 들여서 출력된다. 이제 마지막으로 함수 helloint() 실행 이후 다시 돌아와 7번 줄의 3이 출력된다. 따라서 다음 오른쪽의 출력 결과가 보인다.

```
1  def helloint():# 함수 정의
2      print('\t', 77)
3
4  print(1)
5  print(helloint) # 메모리에 저장된 함수 확인
6  helloint() # 함수 호출
7  print(3)
```

실행 결과

```
1
<function helloint at 0x0000028D2271B510>
        77
3
```

다음은 위에서 살펴본 함수 hello()와 helloint()를 한 파일에 함께 정의하고 각각 호출해 보는 프로그램이다. 다음 코드로 함수의 정의와 호출 그리고 실행 과정을 쉽게 이해해 보자.

7-1 코딩 07-01firstfunction.py **첫 함수 정의와 호출** 난이도 기본

```
def hello(): # 함수 정의
    print('\tHello, Python!')

def helloint(): # 함수 정의
    print('\t', 77)

print('처음 하는 함수 호출 hello()')
hello() # 함수 호출
print('함수 호출 hello() 이후')

print(1)
print(helloint) # 메모리에 저장된 함수 확인
helloint() # 함수 호출
print(3)
```

결과

```
처음하는 함수 호출 hello()
        Hello, Python!
함수 호출 hello() 이후
1
<function helloint at 0x0000028D226D6840>
        77
3
```

함수 print()는 내장 함수로, help(print)로 활용 방법과 그 인자를 자세히 알 수 있다.

```
>>> help(print)
Help on built-in function print in module builtins:
```

```
print(...)
    print(value, ..., sep=' ', end='\n', file=sys.stdout, flush=False)

    Prints the values to a stream, or to sys.stdout by default.
    Optional keyword arguments:
    file:  a file-like object (stream); defaults to the current sys.stdout.
    sep:   string inserted between values, default a space.
    end:   string appended after the last value, default a newline.
    flush: whether to forcibly flush the stream.
```

1.3 함수 인자와 기본값

◆ 함수로 필요한 값을 전달하는 인자

함수 인자에는 함수 호출 시 함수로 전달할 내용이 담겨 있다. 함수 정의 시 hello(name)와 같이 함수 이름 괄호 사이에(인자 1, 인자 2, …)를 사용해 구현한다.

- 함수 hello(name)에서 인자 name은 함수 정의에서 인사를 할 사람의 이름으로 사용된다.
- 함수 호출에서 인자를 전달하려면 함수 이름 이후 괄호 사이 hello('수빈')처럼 함수에 전달할 자료를 써넣는다.
- 인자에는 상수나 변수로도 지정할 수 있다.

7-2 코딩 07-02functiondef.py | **함수 정의에서 인자 사용** | 난이도 기본

```python
# 함수 정의
def hello(name):
    # 전달받은 인자 name을 함수 정의에서 사용
    print('안녕, {}!'.format(name)) # 인자 name에게 인사

hello('수빈') # 함수 호출, 수빈에게 인사
sname = '현수'
hello(sname) # 함수 호출, 현수에게 인사
```

결과

```
안녕, 수빈!
안녕, 현철!
```

◆ 함수로 전달할 내용이 없는 경우, 인자의 기본값 사용

함수 호출 시 선택적으로 인자를 지정하지 않고 기본값으로 사용하고 싶다면 def hello(name = '여러분'): 처럼 함수 정의에서 함수 인자 name에 기본값인 '여러분'을 대입한다.

다음 코드에서 인자가 생략된 함수 호출 hello()는 name이 기본값인 '여러분'으로 실행되는 것을 알 수 있다.

- 함수 정의에서 인자의 기본값을 지정 가능
- 기본값이 지정된 인자는 함수 호출 시 선택적으로 생략 가능

7-3 코딩 07-03defaultargvalue.py **인자의 기본값 활용** **난이도 기본**

```
# 인자 name의 기본값을 '여러분'으로 지정
def hello(name = '여러분'):
    print('안녕, {}!'.format(name))

hello() # name으로 기본값 사용
hello('현철') # name으로 지정된 '현철' 사용
```

결과

```
안녕, 여러분!
안녕, 현철!
```

1.4 함수 반환 값

◆ return문으로 함수 기능을 수행한 후 반환 값을 전달

함수 호출에서 함수 실행으로 자료를 전달하는 것이 인자라면, 함수 실행 이후 함수 호출 쪽으로 값을 전달하는 것은 반환 값(return value)이다. 전달 방법은 'return 반환 값'으로 구현한다.

- 반환 값 없이 return 문장만 쓰면 반환 값 없이 함수 실행이 종료된다.

다음 왼쪽 코드에서 함수 호출 hello('희정')의 반환 값은 '희정에게 인사'의 문자열이다. 그러므로 이 반환 값인 문자열이 함수 호출 이후 print(hello('희정'))에 의해 출력된다. 그러나 오른쪽 코드의 2개 함수 hello()는 모두 함수 호출 hello('혜림')에 의한 반환 값이 없으므로 None이 출력된다. None은 값이 '없다'는 의미의 파이썬 키워드다.

- 오른쪽의 두 hello() 함수처럼 반환 값을 전달하고 싶지 않다면 return문 없이 함수를 종료하거나 반환 값이 생략된 return문만 사용할 수 있다.

```
def hello(name):
    print('안녕, {}!'.format(name))
    # 반환 값 전달

    return '{}에게 인사'.format(name)
```

반환 값에는 변수, 표현식, 시퀀스 등이 모두 가능하며 여기서는 문자열이다.

다른 실행 결과 1

```
def hello(name):
    print('안녕, {}!'.format(name))

>>> print(hello('혜림')) # None 출력
안녕, 혜림!
None
```

```
>>> print(hello('희정')) # 희정에게 인사 출력
안녕, 희정!
희정에게 인사
```

이것은 반환 값이 print()에 의해 출력된 값이다. 위의 '안녕, 희정!'은 함수 실행 중에 출력된 값이다.

다른 실행 결과 2

```
def hello(name):
    print('안녕, {}!'.format(name))
    return

>>> print(hello('혜림')) # None 출력
안녕, 혜림!
None
```

◆ 인자인 두 수의 합을 반환하는 함수 mysum(x, y)

함수에서 사용할 인자가 여러 개라면 함수 이름(인자 1, 인자 2, 인자 3)처럼 여럿인 인자를 콤마로 구분해 나열한다. 다음은 인자인 두 수의 합을 반환하는 함수 mysum(x, y)의 구현과 함수 호출 코드다. 함수 호출 시 함수 이름 사이에 넣는 인자 수는 함수 정의에서의 인자 수와 일치해야 한다. 물론 기본값 지정 인자가 있다면 그 인자 값은 생략할 수 있다. 그러므로 mysum(5), mysum(5, 10)처럼 인자가 1개 또는 2개이면 문제가 없다. 다음에 유의해 코딩하고 실행해 보자.

- 인자가 하나이면 y는 기본값인 0으로 처리
- hap = mysum(5)처럼 반환 값을 대입에 사용 가능

7-4 코딩 | 07-04mysum.py | 두 수 인자의 합을 반환하는 함수 | 난이도 기본

```
def mysum(x, y = 0): # 인자가 2개
    """두 수의 합 반환 함수"""
    return x + y # 두 인자의 합으로 반환

hap = mysum(5) # y는 기본값이 0으로
print(hap)

hap = mysum(5, 10)
print(hap)
```

결과

```
5
15
```

◆ 인자와 같이 반환 값도 여러 개 가능

함수 실행 마지막에 함수 호출로 전달하는 반환 값은 여러 개도 가능하다. 다음 함수 getprime()은 4개의 소수를 반환하고 있다.

```python
def getprime():
    return 2, 3, 5, 7
```

항목의 나열인 2, 3, 5, 7이 바로 튜플이다.

위 함수 getprime()을 호출해 반환 값을 받으려면 다음과 같이 두 가지 방식 모두 가능하다. 첫 번째는 정확히 받는 반환 값 항목의 수만큼 대입 왼쪽 변수의 수를 맞히는 방법이다. 두 번째는 대입의 왼쪽에 아예 변수를 하나 써서 반환 값을 튜플 등의 시퀀스 형태로 받는 방법이다.

- 첫 번째 방법에서 반환 값 항목의 수와 대입의 왼쪽 변수의 수가 맞지 않으면 오류가 발생한다.

```python
>>> a, b, c, d = getprime()
>>> print(a, b, c, d)
2 3 5 7
>>>
>>> prime = getprime()
>>> print(prime)
(2, 3, 5, 7)
```

Tips 좀 더 알아봅시다!

함수의 해설을 담는 문서화 문자열(docstring)

문서화 문자열(docstring)은 함수의 문서화에 도움이 되는 문자열을 말한다. 여러 줄에 걸친 문서 내용이 필요하므로 설명 앞뒤에 따옴표 3개를 사용해 문서 내용을 작성한다. 주로 큰따옴표 3개를 사용한다.
참고로 문서화 문자열은 함수뿐 아니라 다음에 배울 파이썬 모듈, 클래스 및 메소드와 문서를 연결하는 방법도 제공한다.
함수 구현에서는 함수 정의 블록 시작 첫 줄에서 문서 내용을 작성한다. 다음은 함수 hello() 구현에서 간단히 문서 내용을 작성한 예로, 시각적으로 필요하다면 중간중간에 빈 줄을 삽입한다.

```python
def hello(name):
    """
    친구 name에게 하는 간단한 인사말 출력

    인자:
        name: 인사말을 하는 상대 이름
    """
    print('안녕, {}!'.format(name))
```

문서화 문자열은 주석의 일환으로 출력 결과에 영향을 미치지 않는다. 위와 같이 문서화 문자열이 있는 함수는 다음과 같이 help() 함수를 사용해 그 내용을 확인할 수 있다. 또한 함수의 속성 __doc__에도 저장돼 참조할 수 있다.

```python
>>> help(hello)
```

```
Help on function hello in module __main__:

hello(name)
    친구 name에게 하는 간단한 인사말 출력

    인자:
        name: 인사말을 하는 상대 이름

>>> print(hello.__doc__)
    친구 name에게 하는 간단한 인사말 출력

    인자:
        name: 인사말을 하는 상대 이름
```


◆ 섭씨 온도와 화씨 온도의 관계와 변환 함수

섭씨 온도와 화씨 온도 간의 변환은 이미 살펴봤다. 다음 공식에 따라 섭씨(celsius) 온도와 화씨(fahrenhite) 온도 간의 변환 함수 2개를 만들어 활용해 보자.

$$\frac{C}{5} = \frac{F-32}{9}$$

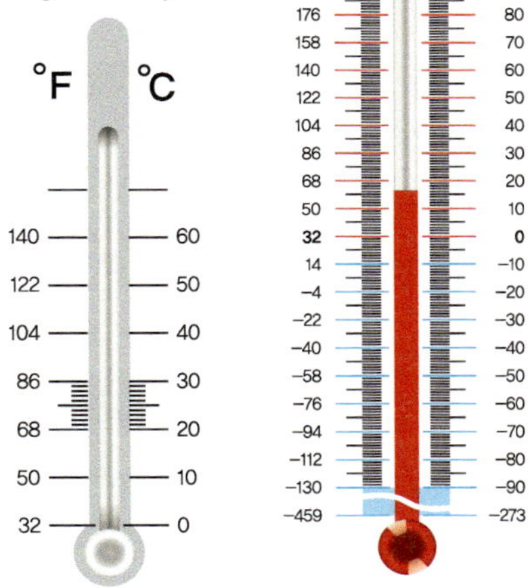

$$F = C \cdot \frac{9}{5} + 32$$

$$C = (F - 32) \cdot \frac{5}{9}$$

▲ **그림6** 섭씨 온도와 화씨 온도의 관계와 변환식

다음은 섭씨 온도, 화씨 온도의 관계와 변환 함수 ctofahrenhite(cels)와 ftocelsius(fahr)를 호출해 섭씨로 28도에서 34도까지 2도씩 증가시키면서 화씨로 출력하고, 화씨로 90도에서 102도까지 3도씩 증가시키면서 섭씨로 출력하는 프로그램이다.

7-5 코딩 07-05tempfunction.py **섭씨 온도와 화씨 온도 간의 변환 함수** 난이도 기본

```
def ctofahrenhite(cels):
    """ 인자인 섭씨 온도 cels을 화씨 온도로 변환해 반환 """
    return cels * 9/5 + 32

def ftocelsius(fahr):
    """ 인자인 화씨 온도 fahr을 섭씨 온도로 변환해 반환 """
    return (fahr - 32) * 5/9

for cels in range(28, 35, 2):
    print('섭씨: {}, 화씨: {:.2f}'.format(cels, ctofahrenhite(cels)))

for fahr in range(90, 103, 3):
    print('섭씨: {:.2f}, 화씨: {}'.format(ftocelsius(fahr), fahr))
```

결과

```
섭씨: 28, 화씨: 82.40
섭씨: 30, 화씨: 86.00
섭씨: 32, 화씨: 89.60
섭씨: 34, 화씨: 93.20
섭씨: 32.22, 화씨: 90
섭씨: 33.89, 화씨: 93
섭씨: 35.56, 화씨: 96
섭씨: 37.22, 화씨: 99
섭씨: 38.89, 화씨: 102
```

1.5 지역 변수와 전역 변수

◆ 함수 내부에서 대입에 사용된 변수는 지역 변수로 인식

파이썬에서는 변수가 메모리에 생성되고 유지되는 범위(scope)를 지역(local)과 전역(global)로 나눈다.

지역 변수(local variables)는 함수 내부에서 대입돼 생성된 변수다. 그러므로 지역 변수는 함수 외부에서 절대 사용될 수 없다. 다음 함수 addone()의 내부에서 대입되고 사용되는 변수 i는 지역 변수다.

```
def addone():
    # 대입에 사용되는 변수는 지역 변수
    i = 30 # 지역 변수 생성
    i += 1 # 지역 변수 수정
    print('\t 지역 변수 i:', i) # 지역 변수 참조
```

전역 변수(global variables)는 함수 외부에서 대입돼 생성된 변수다. 다음 코드에서 i는 전역 변수다. 즉, 위 함수 addone()의 지역 변수인 i와 다음의 전역 변수 i는 공교롭게 이름은 모두 i로 같지만 전혀 다른 변수다. 우리 학과에 유시민이 있더라도 유명 작가 유시민과 다른 사람이라는 것과 같은 이치다. 그러므로 다음 코드의 결과는 오른쪽과 같다.

```
i = 20 # 전역 변수
print('i:', i) # 전역 변수
addone() # 함수 호출
print('i:', i) # 전역 변수
```

결과

실행 결과

```
i: 20
        지역 변수 i: 31
i: 20
```

7-6 코딩 07-06localvar.py | **함수 내부에서 대입이 있는 변수는 지역 변수로 인식** | 난이도 기본

```
def addone():
    '''함수에서 대입에 사용되는 변수는 지역 변수'''
    i = 30 # 지역 변수 생성
    i += 1 # 지역 변수 수정
    print('\t지역 변수 i:', i) # 지역 변수 참조

i = 20 # 전역 변수
print('i:', i) # 전역 변수
addone() # 함수 호출
print('i:', i) # 전역 변수
```

결과

```
i =  20
        지역 변수 i:  31
i =  20
```

◆ 함수 내부에서 대입 없이 참조만 하면 전역 변수로 인식

다음 코딩의 함수 addone()에서 i를 대입 없이 참조만 하면 변수 i는 전역 변수로 인식된다. 그러므로 함수 addone()에서 전역 변수 i에 1을 더한 21이 출력된다. 함수 addone() 호출 이후에도 전역 변수 i의 수정은 없었으므로 여전히 20이 출력된다.

7-7 코딩 07-07globalvar.py | **함수 내부에서 대입이 없는 변수는 전역 변수로 인식** | 난이도 기본

```
1   def addone():
2       '''대입이 없는 변수가 참조되면 전역 변수로 인식'''
3       print('\t 전역 변수 i 읽기, i + 1: ', i + 1)
4
5   i = 20 # 전역 변수
6   print('i = ', i)
7   addone() # 함수 호출
8   print('i = ', i)
```

5번 줄에서 생성된 전역 변수를 참조한다.

결과
```
i = 20
        전역 변수 i 읽기, i + 1: 21
i = 20
```

그러나 다음 코드와 같이 함수 addone()에서 전역 변수를 i를 참조하려고 해도 전역 변수 i가 정의되지 않았다면 'i가 정의되지 않았다'는 오류가 발생한다.

```
def addone():
    # 대입이 없는 변수가 참조되면 전역 변수로 인식
    # 그러나 전역 변수에 i가 없다면 오류 발생
    print('\t전역 변수 i 읽기, i + 1: ', i + 1)

addone() # 함수 호출
```

실행 결과
```
print('\t전역 변수 i 읽기, i + 1: ', i + 1)
NameError: name 'i' is not defined
```

함수에서 값을 대입하지 않고 지역 변수를 참조하면 오류

변수는 참조되기 이전에 값이 대입돼야 한다. 다음 변수 value는 값이 대입되기 이전에 참조되기 때문에 오류가 발생한다.

```
>>> value += 1 # value = value + 1
Traceback (most recent call last):
  File "<stdin>", line 1, in <module>
NameError: name 'value' is not defined
```

함수 내부에서도 정의되지 않은 변수를 사용하면 오류가 발생한다. 앞의 7-5 코딩과 다르게 다음 코드와 같이 i += 1 줄 하나가 추가되면 오류가 발생한다. 7-5 코딩과 다르게 i를 지역 변수로 인식하기 때문이다. 변수 i가 i += 1에서 대입 연산의 왼쪽에 사용된 이유로 지역 변수로 인식된다. 이는 다음과 같은 규칙 때문이다.

- 함수 내부에서 대입 문장으로 생성이나 수정하는 변수는 기본적으로 지역 변수로 인식
- 함수 내부에서 기본적으로 지역 변수에만 값 대입 가능

```
def addone():
    '''대입이 있는 변수는 지역 변수로 인식'''
    # "지역 변수 i에 값을 대입하기도 전에 참조했다"라는 오류 메시지 출력
    print('\t 지역 변수 i 읽기, i + 1: ', i + 1)
    i += 1 # 수정이 있으므로 i는 지역 변수로 인지

UnboundLocalError: local variable 'i' referenced before assignment
```

```
i = 20 # 전역 변수
print('i = ', i)
addone() # 함수 호출로 함수 내부 4번 줄에서 오류
print('i = ', i)
```

◆ 함수에서 global 문장으로 변수를 전역 변수로 지정

위 코드에서 다음 코드처럼 함수 내부에서 i가 사용되기 전에 global i 문장 하나를 추가하면 오류가 제거된다.

- 키워드 global은 함수에서 변수를 명시적으로 전역 변수로 지정

결국 i가 전역 변수가 돼 함수 addone()이 호출되기 이전 값인 20으로 함수에서 기능을 수행하므로, 4번 줄에서 21이 출력된다. 또한 5번 줄에서 전역 변수 i가 1 더해지므로 10번 줄의 마지막 문장에서도 21이 출력된다.

7-8 코딩 07-08globalkeyword.py | 키워드 global로 전역 변수를 명시적으로 지정 | 난이도 응용

```python
1   def addone():
2       '''명시적으로 변수를 전역 변수로 지정'''
3       global i # i를 명시적으로 전역 변수로 인식
4       print('\t 전역 변수 i 읽기, i + 1: ', i + 1)
5       i += 1 # 전역 변수 i 수정
6
7   i = 20 # 전역 변수
8   print('i = ', i)
9   addone()
10  print('i = ', i)
```

결과

```
i =  20
         전역 변수 i 읽기, i + 1:  21
i =  21
```

중간 점검

01 다음 함수를 호출하는 문장을 완성하시오.

```
def hello(name, msg):
    print('안녕, {}! {}.'.format(name, msg))
```

① hello('수빈', ____________)

② hello(______, '잘 있었지?')

```
def hello(name, msg = '반갑다'):
    print('안녕, {}! {}.'.format(name, msg))
```

③ hello(___________)

④ hello('현수', ___________________)

02 다음 프로그램의 결과를 수정하시오.

```
def test():
    global g
    g = 10
    i = 20
    print('\t함수 내부 i =', i)
    print('\t함수 내부 g =', g)
```

```
i = 2
print('i = ', i)
test()
print('g = ', g)
```

정답

01
① hello('수빈', '반갑다')
② hello('현수', '잘 있었지?')
③ hello('수빈')
④ hello('현수', '요즘 잘 지내지?')

02
```
i =  2
        함수 내부 i = 20
        함수 내부 g = 10
g =  10
```

Section

02 함수 인자의 다양한 활용

Python

2.1 위치 인자와 키워드 인자

◆ 위치 인자 사용

함수 호출 시 인자를 전달하는 일반적인 방법은 위치 인자(positional arguments) 방식이다. 위치 인자 방식은 고정적이며, 호출의 순서에 따라 인자를 구별하는 방식이다.

다음 코드의 함수 호출 mysubtract(10, 5)에서 10은 pre에 5는 post에 전달돼 결과는 5다.

```
def mysubtract(pre, post):
    '''두 수의 차 pre - post 반환 함수'''
    return pre - post

print(mysubtract(10, 5))
```

◆ 키워드 인자 사용

다른 방식인 키워드 인자 방법은 함수를 호출할 때 값을 전달할 인자를 직접 대입으로 지정하는 방식이다. 다음과 같이 위치와 상관없이 인자 post에 5, pre에 10을 전달할 수 있다.

```
print(mysubtract(post = 5, pre = 10))
```

◆ 키워드 인자는 모든 위치 인자 이후에 사용

다음과 같이 위치 인자와 키워드 인자를 함께 사용할 수도 있다. 다음 코드에서 위치 인자 pre에 10, 키워드 인자 post에 5를 전달할 수 있다.

```
print(mysubtract(10, post = 5))
```

다음과 같이 키워드 인자가 먼저 나오면 오류가 발생한다.

- 위치 인자는 모든 키워드 인자의 앞에 위치해야 한다.

```
>>> print(mysubtract(post = 5, 10))
  File "<stdin>", line 1
SyntaxError: positional argument follows keyword argument
```

또한 다음과 같이 위치 인자로 pre에 10을 저장한 후, 다시 키워드 인자로 pre에 5를 다시 저장하므로 오류가 발생한다.

```
>>> print(mysubtract(10, pre = 5))
Traceback (most recent call last):
  File "<stdin>", line 1, in <module>
TypeError: mysubtract() got multiple values for argument 'pre'
```

Tips 좀 더 알아봅시다!

print() 함수 호출에서의 선택적 키워드 인자

지금까지 함수 print() 사용 시, 선택적 키워드 인자로 end=' '를 사용했다. 함수 print()에는 기본값이 지정된 선택적인 키워드 인자가 다음과 같이 4개 있다.

```
print(...)
 print(value, ..., sep=' ', end='\n', file=sys.stdout, flush=False)

 Prints the values to a stream, or to sys.stdout by default.
 Optional keyword arguments:
 file:  a file-like object (stream); defaults to the current sys.stdout.
 sep:   string inserted between values, default a space.
 end:   string appended after the last value, default a newline.
 flush: whether to forcibly flush the stream.
```

다음 세 가지는 자주 사용되므로 알아두면 유용하다.

- end: 마지막 출력 항목 이후에 추가되는 문자열 지정, 지정하지 않으면 기본으로 새로운 줄 '\n'
- sep: separator를 의미하며, 출력 항목 간의 사이에 출력할 문자열 지정, 지정하지 않으면 기본으로 빈 공간(space)
- file: 출력할 객체를 지정하며, 지정하지 않으면 기본으로 콘솔 화면인 표준 출력(sys.stdout)

다음은 선택적 키워드 인자인 sep와 end를 사용한 코드다.

```
>>> print(1, 2)
1 2
>>> print(1, 2, 3, sep = ', ')
1, 2, 3
>>> print(1, 2, 3, sep = ', ', end = ' 출력 종료\n')
1, 2, 3 출력 종료
```

2.2 가변 인자 *args

◆ 인자 *args, 가변 인자로 전달하고 처리

만일 함수의 인자 수가 많거나 인자의 수가 미정일 경우에는 지금 배운 위치와 키워드 인자로는 부족하다. 지금까지 인자의 수가 미정 함수도 많이 사용해 봤다. 바로 print() 함수다. 즉, print() 함수는 출력하고 싶은 인자 수나 자료형의 구애를 받지 않고 사용할 수 있다.

```
>>> print(1, 2, 3)
1 2 3
>>> print('python', 'program')
python program
```

이러한 인자는 어떻게 구현할까? 생각보다 쉬우므로 다음의 예로 알아보자.

다음과 같이 인사를 하고 싶은 친구의 수를 호출할 때 정하는 함수를 구현해 보자.

```
hello('나타샤')
hello('수빈', '현수', '지효')
```

이런 인자를 '가변 인자(arbitrary argument)'라 하는데, 가변 인자는 함수 정의에서 함수 이름(*args)처럼 인자 이름 args 앞에 별표(*)를 넣어 사용한다. 인자 이름 args는 arguments를 의미하며, 단순히 인자 이름으로 다른 이름을 써도 무방하다. 함수 호출 시 사용된 여러 인자가 (인자 1, 인자 2, …) 형식의 튜플로 전달된다. 그러므로 함수 정의에서 args는 튜플 자료형으로 처리될 수 있다.

다음은 가변 인자인 name에 여러 친구의 이름을 튜플로 받아 인사말을 출력하는 코드다. 만일 리스트를 인자로 함수 hello()를 호출한다면 hello(*리스트)처럼 리스트 앞에 반드시 별표를 넣어야 한다. 여기서 별표는 리스트나 튜플을 풀어(unpacking) 가변 인자 형태로 변환한다는 의미다.

```
hello(*['방탄소년단', '여자친구'])
```

7-9 코딩 | 07-09arbitraryargs.py | **여러 친구에게 인사하는 함수 구현** | 난이도 응용

```
def hello(*names):
    """가변 인자 name 활용"""
    for each in names:
        print('안녕, {}!'.format(each))

hello('나타샤')
hello('수빈', '현수', '지효')
hello(*['방탄소년단', '여자친구'])
```

결과

```
안녕, 나타샤!
안녕, 수빈!
안녕, 현수!
안녕, 지효!
안녕, 방탄소년단!
안녕, 여자친구!
```

2.3 임의의 키워드 인자 **kwargs

인자 **kwargs, 키워드 인자 형태의 가변 인자로 전달하고 처리

만일 다음과 같이 키워드 인자인 임의의 수로 함수 호출을 한다면 어떻게 처리해야 할까?

```
myprint(여자친구=6, 마마무=4)
myprint(엑소=9, 트와이스=9, 블랙핑크=4, 방탄소년단=7)
```

함수 정의에서 인자 **kwargs는 인자 이름인 변수 kwargs(KeyWord ARGuments의 줄임말)가 딕셔너리 형태인 것을 의미한다. 그러므로 함수 정의에서 kwargs는 딕셔너리 자료형으로 처리하면 된다. 다음 코드는 위 함수 호출을 적절히 처리하는 함수 구현이다.

```
def myprint(**kwargs):
    for key in kwargs:
        print('{}: {}'.format(key, kwargs[key]))
```

다음은 키워드 인자 형태의 가변 인자인 kwargs를 받아 임의의 수인 키와 값의 항목을 한 줄에 출력하는 함수 mykeyprint()를 구현해 호출한 프로그램이다.

함수 인자인 **kwargs을 호출할 경우, 다음 코드처럼 딕셔너리 coffeeprice을 쓴다면 반드시 **을 인자 앞에 넣어 **coffeeprice로 호출해야 한다. 여기서 **은 딕셔너리를 풀어 키워드 인자 형태로 변환한다는 의미다.

```
coffeeprice = {'에스프레소': 2500, '아메리카노': 2800, '카페라테': 3200}
mykeyprint(**coffeeprice)
```

7-10 코딩 07-10arbitrarykwargs.py 키워드 형태 가변 인자 함수 구현 난이도 응용

```
def mykeyprint(**kwargs):
    for key in kwargs:
        print('{}: {} '.format(key, kwargs[key]), end = ' ')
    print()
```

```
mykeyprint(여자친구=6, 마마무=4)
mykeyprint(엑소=9, 트와이스=9, 블랙핑크=4, 방탄소년단=7)

coffeeprice = {'에스프레소': 2500, '아메리카노': 2800, '카페라테': 3200}
mycar = {"brand": "현대", "model": "제네시스", "year": 2016}
mykeyprint(**coffeeprice)
mykeyprint(**mycar)
```

결과

```
여자친구: 6  마마무: 4
엑소: 9  트와이스: 9  블랙핑크: 4  방탄소년단: 7
에스프레소: 2500  아메리카노: 2800  카페라테: 3200
brand: 현대  model: 제네시스  year: 2016
```

◆ 위치 인자와 키워드 형태의 인자 **kwargs을 함께 사용

다음 함수 sumvalue(value, **kwargs)가 위치 인자와 키워드 형태의 인자를 함께 사용한다면 어떻게 구현해야 할까?

```
coffeeprice = {'에스프레소': 2000, '아메리카노': 2800, '카페라테': 3200}
print(sumvalue(1000, **coffeeprice))
```

다음 코드의 함수 sumvalue(value, **kwargs)는 첫 번째 인자 value와 이후에 있는 키워드의 값을 모두 더한 결과를 반환하는 함수다. 함수 sumvalue()의 호출에서 다음과 같이 value도 키워드 인자로 사용 가능하다.

```
print(sumvalue(value=2000, **coffeeprice))
print(sumvalue(**coffeeprice, value=2000)) # 둘다 키워드 인자
```

그러나 다음처럼 위치 인자 없이 호출하거나 위치 인자가 키워드 인자 형태 이후에 나오면 오류가 발생한다. 주의가 필요하다.

```
print(sumvalue(**coffeeprice)) # 오류 발생
print(sumvalue(**coffeeprice, 2000)) # 오류 발생
```

7-11 코딩 | 07-11poskwargs.py | **위치 인자와 키워드 형태 가변 인자 함수 구현** | 난이도 응용

```
def sumvalue(value, **kwargs):
    hap = value
    for key in kwargs:
        hap += kwargs[key]
```

```
        return hap

coffeeprice = {'에스프레소': 2000, '아메리카노': 2800, '카페라테': 3200}
print(sumvalue(1000, **coffeeprice))
print(sumvalue(value = 2000, **coffeeprice))
print(sumvalue(**coffeeprice, value = 2000)) # 둘다 키워드 인자

# print(sumvalue(**coffeeprice)) # 오류 발생
# print(sumvalue(**coffeeprice, 2000)) # 오류 발생
```

결과

```
9000
10000
10000
```

◆ 가변 인자 *args와 키워드 형태의 인자 **kwargs을 함께 사용

다음 프로그램에서 함수 sumvalue(*values, **kwargs)는 가변 인자와 키워드 인자를 함께 사용해 구현한 함수다. 함수 sumvalue()의 호출에서 다음과 같이 가변 인자와 키워드 인자로 풀어 사용 가능하다. 또한 가변 인자는 *[2, 3, 4]처럼 리스트를 풀어 사용할 수 있다.

```
coffeeprice = {'value': 2000,'에스프레소': 2000, '아메리카노': 2800, '카페라테': 3200}
print(sumvalue(1, 2, 3, **coffeeprice))
print(sumvalue(*[2, 3, 4], **coffeeprice))
```

그러나 다음처럼 가변 인자가 키워드 인자 뒤에 있으면 오류가 발생한다. 주의가 필요하다.

```
print(sumvalue(**coffeeprice, *[2, 3, 4])) # 오류 발생
```

7-12 코딩 07-12argskwargs.py **가변 인자와 키워드 형태 가변 인자 함수 구현** 난이도 응용

```
def sumvalue(*values, **kwargs):
    hap = 0
    # 가변 인자 합 구하기
    for v in values:
        hap += v
    # 키워드 인자 합 구하기
    for key in kwargs:
        hap += kwargs[key]
    return hap

coffeeprice = {'value': 2000,'에스프레소': 2000, '아메리카노': 2800, '카페라테': 3200}
print(sumvalue(1, 2, 3, **coffeeprice))
```

```
print(sumvalue(*[2, 3, 4], **coffeeprice))

# print(sumvalue(**coffeeprice, *[2, 3, 4])) # 오류 발생
```

결과

```
10006
10009
```

중간 점검

03 다음 가변 인자를 사용하는 함수의 구현과 호출에서 밑줄의 빈 부분을 완성하시오.

```
def mysum(__args):
    '''시퀀스 인자 사용, 모든 시퀀스의 합 반환 함수'''
    hap = 0
    for i in ______:
        hap += i
    return ______

print((1))
print((1, 2, 3))
print((__[1, 2, 3, 4])_
```

04 위치 인자와 키워드 인자를 고려해 다음 코드의 결과를 작성하시오.

```
def calc(x = 10, y = 3, z = 2):
    return x + y ** z

print(calc(3, 2, 3))
print(calc(4, 3))
print(calc(9, z = 4, y = 3))
```

정답

03

```
def mysum(*args):
    '''시퀀스 인자 사용, 모든 시퀀스의 합 반환 함수'''
    hap = 0
    for i in args:
        hap += i
    return hap

mysum(1)
mysum(1, 2, 3)
mysum(*[1, 2, 3, 4])
```

04

```
11
13
90
```

Section

03 람다 함수와 내장 함수 활용

Python

3.1 람다 함수

◆ 람다 함수란?

람다 함수(lambda function)는 작고 이름이 없는(익명, anonymous) 함수를 말한다. 람다 함수는 간단히 한 줄에 작성되며 표현식이 실행되고 그 결과를 반환한다.

- 키워드 lambda 이후에 콤마로 구분된 인자 목록
- 람다 함수는 여러 개의 인자를 취할 수 있지만 표현식은 하나만 가능
- 키워드 return 없이 하나의 표현식 결괏값이 반환

```
lambda 인자 1, 인자 2, … : 표현식(expression)
```

```
lambda x: x + 1
lambda x, y: x + y
lambda x, y: pow(x, y)
```

▲ **그림7** 람다 함수 구문과 예

◆ 람다 함수 구현과 호출

간단히 인자 x에 1을 더한 결과를 반환하는 람다 함수는 다음과 같다. 대화형 모드에서 함수가 정의된 메모리 정보가 출력된다.

```
>>> lambda x: x + 1
<function <lambda> at 0x0000014E7FFBB158>
```

그러나 위처럼 람다 함수는 이름이 없는 익명으로 다시 사용할 수 없는 구조다. 람다 함수가 이름이 없는 이유는 일시적으로 사용하고 바로 버리는 함수에 주로 사용하기 때문이다.

다음과 같이 람다 함수를 만들면서 동시에 인자를 넣어 람다 함수를 호출할 수 있다.

```
>>> (lambda x, y : x * y)(10, 2)
20
```

물론 다음과 같이 람다 함수도 변수에 저장해 계속 사용할 수도 있다.

```
>>> mult = lambda x, y : x * y
>>> mult(10, 2)
20
```

다음 람다 함수 코드를 이해하고 실행해 보자.

7-13 코딩 07-13lambdafunc.py | **이름 없는 람다 함수 활용** | 난이도 응용

```python
print((lambda x: x ** 3)(3))
print((lambda a, b: a % b)(10, 3))

div = lambda a, b: a / b
print(div(10, 2))
```

결과

```
27
1
5.0
```

Tips 좀 더 알아봅시다!

함수 내부에서 람다 함수를 구현해 반환

함수에서 람다 표현식을 반환해 사용하는 방법을 알아보자. 다음 일반 함수 inc(n)은 인자 n에 내부에서 정의한 람다 함수의 인자를 더한 결과를 반환한다. 즉, 람다 함수를 생성해 반환하는 함수다.

```
>>> def inc(n):
...     return lambda x: x + n
...
```

그러므로 inc(100)으로 만든 incbase100 람다 함수는 호출 incbase100(10)에 의해 100 + 10인 110을 반환한다.

```
>>> incbase100 = inc(100)
>>> incbase100(10)
110
>>> incbase100(20)
120
```

3.2 내장 함수 개요

◆ 표준 라이브러리와 내장 함수

일상생활에서 라이브러리는 도서관이다. 우리는 필요한 정보나 즐거움을 얻기 위해 도서관에서 책을 빌려본다. 이와 마찬가지로 프로그래머는 특정 기능이 필요할 때마다 라이브러리를 찾는다.

표준 라이브러리(standard library)란, 파이썬과 함께 설치돼 다른 부가적인 작업 없이 사용할 수 있는 라이브러리를 말한다. 표준 라이브러리 중 import 없이 바로 함수 호출로 사용할 수 있는 함수를 내장 함수(built-in function)라 한다. 지금까지 코딩할 때 가장 많이 사용한 내장 함수는 바로 콘솔로의 출력에 사용한 print() 함수다.

파이썬의 라이브러리란, 필요한 기능을 담당하는 함수나 클래스를 모아놓은 모듈(modules)의 집합이다.

파이썬은 표준 라이브러리 외에도 간단히 설치해 사용할 수 있는 수많은 써드파티 라이브러리(third-party library)가 있다. 써드파티 라이브러리는 모듈부터 패키지 및 전체 응용 프로그램 개발 프레임워크까지 매우 다양하며, 주로 파이썬 패키지 색인 사이트(pypi.org)에서 얻을 수 있다. 파이썬 패키지 색인(PyPI: python package index)은 파이썬 프로그래밍 언어의 방대한 소프트웨어 저장소라고 생각하면 이해하기 쉽다.

이와 같이 파이썬은 다양한 분야의 라이브러리가 매우 많은 고급 프로그래밍 언어이다. 라이브러리의 분야를 살펴보면 교육 부문, 과학 및 수치 컴퓨팅, 빅데이터 및 머신 러닝, 웹 및 인터넷 개발, 그래픽, GUI, 게임 등 매우 다양하다. 이러한 파이썬의 라이브러리를 잘 활용하면 많은 코드를 작성할 필요없이 매우 쉽게 우리가 원하는 코드를 만들 수 있다.

3.3 산술 연산 관련 내장 함수

◆ 절댓값 함수 abs()

함수 abs(num)은 정수 또는 실수인 num의 절댓값을 반환한다.

```
>>> abs(-3)
3
>>> abs(-7.3876)
7.3876
```

◆ 진수로 변환된 문자열을 반환하는 함수 bin(), oct(), hex()

함수 bin(num)은 인자인 정수 num을 "0b"가 앞에 붙은 이진 문자열로 변환해 반환한다. 함수 oct(num)와 hex(num)은 각각 "0o"와 "0x"가 앞에 붙은 8진수, 16진수의 문자열을 반환한다.

```
>>> bin(20)
'0b10100'
>>> oct(20)
'0o24'
>>> hex(20)
'0x14'
```

만일 진수를 표현하는 접두어 "0b", "0o", "0x"가 필요 없다면 내장 함수 format()을 사용할 수 있다.

```
>>> format(20, 'b')
'10100'
>>> format(20, 'o')
'24'
>>> format(20, 'x')
'14'
```

◆ pow(), round(), divmod()

함수 pow(x, y)는 x의 y 거듭제곱을 반환한다. 인자는 정수와 실수 모두 가능하다.

```
>>> pow(2, 3)
8
>>> pow(2.4, 3.1)
15.088805115741808
```

함수 round(x)는 실수 x에 가장 가까운 정수를 반환한다. 함수 round(x, y)는 실수 x에서 소수점 다음에 y 자릿수로 반올림한 값을 반환한다.

```
>>> round(3.141592)
3
>>> round(3.141592, 3)
3.142
```

함수 divmod(a, b)는 인자 2개의 나누기 몫과 나머지로 구성된 한 쌍의 튜플을 반환한다. 정수의 경우, 결과는 (a // b, a % b)와 같다.

```
>>> dm = divmod(10, 3)
>>> print(dm)
(3, 1)
```

3.4 시퀀스 관련 내장 함수

◆ min(), max(), sum()

함수 min()과 max()는 여러 인자 중에서 최솟값과 최댓값을 반환한다.

```
>>> min(5, 1, 10)
1
>>> max(5, 1, 10)
10
```

함수 min()과 max()는 시퀀스의 항목 중에서 최솟값과 최댓값을 반환한다.

```
>>> min([5, 1, 10])
1
>>> max((5, 1, 10))
10
```

함수 sum(시퀀스)는 시퀀스의 모든 항목을 합한 결과를 반환한다. 만약, 인자가 2개라면 정수인 두 번째 인자를 더해 반환한다.

```
>>> sum([5, 1, 10])
16
>>> sum([5, 1, 10], 5)
21
```

◆ 항목 정렬에 사용하는 함수 sorted()와 reversed()

함수 sorted(시퀀스)는 시퀀스의 항목을 정렬해 오름차순의 리스트 결과를 반환한다. 키워드 인자 reverse = True로 내림차순으로 정렬한다.

```
>>> lst = [20, 10, 80, 50]
>>> print(sorted(lst))
[10, 20, 50, 80]
>>> print(sorted(lst, reverse = True))
[80, 50, 20, 10]
```

함수 reversed(시퀀스)는 시퀀스의 역순을 반환한다. 다만, 반환된 값을 리스트나 튜플로 변환해 사용할 수 있다.

```
>>> r = list(reversed(lst))
>>> print(r)
[50, 80, 10, 20]
```

◆ 함수 sorted()에서 정렬의 비교 키로 사용하는 키워드 인자 key

내장 함수 sorted()의 키워드 인자로 key를 사용할 수 있다. 키워드 인자 key의 값으로 정렬에 사용될 키를 반환하는 함수가 돼야 한다. 그러므로 람다 함수도 사용할 수 있다. 다음은 키워드 인자 key = str.lower로 영문자 문자열 항목에서 모두 소문자로 바뀐 결과를 키로 정렬하는 구문이다.

```
>>> words = "The core of extensible programming is defining functions.".split()
>>> print(sorted(words, key = str.lower))
['core', 'defining', 'extensible', 'functions.', 'is', 'of', 'programming', 'The']
```

7-14 코딩 07-14sortedkey.py | **내장 함수 sorted()에서 키워드 인자 key 활용** | 난이도 응용

```
words = "The core of extensible programming is defining functions.".split()
# 각 항목 단어를 모두 소문자로 바꾼 항목을 키로 정렬
print(sorted(words, key = str.lower))
# 각 항목 단어의 첨자 1, 두 번째 문자를 키로 정렬
print(sorted(words, key = lambda word: word[1]))

groupnumber = [('잔나비', 5), ('트와이스', 9), ('블랙핑크', 4), ('방탄소년단', 7)]
# 항목의 첫 번째 항목을 키로 정렬
print(sorted(groupnumber))
# 항목의 두 번째 항목인 그룹 인원수를 키로 정렬
print(sorted(groupnumber, key = lambda singer: singer[1]))
```

비교할 단어에서 단어의 두 번째 문자를 키로 정렬한다.

비교할 항목에서 튜플의 두 번째 항목을 키로 정렬한다.

결과

```
['core', 'defining', 'extensible', 'functions.', 'is', 'of', 'programming', 'The']
['defining', 'of', 'The', 'core', 'programming', 'is', 'functions.', 'extensible']
[('방탄소년단', 7), ('블랙핑크', 4), ('잔나비', 5), ('트와이스', 9)]
[('블랙핑크', 4), ('잔나비', 5), ('방탄소년단', 7), ('트와이스', 9)]
```

◆ 항목의 논리를 검사하는 함수 all(), any()

함수 all(시퀀스)은 시퀀스의 모든 항목이 참이거나 항목이 비어 있으면 True를 반환한다.

```
>>> b = all([3 > 4, 'p' in 'py'])
>>> print(b)
False
>>> print(all('pyhon'))
True
>>> print(all(''))
True
>>> print(all({}))
True
```

항목이 비어 있는 시퀀스는 True를 반환한다.

함수 any(시퀀스)는 시퀀스에서 하나의 항목이라도 참이거나 항목이 비어 있지 않으면 True를 반환한다.

```
>>> b = any([3 > 4, 'p' in 'py'])
>>> print(b)
True
>>> print(any(''))
False
>>> print(any({}))
False
```

◆ 함수를 연결시켜 시퀀스의 항목을 인자로 전달한 결과를 반환하는 함수 map()

함수 map(function, iterable, ...)은 이터러블(iterable)의 모든 항목에 function을 적용한 후 그 결과를 돌려주는 이터레이터(iterator)를 반환한다.

- 이터러블은 항목을 하나씩 차례로 반환할 수 있는 객체(object)를 말한다. 즉, 시퀀스인 문자열, 리스트와 튜플 모두 대표적인 이터러블이다.

이터레이터는 시퀀스인 튜플이나 리스트로 변환해 항목을 활용할 수 있다.

다음 코드에서 함수 호출 map(addone, [10, 30, 50, 20])은 함수 addone(n)의 인자로 리스트 [10, 30, 50, 20]의 항목을 적용한 결과인 이터레이터를 반환한다. 그러므로 반환 이터레이터를 다시 리스트로 변환해 출력한다.

```
>>> def addone(n):
...     return n+1
...
>>>
>>> lst = list(map(addone, [10, 30, 50, 20]))
>>> print(lst)
[11, 31, 51, 21]
```

다음과 같이 함수 add(x, y)는 인자가 2개이므로 함수 map()의 함수 인자 외에 인자로 리스트가 2개 필요하다.

```
>>> def add(x, y):
...     return x + y
...
>>>
>>> lst = list(map(add, [10, 30, 50, 20], [1, 3, 5, 2]))
>>> print(lst)
[11, 33, 55, 22]
```

함수 map()의 첫 인자인 함수에 다음과 같이 람다 함수를 활용하면 유용하다.

```
>>> lst = list(map(lambda x, y: x + y, [10, 30, 50, 20], [1, 3, 5, 2]))
>>> print(lst)
[11, 33, 55, 22]
```


◆ 함수 map()으로 원의 반지름으로 구성된 시퀀스를 면적으로 구성된 시퀀스 생성

다음은 원 반지름 항목으로 구성된 리스트 [3, 5, 7, 10]를 갖고 함수 map()으로 반지름 리스트와 대응되는 원 면적 리스트를 생성한 후, 반복문에서 함수 zip을 사용해 다음과 같이 출력하는 프로그램이다.

7-15 코딩 | 07-15mapsequence.py | 내장 함수 map()을 활용한 원 면적 구하기 | 난이도 응용

```python
circle = [3, 5, 7, 10]
area = list(map(lambda r: r * r * 3.14, circle))

for c, a in zip(circle, area):
    print('반지름 {} => 원면적 {}'.format(c, a))
```

결과

```
반지름 3 => 원면적 28.26
반지름 5 => 원면적 78.5
반지름 7 => 원면적 153.86
반지름 10 => 원면적 314.0
```

Tips 좀 더 알아봅시다!

내장 함수 map()과 filter()에서 람다 함수의 이용

함수 map()의 첫 번째 인자인 함수 부분에 람다 함수를 사용하면 함수를 따로 정의할 필요가 없어 간편하고 쉽다. 다음은 리스트 항목의 세제곱을 구하는 구문이다.

```
>>> lst = list(map(lambda x: pow(x, 3), [2, 3, 5]))
>>> print(lst)
[8, 27, 125]
```

정수기나 공기 청정기의 필터 등 일상생활에서 필터라는 말은 자주 사용된다. 결국 필터는 뭔가를 걸러내는 역할을 담당한다. 함수 filter(function, iterable)도 인자인 function이 True인 iterable의 항목들로 걸러낸 이터레이터를 생성해 반환한다. 만일 지정된 function이 없다면 False인 모든 항목이 제거되고 True인 항목만 남게 된다.

이러한 filter() 함수의 인자로 람다 함수를 사용하면 유용하다. 다음은 인자인 리스트에서 양수인 항목으로 구성된 리스트를 만드는 코드다.

```
>>> lst = list(filter(lambda x: x > 0, [-5, 4, -1, 3, 8]))
>>> print(lst)
[4, 3, 8]
```

다음은 인자인 리스트 0에서 14까지의 정수 중 2와 3으로 나눠떨어지는 정수가 항목으로 구성된 리스트를 만드는 코드다.

```
>>> lst = list(filter(lambda x: (x%2 == 0) & (x%3 == 0), range(15)))
>>> print(lst)
[0, 6, 12]
```

3.5 객체 관련 내장 함수

◆ 함수 dir()

인자 없이 함수 dir()를 호출하면 현재 정의된 변수와 함수 이름의 리스트를 돌려준다.

파이썬 쉘을 처음 실행해 dir()을 입력하면 파이썬 쉘에서 사용되는 시스템 변수를 볼 수 있다. 이러한 시스템에서 사용하는 모듈이나 변수는 앞뒤에 밑줄이 2개 붙어 __builtins__처럼 정의돼 있다.

```
>>> dir()
['__annotations__', '__builtins__', '__doc__', '__loader__', '__name__', '__package__', '__spec__']
```

이후 우리가 정의한 함수나 변수도 dir()로 확인할 수 있다.

```
>>> def mysum(x, y):
...     return x + y
...
>>>
>>> a = mysum(10, 20)
>>> dir()
['__annotations__', '__builtins__', '__doc__', '__loader__', '__name__', '__package__', '__spec__', 'a', 'mysum']
```

내장된 표준 함수를 보려면 인자를 사용한 dir(__builtins__) 로 가능하다. 여기서 __builtins__는 내장을 의미하는 모듈 이름이다.

```
>>> dir(__builtins__)
['ArithmeticError', 'AssertionError', 'AttributeError', 'BaseException',
'BlockingIOError', <중간생략>, '__name__', '__package__', '__spec__', 'abs',
'all', 'any', 'ascii', 'bin', 'bool', 'bytearray', 'bytes', 'callable', 'chr',
'classmethod', 'compile', 'complex', 'copyright', 'credits', 'debugfile',
'delattr', 'dict', 'dir', 'divmod', 'enumerate', 'eval', 'evalsc', 'exec',
'exit', 'filter', 'float', 'format', 'frozenset', 'getattr', 'globals', 'hasattr',
'hash', 'help', 'hex', 'id', 'input', 'int', 'isinstance', 'issubclass',
'iter', 'len', 'license', 'list', 'locals', 'map', 'max', 'memoryview', 'min',
'next', 'object', 'oct', 'open', 'open_in_spyder', 'ord', 'pow', 'print',
'property', 'quit', 'range', 'repr', 'reversed', 'round', 'runfile', 'set',
'setattr', 'slice', 'sorted', 'staticmethod', 'str', 'sum', 'super', 'tuple',
'type', 'vars', 'zip']
```

Tips 좀 더 알아봅시다!

도움말 요청 함수 help()

함수 help([object])는 대화형 모드에서 도움말을 위한 함수다.
파이썬 쉘에서 인자 없이 help()로 입력하면 대화형 도움말 시스템(help utility)이 시작된다. 프롬프트 help> 이후에 도움을 요청할 함수나 키워드 등을 입력하면 도움말이 출력된다. 도움말 시스템에서 빠져나오려면 quit를 입력한다.

```
>>> help()
Welcome to Python 3.6's help utility!
If this is your first time using Python, you should definitely check out
the tutorial on the Internet at https://docs.python.org/3.6/tutorial/.
<중간 생략>

help> lambda
Lambdas
*******
   lambda_expr        ::= "lambda" [parameter_list] ":" expression
   lambda_expr_nocond ::= "lambda" [parameter_list] ":" expression_nocond
Lambda expressions (sometimes called lambda forms) are used to create
anonymous functions. The expression "lambda parameters: expression"
yields a function object.  The unnamed object behaves like a function
object defined with:
   def <lambda>(parameters):
       return expression
```

```
See section Function definitions for the syntax of parameter lists.
Note that functions created with lambda expressions cannot contain
statements or annotations.
Related help topics: FUNCTIONS

help> quit
You are now leaving help and returning to the Python interpreter.
If you want to ask for help on a particular object directly from the
interpreter, you can type "help(object)". Executing "help('string')"
has the same effect as typing a particular string at the help> prompt.

>>>
```

인자 abs를 사용해 help(abs)처럼 입력하면 인자인 모듈, 함수, 클래스, 메서드, 키워드 또는 설명서 주제의 이름을 조회한 결과인 도움말이 쉘에 출력된다.

```
>>> help(abs)
Help on built-in function abs in module builtins:

abs(x, /)
    Return the absolute value of the argument.
```

지금까지 많이 사용했던 내장 함수 print()의 사용 방법과 인자를 자세히 알려면 도움말 help(print)를 입력한다.

```
>>> help(print)
Help on built-in function print in module builtins:

print(...)
    print(value, ..., sep=' ', end='\n', file=sys.stdout, flush=False)

    Prints the values to a stream, or to sys.stdout by default.
    Optional keyword arguments:
    file:  a file-like object (stream); defaults to the current sys.stdout.
    sep:   string inserted between values, default a space.
    end:   string appended after the last value, default a newline.
    flush: whether to forcibly flush the stream.
```

중간 점검

05 다음 코드의 결과를 기술하시오.

① `print(min([3.4, 6.7, 9.3, 1.5]))`

② `print(max([3.4, 6.7, 9.3, 1.5]))`

③ `print(sorted([3.4, 6.7, 9.3, 1.5]))`

④ `print(list(reversed([3.4, 6.7, 9.3, 1.5])))`

06 다음 코드의 결과를 기술하시오.

① `print(list(map(lambda x: x*2, [10, 13, 16, 19])))`

② `print(list(map(lambda x, y: pow(x, y), [3, 2, 1], [1, 2, 3])))`

정답

05 ① 1.5
② 9.3
③ [1.5, 3.4, 6.7, 9.3]
④ [1.5, 9.3, 6.7, 3.4]

06 ① [20, 26, 32, 38]
② [3, 4, 1]

프로젝트 Lab 1

07-pl01-variusfunc.py | 1에서 100까지 10개의 정수로 간단한 함수 이용 | 난이도 응용

함수 setsequencce(start, end, count)에서 1에서 100까지 정수 10개를 난수로 생성해 전역 변수인 리스트 nums에 추가하자. 전역 변수 nums에 저장된 10개의 수로 합과 평균, 최댓값과 최솟값을 출력하는 프로그램을 작성해 보자. 리스트 항목의 합, 최대와 최소는 내장 함수 sum(), min(), max()를 사용한다.

문제 이해(Understanding)

난수를 사용해 일련의 수를 만들고, 생성된 리스트에서 모든 항목을 더하고, 평균을 구하고, 최대와 최소를 구하는 프로그램이다. 리스트인 전역 변수 nums를 만들고 이를 함수에서 global nums로 선언해 사용한다.

설계(Design)

알고리즘(Algorithm)

① 1~100 사이의 난수를 생성하기 위해 random 모듈의 randint() 함수를 사용한다.

② 함수 setsequence(start, end, count)는 인자인 start~end 사이의 정수에서 count 개수 만큼의 난수를 생성해 전역 변수 nums에 추가한다.
- global nums 필요

③ 함수 호출 setsequence(1, 100, 10)으로 1~100 사이의 정수 10개를 생성해 변수 nums에 추가한다.

④ 내장 함수 sum(), len(), min(), max()를 사용해 합과 평균, 최댓값과 최솟값을 출력한다.

표준 입출력 샘플

```
[9, 22, 33, 35, 35, 48, 55, 59, 60, 96]
합: 452, 평균: 45.20
최대: 9, 최소: 96
```

구현(implementation)

```python
from random import randint

def setsequence(start, end, count):
    ''' 전역 변수 nums에 start(1)~end(100) 사이의 정수 count(10)개 추가 '''
    global nums
    for _ in range(count):
        nums.append(randint(start, end))

nums = []
setsequence(1, 100, 10)
print(sorted(nums))
print('합: %d,  평균: %.2f' % (sum(nums), sum(nums)/len(nums)))
print('최대: %d,  최소: %d' % (min(nums), max(nums)))
```

공유(Share)

함수 setsequence(start, end, count)에서 1~50 사이의 10개 항목으로 구하려면 setsequence(1, 50, 10)으로 호출한다. 여러 경우를 테스트해 보자. 또한 인자인 start, end, count에 적절한 기본값을 부여하고 함수를 호출하는 프로그램으로 수정해 보자.

프로젝트 Lab 2 07-pl02-lottogame.py | 로또 복권 시뮬레이션 | 난이도 응용

로또 복권을 사면 받는 로또 번호 6개의 조합을 5개 정할 수 있다. 이 프로젝트에서는 함수 autolotto(), printlotto(lotto), setwinlotto(), getwinnner(lotto) 등을 만들어 이 표와 같이 자동으로 로또 번호와 당첨 번호를 생성하고 각각의 로또 번호가 생성된 당첨 번호와 몇 개 맞는지 출력하는 프로그램을 작성하자. 자동 로또 번호는 이미 학습한 난수를 이용하며, 5개의 로또 번호에서 당첨 번호와의 당첨 개수와 번호를 알아내 출력한다.

문제 이해(Understanding)

로또 복권은 1에서 45까지의 6개의 정수를 당첨 번호와 맞춰 보는 게임이다. 6개 번호를 A부터 E까지 5개 만들어 출력한 후, 자동 생성시킨 당첨 번호와 비교해 당첨 번호 개수와 수를 출력한다. 중복이 없는 6개의 번호는 집합으로 처리하며, 당첨 여부는 교집합을 이용하면 편리하다.

설계(Design)

알고리즘(Algorithm)

① 셋인 전역 변수 winnum에 당첨 번호 6개를 저장해 활용한다.

② 함수 buyautolotto()는 로또 번호 6개로 구성된 5개의 셋이 항목으로 저장된 리스트 lotto를 반환한다.

- 리스트인 지역 변수 lotto에 다음과 같은 구조로 5개의 셋을 저장해 반환, 수는 모두 난수로 생성

```
lotto = [ {3, 6, 15, 24, 28, 34},
          {2, 14, 26, 31, 42, 45},
           ...
          {20, 28, 37, 41, 42, 43} ]
```

- 1에서 45까지의 6개의 난수는 다음으로 생성해 구성 sample(list(range(1, 46)), 6)

③ 함수 printlotto(lotto)는 5개의 난수를 모두 출력한다.

- 옆 출력 샘플에서 알 수 있듯이 맨 앞에 A, B, C, D, E를 순서대로 출력하기 위해 enumerate() 함수를 활용
- 표현식 ord('A') + i으로 알파벳 A, B 등의 코드 번호를 생성해 문자 출력

④ 함수 setwinlotto()는 전역 변수 winnum에 당첨 번호로 6개의 난수를 원소로 하는 셋으로 저장한다.

⑤ 함수 getwinner(lotto)는 5개의 로또 번호인 리스트 lotto를 인자로 넘겨 당첨 번호 개수와 수를 출력한다.

- 당첨 번호는 셋의 함수 intersection()으로 구하고 함수 len()으로 수를 출력
- win = winnum.intersection(item)

표준 입출력 샘플

```
A 자동 03 06 15 24 28 34
B 자동 02 14 26 31 42 45
C 자동 18 27 37 39 41 45
D 자동 07 13 27 34 42 45
E 자동 20 28 37 41 42 43

당첨 번호: 2  8 23 26 27 44

A 꽝
B 당첨번호 개수 2,  2  26
C 당첨번호 개수 1,  27
D 당첨번호 개수 1,  27
E 꽝
```

구현(implementation)

```
from random import sample

## 당첨 번호 저장
winnum = set()

def buyautolotto():
    ''' 정렬된 6개의 로또 번호 5개 조합을 생성 '''
    lotto = [] # 5개의 로또 번호를 저장
    for i in range(5):
        # lst = sorted(list(sample(list(range(1, 46)), 6)))
        num6 = set(sample( list(range(1, 46)), 6 ))
        lotto.append(num6)
    return lotto

def printnums(nums):
    ''' 시퀀스인 수를 정렬해 출력 '''
    for num in sorted(nums):
        print('%02d' % num, end = ' ')
    print()

def printlotto(lotto):
    ''' 로또 복권 표와 같이 출력 '''
    for i, item in enumerate(lotto):
        print('%c 자 동 ' % (ord('A') + i), end = '')
        printnums(item)
    print()

def setwinlotto():
    ''' 전역 변수 winnum에 당첨 번호 정하기 '''
    global winnum
    winnum = set(sample( list(range(1, 46)), 6 ))

def getwinner(lotto):
    ''' 5개의 로또 번호에서 각각 당첨 번호 개수와 수를 출력 '''
    for i, item in enumerate(lotto):
        print('%c' % (ord('A') + i), end = ' ')
        win = winnum.intersection(set(item)) # 당첨 번호 구하기
        if win:
            wincnt = len(win)
            print('당첨 번호 개수 %d, ' % wincnt, end = '')
            printnums(win)
        else:
            print('꽝')

```

```python
    lotto = buyautolotto() # 로또 번호 표 구하기
    printlotto(lotto) # 로또 번호 출력
    setwinlotto() # 당첨 번호 선정
    print('당첨 번호: ', end = '')
    printnums(winnum) # 당첨 번호 출력
    print()
    getwinner(lotto)
```

테스트와 실행 결과(Testing & Simulation)

```
A 자 동 01 12 23 25 27 43
B 자 동 03 16 25 29 33 38
C 자 동 08 12 13 29 31 39
D 자 동 10 23 29 34 35 36
E 자 동 07 10 26 32 39 45

당첨 번호: 15 22 25 30 44 45

A 당첨 번호 개수 1, 25
B 당첨 번호 개수 1, 25
C 꽝
D 꽝
E 당첨 번호 개수 1, 45
```

```
A 자 동 02 05 13 18 31 40
B 자 동 09 12 15 31 36 44
C 자 동 07 28 32 38 41 42
D 자 동 09 12 24 25 30 41
E 자 동 06 12 16 36 38 39

당첨 번호: 03 17 21 22 33 42

A 꽝
B 꽝
C 당첨 번호 개수 1, 42
D 꽝
E 꽝
```

공유(Share)

각각의 함수의 기능을 이해하고 위 프로그램을 코딩해 결과가 나오도록 노력하자. 로또 복권의 당첨 순위를 알아보고 이를 구현하기 위한 방법을 연구해 보자. Chapter 08의 프로젝트 코드와 비교해보자.

학습 내용 점검

01 다음은 함수 정의와 함수 호출이 있는 코드다. 출력 결과를 쓰시오.

①
```
def lang(name):
    print(name, 'programming language')

lang('python')
lang('java')
```

②
```
def comp(x, y):
    return x * y - (x + y)

print(comp(3, 4))
print(comp(2, 3))
```

02 다음 함수 정의를 보고 함수 호출의 출력 결과를 쓰시오.

```
def hap(x = 1, y = 0, z = 0):
    return x + y + z
```

① `print(hap())`

② `print(hap(3))`

③ `print(hap(3, 4))`

④ `print(hap(3, 4, 5))`

03 지역 변수와 전역 변수에 유의해 다음 코드의 결과를 기술하시오.

①
```
def test1():
    print('\t', a + 1)

a = 1
test1()
print(a)
```

②
```
def test2():
    b = 11
    print('\t', b + 1)

b = 1
test2()
print(b)
```

③
```
def test3():
    global c
    c = 10
    print('\t', c + 1)

c = 1
test3()
print(c)
```

④
```
def test4():
    d = 10
    e = d + 10
    print('\t', e)

e = 1
test4()
print(e)
```

04 : 가변 인자와 키워드 인자에 유의해 다음 코드의 결과를 쓰시오.

①
```
def hap(*nums):
    s = 0
    for num in nums:
        s += num
    return s

print(hap(1, 2, 3))
print(hap(*[1, 2, 3, 4]))
```

②
```
def kwtest(**kwargs):
    a = 0
    for key in kwargs:
        if key in ['java', 'python']:
            a += kwargs[key]
    return a

print(kwtest(java=10, python=12,
kotlin=36, c=8))
print(kwtest(**{'java':10, 'C++':7,
'python':5}))
```

05 : 다음 코드의 출력 결과를 쓰시오.

① `print((lambda x, y: x ** y)(7, 2))`

② `print(lambda x, y, z: x + y - z)(3, 7, 4))`

③ `print(sorted([9, 7, 1, 3, 5]))`

④ `print(list(reversed([9, 7, 1, 3, 5])))`

06 : 다음 코드의 출력 결과를 쓰시오.

①
```
def add1(x):
    return x + 1

nums = [2, 6, 7, 13, 3, 21]
mapped = list(map(add1, nums))
print(mapped)
```

②
```
nums = [2, 6, 7, 13, 3, 21]

mapset = set(map(lambda num: num % 2,
nums))
print(mapset)
```

도전! 프로그래밍

01 기본 함수 factorial(n)을 정의해 다음과 같이 출력하는 프로그램을 작성하시오.

- n! = n * (n−1) * (n−2) * … * 2 * 1

```
5! = 120
10! = 3628800
20! = 2432902008176640000
```

02 기본 다음 복리 계산 방법을 사용하는 함수 getinterest(money, rate, year)를 구현해 다음과 같이 출력하는 프로그램을 작성하시오.

- 복리 계산 방법
  복리 총액(total) = 원금(money) × ((1 + 이자율(rate))$^{기간(period)}$

```
예금 원금: 300000
2년 총액: 330750.00
4년 총액: 364651.88
6년 총액: 402028.69
8년 총액: 443236.63
```

03 기본 부피의 단위인 갤론(gallon)과 리터(liter) 간의 변환 함수 togallon(liter)과 toliter(gallon)를 정의해 다음과 같이 표준 입력과 출력이 되는 프로그램을 작성하시오.

- 1리터는 0.264 갤론이며, 1갤론은 3.785리터

```
번호 선택 1. 갤론 => 리터  2. 리터 => 갤론 >> 1
변환할 갤론은? 234
234.00 갤론 == 885.69 리터
```

04 응용 태양계의 행성 중에서 다음 6개의 행성 정보를 리스트로 표현했다. 행성 리스트의 항목인 튜플은 ('수성', 2439, 0.4)처럼 순서대로 각각 행성 이름, 반지름(km), 지구와 태양과의 상대적 거리를 표현한다. 리스트의 정렬 함수 sort()를 사용해 다음 결과와 같이 출력되는 프로그램을 작성하시오.

```
planets = [('수성', 2439, 0.4), ('금성', 6052, 0.7), ('태양', 695000, 0),
           ('지구', 6378, 1), ('화성', 3390, 1.5), ('목성', 71492, 5.2)]
```

- 리스트의 메소드(함수)인 list.sort(key = 정렬에서_사용할_함수)에서 키워드 인자인 key는 정렬에서 사용할 함수를 지정
- 또한 리스트의 메소드(함수)인 list.sort(reverse = True)와 같이 키워드 인자인 reverse는 정렬에서 내림차순으로 정렬

```
태양계 행성의 크기(반지름)로 정렬
[('태양', 695000, 0), ('목성', 71492, 5.2), ('지구', 6378, 1), ('금성', 6052,
0.7), ('화성', 3390, 1.5), ('수성', 2439, 0.4)]
태양계 행성의 태양과의 거리로 정렬
[('태양', 695000, 0), ('수성', 2439, 0.4), ('금성', 6052, 0.7), ('지구', 6378,
1), ('화성', 3390, 1.5), ('목성', 71492, 5.2)]
```

05 응용 1에서 100 사이의 섭씨 온도 9개를 난수로 생성해 정렬된 리스트를 만든 후, 섭씨 온도를 화씨 온도로 변환하는 람다 함수를 사용해 함수 map()으로 섭씨 온도 리스트와 대응되는 화씨 온도 리스트를 생성한다. 반복 for문에서 함수 zip()을 사용해 섭씨 온도를 화씨 온도로 변환해 다음과 같이 출력하는 프로그램을 작성하시오.

- 섭씨 온도를 화씨 온도로 변환하는 람다 함수

```
lambda cels: cels * 9/5 + 32
```

```
섭씨 온도: [4, 16, 20, 24, 28, 29, 38, 49, 57]
화씨 온도: [39.2, 60.8, 68.0, 75.2, 82.4, 84.2, 100.4, 120.2, 134.6]
섭씨 온도 4 => 화씨 39.2
섭씨 온도 16 => 화씨 60.8
섭씨 온도 20 => 화씨 68.0
섭씨 온도 24 => 화씨 75.2
섭씨 온도 28 => 화씨 82.4
섭씨 온도 29 => 화씨 84.2
섭씨 온도 38 => 화씨 100.4
섭씨 온도 49 => 화씨 120.2
섭씨 온도 57 => 화씨 134.6
```

06 실전 1에서 30까지의 난수 6개를 얻어서 정렬한 후 filter() 함수를 사용해 3의 배수만을 항목으로 구성된 리스트를 만들어 다음과 같이 출력하는 프로그램을 작성하시오.

- 모듈 random의 sample() 함수를 사용한 다음 문장으로 리스트 변수 lst에 저장

```
lst = sorted(sample(range(1, 31), 6))
```

```
원 리스트: [3, 7, 9, 20, 24, 25]
필터 리스트: [3, 9, 24]
```

Chapter

08

조건과 반복, 리스트와 튜플 기반의 미니 프로젝트 I

학습 목표

- 8개의 미니 프로젝트를 스스로 생각하고 프로그래밍해 코딩 능력뿐 아니라 문제 해결 능력을 키울 수 있다.

Section

01 실생활에 유용한 소득세 세금 계산 구현

Python

Mini Project 1: 종합 소득 과세 표준 표의 이해와 누진 공제액 계산 기본

변수, 산술 연산, 출력 활용

실생활에서 매우 유용한 종합 소득세 과세 방법을 이해하고 소득 금액에 따른 세금 계산을 해 보자. 종합 소득에 대한 소득세율은 현재 7개 단계로 소득이 많아질수록 소득세율이 올라가는데, 이러한 방식을 누진세라고 한다. 먼저 오른쪽의 종합 소득 과세 표준 표를 이해하고 누진 공제를 직접 코드로 출력해 보자.

종합 소득 과세 표준	소득세율	누진 공제액
1,200만 원 이하	6%	-
1,200만 원 초과~4,600만 원 이하	15%	108만 원
4,600만 원 초과~8,800만 원 이하	24%	522만 원
8,800만 원 초과~1억 5천만 원 이하	35%	1,490만 원
1억 5천만 원 초과~3억 원 이하	38%	1,940만 원
3억 원 초과~5억 원 이하	40%	2,540만 원
5억 원 초과	42%	3,540만 원

표의 첫 번째 열인 종합 소득 과세 표준이란, 연 소득 금액을 말하며, 두 번째 열인 소득세율은 소득에서 내야할 세금의 비율이다. 그럼 누진 공제액이란 무엇일까? 누진 공제액을 알기 전에 종합 소득세가 어떻게 과세되는지 알아보자.

이를 위해 먼저 소득에 따른 세금 계산을 코드로 간단히 작성해 보자. 연 소득이 1,200만 원이라면 세율이 6%이므로 72만 원을 세금으로 내야 한다. 이는 아직 누진이 적용되지 않은 구간이라 누진 공제가 없다.

```
>>> income = 12_000000
>>> rate = 6/100
>>> print(income * rate)
720000.0
```

0의 입력 편의를 위해 중간에 _를 사용할 수 있다.

1,200만 원 초과~4,600만 원은 세율이 15%을 올라 누진 세율이 적용된다.

연 소득이 2,000만 원이라고 가정해 보자. 그러면 2,000만 원의 총 금액의 15%가 세금이란 말인가? 그렇지 않다. 1,200만 원까지는 6%이고 1,200만 원 초과액인 800만 원에 대해서만 15%인 것이다. 즉, 세금은 다음과 같이 계산할 수 있으며, 세금은 192만 원이 된다.

```
>>> income = 20_000000
>>> rate1 = 6
>>> rate2 = 15
>>> tax = 12_000000 * rate1/100 + (income - 12_000000) * rate2/100
>>> print(tax)
1920000.0
```

그렇다면 위 표의 누진 공제액 108만 원은 무엇일까? 위에서 수행한 계산 방법을 적용하면 누진 공제는 필요 없다. 만일 연 소득 2,000만 원의 세금 계산을 위와 다르게 다음과 같이 총 소득 금액(income)인 2,000만 원 전부를 최고 세율(rate 2) 15%로 계산한 후, 다시 누진 공제 금액(deduction)인 1백 8만 원을 빼면 총 세금 192만 원이 계산된다. 총 세금 액수는 위 결과와 같다.

- 누진 공제 계산 방법은 과세 표준 금액에 해당하는 최고 세율만 곱한 후, 단순히 누진 공제 금액만을 차감하기만 하면 된다.

```
>>> income = 20_000000
>>> rate2 = 15
>>> deduction = 1_080000
>>> tax = income * rate2/100 - deduction
>>> print(tax)
1920000.0
```

이 누진 공제액을 차감하는 방법이 처음 방법보다 쉽기 때문에 위 표와 같이 누진 공제 금액을 미리 계산해 알려 주고 있다.

- 누진 공제란, 세금 계산의 편의를 위해 과세 표준 금액에 해당하는 최고 세율만 곱한 후, 과세 구간에 따라 빼야 할 금액

물론 15% 과세 구간의 누진 공제 금액(deduction)인 1백 8만 원이 어떻게 계산된 것인지 알면 더 좋다. 1,200만 원이 넘는 소득에 대한 세율 15%를 모든 소득 금액에 적용하면, 1,200만 원 이하의 구간에서는 15% − 6%인 9%에 대해 더 많은 세금이 계산된다. 이 차감해야 할 금액 (1,200만 원 * (15%−6%))인 1백 8만 원이 '1,200만 원 초과 ~ 4,600만 원 이하' 구간에서의 누진 공제 금액이 된다.

```
>>> smoney = 12_000000
>>> rate1 = 6
>>> rate2 = 15
>>> deduction = smoney * (rate2 - rate1)/100
>>> print('누진 공제액: {:,}'.format(deduction))
누진 공제액: 108,000,000
```

수에 천 단위마다 콤마가 표시된다.

자, 이제 이해가 될 것이다. 그럼 '4,600만 원 초과 ~ 8,800만 원 이하' 구간에 대해서도 알아보자.

이제 연 소득 5,000만 원에 대해 세금을 계산해 보자. 계산을 위해 세 구간의 세율 rate 1, rate 2, rate 3과 구간의 소득 기준 값인 smoney 1, smoney 2가 필요하다.

```
>>> income = 50_000000
>>> rate1 = 6
>>> rate2 = 15
>>> rate3 = 24
>>> smoney1 = 12_000000
>>> smoney2 = 46_000000
```

다소 복잡한 일반적인 방법으로 계산하면, 1,200만 원까지는 6%, 1,200만 원과 4,600만 원 사이 (smoney 2 – smoney 1)인 3,400만 원에 대해서는 15%이며, 마지막으로 4,600만 원 초과액 (income – smoney 2)인 400만 원에 대해 24%이다. 결국 세 구간에 대한 계산이 필요하며, 연 소득 5,000만 원의 세금은 678만 원이다.

```
>>> tax = smoney1 * rate1/100 + (smoney2 - smoney1) * rate2/100
>>> tax += (income - smoney2) * rate3/100
>>> print('세금: {:,}'.format(tax))
세금: 6,780,000.0
```

위 계산을 누진 공제 금액인 522만 원을 적용해 계산하면, 총 소득 금액인 5,000만 원을 최고 세율인 24%를 적용한 후 누진 공제 금액인 522만 원을 차감하면 세금이 678만 원이 된다. 위 방법과 결과가 같은 것을 확인할 수 있다.

```
>>> income = 50_000000
>>> rate3 = 24
>>> deduction = 5_220000
>>>
>>> tax = income * rate3/100 - deduction
>>> print('누진 공제: {:,}'.format(deduction))
누진 공제: 5,220,000
>>> print('세금: {:,}'.format(tax))
세금: 6,780,000.0
```

이제 '4,600만 원 초과 ~ 8,800만 원 이하' 세율 24% 과세 구간의 누진 공제 금액(deduction) 522만 원을 계산해 보자.

4,600만 원이 넘는 소득에 대한 세율 24%를 모든 소득 금액에 적용하면, 1,200만 원 이하의 구간에서는 (24% – 6%)인 18%에 대해 더 많은 세금이 계산되며, 1,200만 원과 4,600만 원 사이의 차액 금액

```
    deduction2  = (base[1] - base[0]) * (brate - rate[0])/100 # 1천 2백만 원의 누진 공제
    deduction2 += (base[2] - base[1]) * (brate - rate[1])/100 # 3천 6백만 원의 누진 공제

    # 세율 35%에 대한 누진 공제액
    brate = rate[3];
    deduction3  = (base[1] - base[0]) * (brate - rate[0])/100 # 1천 2백만 원의 누진 공제
    deduction3 += (base[2] - base[1]) * (brate - rate[1])/100 # 3천 6백만 원의 누진 공제
    deduction3 += (base[3] - base[2]) * (brate - rate[2])/100 # 4천 2백만 원의 누진 공제

    # 세율 38%에 대한 누진 공제액
    brate = rate[4];
    deduction4  = (base[1] - base[0]) * (brate - rate[0])/100 # 1천 2백만 원의 누진 공제
    deduction4 += (base[2] - base[1]) * (brate - rate[1])/100 # 3천 6백만 원의 누진 공제
    deduction4 += (base[3] - base[2]) * (brate - rate[2])/100 # 4천 2백만 원의 누진 공제
    deduction4 += (base[4] - base[3]) * (brate - rate[3])/100 # 6천 2백만 원의 누진 공제

    # 세율 40%에 대한 누진 공제액
    brate = rate[5];
    deduction5  = (base[1] - base[0]) * (brate - rate[0])/100
    deduction5 += (base[2] - base[1]) * (brate - rate[1])/100
    deduction5 += (base[3] - base[2]) * (brate - rate[2])/100
    deduction5 += (base[4] - base[3]) * (brate - rate[3])/100
    deduction5 += (base[5] - base[4]) * (brate - rate[4])/100

    # 세율 42%에 대한 누진 공제액
    brate = rate[6];
    deduction6  = (base[1] - base[0]) * (brate - rate[0])/100
    deduction6 += (base[2] - base[1]) * (brate - rate[1])/100
    deduction6 += (base[3] - base[2]) * (brate - rate[2])/100
    deduction6 += (base[4] - base[3]) * (brate - rate[3])/100
    deduction6 += (base[5] - base[4]) * (brate - rate[4])/100
    deduction6 += (base[6] - base[5]) * (brate - rate[5])/100

    # 계산된 누진 공제액 출력
    print('누진 공제 1: {:10,.0f}원'.format(deduction1))
    print('누진 공제 2: {:10,.0f}원'.format(deduction2))
    print('누진 공제 3: {:10,.0f}원'.format(deduction3))
    print('누진 공제 4: {:10,.0f}원'.format(deduction4))
    print('누진 공제 5: {:10,.0f}원'.format(deduction5))
    print('누진 공제 6: {:10,.0f}원'.format(deduction6))
```

결과

```
누진 공제 1:  1,080,000원
누진 공제 2:  5,220,000원
누진 공제 3: 14,900,000원
누진 공제 4: 19,400,000원
누진 공제 5: 25,400,000원
누진 공제 6: 35,400,000원
```

Mini Project 3: 종합 소득 과세 표준 표 계산 출력

리스트와 튜플, 산술 연산, if 조건, for in 반복, 출력, enumerate() 함수 활용

이제 종합 소득 과세 표준 표의 모든 내용을 출력하는 코드를 작성하자. 과세 표준 구간의 기준 소득 금액과 세율을 각각 튜플 base와 리스트 rate에 저장한다.

```
# 종합 소득 과세 표준 구간에 따른 기준 종합 소득
base = (0, 12_000000, 46_000000, 88_000000, 150_000000, 300_000000, 500_000000)
# 종합 소득 과세 표준 구간에 따른 세율
rate = [6, 15, 24, 35, 38, 40, 42]
```

다음은 모든 구간의 누진 공제액을 반복 for in문으로 구하는 코드다. 리스트 변수 deduction에 6개의 모든 누진 공제액이 저장되도록 한다. 반복에서 변수 dmoney는 각 구간의 공제액을 계산하기 위한 변수로, 계산이 종료되면 deduction에 추가된다.

종합소득 과세표준	소득세율	누진 공제액
1,200만 원 이하	6%	–
1,200만 원 초과~4,600만 원 이하	15%	108만 원
4,600만 원 초과~8,800만 원 이하	24%	522만 원
8,800만 원 초과~1억 5천만 원 이하	35%	1,490만 원
1억 5천만 원 초과~3억 원 이하	38%	1,940만 원
3억 원 초과~5억 원 이하	40%	2,540만 원
5억 원 초과	42%	3,540만 원

또한 변수 brate는 각 구간의 기준 세율(base rate)로 첨자 i에서 rate[i+1]로 저장한다. 소득 금액과 세율의 리스트와 튜플을 참조하기 위한 첨자 변화의 규칙에 유의하기 바란다.

```
# 구간에 따른 기준 소득 금액
base = (0, 12_000000, 46_000000, 88_000000, 150_000000, 300_000000, 500_000000)
# 구간에 따른 세율
rate = [6, 15, 24, 35, 38, 40, 42]

# 누진 공제 금액 계산
deduction = [] # 빈 누진 공제 금액
for i in range(len(base)-1):
    dmoney = 0
    brate = rate[i+1]
    # 각 구간에서의 누진 공제액을 계산해 합
    for j in range(i+1):
        dmoney += (base[j+1] - base[j]) * (brate - rate[j])/100
    deduction.append(dmoney) # 누진 공제 리스트에 추가
```

다음은 지금까지 알아본 종합 소득 과세 표준 표의 모든 구간에 대한 정보를 출력하는 프로그램과 실행 결과다.

8-3 코딩 08-03-incometaxtable.py 난이도 실전

```python
# 종합 소득 과세 표준 구간에 따른 기준 종합 소득
base = (0, 12_000000, 46_000000, 88_000000, 150_000000, 300_000000, 500_000000)
# 종합 소득 과세 표준 구간에 따른 세율
rate = [6, 15, 24, 35, 38, 40, 42]

# 누진 공제 금액 계산
deduction = [] # 빈 누진 공제 금액
for i in range(len(base)-1):
    dmoney = 0
    brate = rate[i+1]
    # 각 구간에서의 누진 공제액을 계산해 합
    for j in range(i+1):
        dmoney += (base[j+1] - base[j]) * (brate - rate[j])/100
    deduction.append(dmoney) # 누진 공제 리스트에 추가

taxtable = []
for i, r in enumerate(rate):
    section = []
    # 종합 소득 과세 표준 문자열 생성해 추가
    if i == 0:
        s = '{}원 초과 ~ {:,.0f}만 원 이하'.format(0, base[i+1]/10_000)
    elif i == 6:
        s = '{:,.0f}억 원 초과 ~ {}'.format(base[i]/100_000000, '계속')
    else:
        s = '{:,.0f}만 원 초과 ~ {:,.0f}만 원 이하'.format(base[i]/10_000, base[i+1]/10_000)
    section.append(s)

    # 소득세율 문자열 생성해 추가
    s = '{}%'.format(rate[i])
    section.append(s)
    # 누진 공제액 문자열 생성해 추가
    if i == 0:
        s = '-'
    else:
        s = '{:,.0f}만 원'.format(deduction[i-1]/10_000)
    section.append(s)
    # 구간의 행 추가
    taxtable.append(section)

print(' 종합 소득 과세 표준 표 '.center(48, '*'))
for i, row in enumerate(taxtable):
    print(' {:^}. {:^28} {:^4} {:^10}'.format(i+1, row[0], row[1], row[2]))
```

결과

```
***************** 종합 소득 과세 표준 표 ******************
 1.        0원 초과 ~ 1,200만 원 이하         6%        -
 2.   1,200만 원 초과 ~ 4,600만 원 이하       15%     108만 원
 3.   4,600만 원 초과 ~ 8,800만 원 이하       24%     522만 원
 4.   8,800만 원 초과 ~ 15,000만 원 이하      35%    1,490만 원
 5.  15,000만 원 초과 ~ 30,000만 원 이하      38%    1,940만 원
 6.  30,000만 원 초과 ~ 50,000만 원 이하      40%    2,540만 원
 7.        5억 원 초과 ~ 계속                 42%    3,540만 원
```

Mini Project 4: 종합 소득 세금 출력

리스트와 튜플, 산술 연산, if 조건, 표준 입력과 출력 활용

마지막으로 표준 입력으로 받은 종합 소득 금액으로 세금을 계산해 출력하는 코드를 작성하자.

과세 표준 구간의 세율과 누진 공제액이 쌍인 항목으로 리스트를 구성한다.

종합 소득 과세 표준	소득세율	누진 공제액
1,200만 원 이하	6%	–
1,200만 원 초과~4,600만 원 이하	15%	108만 원
4,600만 원 초과~8,800만 원 이하	24%	522만 원
8,800만 원 초과~1억 5천만 원 이하	35%	1,490만 원
1억 5천만 원 초과~3억 원 이하	38%	1,940만 원
3억 원 초과~5억 원 이하	40%	2,540만 원
5억 원 초과	42%	3,540만 원

```
# 세율과 누진 공제액 쌍인 항목의 리스트
taxrate = [(6, 0), (15, 1_080_000), (24, 5_220_000), (35, 14_900_000),
           (38, 19_400_000), (40, 25_400_000), (42, 35_400_000)]
```

과세 표준 구간의 기준 소득 금액도 base에 저장한다.

함수 getsecction(income)은 종합 소득 금액 income에 따른 과세 표준 구간 번호를 구해 반환하는 함수다.

```
# 종합 소득 과세 표준 구간에 따른 기준 종합 소득
base = (0, 12_000000, 46_000000, 88_000000, 150_000000, 300_000000, 500_000000)

def getsection(income):
    '''
    종합 소득 금액 income에 따른 과세 표준 구간 번호를 반환
    인자 income: 종합 소득 금액
    '''
    if base[6] < income:
        section = 6
    elif base[5] < income:
        section = 5
    elif base[4] < income:
        section = 4
    elif base[3] < income:
        section = 3
    elif base[2] < income:
        section = 2
    elif base[1] < income:
        section = 1
```

```
    else:
        section = 0
    return section
```

다음은 표준 입력으로 받은 종합 소득에 대한 세금을 계산해 출력하는 전 프로그램과 실행 결과다.

8-4 코딩 08-04-incometax.py 난이도 실전

```
# 세율과 누진 공제액 쌍인 항목의 리스트
taxrate = [(6, 0), (15, 1_080_000), (24, 5_220_000), (35, 14_900_000),
           (38, 19_400_000), (40, 25_400_000), (42, 35_400_000)]
# 종합 소득 과세 표준 구간에 따른 기준 종합 소득
base = (0, 12_000000, 46_000000, 88_000000, 150_000000, 300_000000, 500_000000)

def getsection(income):
    '''
    종합 소득 금액 income에 따른 과세 표준 구간 번호를 반환
    인자 income: 종합 소득 금액
    '''
    if base[6] < income:
        section = 6
    elif base[5] < income:
        section = 5
    elif base[4] < income:
        section = 4
    elif base[3] < income:
        section = 3
    elif base[2] < income:
        section = 2
    elif base[1] < income:
        section = 1
    else:
        section = 0
    return section

income = int(input('종합 소득 금액 입력 >> '))
section = getsection(income)
tax = income * taxrate[section][0] / 100 - taxrate[section][1]

print("종합 소득: {:,.0f}".format(income))
print("세율: {}%".format(taxrate[section][0]))
print("세금: {:,.0f}".format(tax))
```

결과

```
종합 소득 금액 입력 >> 40000000
종합 소득: 40,000,000
세율: 15%
세금: 4,920,000
```

Section

02 디지털 형태의 정수 출력

Mini Project 5: 0에서 5까지 디지털 정수 형태의 리스트 출력

중첩 리스트, while과 for in문, if 조건 활용

다음 리스트에는 내부에 다시 리스트인 3개의 항목이 있다. 이 3개의 항목은 각각 모두 리스트이며, 이를 출력하면 숫자인 문자열이 적힌 리스트가 출력되는 것을 알 수 있다.

```
LCD = [['0'], ['1'], ['2']]
print(LCD[0])
print(LCD[1])
print(LCD[2])
```

실행 결과

```
['0']
['1']
['2']
```

다음과 같이 숫자 0의 모양을 중첩된 리스트로 표현해 보자. 이 디지털 숫자 모양의 0을 보이는 모습 그대로 출력할 수 있을까?

```
LCD = [[ "|||||",
         "|   |",
         "|   |",
         "|   |",
         "|||||" ]]
```

다음처럼 LCD[0]를 그대로 출력하면 리스트 모양으로 각각의 항목이 한 줄에 출력되는 것을 볼 수 있다.

```
print(LCD[0])
```

실행 결과

```
['|||||', '|   |', '|   |', '|   |', '|||||']
```

그러나 다음과 같이 for in문으로 LCD[0]의 내부 항목인 문자열을 row에 저장해 한 줄씩 출력하면 우리가 저장한 디지털 모양의 0이 출력된다.

```
for row in LCD[0]:
    print(row)
```

실행 결과

```
|||||
|   |
|   |
|   |
|||||
```

그렇다면 1, 2, 3 등과 같은 다른 숫자도 디지털 모양으로 만들어 출력할 수 있지 않을까? 한 번 시도해 보자.

다음처럼 변수 LCD에 0부터 5까지의 큰 모양의 숫자를 만들자.

```
LCD = [[ "|||||",
         "|   |",
         "|   |",
         "|   |",
         "|||||" ],

       [ "   | ",
         "  || ",
         "   | ",
         "   | ",
         " ||||" ],

       [ "|||||",
         "    |",
         "|||||",
         "|    ",
         "|||||" ],

       [ "|||||",
         "    |",
         "|||||",
         "    |",
         "|||||" ],

       [ "|   |",
         "|   |",
         "|||||",
         "    |",
         "    |" ],

       [ "|||||",
         "|    ",
         "|||||",
         "    |",
         "|||||" ]]
```

이제 표준 입력으로 받은 숫자를 정수로 변환해 변수 num에 저장한다. 우리가 출력할 수 있는 수가 0에서 5 사이이므로 그 이외의 수가 입력되면 무시하고 다시 입력받는다.

```
# 표준 입력
num = -1
while not (0 <= num <= 5): # 0에서 5사이만을 입력받기 위해
    num = int(input("0 ~ 5 사이의 숫자 하나 입력 >> "))
```

변수 num에 저장된 첨자의 LCD를 변수 select에 저장한다. 리스트 select에 있는 항목인 문자열을 순서대로 한 행에 출력하면 디지털 모양의 숫자가 출력된다.

```
# 위 LCD 리스트에서 한 항목인 숫자를 선택
select = LCD[num]
# 선택한 select 숫자인 리스트에서 각각의 항목을 한 줄에 출력
for row in select:
    print(row)
```

다음은 0에서 5까지 디지털 정수 형태의 리스트를 출력하는 모든 코드와 실행 결과의 한 예다.

8-5 코딩 08-05-printdigit.py **난이도 응용**

```
LCD = [[ "|||||",
         "|   |",
         "|   |",
         "|   |",
         "|||||" ],

       [ "   | ",
         "  || ",
         "   | ",
         "   | ",
         " ||||" ],

       [ "|||||",
         "    |",
         "|||||",
         "|    ",
         "|||||" ],

       [ "|||||",
         "    |",
         "|||||",
         "    |",
         "|||||" ],

       [ "|   |",
         "|   |",
```

```
              "|||||",
              "    |",
              "    |" ],

            [ "|||||",
              "|    ",
              "|||||",
              "    |",
              "|||||" ]]

# 표준 입력
num = -1
while not (0 <= num <= 5): # 0에서 5 사이만을 입력받기 위해
    num = int(input("0 ~ 5 사이의 숫자 1개 입력 >> "))

# 위 LCD 리스트에서 한 항목인 숫자를 선택
select = LCD[num]
# 선택한 select 숫자인 리스트에서 각각의 항목을 한 줄에 출력
for row in select:
    print(row)
```

결과

```
0 ~ 5 사이의 숫자 하나 입력 >> 5
|||||
|
|||||
    |
|||||
```

Mini Project 6: 0에서 5까지의 자릿수로 구성되는 정수를 디지털 정수 모양으로 출력

중첩 리스트, while과 for in 반복 구문 활용

위 프로젝트 5의 수행을 참고로 이제 '12345'와 같은 여러 자릿수의 정수를 디지털 정수 형태로 출력해 보자. 디지털 정수 자릿수의 형태를 저장한 위의 LCD는 그대로 사용한다.

정수 531, 2043처럼 0에서 5까지의 자릿수로 구성되는 정수 형태의 문자열을 입력받아 변수 snum에 저장한다.

```
snum = '7'
while not checkdgt(snum):
    snum = input("0 ~ 5 자릿수로만 정수 형태(예: 523, 24501) 1개 입력 >> ")
```

함수 checkdgt(snum)은 문자열 '2043' 등이 0에서 5까지의 자릿수로 구성되는 정수 형태인지를 검사하는 함수다. 하나라도 벗어나면 False를 반환해 다시 입력받도록 한다.

입력 문자열이 정수 형태인 '2043'이라면 변수 snum에는 '2043'이 저장된다. 저장된 snum을 인자로 함수 호출 printLCD(snum)을 수행하면 다음이 출력되도록 한다.

```
||||| ||||| |   | |||||
    | |   | |   |     |
||||| |   | ||||| |||||
|     |   |     |     |
||||| |||||     | |||||
```

함수 printLCD(snum)의 구현을 살펴보자. 위의 2043을 출력한다면 2043 순으로 모두를 출력하는 것이 아니라 2043의 각 자릿수인 2, 0, 4, 3의 순서로 첫 행을 출력한다. 즉, LCD의 첫 번째 첨자는 2, 0, 4, 3의 순서이며, 두 번째 첨자는 첫 행이므로 모두 0인 LCD[2][0], LCD[0][0], LCD[4][0], LCD[3][0] 순으로 출력한다. 그리고 다음 행을 5행 모두인 첨자 0, 1, 2, 3, 4까지 출력하면 위와 같다.

이러한 출력을 위해 먼저 행을 반복하고 행에서는 다시 내부 반복으로 2, 0, 4, 3 순으로 리스트의 행을 출력한다. 이를 위해 외부 반복에서는 0, 1, 2, 3, 4 순으로 행인 row의 값으로 반복한다. 내부 반복에서는 '2043' 정수의 길이인 4만큼 0, 1, 2, 3 순으로 i에 저장해 반복한다. 내부 반복에서 num = int(digit[i])로 num에 2, 0, 4, 3 순으로 대입한다. 즉, num이 2, 0, 4, 3 순으로 LCD[num][row]를 출력한다. 이를 행마다 반복하므로 두 번째 행에서는 2, 0, 4, 3의 두 번째 행을 출력한다. 즉, 출력될 행인 0에서 4까지를 row에 저장하고 매 행마다 num을 바꿔가면서 LCD[num][row]를 출력한다.

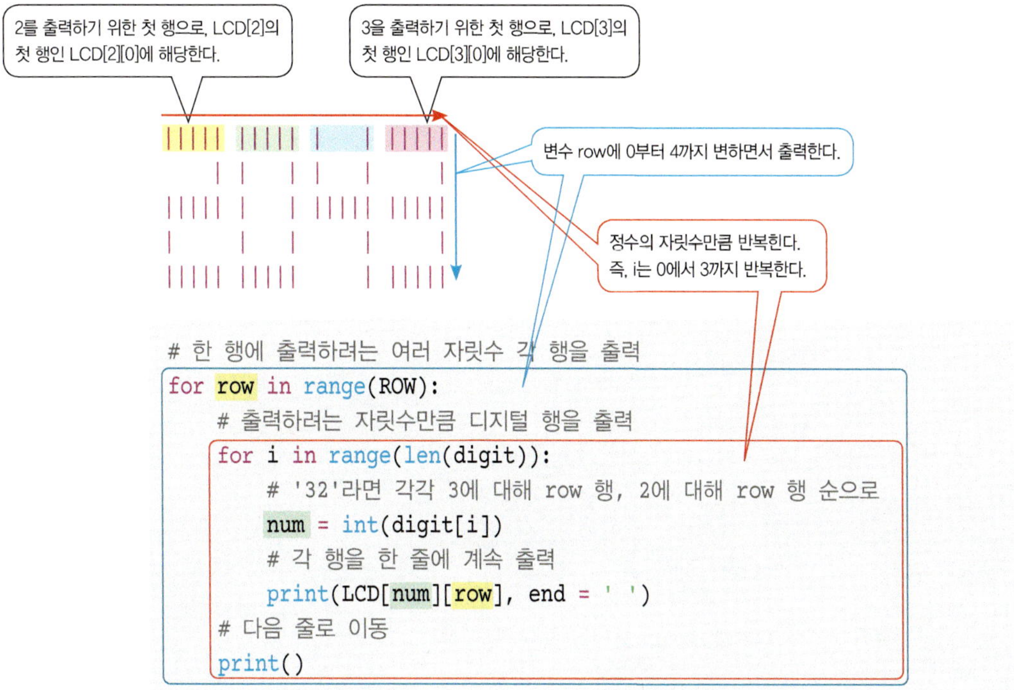

▲ **그림1** 함수 printLCD()의 이해

다음은 0에서 5까지의 자릿수로 구성되는 정수를 디지털 정수 모양으로 출력하는 모든 코드와 실행 결과의 한 예다.

8-6 코딩 08-06-printdigitalint.py 난이도 응용

```
LCD = [[ "|||||",
         "|   |",
         "|   |",
         "|   |",
         "|||||" ],

       [ "    | ",
         "   || ",
         "    | ",
         "    | ",
         "  |||" ],

       [ "|||||",
         "    |",
         "|||||",
         "|    ",
         "|||||" ],

```

```
            [ "|||||",
              "    |",
              "|||||",
              "    |",
              "|||||" ],

            [ "|   |",
              "|   |",
              "|||||",
              "    |",
              "    |" ],

            [ "|||||",
              "|    ",
              "|||||",
              "    |",
              "|||||" ]]

ROW = 5 # 디지털 숫자의 높이

def printLCD(digit):
    """
    '234'의 문자열 숫자를 디지털 숫자로 출력하는 함수

    인자
        digit: 출력하려는 정수 형태의 문자열
    """

    # 한 행에 출력하려는 여러 자릿수 각 행을 출력
    for row in range(ROW):
        # 출력하려는 자릿수만큼 디지털 행을 출력
        for i in range(len(digit)):
            # '32'라면 각각 3에 대해 row행, 2에 대해 row행 순으로
            num = int(digit[i])
            # 각 행을 한 줄에 계속 출력
            print(LCD[num][row], end = ' ')
        # 다음 줄로 이동
        print()

# 문자열의 문자가 '012345'가 아니면 False 반환
def checkdgt(s):
    tag = True
    for c in s:
        if c not in '012345':
            tag = False
            break
```

```python
        return tag

# 표준 입력
snum = '7'
while not checkdgt(snum):
    snum = input("0 ~ 5 자릿수로만 정수 형태(예 523, 24501) 1개 입력 >> ")
# 출력
printLCD(snum)
```

결과

```
0 ~ 5 자릿수로만 정수 형태(예: 523, 24501) 1개 입력 >> 123450
  |  ||||| ||||| |   | ||||| |||||
 ||      |     | |   | |     |   |
  |  ||||| ||||| ||||| ||||| |   |
  |  |         |     |     | |   |
|||| ||||| |||||     | ||||| |||||
```

Section

03 실생활 게임을 코딩으로 구현

Python

Mini Project 7: 가위·바위·보 게임

조건문 if, 리스트와 딕셔너리, 모듈 random의 choice() 함수, while문 활용

일상에서 흔히 하는 가위바위보 게임을 직접 코딩해 보자. Chapter 06의 프로젝트 Lab에서도 이와 비슷한 코딩을 경험해 봤으므로 참고하자. if문과 리스트와 딕셔너리를 사용해 가위바위보 게임을 구현해 보자.

다음 딕셔너리 madewin은 가위바위보에서 승패가 나뉘는 세 가지 경우를 항목으로 구성했다. 구성된 항목 앞의 키에는 승자, 값에는 패자의 손 모양을 기술한다.

```
# 가위바위보 게임 판정에 사용할 딕셔너리
madewin = {'가위': '보',        # 가위는 보를 이김
           '바위': '가위',      # 바위는 가위를 이김
           '보': '바위'}        # 보는 바위를 이김
```

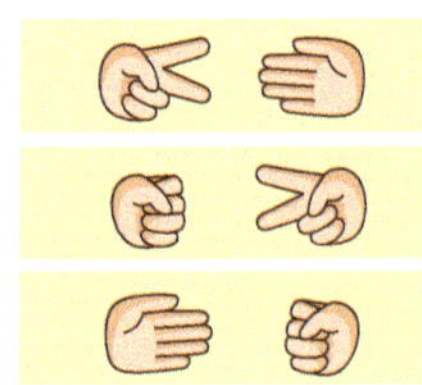

딕셔너리 madewin은 승패 판정에 매우 유용하다. 딕셔너리의 값 참조인 madewin[손 모양]의 결과는 패하는 손 모양의 값이다. 즉, 한 사람의 손 모양이 playerA라고 가정하자. 동등 비교인 madewin[playerA] == playerB 가 True이면 playerA 가 이긴 것으로 판정할 수 있다. 이와 같이 가위바위보 게임에서 딕셔너리가 판정에 유용하다.

```
>>> madewin['가위']
'보'
>>> madewin['바위']
'가위'
>>> madewin['보']
'바위'
```

이제 컴퓨터가 가위바위보 중 하나를 선택하는 방법을 알아보자. 이미 학습한 random 모듈의 choice()를 사용한다.

- 모듈 random의 choice() 함수는 리스트나 튜플 등 내부의 여러 항목 중 하나를 선택해 반환하는 함수다.

먼저 모듈 random의 choice()를 사용하려면 다음 구문이 필요하다.

```
>>> from random import choice
```

그럼 이제 함수 choice()로 가위바위보 중 하나를 임의로 선택해 보자. 먼저 가위바위보로 리스트 hand를 만든다. 그리고 hand를 인자로 함수 choice(hand)를 호출하면 가위바위보 중 하나를 얻을 수 있다.

```
>>> hand = ['가위', '바위', '보']
>>> player = choice(hand)
>>> player
'보'
>>> player = choice(hand)
>>> player
'바위'
```

이제 게임 과정에서의 입력과 출력에 대해 알아보자. 게임이 시작되면 화면에 다음이 표시되고 1, 2, 3 중 하나를 선택한다. 게임이 계속 진행되므로 중간에 종료하려면 0을 선택한다.

```
0(종료), 1(가위), 2(바위), 3(보[자기]) 중 하나 선택 >> 1
```

결과는 바로 다음과 같이 표시되도록 한다.

```
당신: 가위 vs 컴퓨터: 바위
아쉽지만, 컴퓨터가 이겼습니다.
```

위와 같이 입출력이 계속되도록 구현하자. 다만, 사용자의 선택이 0이면 프로그램을 종료한다. 전체적인 실행 결과는 다음과 같다. 다음 소스를 참고해 코딩해 보자.

```
==================== 가위#바위#보 게임 시작 ====================

 0(종료), 1(가위), 2(바위), 3(보[자기]) 중 하나 선택 >> 1
당신: 가위 vs 컴퓨터: 가위
비겼습니다

 0(종료), 1(가위), 2(바위), 3(보[자기]) 중 하나 선택 >> 3
당신: 보 vs 컴퓨터: 가위
아쉽지만, 컴퓨터가 이겼습니다.

 0(종료), 1(가위), 2(바위), 3(보[자기]) 중의 하나 선택 >> 0

 ======================== 종료합니다 ========================
```

컴퓨터와 사용자가 진행하는 가위 · 바위 · 보 게임의 전체 코드는 다음과 같다.

18번 줄 이후의 try ... except 구문은 Chapter 11의 예외 처리에서 다룰 내용이지만 먼저 코딩에 사용했다. 블록 try 내부에서 정상적으로 표준 입력을 받지 못하고 오류가 발생하면 except 블록으로 들어와 num에 무조건 1을 대입하는 구문이다. 즉, 입력에 문제가 발생하면 사용자는 무조건 '가위'로 지정하도록 한 것이다.

8-7 코딩 08-07-rockgame.py 난이도 응용

```
# 가위바위보 중 하나를 임의로 선택하기 함수
from random import choice

# 가위바위보 게임 판정에 사용할 딕셔너리
madewin = {'가위': '보',    # 가위는 보를 이김
           '바위': '가위', # 바위는 가위를 이김
           '보': '바위'}    # 보는 바위를 이김

# rock scissors paper
game = [' 가위# 바위# 보 게임 ', '가위', '바위', '보']
msg = ['비겼습니다', '축하합니다! 당신이 이겼습니다.']
msg.append('아쉽지만, 컴퓨터가 이겼습니다.')

# 시작 제목 출력
print((game[0] + '시작 ').center(55, '='))
# 게임 시작
while True:
    try:
        s = ' 0(종료), 1(가위), 2(바위), 3(보[자기]) 중 하나 선택 >> '
        num = int(input(s))
    except:
        num = 1

    if num == 0:
        break;

    if not (0 <= num <= 3): # 범위의 값이 아니며 다시 시작
        print('\t입력이 잘못됐습니다. 다시 하세요!')
        continue;

    # 컴퓨터에게 하나 선택
    player = game[num]
    com = choice(game[1:]) # 가위바위보는 1부터 시작
    # 게임 판정
    if player == com:
        winner = 0 # 비김 출력
    # 참여자인 당신이 이기는 조건
    elif madewin[player] == com:
        winner = 1  # 당신 승리
    # 컴퓨터가 이기는 조건
    else:
        winner = 2  # 컴퓨터 승리

    print('당신:', player, 'vs', '컴퓨터:', com)
    print(msg[winner] + '\n')

# 종료 출력
print('\n', ' 종료합니다 '.center(55, '='))
```

Mini Project 8: 로또 복권 당첨 모의 실험

딕셔너리와 튜플, 리스트, 조건, while과 for 반복, 모듈 random의 choice(), randint() 함수 활용 활용

우리나라 로또 복권에 1등으로 당첨될 확률은 8,145,060분의 1이라고 한다. 컴퓨터로 난수를 발생시켜 모의 실험을 하더라도 확률적으로 8백만 번 이상 해봐야 당첨 번호가 나올 수 있다는 말이다. Chapter 07에서 우리나라의 로또 복권 당첨 번호를 생성하고, 로또 번호 6개를 만들어 당첨 번호와 맞는 수를 찾아 출력해봤다. 이제 이 프로젝트에서는 우리나라의 로또 당첨 순위를 알아보고 모든 등수와 등수 외의 복권 번호를 의도적으로 만들어 출력해 보는 프로그램을 작성해 보자.

순위	당첨 내용	당첨 확률	당첨금 배분 비율
1	6개 번호 모두 일치	1/8,145,060	총 당첨금 중 4등과 5등 금액을 제외한 금액의 75%
2	5개 번호 일치 + 나머지 1개가 보너스 번호 일치	1/1,357,510	총 당첨금 중 4등과 5등 금액을 제외한 금액의 12.5%
3	5개 번호 일치	1/35,724	총 당첨금 중 4등과 5등 금액을 제외한 금액의 12.5%
4	4개 번호 일치	1/733	50,000원
5	3개 번호 일치	1/45	5,000원

로또는 1부터 45까지의 숫자 중 6개를 선정해 맞히는 게임이다. 당첨 순위는 위 표와 같으며 다만 보너스 번호가 있어 숫자 5개를 맞힌 상황에서 보너스까지 맞히면 2등이 된다. 이 당첨 순위를 적절히 사용하기 위해 딕셔너리로 이 순위를 만들어 보자.

딕셔너리의 키(key)로 번호 6개 중 맞춘 개수로 정한다. 즉 키가 6은 1등으로 값(value)은 ('1등', 1000000000)처럼 등수와 상금의 튜플로 만든다. 다만, 5개를 맞히면 다시 키 1과 0으로, 2등과 3등으로 나눈다. 실제 로또에서 3등 이상의 상금은 매회 달라지므로 다음처럼 정액 값으로 저장한다.

```
# 로또 복권 순위 판정에 사용할 딕셔너리
rank = { 6: ('1등', 1000000000), # 1등 10억 원, 맞춘 번호 6개
         5: {1: ('2등', 50000000), # 2등 5천만 원, 맞춘 번호 5개 + 보너스
             0: ('3등', 1000000)}, # 3등 1백만 원, 맞춘 번호 5개
         4: ('4등', 50000), # 4등 5만 원, 맞춘 번호 4개
         3: ('5등', 5000) # 5등 5천원, 맞춘 번호 3개
       }
```

가장 먼저 당첨 번호 6개와 보너스 번호 하나를 선정한다. 모듈 random의 함수 sample()로 7개를 선정해 마지막 번호를 보너스 번호로 정하고 나머지는 당첨 번호로 정한다. 당첨 번호 개수 계산의 편의를 위해 집합으로 당첨 번호 winum을 정한다. 집합의 교집합을 사용하면 딩첨 번호와 맞춘 번호 찾기가 매우 수월하기 때문이다.

```
# 7개 선정
winnum = set(sample( list(range(1, 46)), 7 ))
# 1개를 빼서 보너스 번호로 사용
bonus = winnum.pop()
```

이제 의도적으로 1등에서 하나도 못 맞춘 꽝까지의 번호를 만들어 로또 번호 리스트인 lottos에 추가하자. 가장 먼저 당첨 번호와 6개 모두 같은 1등 번호를 만들어 로또 리스트에 추가하자. 즉, 당첨 번호인 winnum을 그대로 복사한다.

```
lottos = []
# 1등 번호(6개 모두 같은 셋)를 만들어 로또 리스트에 추가
rank1num = winnum.copy()
lottos.append(rank1num)
```

copy()로 깊은 복사를 해야 새로운 리스트가 생성된다.

당첨 번호와 5개 같고, 1개는 보너스 번호와 일치하는 2등인 rank2num을 만들어 로또 리스트에 추가한다.

```
# 2등 번호(5개 같고, 1개는 보너스 번호)를 만들어 로또 리스트에 추가
rank2num = winnum.copy()
rank2num.pop(); rank2num.add(bonus)
lottos.append(rank2num)
```

3등인 rank3num을 당첨 번호와 5개 같고, 1개는 보너스 번호와 다르면서 기존에 있는 번호가 아닌 하나의 수를 선정해 넣은 후 리스트에 추가한다.

```
# 3등 번호(5개 같고, 1개는 보너스 번호와 다르게)를 만들어 로또 리스트에 추가
rank3num = winnum.copy()
rank3num.pop()
# 보너스 번호, 기존 번호가 아니면 1개 추가
while True:
    num = randint(1, 45)
    if num != bonus and num not in rank3num:
        rank3num.add(num)
        break

lottos.append(rank3num)
```

이제 당첨 번호와 4개에서 0개까지 같은 로또 번호를 만들어 리스트에 추가한다. 함수 makenum(n)은 4개에서 0까지 당첨 번호와 맞는 로또 번호를 갖는 리스트를 반환하는 함수다.

```
# 4개부터 0개 맞는 번호 자동 생성
for i in range(5):
    lottos.append(makenum(4 - i))
```

함수 makenum(same)의 구현을 살펴보면 먼저 당첨 번호인 winnum을 복사해 nums에 저장한다. 변수 nums에 당첨 번호와 same개 같은 번호를 만들어 반환할 예정이다.

```
nums = winnum.copy()
```

6 – same 개수만큼 nums에서 제거한 후, 다시 제거된 수만큼 당첨 번호와 다른 수로 채워 넣는다.

```
    # 다르게 만들기 위해 제거 6-same개 제거
    for i in range(6 - same):
        nums.pop()
```

다음은 로또 번호 6개가 되도록 기존 번호와 다른 번호로 채워 넣는 코드다.

```
    # 당첨 번호가 아닌 2개를 넣어 모두 6개 만들기
    while len(nums) != 6:
        n = randint(1, 45)
        if n not in winnum:
            nums.add(n)
```

이제 지금까지 생성한 8개의 로또 번호가 모인 lottos 리스트를 printlotto(lottos)로 출력한 후, 당첨 순위를 함수 getwinner(lottos)로 출력한다.

```
# 로또 번호 출력
printlotto(lottos)
# 로또 번호와 당첨 번호 비교해 순위 결정 출력
getwinner(lottos)
```

주요 함수인 getwinner(lotto)는 로또 번호가 모인 리스트 lotto에서 당첨 번호와 비교해 등수와 상금을 출력한다. 당첨 번호인 winnum과 로또 번호인 item의 교집합을 구하면 win에 맞춘 번호만 저장된다.

```
        win = winnum.intersection(item) # 당첨 번호 구하기
```

집합인 win에 len(win)을 적용하면 wincnt에는 맞춘 번호 개수가 저장된다.

```
wincnt = len(win)
```

출력에 필요한 등수 판정은 2등과 3등을 제외하면 grade = rank[wincnt]로 간단하다. 여기서 wincnt는 당첨 번호를 맞춘 개수이며, grade에는 wincnt에 따라 출력될 등수와 상금의 항목인 튜플 ('4등', 50000) 등이 저장된다.

2등과 3등은 wincnt가 5이며, bonus 번호를 맞히면(if bonus in item:), rank[wincnt][1]으로 2등인 튜플 ('2등', 50000000)이 저장된다. bonus 번호를 맞히지 못하면 rank[wincnt][0]으로 3등이 된다.

```
if 5 == wincnt:
    if bonus in item:
        print('\t 보너스 번호 %d도 맞춤!!!' % bonus)
        grade = rank[wincnt][1] # 2등 지정
    else:
        grade = rank[wincnt][0] # 3등 지정
```

다음은 함수 getwinner(lotto)의 호출로 출력된 결과의 예다.

```
A 당첨 번호 개수 6, 15 17 18 19 22 27
        1등 1000000000원
B 당첨 번호 개수 5, 15 18 19 22 27
        보너스 번호 5도 맞춤!!!
        2등 50000000원
C 당첨 번호 개수 5, 15 18 19 22 27
        3등 1000000원
D 당첨 번호 개수 4, 15 19 22 27
        4등 50000원


E 당첨 번호 개수 3, 15 22 27
        5등 5000원
F 당첨 번호 개수 2, 15 27
        2개 이하 맞춰, 꽝!
G 당첨 번호 개수 1, 15
        2개 이하 맞춰, 꽝!
H 모두 꽝!!!
```

다음은 로또 복권 당첨 모의 실험을 하는 모든 코드와 실행 결과의 한 예다.

8-8 코딩 08-08-lottogame.py 난이도 실전

```python
from random import sample
from random import randint

# 로또 복권 순위 판정에 사용할 딕셔너리
rank = { 6: ('1등', 1000000000), # 1등 10억 원, 맞춘 번호 6개
         5: {1: ('2등', 50000000), # 2등 5천만 원, 맞춘 번호 5개 + 보너스
             0: ('3등', 1000000)}, # 3등 1백만 원, 맞춘 번호 5개
         4: ('4등', 50000), # 4등 5만 원, 맞춘 번호 4개
         3: ('5등', 5000) # 5등 5천원, 맞춘 번호 3개
       }

def makenum(same):
    nums = winnum.copy()
    # 다르게 만들기 위해 제거 6-same개 제거
    for i in range(6 - same):
        nums.pop()

    # 당첨 번호가 아닌 2개를 넣어 모두 6개 만들기
    while len(nums) != 6:
        n = randint(1, 45)
        if n not in winnum:
            nums.add(n)
    return nums

def getwinner(lotto):
    ''' 6개의 로또 번호에서 각각 당첨 번호 개수와 수를 출력 '''
    global bonus
    for i, item in enumerate(lotto):
        print('%c' % (ord('A') + i), end = ' ')
        win = winnum.intersection(item) # 당첨 번호 구하기
        if win:
            wincnt = len(win)
            print('당첨 번호 개수 %d, ' % wincnt, end = '')
            printnums(win)
            if 3 <= wincnt:
                grade = rank[wincnt]
                if 5 == wincnt:
                    if bonus in item:
                        print('\t 보너스 번호 %d도 맞춤!!!' % bonus)
                        grade = rank[wincnt][1] # 2등 지정
                    else:
                        grade = rank[wincnt][0] # 3등 지정
                print('\t%s %s원' % (grade[0], grade[1]))
            else:
                print('\t 2개 이하 맞춰, 꽝!')
        else:
```

```
            print('모두 꽝!!!')

def printlotto(lotto):
    ''' 로또 복권 표와 같이 출력 '''
    for i, item in enumerate(lotto):
        print('%c 자동 ' % (ord('A') + i), end = ' ')
        printnums(item)
    print()

def printnums(nums):
    ''' 시퀀스인 수를 정렬해 출력 '''
    for num in sorted(nums):
        print('%02d' % num, end = ' ')
    print()

# 7개 선정
winnum = set(sample( list(range(1, 46)), 7 ))
# 1개를 빼 보너스 번호로 사용
bonus = winnum.pop()

print('당첨 번호: ', end = '')
printnums(winnum) # 당첨 번호 출력
print('보너스 번호:', bonus)
print()

lottos = []
# 1등 번호(6개 모두 같은 셋)를 만들어 로또 리스트에 추가
rank1num = winnum.copy()
lottos.append(rank1num)

# 2등 번호(5개 같고, 1개는 보너스 번호)를 만들어 로또 리스트에 추가
rank2num = winnum.copy()
rank2num.pop(); rank2num.add(bonus)
lottos.append(rank2num)

# 3등 번호(5개 같고, 1개는 보너스 번호와 다르게)를 만들어 로또 리스트에 추가
rank3num = winnum.copy()
rank3num.pop()
# 보너스 번호가 아니고 기존의 번호가 아니면 1개 추가
while True:
    num = randint(1, 45)
    if num != bonus and num not in rank3num:
        rank3num.add(num)
        break
lottos.append(rank3num)

# 4개부터 0개 맞는 번호 자동 생성
for i in range(5):
```

```
        lottos.append(makenum(4 - i))

# 로또 번호 출력
printlotto(lottos)
# 로또 번호와 당첨 번호 비교해 순위 결정 출력
getwinner(lottos)
```

결과

```
당첨 번호: 11 12 15 19 40 44
보너스 번호: 2

A 자동 11 12 15 19 40 44
B 자동 02 11 12 15 40 44
C 자동 11 12 15 40 44 45
D 자동 02 04 11 12 15 44
E 자동 02 12 15 26 33 44
F 자동 04 08 15 32 33 44
G 자동 07 15 27 31 34 42
H 자동 04 06 08 10 18 32

A 당첨 번호 개수 6, 11 12 15 19 40 44
        1등 1000000000원
B 당첨 번호 개수 5, 11 12 15 40 44
        보너스 번호 2도 맞춤!!!
        2등 50000000원
C 당첨 번호 개수 5, 11 12 15 40 44
        3등 1000000원
D 당첨 번호 개수 4, 11 12 15 44
        4등 50000원
E 당첨 번호 개수 3, 12 15 44
        5등 5000원
F 당첨 번호 개수 2, 15 44
        2개 이하 맞춰, 꽝!
G 당첨 번호 개수 1, 15
        2개 이하 맞춰, 꽝!
H 모두 꽝!!!
```

Chapter 09

라이브러리 활용을 위한 모듈과 패키지

학습 목표

- 표준 모듈을 이해하고 사용자 정의 모듈도 직접 구현해 사용할 수 있다.
- 표준 모듈인 turtle을 사용해 기본적인 도형을 그릴 수 있다.
- 써드파티 모듈 numpy와 matplotlib 등을 설치해 활용할 수 있다.

Section

01 모듈의 이해와 활용

1.1 모듈 개요와 표준 모듈 math, random

◆ 함수나 변수의 파이썬 코드가 저장된 소스 모듈

모듈(module)은 함수나 변수, 클래스 정의 등의 파이썬 코드가 저장된 소스 파일이다. 이러한 모듈은 파이썬 프로그램에서 불러와(import) 사용할 수 있다. 모듈은 표준 모듈과 그 외의 모듈이 있을 수 있다. 표준 모듈은 파이썬 설치와 함께 자동으로 설치되는 모듈이며, 그 외의 모듈은 직접 우리가 만들어 사용하거나 써드파티 모듈(third party modules)을 설치해 사용할 수 있다. 따로 설치가 필요한 써드파티 모듈은 여러 회사나 전문가가 개발해 배포하는 모듈을 말한다. 다음은 써드파티 모듈의 예다.

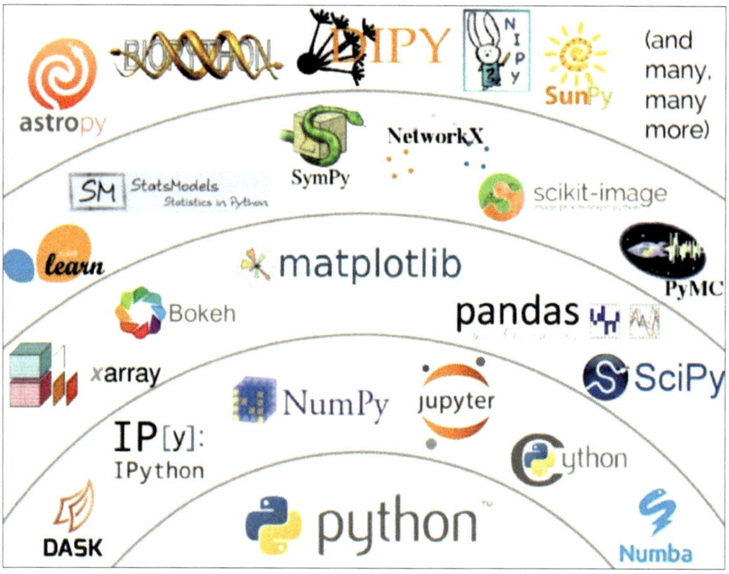

▲ 그림1 다양한 써드파티 모듈

우리가 자주 사용했던 표준 모듈로는 random이 있으며 math와 statistics, turtle, datetime, sys, os 등 매우 다양하다. 표준 모듈의 이름은 sys 모듈의 builtin_module_names 변수에 저장돼 있다. 다음 구문으로 확인할 수 있다.

```
>>> import sys
>>> print(sys.builtin_module_names)
('_ast', '_bisect', '_blake2', '_codecs', '_codecs_cn', '_codecs_hk', '_codecs_
iso2022', '_codecs_jp', '_codecs_kr', '_codecs_tw', '_collections', '_csv',
'_datetime', '_functools', '_heapq', '_imp', '_io', '_json', '_locale',
'_lsprof', '_md5', '_multibytecodec', '_opcode', '_operator', '_pickle',
'_random', '_sha1', '_sha256', '_sha3', '_sha512', '_signal', '_sre', '_stat',
'_string', '_struct', '_symtable', '_thread', '_tracemalloc', '_warnings',
'_weakref', '_winapi', 'array', 'atexit', 'audioop', 'binascii', 'builtins',
'cmath', 'errno', 'faulthandler', 'gc', 'itertools', 'marshal', 'math', 'mmap',
'msvcrt', 'nt', 'parser', 'sys', 'time', 'winreg', 'xxsubtype', 'zipimport',
'zlib')
```

◆ 모듈을 불러오는 다양한 import 구문과 표준 모듈 math

수학 관련 함수와 변수가 정의된 표준 모듈 math를 사용하기 위한 다양한 import 방법을 알아보자.

모듈 math를 사용하려면 기본적으로 import 구문을 사용해야 한다. import 이후에는 내장 함수 dir(math)로 math의 관련 함수와 변수 등의 리스트를 볼 수 있다.

```
>>> import math
>>> dir(math)
['__doc__', '__loader__', '__name__', '__package__', '__spec__', 'acos',
'acosh', 'asin', 'asinh', 'atan', 'atan2', 'atanh', 'ceil', 'copysign', 'cos',
'cosh', 'degrees', 'e', 'erf', 'erfc', 'exp', 'expm1', 'fabs', 'factorial',
'floor', 'fmod', 'frexp', 'fsum', 'gamma', 'gcd', 'hypot', 'inf', 'isclose',
'isfinite', 'isinf', 'isnan', 'ldexp', 'lgamma', 'log', 'log10', 'log1p',
'log2', 'modf', 'nan', 'pi', 'pow', 'radians', 'sin', 'sinh', 'sqrt', 'tan',
'tanh', 'tau', 'trunc']
```

import 이후 내장 함수 help(math.fsum)으로 함수 설명에 대한 도움말을 볼 수 있다. 모듈 math의 함수 fsum(이터러블)은 인자인 이터러블의 합을 구하는 함수다.

```
>>> help(math.fsum)
Help on built-in function fsum in module math:
fsum(...)
    fsum(iterable)

    Return an accurate floating point sum of values in the iterable.
    Assumes IEEE-754 floating point arithmetic.
```

import 구문은 콤마로 구분해 한 번에 여러 모듈을 불러올 수 있다.

```
>>> import math, random
>>> print(math.fsum([1.2, 2.5]))
3.7
>>> print(random.randint(1, 10))
2
```

리스트인 1.2와 2.5의 합을 반환한다.

import math as m 구문은 math를 다른 이름인 별칭 m으로 사용할 수 있도록 한다.

```
>>> import math as m
>>> help(m.radians)
Help on built-in function radians in module math:
radians(...)
    radians(x)

    Convert angle x from degrees to radians.
```

각도(degrees)를 라디안(radians)로 반환하는 함수다.

from math import degrees 구문은 모듈 math에서 모듈 이름 없이 함수 degrees를 바로 사용할 수 있도록 한다.

```
>>> from math import degrees
>>> help(degrees)
Help on built-in function degrees in module math:
degrees(...)
    degrees(x)

    Convert angle x from radians to degrees.
```

각도(degrees)를 라디안(radians)로 반환하는 함수다.

from math import gcd, trunc처럼 모듈 math에서 여러 개의 함수나 상수의 특정 이름을 지정할 수 있으며, 특정 이름인 gcd, trunc 함수를 모듈 이름 없이 바로 사용할 수 있다. 함수 gcd(x, y)는 최대공약수, trunc(x)는 소수를 없앤 정수를 반환하는 함수다.

```
>>> from math import gcd, trunc
>>> print(gcd(12, 16))
4
>>> print(trunc(3.141592))
3
```

다음 구문은 모듈 math의 함수 sqrt를 sr로 사용할 수 있도록 한다.

```
>>> from math import sqrt as sr
>>> print(sr(4))
2.0
```

지금까지 살펴본 다양한 import 관련 구문을 정리하면 다음과 같다.

▼ **표1** 모듈 이용의 다양한 구문

문장	설명	비고
import math	모듈 사용 구문으로, 콤마로 나열해 여러 모듈을 한 번에 사용 가능	`import math, random`
import math as m	모듈을 별칭인 다른 이름으로 지정 가능	
from math import degrees	• 모듈에서 지정된 이름을 모듈 이름 없이 사용 가능, import *는 모듈의 모든 이름 사용 가능 • 모듈에서 지정된 여러 이름도 사용 가능	`from math import *` `from math import gcd, trunc`
from math import sqrt as sr	모듈에서 지정된 이름을 다른 이름으로 사용	

다음 예제의 다양한 import 구문으로 모듈 math를 사용하는 코드다.

- 함수 floor(실수): 실수보다 작거나 같은 가장 큰 정수, 즉 바닥 정숫값
- 함수 ceil(실수): 실수보다 크거나 같은 가장 작은 정수, 즉 천정 정숫값

9-1 코딩 09-01importmath.py **import 구문으로 모듈 math를 불러오기** 난이도 기본

```
import math
print(math.pi) # 원주율 pi

from math import e # 자연수 e
print(math.e)
from math import degrees, radians
print(degrees(math.pi), radians(90))
from math import floor, ceil # 바닥 값, 천정 값 함수
print(floor(3.8), ceil(3.1))
from math import factorial as fact # n! 함수
print(fact(5))
```

결과

```
3.141592653589793
2.718281828459045
180.0 1.5707963267948966
3 4
120
```

◆ 표준 모듈 random의 사용

난수를 위한 표준 모듈 random은 이미 많이 사용해봤다. rd로 난수 관련 함수를 참조하기 위해 import random as rd 구문을 사용한다. 일단 내장 함수 dir(rd)로 모듈 random의 변수나 함수 등의 이름을 알 수 있다.

```
>>> import random as rd
>>> dir(rd)
['BPF', 'LOG4', 'NV_MAGICCONST', 'RECIP_BPF', 'Random', 'SG_MAGICCONST',
'SystemRandom', 'TWOPI', '_BuiltinMethodType', '_MethodType', '_Sequence',
'_Set', '__all__', '__builtins__', '__cached__', '__doc__', '__file__', '__
loader__', '__name__', '__package__', '__spec__', '_acos', '_bisect', '_
ceil', '_cos', '_e', '_exp', '_inst', '_itertools', '_log', '_pi', '_random',
'_sha512', '_sin', '_sqrt', '_test', '_test_generator', '_urandom', '_warn',
'betavariate', 'choice', 'choices', 'expovariate', 'gammavariate', 'gauss',
'getrandbits', 'getstate', 'lognormvariate', 'normalvariate', 'paretovariate',
'randint', 'random', 'randrange', 'sample', 'seed', 'setstate', 'shuffle',
'triangular', 'uniform', 'vonmisesvariate', 'weibullvariate']
```

모듈 random의 함수 random()의 사용법은 다음 help(rd.random)으로 알 수 있다.

- 함수 random()은 0에서 1보다 작은 실수 난수를 반환

```
>>> help(rd.random)
Help on built-in function random:
random(...) method of random.Random instance
    random() -> x in the interval [0, 1).
```

이와 마찬가지로 다음 help(rd.shuffle)로 함수 shuffle()의 기능을 알 수 있다.

- 함수 shuffle(list)은 인자인 list의 순서를 임의로 섞어(shuffling) 바꿈.

```
>>> help(rd.shuffle)
Help on method shuffle in module random:
shuffle(x, random=None) method of random.Random instance
    Shuffle list x in place, and return None.

    Optional argument random is a 0-argument function returning a
    random float in [0.0, 1.0); if it is the default None, the
    standard random.random will be used.

>>> import random as rd
>>> days = ['월','화','수','목','금','토', '일']
```

```
>>> random.shuffle(days)
>>> print(days)
['월', '일', '수', '금', '목', '토', '화']
```

다음 예제로 모듈 random의 함수 random()과 shuffle() 그리고 sample()을 다시 한번 확인하자.

9-2 코딩 09-02randomshuffle.py | **모듈 random의 주요 함수** | **난이도** 기본

```
import random as rd

for i in range(3):
    print(rd.random()) # 0에서 1보다 작은 실수 난수 생성

cards = [[1, '송학'], [2, '메조'], [3, '벚꽃'], [4, '흑싸리'], [5, '초'], [6, '모란']]
print(cards)
for _ in range(3):
    rd.shuffle(cards) # 카드를 섞음
    print(cards)

print(rd.sample(cards, 2)) # 카드에서 2개를 선택
```

결과

```
0.36302499440976255
0.19348727139204103
0.07595135197379321
[[1, '송학'], [2, '메조'], [3, '벚꽃'], [4, '흑싸리'], [5, '초'], [6, '모란']]
[[2, '메조'], [3, '벚꽃'], [6, '모란'], [4, '흑싸리'], [5, '초'], [1, '송학']]
[[5, '초'], [1, '송학'], [4, '흑싸리'], [2, '메조'], [3, '벚꽃'], [6, '모란']]
[[5, '초'], [1, '송학'], [3, '벚꽃'], [4, '흑싸리'], [6, '모란'], [2, '메조']]
[[3, '벚꽃'], [6, '모란']]
```

1.2 사용자 정의 모듈 만들기와 활용

◆ 직접 모듈을 작성해 프로그램에서 실행

모듈은 다른 파이썬 프로그램에서 활용될 수 있는 함수, 클래스 및 변수의 정의 등이 포함될 수 있다. 모듈 작성은 다른 파이썬 소스 파일과 같다.

다음 좌측 모듈 hello의 파이썬 소스를 원하는 폴더에 저장하자. 여기에서는 폴더 'D:\Python Code\ch09'에 저장하며, 모듈 이름을 hello로 하려면 파일 이름은 hello.py로 저장해야 한다. 즉, 모듈 이름은 확장자를 제외한 파일 이름이다.

hello.py

```python
def hi():
    print('Hi, Python!')

msg = '파이썬, 재미있네요!'
```

mypg.py

```python
import hello
hello.hi()

from hello import msg
print(msg)
```

▲ **그림2** 모듈 hello.py와 모듈을 불러 사용하는 프로그램 mypg.py

이제 위 왼쪽 모듈 hello의 함수 hi()와 변수 msg를 사용하는 프로그램 소스 mypg.py를 작성하자. 오른쪽의 mypg.py도 폴더 'D:\Python Code\ch09'에 저장한다. 모듈 hello를 사용하는 오른쪽 소스의 파일 이름은 상관 없으며, 지금은 반드시 왼쪽 모듈 hello.py가 저장된 폴더와 동일한 곳에 저장한다.

다음은 오른쪽 mypg.py를 파이썬 IDLE 셸에서 실행한 결과다. 실행되는 프로그램 mypg가 저장된 폴더에서도 불러올 hello 모듈을 찾으므로 문제 없이 실행된다.

```
>>>
================= RESTART: D:/Python Code/ch09/mypg.py =================
Hi, Python!
파이썬, 재미있네요!
```

◆ 셸에서 자신이 만든 모듈을 실행

이제 자신이 만든 모듈을 셸에서 직접 불러(import)와 실행해 보자. 셸에서 자신이 만든 모듈 hello를 불러오면 모듈을 찾지 못하고 오류가 발생한다.

```
>>> import hello
Traceback (most recent call last):
  File "<stdin>", line 1, in <module>
ModuleNotFoundError: No module named 'hello'
```

셸에서 우리가 직접 만든 모듈 hello를 사용하는 데는 두 가지 방법이 있다.

첫 번째 방법은 일반적으로 써드파티 모듈이 설치되는 폴더 site-packages에 자신이 만든 모듈을 복사해 놓는 방법이다. sys.path는 인터프리터가 자동으로 모듈을 찾는 path 폴더다. sys.path의 마지막 리스트 폴더 'lib\site-packages'도 모듈을 찾는 기본 경로에 포함돼 있다. 바로 이 설치 폴더 아래의 lib\site-packages 폴더에 자신이 만든 모듈 hello.py를 복사해 놓는다.

```
>>> import sys
>>> print(sys.path)
['', 'C:\\Python\\Python37-32\\Lib\\idlelib', 'C:\\Python\\Python37-32\\
python37.zip', 'C:\\Python\\Python37-32\\DLLs', 'C:\\Python\\Python37-32\\lib',
'C:\\Python\\Python37-32', 'C:\\Python\\Python37-32\\lib\\site-packages']
```

이제 셸에서 hello를 불러와 다음 코드를 실행해 보자. 잘 실행되는 것을 볼 수 있다.

```
>>> import hello
>>> hello.hi()
Hi, Python!
>>> hello.msg
'파이썬, 재미있네요!'
```

두 번째 방법은 원래 hello.py가 저장된 폴더인 'D:\Python Code\ch09'를 파이썬의 모듈 경로인 sys.path에 append( ) 메소드로 추가하는 방법이다.

```
>>> sys.path.append('D:\\Python Code\ch09')
>>> sys.path
['', 'C:\\Python\\Python37-32\\Lib\\idlelib', 'C:\\Python\\Python37-32\\
python37.zip', 'C:\\Python\\Python37-32\\DLLs', 'C:\\Python\\Python37-32\\lib',
'C:\\Python\\Python37-32', 'C:\\Python\\Python37-32\\lib\\site-packages', 'D:\\
Python Code\\ch09']
>>> import hello
>>>
```

◆ 자신이 만든 모듈에서 직접 실행 점검

모듈로 사용할 소스에도 함수나 변수를 점검할 일반 문장이 올 수 있다. 그러나 다음 hello2.py를 불러오더라도 그 실행 결과가 보이게 된다. 즉, 개발 단계에서 모듈의 테스트 코드를 모듈 내부에 코딩한 후 불러오는 것으로 실행 결과를 확인할 수 있다. 그러나 개발 후에 다음 소스 그대로 모듈로 활용할 수는 없다.

```
>>> import hello2
Hi, Python!
파이썬, 재미있네요!
```

hello2.py

```
def hi():
    print('Hi, Python!')

msg = '파이썬, 재미있네요!'

hi()
print(msg)
```

단순히 불러오는 것만으로도 hello2가 실행되므로 이 문장의 결과가 보인다.

다음 hello3.py와 같이 일반 문장 앞에 조건 if __name__ == '__main__'을 넣어주면 불러오더라도 if 블록 문장은 실행되지 않는다. __name__에 자신 모듈 이름인 'hello3'가 저장돼 있기 때문이다. 시스템이 사용하는 변수 __name__에는 실행 중인 모듈의 이름이 저장돼 있는데, hello3.py가 직접 실행될 때는 __name__이 '__main__'으로 지정된다.

- 즉 __name__에는 프로그램이 처음 시작된 소스에서는 __main__으로 저장되며, 불러온 다른 모듈에는 모듈 이름이 저장된다.

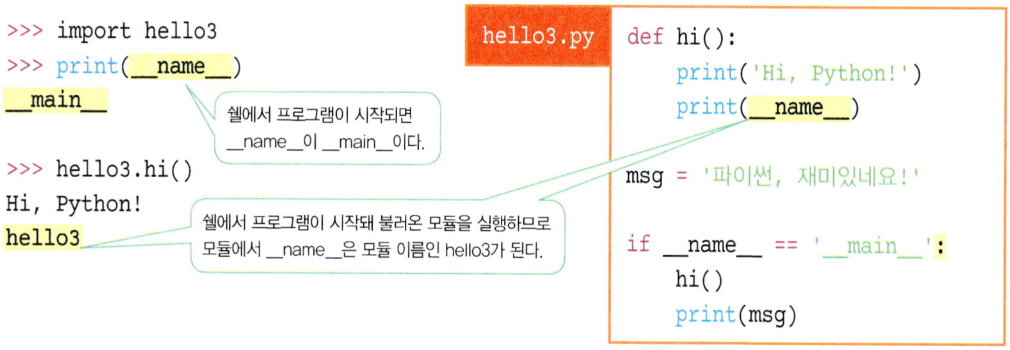

▲ **그림3** 모듈에서 변수 __name__의 적절한 사용

Tips 좀 더 알아봅시다!

프로그램 언어의 main에 대해

C 언어의 콘솔 프로그램은 main() 함수에서 시작된다. 자바 언어도 마찬가지다. 그러나 파이썬은 main()이라는 함수가 따로 없으며, 어느 소스에서도 프로그램이 시작될 수 있다. 다만 파이썬은 시작되는 소스가 main이 되는 개념이며, 변수 __name__에 __main__이라는 값을 저장해 이 소스가 main이라는 알 수 있도록 한다. 시작된 소스에서 불러오는 모듈로 실행이 이동되면 변수 __name__에는 그 모듈 이름이 저장된다. 모듈을 실행하고 다시 본 소스로 돌아오면 다시 변수 __name__에 __main__이 다시 저장된다.

위 hello2.py를 쉘에서 직접 열어 실행하면 소스 hello3가 main이 돼 변수 __name__에 __main__이 저장되며, hi()와 print(msg)가 실행되는 것을 알 수 있다.

```
>>>
================ RESTART: D:\Python Code\ch09\hello3.py ================
Hi, Python!
__main__
파이썬, 재미있네요!
```

◆ 모듈 random을 함수를 활용해 모듈을 생성하고 불러오기

모듈 random의 함수 randint(start, end)는 정수인 start에서 end까지의 정수인 난수를 발생시킨다. 또한 함수 sample(popu, k)는 시퀀스나 셋인 popu에서 k개의 서로 다른 난수의 리스트를 반환한다. 다음 코드의 함수 nrandom(start, end, n, duplicated = False)는 위 두 함수 randint(start, end)와 sample(popu, k)를 합한 개념으로, start와 end 사이의 정수 난수를 n개 생성해 반환하는 함수다. 마지막 인자 duplicated에 따라 난수의 중복을 허용한다. 기본값은 False이므로 인자를 지정하지 않으면 중복을 허용하지 않는다.

다음 코드는 모듈로도 활용될 수 있도록 if __name__ == '__main__':의 블록에 함수 nrandom()을 호출해봤다. 다음을 파일에 저장해 실행하면 if 블록의 결과가 표시될 것이다. 모듈로도 이용할 수 있다.

9-3 코딩 09-03myrandom.py **모듈 random을 활용한 난수 발생 함수 구현** 난이도 응용

```python
import random

def nrandom(start, end, n, duplicated = False):
    '''
    start와 end 사이의 정수 난수를 n개 생성해 반환
    인자
        start: 시작 정수
        end: 마지막 정수
        n: 난수 개수
        duplicated: 중복 허용 여부, 기본은 중복하지 않음
    '''
    lst = [] # 반환할 난수 리스트
    if duplicated:
        for _ in range(n):
            lst.append(random.randint(start, end))
    else:
        lst = list(random.sample(range(start, end+1), n))
    # 모두 정렬해 반환
    return sorted(lst)

if __name__ == '__main__':
    print('로또 복권: ', nrandom(1, 45, 6))
    print('주사위 3번: ', nrandom(1, 6, 3, True))
```

주사위를 각각 3번 던지는 개념으로 중복을 허용하기 위해 위치 인자로 True로 지정한다.

결과

```
로또 복권: [3, 12, 24, 25, 30, 34]
주사위 3번: [2, 2, 3]
```

위 파일을 모듈로 사용하기 위해 파일 kutil.py로 다시 저장해 보자. 다음 코드에서 모듈 kutil의 nrandom을 불러와 로또 복권 5회의 번호를 만들어보자. 또한 주사위 4번 던지는 결과를 표시해 보자.

9-4 코딩 09-04importkutil.py **직접 만든 모듈 kutil의 함수 nrandom 불러 활용** 난이도 응용

```python
from kutil import nrandom

for i in range(5):
    print('로또 복권 %d:' % (i+1), nrandom(1, 45, 6))
print()
print('주사위 4번: ', nrandom(1, 6, 4, True))
```

결과

```
로또 복권 1: [3, 7, 12, 27, 38, 43]
로또 복권 2: [7, 9, 15, 18, 19, 27]
로또 복권 3: [15, 20, 26, 32, 35, 45]
로또 복권 4: [9, 10, 19, 32, 35, 37]
로또 복권 5: [6, 7, 8, 11, 14, 36]

주사위 4번: [2, 4, 5, 6]
```

Tips 좀 더 알아봅시다!

모듈 로딩 속도를 위한 __pycache__ 폴더

모듈을 불러온 후, 모듈이 저장된 폴더 D:\Python Code\ch09에 가보면 폴더 __pycache__를 볼 수 있다. 이 폴더에는 hello.cpython-37.pyc나 hello3.cpython-36.pyc처럼 모듈이름.컴파일된버전.pyc 이름의 컴파일된 모듈 파일이 생성된다. 이 컴파일된 모듈 파일은 모듈의 로딩 속도를 빠르게 하기 위해 처음 불러올 때 생성된 파일이다.

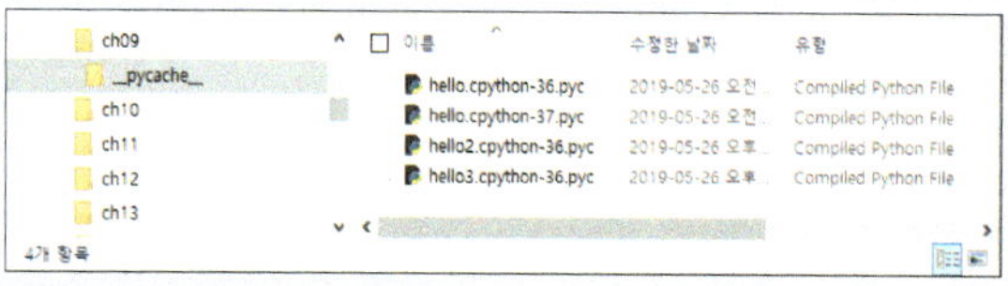

▲ **그림 4** __pycache__ 폴더와 컴파일된 모듈 파일

1.3 모듈이 저장된 폴더, 패키지

◆ 여러 계층 구조의 패키지 생성과 실행

어느 회사가 인공 지능을 위한 라이브러리 모듈을 제공한다고 가정하자. 이 경우 모듈이 여러 개 일수 있으며 이런 여러 모듈을 패키지라는 폴더에 저장해 관리할 수 있다. 즉, 패키지는 모듈이 저장된 폴더이며, 하부에도 여러 폴더와 모듈이 구성될 수 있다.

간단하게 패키지를 직접 만들어 여러 모듈을 생성해 보자. 기준 폴더 D:\Python Code\ch09 아래에 폴더와 모듈을 다음과 같이 저장하자.

상위 폴더: D:\Python Code\ch09		
패키지(폴더)	모듈	소스 코드

myai	kai.py	`# %% 모듈 파일 myai\kai.py`
		`def getAI():`
		`    print('저는 인공 지능 모듈이다.')`

myai/ml	machine.py	`# %% 모듈 파일 myai\ml\machine.py`
		`def getML():`
		`    print('저는 머신 러닝 모듈이다.')`

myai/nn	neural.py	`# %% 모듈 파일 myai\nn\neural.py`
		`def getANN():`
		`    print('저는 뉴럴네트워 모듈이다.')`

셸에서 직접 위 패키지의 모듈을 불러와 함수를 호출해 보자. 아직 패스에 폴더를 추가하지 않았다면 먼저 상위 폴더인 D:\Python Code\ch09를 path에 추가하자.

```
>>> import sys
>>> sys.path.append('D:\\Python Code\ch09')
```

다음은 myai 폴더의 모듈 kai를 불러와 함수 getAI()를 호출하는 구문이다. myai 폴더의 모듈 kai는 간단히 .를 사용해 myai.kai로 표현한다. 단순히 import myai.kai만으로는 myai.kai.getAI()로 호출할 수 있다.

```
>>> import myai.kai
>>> myai.kai.getAI()
저는 인공 지능 모듈이다.
```

다음은 myai/ml 폴더의 모듈 machine를 불러와 함수 getML()를 호출하는 구문이다. myai 폴더의 하부 폴더 ml도 .를 사용해 myai.ml로 표현한다. from myai.ml import machine 구문이므로 machine.getML()로 호출할 수 있다.

```
>>> from myai.ml import machine
>>> machine.getML()
저는 머신 러닝 모듈이다.
```

다음은 myai/nn 폴더의 모듈 neural을 불러와 함수 getANN()을 호출하는 구문이다. myai 폴더의 하부 폴더 nn에 있는 모듈 neural도 myai.nn.neural로 표현한다. from myai.nn.neural import getANN 구문이므로 불러온 함수 이름 그대로 getANN()로 호출할 수 있다.

```
>>> from myai.nn.neural import getANN
>>> getANN()
저는 뉴럴네트웍 모듈이다.
```

중간 점검

01 다음 표준 모듈을 불러오는 구문을 작성하시오.

① statistics

② datetime

③ sys

④ os

02 파이썬 쉘에서 사용자 정의 모듈을 불러오는 두 가지 방법을 설명하시오.

정답

01
① >>> import statistics
② >>> import datetime
③ >>> import sys
④ >>> import os

02 첫째, 파이썬 설치 폴더 하부 lib/site-packages에 사용자 정의 모듈 파일을 복사하는 방법
둘째, sys.path.append(사용자_정의_모듈_파일이_있는_폴더)

Section 02

표준 모듈 터틀 그래픽과 써드 파티 모듈 numpy, matplotlib

2.1 터틀 개요와 기본

◆ 모듈 turtle 개요와 기본 명령

파이썬은 재미있는 표준 모듈인 turtle을 제공한다. 윈도 창에 거북이가 돌아다니면서 지난 간 곳에 선을 그리는 터틀 모듈은 1967년 아동 교육용으로 개발된 로고(logo)라는 프로그래밍 언어의 일부다. 쉘에 import로 turtle을 불러와 t.shape('turtle')를 입력하면 윈도 창 중앙에 거북이가 한 마리 나타난다. 거북이를 눈여겨보면 오른쪽 방향으로 이동할 준비를 하고 있는 것을 볼 수 있다.

```
>>> import turtle as t
>>> t.shape('turtle')
```

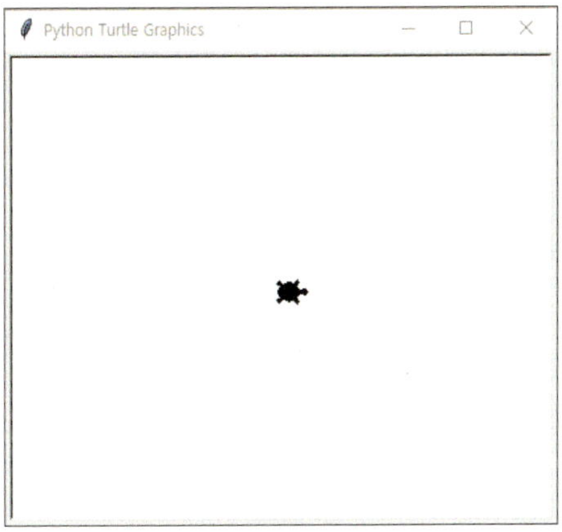

거북이 꼬리에는 잉크가 묻어 있어 거북이가 움직이면 선이 그려진다. 자, 거북이를 움직여보자. 이제 import에서 지정한 별칭인 t를 거북이로 생각하자. 거북이에게 명령을 내리려면 t.명령어() 형식으로 터틀 함수를 호출해야 한다.

거북이 t에게 '앞으로 전진하라'는 명령은 t.forward(이동 거리)이다. 거북이는 현재의 머리 방향으로 이동하며 이동 거리는 단위는 픽셀(pixel)의 크기다. 모니터 해상도가 1600*1024라면 바로 이 단위가 픽셀로 모니터 색상이 뿌려지는 최소 단위이며, 화소라고도 부른다. 가로 해상도가 1024라면, forward(100)으로 모니터 가로의 약 10분의 1 정도의 거리를 이동한다. 줄여서 fd(100)로도 가능하다.

```
>>> t.forward(100)
```

거북이 머리 반대 방향으로의 이동은 backward(픽셀)로 가능하다. 간단히 back()와 bk()로도 가능하다.

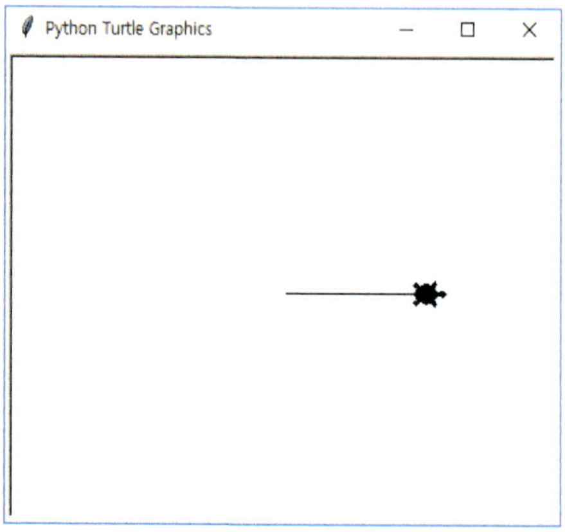

다음 이동을 위해 거북이의 방향도 바꿀 수 있다. 즉, 명령 right(각도)와 left(각도)는 현재 거북이 머리 방향을 오른쪽 또는 왼쪽으로 바꾼다. 간단히 rt()와 lt()로도 가능하다.

명령 right(90)는 오른쪽으로 90도 방향을 바꾸므로 거북이 머리가 아래쪽으로 향하게 바뀐다.

```
>>> t.right(90)
```

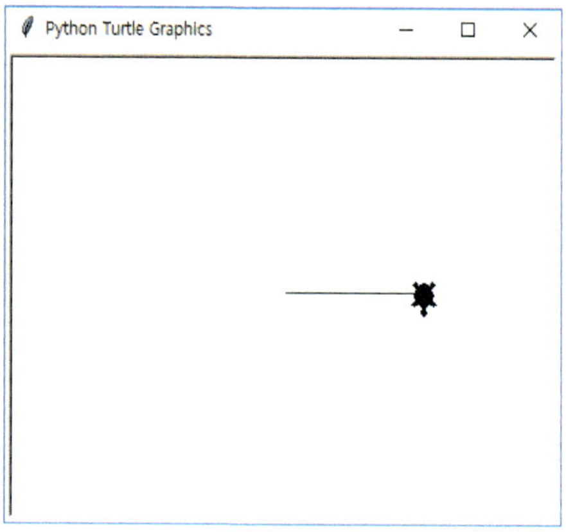

명령 right()와 left()는 현재를 기준으로 거북이의 방향을 바꾸는 명령이며, 명령 setheading(각도)은 현재와 무관하게 지정된 절대 각도로 거북이의 방향을 지정한다. 즉 0은 오른쪽(동)을 가리키도록 하며, 반시계 방향으로 90은 위쪽(북), 180은 왼쪽(서), 270은 아래쪽(남)을 가리키도록 한다. 간단히 seth(각도)로도 가능하다.

이차원 좌표 (x, y)로의 이동도 가능하다. 명령 goto(x, y)는 거북이를 윈도 좌표 (x, y)로 이동시킨다. 물론 거북이 꼬리에 잉크가 묻어 있으므로 선이 그려진다. 명령 goto(x, y)는 setpos(x, y)와 setposition(x, y)로도 가능하다.

그렇다면 좌표 (x, y)의 위치는 어디일까? 처음에 거북이가 나타난 윈도 중앙 지점이 좌표 (0, 0)이다. 오른쪽으로 x가 +, 위로는 y가 +로 예전에 배운 좌표의 개념과 같다.

다음과 같이 좌표 (100, -100)은 오른쪽 아래로 위치로 이동한다.

```
>>> t.goto(100, -100)
```

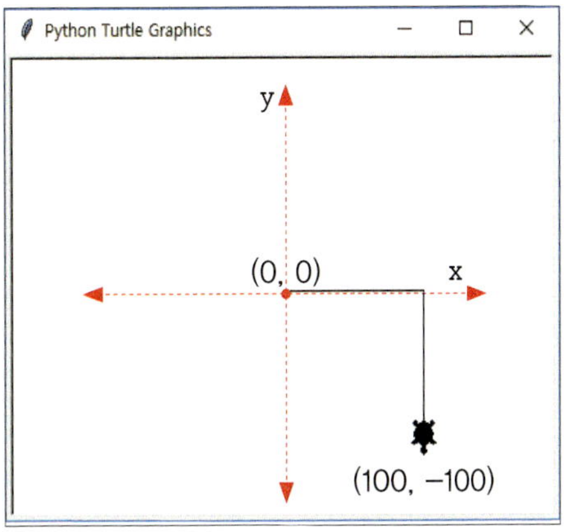

◆ 거북이로 삼각형과 사각형 그리기

다음은 지금까지 알아본 거북이 기본 명령어를 이용해 삼각형과 사각형을 그리는 코드다. 다각형을 그리는 작업은 규칙이 있으므로 반복 for in 구문을 활용하면 쉽게 그릴 수 있다. 거북이 꼬리의 잉크 색은 명령 pencolor('red')로 바꿀 수 있다. 또한 명령 home()은 거북이를 좌표 (0,0)인 중앙으로 이동시킨다.

9-5 코딩 09-05basicturtle.py | **거북이로 삼각형과 사각형 그리기** | 난이도 기본

```
import turtle as t
t.shape('turtle')

# 삼각형 그리기
t.forward(100)
t.left(120)
t.forward(100)
t.left(120)
t.forward(100)
t.left(120)

# 사각형 그리기
t.pencolor("blue")
for _ in range(4):
    t.left(90)
    t.forward(150)

# 삼각형 그리기
t.pencolor("green")
t.goto(100, -100)
t.goto(-100, -100)
t.home()
```

결과

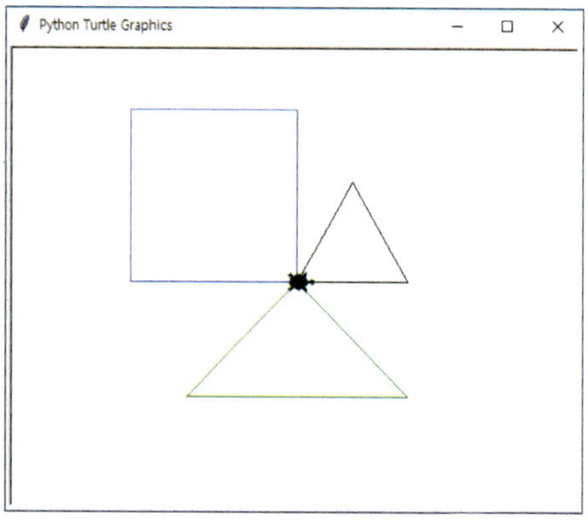

◆ 터틀 윈도 크기와 터틀 모양 수정

터틀에는 매우 다양한 명령이 있다. 이 중 주요 명령을 알아보자. 함수 setup(가로 크기, 세로 크기)은 지정된 픽셀 크기로 윈도를 만들어준다. 함수 speed(1)는 거북이의 속도를 최소로 한다. 속도는 1에서 10까지 빨라지며, 0은 최고 속도다. 함수 write('글자')는 현재 위치에서 글자를 써준다.

다음 코드로 가로 세로가 각각 500, 400인 윈도 위에, 〉와 비슷한 기본적인 터틀 모양으로 중앙에 위치하며, 좌표 (0,0)을 출력한다.

```
import turtle as t
t.setup(500, 400) # 초기 윈도의 크기 조정
t.speed(1) # 1에서 10까지 거북이 속도 증가, 0이면 최고속
t.home() # 기본(classic 모양) 모양으로 (0,0)에 위치
t.write('좌표 (0, 0)') # 글씨 쓰기
```

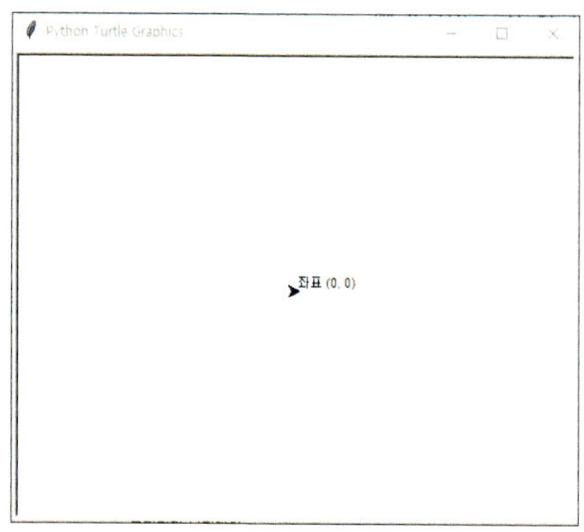

거북이 모양은 위 모양이 'classic'으로 기본이며, shape('turtle')로 예쁜 거북이 모양으로 바꿀 수 있다.

- 거북이의 여러 모양으로는 'classic', 'turtle', 'arrow', 'circle', 'square', 'triangle'이 있다.

◆ 선을 그리지 않는 penup()과 선을 그리는 pendown()

기본적으로 거북이가 지나가면 선이 그려지는데 거북이 꼬리를 들게 하는 명령 penup()으로 선이 그려지지 않게 할 수 있다. 함수 penup(), pu(), up() 모두 같다. 그럼 다시 선을 그리려면 어떻게해야 할까? 당연히 꼬리를 내리면 된다. 즉, 함수 pendown(), pd(), down()으로 가능하다.

다음은 윈도 중앙에 색상 'aqua'로 크기 100의 원을 그리는 코드다. 좌표 (0, −100)으로 이동할 때는 선이 그려지지 않도록 pu() 이후에 이동해야 하며, 다시 원을 그리기 전에 pd()으로 다시 꼬리를 내린다. 함수 hideturtle() 또는 ht()는 터틀 모양이 보이지 않게 하며, 다시 보이게 하려면 showturtle() 또는 st()를 사용한다. 명령 circle(반지름)로 원을 그리는데, 내부를 색상으로 채우려면 fillcolor(색상)로 색상을 지정하고 begin_fill()로 시작해 원을 그리고 다시 end_fill()로 종료한다.

```
t.fillcolor('aqua') # 내부에 칠할 색 지정
t.begin_fill() # 칠하기 시작
t.circle(100) # 원 그리기
t.end_fill() # 칠하기 종료
```

9-6 코딩 09-06drawcircle.py **윈도 중앙에 색상이 있는 원 그리기** 난이도 기본

```
import turtle as t
t.setup(500, 400) # 초기 윈도의 크기 조정
t.speed(1) # 1에서 10까지 거북이 속도 증가, 0이면 최고속

t.pu() # 이동에 선이 그려지지 않도록
t.goto(0, -100) # 이동

t.pd() # 이동에 선이 그려지도록
t.hideturtle() # 거북이는 보이지 않도록
t.fillcolor('aqua') # 내부 칠할 색 지정
t.begin_fill() # 칠하기 시작
t.circle(100) # 원 그리기
t.end_fill() # 칠하기 종료
```

결과

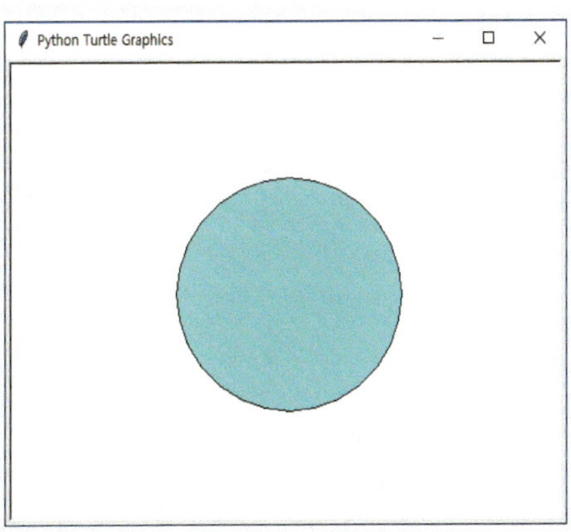

◆ 함수 정의로 다각형 그리기

다각형을 그리는 함수를 정의해 삼각형에서 여러 다각형을 그려보자. 다음 함수 drawpolygon(n, size)은 생각보다 간단하다. 반복 for in 구문을 사용하며, 만일 5각형이라면 forward()로 선을 그린 후 left(360/5)로 동일한 방향으로 360/5의 각도만큼 방향을 틀고, 이러한 과정을 5번 반복하면 된다. 모든 도형이 마찬가지다.

```
def drawpolygon(n, size):
    ''' 한 변의 길이가 size인 n각형 그리기 '''
    for i in range(n):
        t.forward(size) # 선 그리기
        t.left(360/n) # 각도 수정
```

다음 코드는 다각형 그림에서 변의 색상을 바꾸도록 한다. 즉, 색상 항목인 리스트 cols를 사용해 변의 색상을 수정해 그리는 코드다.

9-7 코딩 09-07drawpolygon.py **함수 정의로 다각형 그리기** 난이도 기본

```
import turtle as t
# 색상 리스트
cols = ['red', 'blue', 'green', 'purple', 'magenta', 'black',
        'gray', 'yellow', 'cyan', 'orange', 'aqua']

def drawpolygon(n, size):
    ''' 한 변의 길이가 size인 n각형 그리기 '''
    for i in range(n):
        t.pencolor(cols[i % len(cols)]) # 펜 색상 지정
        t.forward(size) # 선 그리기
        t.left(360/n) # 각도 수정

t.setup(500, 400) # 초기 원도의 크기 조정
t.speed(3) # 1에서 10까지 거북이 속도 증가, 0이면 최고속

t.pu() # 이동에 선이 그려지지 않도록
t.goto(-50, -170) # 처음 위치로 이동

t.pd() # 다각형을 그리기 위해 꼬리를 내리고
# 한 변의 길이가 100인 다각형 그리기
for i in range(3, 12):
    drawpolygon(i, 100) # 함수 호출
```

결과

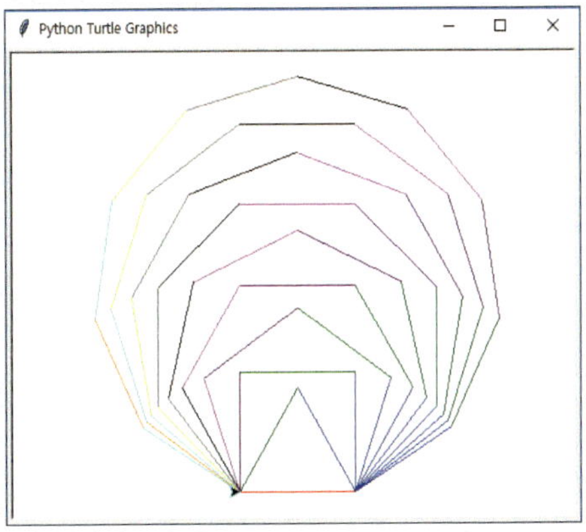

2.2 Numpy 설치와 사용

◆ 써드파티 모듈 Numpy 설치

이제 표준 모듈이 아닌 써드파티 모듈을 설치해 사용해 보자.

파이썬은 파이썬 패키지 색인(PyPI: Python Package Index) 페이지(https://pypi.org)에서 공식적인 써드파티 라이브러리를 제공한다. PypI는 구글 플레이나 앱 스토어와 비슷하지만 무료이며, pip 명령어 한 줄로 쉽게 원하는 패키지를 설치할 수 있다.

제일 먼저 설치할 패키지는 Numpy이다. Numpy('넘파이'라고 읽으며 홈페이지는 numpy.org다)는 과학 계산을 위한 기본 패키지로, 배열과 행렬을 기본으로 수학 연산을 위한 가장 기본적인 라이브러리를 제공한다.

외부 모듈을 설치하려면 파이썬 설치 폴더 하부 pthon37-32\Scripts에서 윈도의 명령 프롬프트 또는 윈도 10의 파워쉘(PowerShell)을 열어 다음 pip install 명령을 입력한다.

```
> pip install 패키지 이름
```

즉, numpy를 설치하기 위해 다음 명령을 입력한다. 명령 프롬프트는 탐색기에서 폴더를 선택한 후 Shift를 누른 체 마우스 오른쪽 버튼 클릭의 메뉴에서 선택할 수 있다. 다음은 설치 성공 화면이다.

```
pip install numpy
```

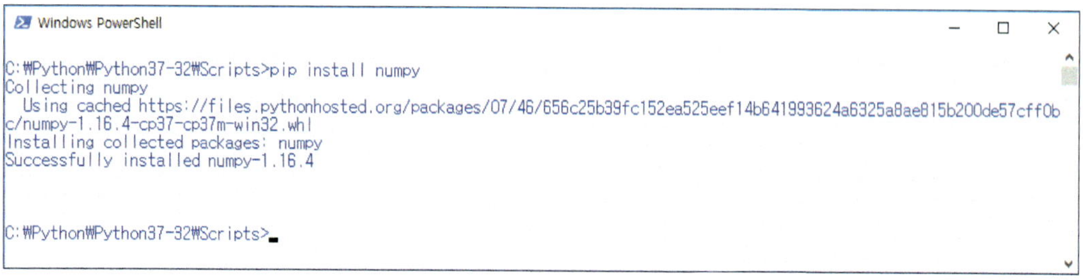

▲ **그림5** 모듈 numpy 설치

◆ 모듈 Numpy의 기본 자료형 ndarray

이제 파이썬 쉘에서 import numpy as np로 np.함수명()을 호출해 보자. 함수 array(리스트)는 리스트로 1차원 배열(array)을 생성한다. Numpy의 자료형 ndarray는 수학의 행렬을 지원하는 자료형이다. 변수 shape로 배열의 차원과 원소 수를 알 수 있다. (5,)은 1차원이며, 원소 수가 5임을 표시한다.

```
>>> import numpy as np
>>> data = np.array([1, 2, 3, 4, 5])
>>> data
array([1, 2, 3, 4, 5])
>>> print(data)
[1 2 3 4 5]
>>> data.shape
(5,)
```

다음과 같이 중첩된 리스트를 인자로 함수 array()를 호출하면 배열인 2차원 행렬을 만들 수 있다. 변수 shape를 참조하면 행렬의 차수와 크기를 알 수 있는데, 2차원인 경우, 행수와 열수 (3, 3)을 볼 수 있다.

```
>>> lst = [[1, 2, 3], [4, 5, 6], [6, 8, 9]]
>>> mat = np.array(lst)
>>> mat.shape
(3, 3)
```

쉘에서 행렬 변수 mat를 참조하면 array 형식으로 표시되며, print(행렬)에 출력하면 2차원 형태의 행렬로 출력되는 것을 볼 수 있다.

```
>>> mat
array([[1, 2, 3],
       [4, 5, 6],
       [6, 8, 9]])
```

```
>>> print(mat)
[[1 2 3]
 [4 5 6]
 [6 8 9]]
```

◆ 모듈 Numpy 자료형 array의 더하기, 빼기, 곱하기, 나누기

numpy의 배열은 같은 위치의 원소끼리 더하기, 빼기, 곱하기, 나누기를 수행할 수 있다. 사칙연산에는 연산자 +, −, *, /를 사용한다.

9-8 코딩 09-08arrayop.py 1차원 배열의 사칙연산 난이도 기본

```
import numpy as np

aryA = np.array([1, 2, 3, 4, 5])
aryB = np.array([6, 7, 8, 9, 10])

print(aryA + aryB)
print(aryA - aryB)
print(aryA * aryB)
print(aryA / aryB)
```

결과

```
[7 9 11 13 15]
[-5 -5 -5 -5 -5]
[ 6 14 24 36 50]
[0.16666667 0.28571429 0.375      0.44444444 0.5       ]
```

◆ Numpy에서 2차원 행렬의 활용

Numpy의 2차원 행렬에서 사칙연산을 수행할 수도 있다. 기본적으로 사칙연산은 1차원 마찬가지로 같은 위치의 원소끼리 더하기, 빼기, 곱하기, 나누기를 수행한다.

두 행렬 A, B에서 만일 수학에서 배운 행렬의 곱을 수행하려면 numpy의 np.matmul(A, B)로 수행할 수 있다. 2차원이라면 행렬의 메소드 A.dot(B)으로도 가능하다. 다음은 이차원 행렬의 사칙연산과 행렬의 곱을 수행하는 코드다.

9-9 코딩 09-09matrixop.py 2차원 행렬의 사칙연산과 함수 matmul() 난이도 응용

```
import numpy as np

data1 = [[1, 2, 3, 4, 5], [6, 7, 8, 9, 10]]
data2 = [[1, 2, 3, 4, 5], [1, 2, 3, 4, 5]]
```

```
mA = np.array(data1)
mB = np.array(data2)
print('각각의 2차원 행렬 출력: ')
print(mA); print(mB)
print()
print('행렬 합 출력: ')
print(mA + mB)
print('행렬 차 출력: ')
print(mA - mB)
print('행렬 곱 출력: ')
print(mA * mB)
print('행렬 나누기 출력: ')
print(mA / mB)

print()
print('각각의 2차원 행렬 출력: ')
data1 = [[1, 2, 3], [3, 2, 1]]
data2 = [[1, 2], [3, 4], [3, 1]]
print(data1); print(data2)

mA = np.array(data1)
mB = np.array(data2)
print('mA.dot(mB) 행렬 출력: ')
print(mA.dot(mB)) # 수학의 행렬 곱 수행
print('np.matmul(mA, mB) 행렬 출력: ')
print(np.matmul(mA, mB)) # 수학의 행렬 곱 수행
```

결과

```
각각의 2차원 행렬 출력:
[[ 1  2  3  4  5]
 [ 6  7  8  9 10]]
[[1 2 3 4 5]
 [1 2 3 4 5]]
행렬 합 출력:
[[ 2  4  6  8 10]
 [ 7  9 11 13 15]]
행렬 차 출력:
[[0 0 0 0 0]
 [5 5 5 5 5]]
행렬 곱 출력:
[[ 1  4  9 16 25]
 [ 6 14 24 36 50]]
행렬 나누기 출력:
[[1.         1.         1.         1.         1.        ]
 [6.         3.5        2.66666667 2.25       2.        ]]

각각의 2차원 행렬 출력:
```

```
[[1, 2, 3], [3, 2, 1]]
[[1, 2], [3, 4], [3, 1]]
mA.dot(mB) 행렬 출력:
[[16 13]
 [12 15]]
np.matmul(mA, mB) 행렬 출력:
[[16 13]
 [12 15]]
```

2.3 Matplotlib 설치와 사용

◆ 데이터 시각화에 활용되는 Matplotlib 설치

요즘 빅데이터와 함께 많은 관심을 갖는 분야가 데이터 시각화(data visualization)다. 데이터 시각화에 많이 활용되는 패키지 중의 하나가 Matplotlib이다. Matplotlib(matplotlib.org)은 라인 플롯, 바 차트, 파이 차트, 히스토그램, 박스 플롯, 스캐터 플롯 등을 비롯해 다양한 차트와 플롯 스타일을 지원한다.

다음은 파이썬 설치 폴더 하부 pthon37-32\Scripts에서 윈도의 명령 프롬프트를 열어 다음 pip install matplotllib 명령으로 설치하는 화면이다.

```
pip install matplotlib
```

```
Windows PowerShell

C:\Python\Python37-32\Scripts>pip install matplotlib
Collecting matplotlib
  Downloading https://files.pythonhosted.org/packages/76/e2/f87bf36a2a460857ec9c28535e00102eb6908a727e427adc6427c5dc5453
/matplotlib-3.1.0-cp37-cp37m-win32.whl (8.9MB)
    100% |████████████████████████████████| 8.9MB 3.0MB/s
Requirement already satisfied: numpy>=1.11 in c:\python\python37-32\lib\site-packages (from matplotlib) (1.16.4)
Collecting pyparsing!=2.0.4,!=2.1.2,!=2.1.6,>=2.0.1 (from matplotlib)
  Downloading https://files.pythonhosted.org/packages/dd/d9/3ec19e966301a6e25769976999bd7bbe552016f0d32b577dc9d63d2e0c49
/pyparsing-2.4.0-py2.py3-none-any.whl (62kB)
    100% |████████████████████████████████| 71kB 4.8MB/s
Collecting cycler>=0.10 (from matplotlib)
  Downloading https://files.pythonhosted.org/packages/f7/d2/e07d3ebb2bd7af696440ce7e754c59dd546ffe1bbe732c8ab68b9c834e61
/cycler-0.10.0-py2.py3-none-any.whl
Collecting kiwisolver>=1.0.1 (from matplotlib)
  Downloading https://files.pythonhosted.org/packages/20/6a/e5fff2ed776ab0cd11d7c1d5d3e5e549952464a6f1b9084b7ecbd8341352
/kiwisolver-1.1.0-cp37-none-win32.whl (44kB)
    100% |████████████████████████████████| 51kB 6.4MB/s
Collecting python-dateutil>=2.1 (from matplotlib)
  Downloading https://files.pythonhosted.org/packages/41/17/c62faccbfbd163c7f57f3844689e3a78bae1f403648a6afb1d0866d87fbb
/python_dateutil-2.8.0-py2.py3-none-any.whl (226kB)
    100% |████████████████████████████████| 235kB 5.7MB/s
Collecting six (from cycler>=0.10->matplotlib)
  Downloading https://files.pythonhosted.org/packages/73/fb/00a976f728d0d1fecfe898238ce23f502a721c0ac0ecfedb80e0d88c64e9
/six-1.12.0-py2.py3-none-any.whl
Requirement already satisfied: setuptools in c:\python\python37-32\lib\site-packages (from kiwisolver>=1.0.1->matplotlib
) (40.6.2)
Installing collected packages: pyparsing, six, cycler, kiwisolver, python-dateutil, matplotlib
Successfully installed cycler-0.10.0 kiwisolver-1.1.0 matplotlib-3.1.0 pyparsing-2.4.0 python-dateutil-2.8.0 six-1.12.0


C:\Python\Python37-32\Scripts>
```

▲ **그림 6** 모듈 matplotlib 설치

Chapter 9 라이브러리 활용을 위한 모듈과 패키지

◆ Matplotlib로 기본 시각화 표현

Matplotlib을 사용하기 위해서는 먼저 matplotlib.pyplot을 다음과 같이 별칭 plt로 import한다. 다음 plt.plot()은 라인 플롯을 그리는 함수이며, 실제 그림을 표시하는 함수인 plt.show()을 호출로 마무리 한다. 다음 코드는 X축 값 2, 4, 6, 8에 대응하는 Y축 값 8, 10, 3, 6의 좌표를 연결하는 라인 플롯을 그리는 예제다.

9-10 코딩 09-10matplotlib.py **모듈 matplotlib으로 그래프 그리기** 난이도 기본

```
import matplotlib.pyplot as plt

plt.plot([2, 4, 6, 8], [8, 10, 3, 6])
plt.show()
```

결과

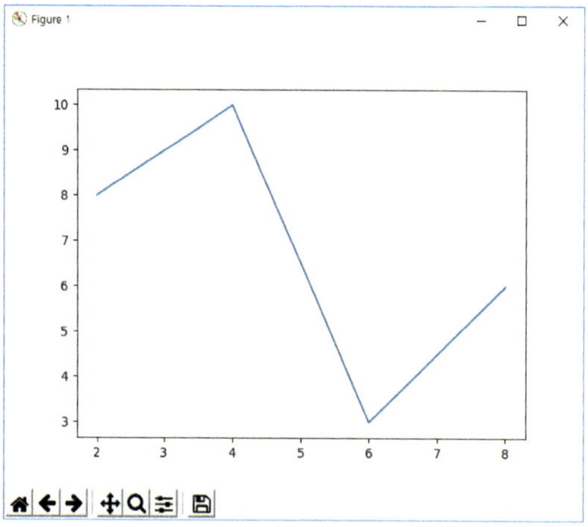

◆ 가로 막대그래프 그리기

다음 코드는 Matplotlib의 함수 barh()로 가로 막대그래프를 그리는 프로그램이다. 함수 title()로 제목, xlabel(), ylabel()로 각각 각축의 레이블을 표시한다.

9-11 코딩 09-11plotbarh.py **가로 막대그래프 그리기** 난이도 응용

```
import matplotlib.pyplot as plt

objects = ('Python', 'Java', 'C++', 'C# ', 'C', 'Kotlin')
performance = [10, 8, 6, 4, 7, 2]

plt.title('Programming language usage') # 제목
plt.xlabel('Usage') # x축 레이블
```

```python
plt.ylabel('Programming language') # y축 레이블
plt.barh(objects, performance, height=0.5, color='yellow') # 가로바 그리기
plt.show()
```

결과

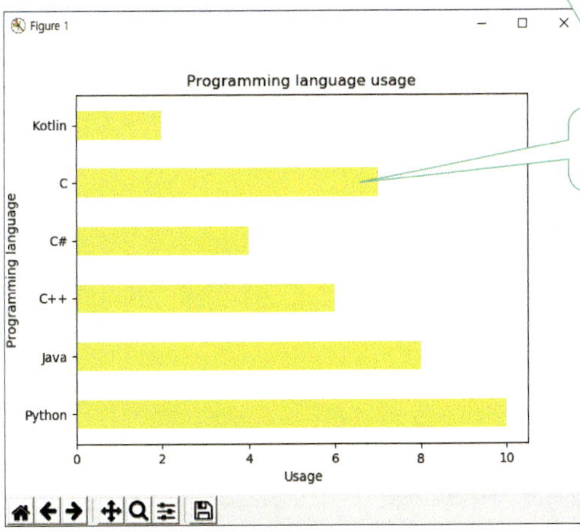

가로 막대의 상대적인 두께를 지정한다. 1에 가까울수록 여백이 좁아진다.

중간 점검

03 다음은 거북이로 좌표 (−100, 100)에서 (100, 100)으로 직선을 그리는 코드다. 코드의 빈 부분을 완성하시오.

```python
import turtle as t
t.pencolor("green")

t.goto(-100, -100)

t.goto(100, 100)
```

04 패키지 numpy를 설치하는 명령어를 기술하시오.

정답 03 `t.pu()` `t.pd()` 04 `pip install numpy`

프로젝트 Lab 1 | 09-pl01-datetime.py | 모듈 datetime 불러 날짜 계산 | 난이도 응용

표준 모듈 datetime 패키지는 datetime, date, time, timedelta 클래스를 제공한다. 특히 timedelta는 시간 구간 정보에 활용된다. 클래스 date와 timedelta를 사용해 오늘부터 크리스마스까지 남은 일수를 알아보고, 오늘부터 100일 이후의 날짜도 알아보자.

문제 이해(Understanding)

오늘과 특정 일자를 저장한다. 이 두 날짜의 차이를 출력한다. 또한 오늘부터 100일 이후의 날짜를 출력한다. 모듈 datetime의 클래스 date는 특정 일자를 저장하는데 적합하다. 또한 클래스 timedelta는 구간 정보 활용에 적합하다.

설계(Design)

알고리즘(Algorithm)

① **클래스 date의 메소드 today()와 date()를 사용해 오늘 날짜와 크리스마스를 저장한다.**

- 오늘 날짜와 두 날의 차이를 출력

② **클래스** datedelta 로 100일 지정한 후 + 연산자로 100일 이후의 날짜를 저장해 출력한다.

- date100 = timedelta(days = 100) # 100일 후 지정
- after100 = today + date100 # 오늘 이후 100일 연산

표준 입출력 샘플

오늘: 2020년 6월 1일
크리스마스까지 남은 일수: 207
오늘 이후 100일 이후 날짜:
2020-09-09

구현(implementation)

```
from datetime import date

# 오늘부터 크리스마스까지 남은 일수 계산
today = date.today() # 오늘 날짜
print('%d년 %d월 %d일' % (today.year, today.month, today.day))

xmasday = date(2020, 12, 25) # 크리스마스 일 지정
delta = xmasday - today  # 크리스마스까지 남은 일수를 계산
print(delta.days) # 남은 일수 출력

from datetime import timedelta

# 오늘부터 100일 이후 날짜 출력
date100 = timedelta(days = 100) # 100일 후 지정
after100 = today + date100 # 오늘 이후 100일 연산
print(after100) # 오늘 이후 100일 출력
```

공유(Share)

자신의 생일을 지정해 며칠이 지났거나 남았는지 알아보고, 표준 입력으로 일수를 입력받아 오늘부터 입력 일수 이후 날짜를 출력하도록 프로그램을 수정해 보자.

프로젝트 Lab 2 | 02-pl02-drawmodhexagon.py | 터틀로 변형된 육각형 그리기 | 난이도 실전

터틀 예제에서 다각형을 그리는 함수를 구현해봤다. 육각형인 경우, 한 변을 그리고 각도를 360/6인 60도씩 틀어 6번을 반복한다. 한 변의 길이를 1에서 180픽셀까지 계속 증가시키면서 육각형의 내각인 60도를 약간 변형해 59도로 하면 어떤 모습일까? 여섯 가지 색상을 한 변 마다 지정해 그려보자.

문제 이해(Understanding)

다음 결과가 그림이 우리가 구현하고자 하는 그림이다. 한 변의 길이를 1에서 180까지 증가시키면서 거북이를 전진시키고, 59도의 각도를 왼쪽으로 돌린다. 이 과정을 반복한다.

설계(Design)

알고리즘(Algorithm)

① 한 변의 색을 지정할 6개 색상을 리스트로 만든다.

② 터틀 윈도 크기를 500, 400으로 지정하고 윈도 바탕색을 검은색으로 수정한다.

- 함수 setup(500, 400), 함수 bgcolor('black')

③ 반복 for i in range(180) 구문으로 180번의 반복을 수행하면서 다음을 구현한다.

- 함수 pencolor()로 색상 6개를 순서대로 지정
- 함수 width(i/100 + 1)로 펜의 두께를 조금씩 증가
- 함수 forward(i)로 i만큼씩 선을 그림
- 함수 left(59)로 방향을 전환

표준 입출력 샘플

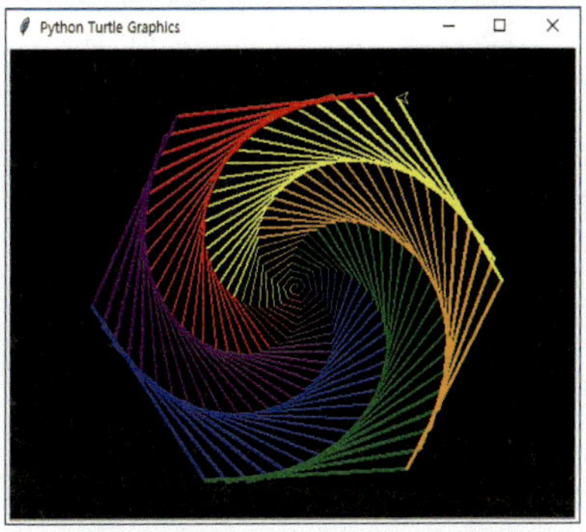

구현(implementation)

```
import turtle as t

# 선 색상에 사용할 이름 리스트
colors = ['red', 'purple', 'blue', 'green', 'orange', 'yellow']
t.setup(500, 400) # 초기 윈도의 크기 조정
t.bgcolor('black') # 바탕색 변경

for i in range(180):
    t.pencolor(colors[i % len(colors)])
    t.width(i/100 + 1)
    t.forward(i)
    t.left(59)
```

테스트와 실행 결과(Testing & Simulation)

위와 동일

공유(Share)

각각의 함수의 기능을 이해하고 위 프로그램을 코딩해 결과가 나오도록 노력하자. 펜의 두께를 동일하게 그려보고, 7각형이나 8각형의 변형도 그려보자.

학습 내용 점검

01 : 다음 import 구문 이후에 표준 모듈 math의 변수 pi를 출력하는 문장을 작성하시오.

① `import math`　　② `import math as m`

③ `from math import pi`　　④ `from math import pi as p`

02 : 파이썬 쉘의 help()를 사용해 모듈 random의 함수 randint()와 randrange()의 도움말을 알아보시오.

03 : 파이썬의 철학이 담긴 문장을 import this로 출력해본 후 다시 import해도 파이썬의 철학이 출력되지 않는다. import는 한 번만 수행되기 때문이다. 이런 경우, 다음처럼 모듈을 재로드(reload)하면 다시 출력될 수 있다. 이 과정을 파이썬 쉘에서 실행해 보시오.

- 모듈 importlib의 함수 reload(모듈)로 모듈을 재로드

```
>>> import this
The Zen of Python, by Tim Peters
Beautiful is better than ugly.
중간생략
>>> import this
>>>
>>> import importlib as imp
>>> imp.reload(this)
The Zen of Python, by Tim Peters
Beautiful is better than ugly.
Explicit is better than implicit.
...
```

04 : 다음 사용자 정의 모듈을 폴더 'D:\Python Code\ch09'에, 파일 mymd.py로 저장한다. 파이썬 쉘에서 함수 greeting()을 호출해 실행하는 코드의 빈 부분을 완성하시오.

```
>>> [          ]
>>> path.append('D:\\2019 Python Code\ch09')
>>> from ex import mymd
>>> [          ]
Hello, Python
```

```
# 파일 mymd.py
def greeting(name):
    print("Hello, " + name)
```

05 : 터틀 그래픽에서 다음 모양의 결과가 나오도록 빈 부분을 완성하시오.

①
```
import turtle as t

for i in range(50, 300, 30):
    t.forward(i)
    t.left(          )
```

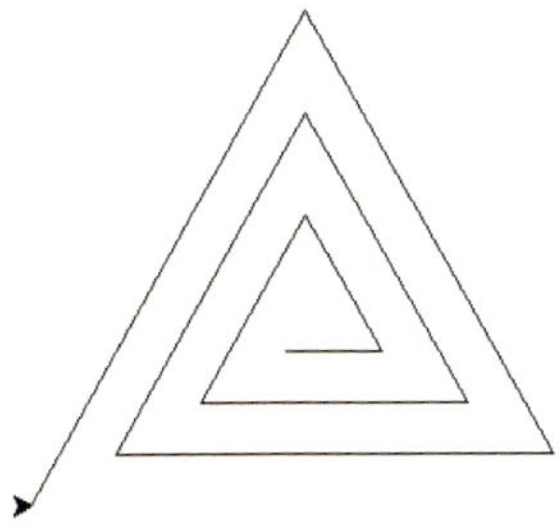

②
```
import turtle as t

t.          ('yellow')
t.begin_fill()
for i in range(3):
    t.forward(200)
    t.left(120)

t.          ()
```

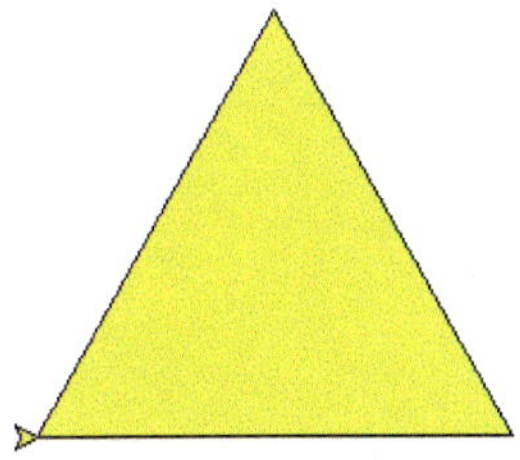

06 : 모듈 numpy를 활용한 다음 코드의 출력 결과를 쓰시오.

```
import numpy as np

aryA = np.array([14, 18, 15, 12, 8])
aryB = np.array([7, 3, 5, 6, 4])
```

① `print(aryA + aryB)`

② `print(aryA - aryB)`

③ `print(aryA * aryB)`

④ `print(aryA / aryB)`

07 : 다음 패키지 matplotlib 코드의 실행 결과를 보고 빈 부분을 완성하시오.

```
import [          ] as plt

objects = ('Python', 'Java', 'C++', 'C# ', 'C', 'Kotlin')
performance = [          ]

plt.title('Programming language usage') # 제목
plt.xlabel('Usage') # x축 레이블
plt.ylabel(          ) # y축 레이블

# 세로바 그리기
plt.[          ], width=0.7, color='aqua')
plt.show()
```

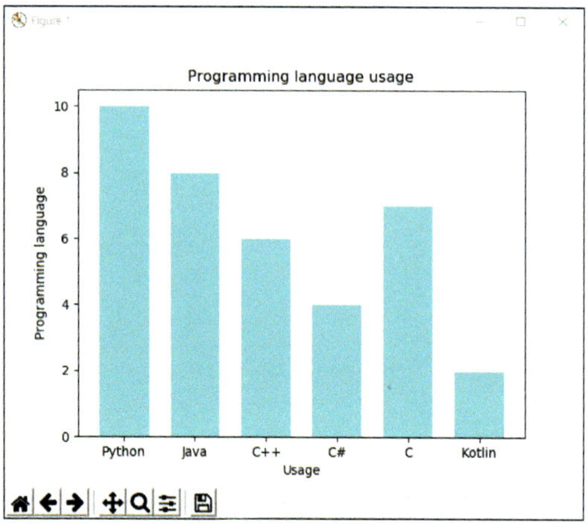

도전! 프로그래밍

01 기본 모듈 math와 random을 불러와 random() 함수로 발생한 값을 활용해 다음과 같이 원의 면적을 출력하는 프로그램을 작성하시오.

- 모듈 math의 원주율 pi 사용
- 모듈 random의 함수 random() * 10으로 반지름 사용
- 반지름은 내장 함수 round()로 소수점 두 자리 사용
- 함수 getarea(r)로 원의 면적을 반환

```
원의 반지름: 9.46
원주율 pi: 3.1416
반지름 9.46인 원의 면적은 281.23
```

02 응용 모듈 math의 factorial() 함수와 모듈 statistics의 median(), mean(), variance(), stdev() 함수를 사용해 다음과 같이 출력하는 프로그램을 작성하시오.

- 모듈로 다시 활용될 수 있도록 다음 조건 블록에 코딩
  `if __name__ == '__main__':`
- 다음 리스트 자료의 중앙 값, 평균, 분산, 표준편차를 출력
  `st = [80, 99, 77, 65, 92, 74, 82]`

```
 1! = 1
 6! = 720
11! = 39916800
16! = 20922789888000

[80, 99, 77, 65, 92, 74, 82]
중앙 값: 80.00
평균: 81.29
분산: 127.90
표준편차: 11.31
```

03 응용 터틀 윈도 크기를 500, 500으로 지정한 후 다음과 같이 'yellow', 'red', 'blue' 색의 직선을 200개 그려 다음과 같은 태극 문양을 그리는 프로그램을 작성하시오.

- 바탕색은 'black' 지정
- 반복은 for i in range(200): 사용
- 선 색은 색상 리스트 ['yellow', 'red', 'blue']로 순으로 지정
- 선 두께는 i/200 + 1로 지정
- 직선을 (i * 2) 길이로 그리기
- 방향을 left(119)로 회전

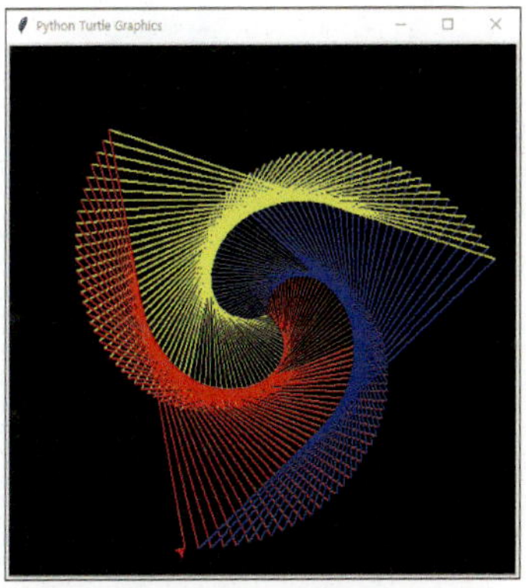

04 : 다음 오각형 그림을 참고로 360도 회전하면서 오각형 60개를 그려 다음 결과와 같이 출력되는 프로그램을 작성하시오.

응용

- 오른쪽 그림은 오각형을 90도의 방향을 바꾸면서 4개 그린 그림
- 오각형 60개를 그린 최종 결과

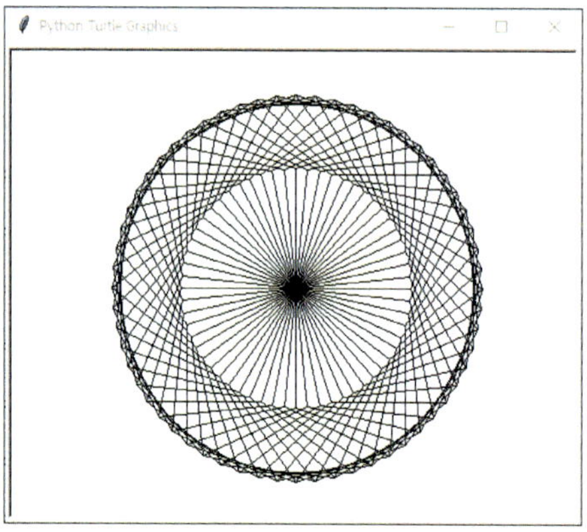

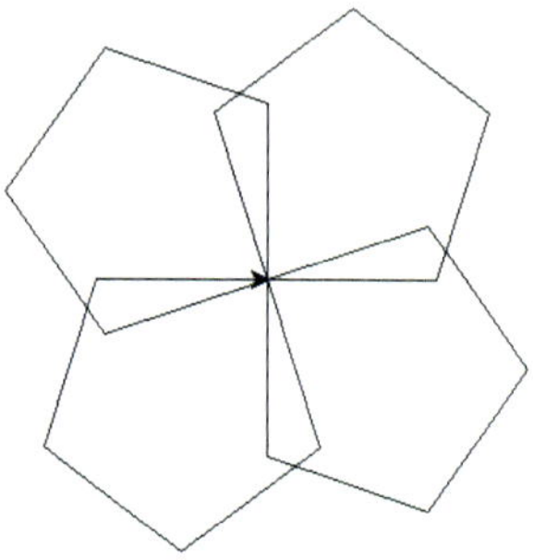

05 : 터틀 윈도 크기를 800, 500으로 지정해 다음과 같이 임의 크기 원 20개를 임의 위치에 그리는 프로그램을 작성하시오.

응용

- 다음 변수를 사용해 터틀의 색과 모양을 순서대로 변경하고 다른 색으로 터틀 모양 이름 한글도 출력

```
tshs = ['arrow', 'circle', 'turtle', 'square', 'triangle', 'classic']
han = ['화살', '원', '거북이', '사각형', '삼각형', '전통']
cols = ['red', 'blue', 'green', 'purple', 'magenta', 'black',
        'gray', 'yellow', 'cyan', 'orange', 'aqua']
```

- 원의 반지름은 3에서 50 사이의 난수로 결정
- 좌표 x, y는 다음 사용

```
x = randint(-300, 300)
y = randint(-200, 200)
```

06 : 다음은 Matplotlib의 함수 plot()으로 sin과 cos 그래프를 그리는 프로그램이다. 다음 내용을 참고하고, 소스의 빈 부분을 완성해 다음과 같이 출력하는 프로그램을 작성하시오.

실전

- 모듈 numpy의 sin, cos 함수를 사용
- 모듈 numpy의 linspace(from, to, step) 함수는 선형 구간을 지정한 구간의 수만큼 분할한 값으로 구성된 배열(array)을 반환
- Matplotlib.pyplot의 plot() 함수의 키워드 인자 ls는 그래프 선 모양으로 다음 네 가지 중 하나로 지정 가능: '-', '--', '-.', ':'
- Matplotlib.pyplot의 grdi()는 바탕의 격자를 그림
- Matplotlib.pyplot의 grdi()는 범례를 그림

```
import numpy as np
import ______________ as plt

x = np.______________(-np.pi * 2, np.pi * 2, 720)
cos, sin = np.cos(x), np.sin(x)

plt.plot(x, ______________, ls=':', label='sin')
plt.plot(x, ______________, ls='--', label='cos')

plt.title("Graph of sin cos")
plt.xlabel('radians')
plt.ylabel('value')
plt.grid()
plt.legend()
plt.show()
```

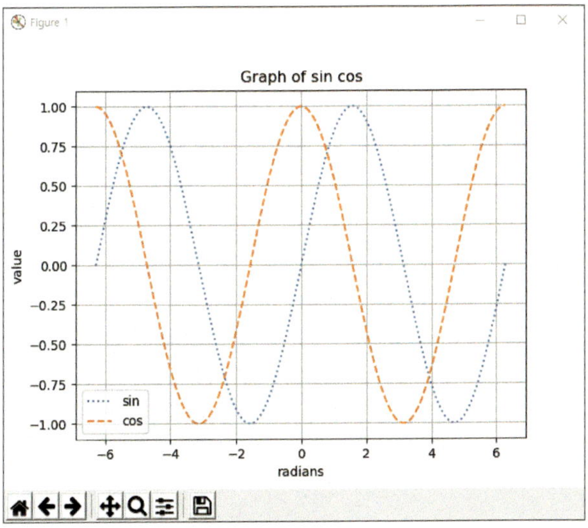

Chapter 10

그래픽 사용자 인터페이스 Tkinter와 pygame

학습 목표

- GUI를 이해하고 GUI 표준 모듈인 Tkinter를 사용해 필요한 위젯을 구성하고 윈도를 생성할 수 있다.
- 이벤트 처리를 이해하고 Tkinter에서 이벤트 처리를 구현할 수 있다.
- 써드파티 GUI 모듈인 pygame을 설치해 기본적인 윈도를 구현할 수 있다.

Section

01 파이썬 표준 GUI 모듈 Tkinter

Python

1.1 Tkinter 개요와 위젯 구성

◆ Tkinter 모듈 개요

Tkinter는 Tcl/Tk에 대한 파이썬 버전으로 Tcl/Tk를 파이썬에 사용할 수 있도록 한 경량(Lightweight)의 그래픽 사용자 인터페이스(GUI: Graphical User Interface) 모듈이다. Tcl은 'Tool Command Language'의 약자로, 일종의 프로그래밍 언어다.

GUI란, 텍스트 모드가 아니라 위젯 또는 콤포넌트라 불리는 윈도나 각종 버튼, 마우스, 다이어로그 등을 사용해 사용자와 프로그램 간의 정보를 교환하는 방식을 말한다. 바로 우리가 사용하는 윈도나 애플의 운영체제가 바로 GUI다.

Tkinter(Tk interface)는 파이썬에 기본적으로 내장돼 있는 파이썬 표준 패키지로, 다른 설치 없이 바로 활용할 수 있다. 우리가 사용하는 통합 개발 환경(IDE)인 파이썬 IDLE가 바로 Tkinter를 사용해 작성됐다. Tkinter에 관한 자료는 파이썬 홈페이지(python.flowdas.com/library/tkinter.html)에서 기본적으로 제공한다.

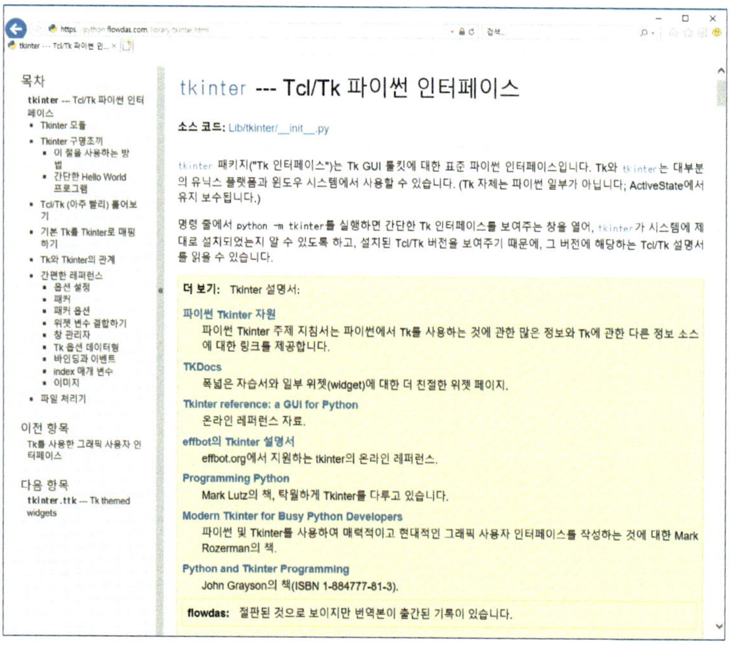

▲ 그림1 파이썬의 Tkinter 홈페이지

다음 구문으로 모듈 tkinter를 모두 불러온 후 Tk()로 윈도를 만들어 저장하면 창이 하나 표시된다.

```
>>> from tkinter import *
>>> win = Tk()
```

Tkinter에서 사용하는 사용자 인터페이스인 위젯을 살펴보면 다음과 같다. 다른 GUI 보다 위젯과 상속 관계가 단순하다.

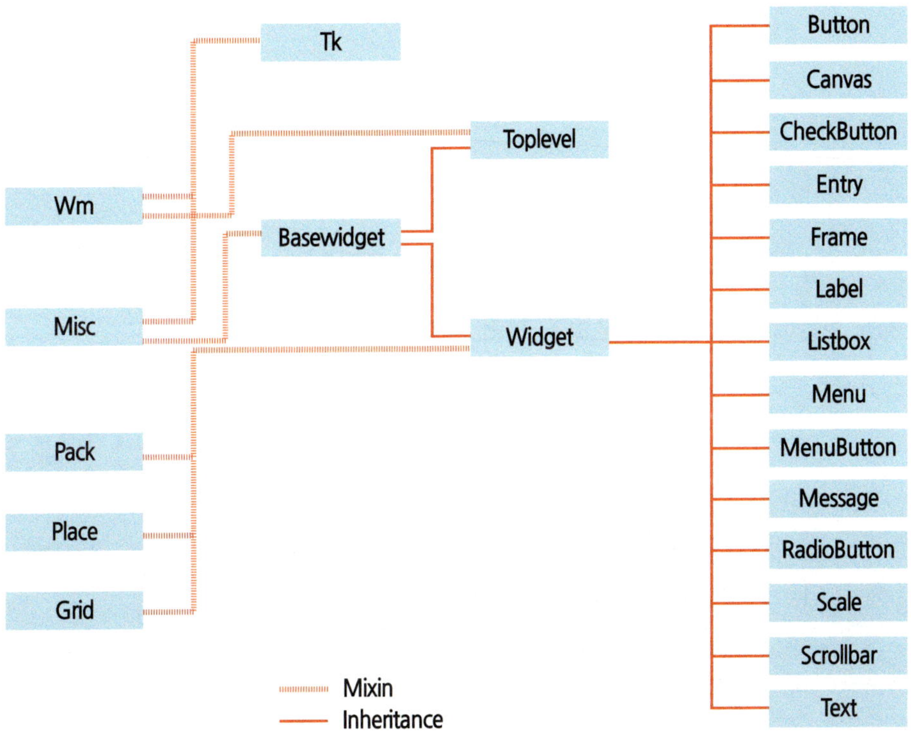

▲ **그림2** Tkinter의 여러 위젯과 상속 관계

◆ Tkinter 모듈로 첫 윈도 만들기

Tkinter 모듈의 첫 윈도 프로그램은 창의 크기와 제목을 지정하는 코드다. 창의 크기는 geometry('가로×세로')로 지정하며, 창 캡션에 표시되는 제목은 title('제목')로 설정한다. 마지막 줄의

mainloop() 함수 호출로 윈도가 종료될 때까지 사용자의 키보드와 마우스 이벤트 그리고 화면 다시 그리기(redraw) 등과 같은 이벤트로부터 메시지를 받고 전달하기 위한 상호 작용을 대기하는 무한 반복을 수행한다.

10-1 코딩 10-01basictkwin.py **첫 tkinter 윈도 만들기** 난이도 기본

```
from tkinter import *

win = Tk()
win.geometry('300x200')
win.title('반가워요, Tkinter!')
win.mainloop()
```

결과

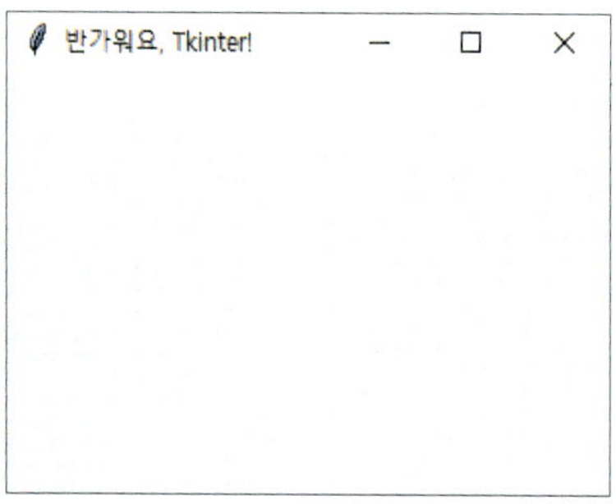

◆ Tkinter 모듈에서 레이블과 엔트리 등 여러 위젯 구성

창에 표시되는 다양한 모양의 위젯(widget) 중 대표적인 레이블(label), 엔트리(entry), 버튼(button)을 표시해 보자. 레이블은 주로 문자열과 이미지 등의 정보 표시에 사용된다. 레이블 생성 시 부모 위젯인 win이 첫 인자이며, 키워드 인자 text에 표시될 문장을 입력한다. 구문 lbl.pack()으로 윈도에 레이블을 적정하게 배치시킨다. 함수 pack()은 특별한 옵션이 없으면 위젯을 위쪽에서 아래쪽 순서로 배치한다.

```
lbl = Label(win, text="레이블(Label)") # 레이블
lbl.pack() # 레이블을 윈도에 맞게 적정하게 배치
```

엔트리는 사용자로부터 정보를 입력받는 용도로 사용된다. 이와 반대로 엔트리에 자료를 표시하려면 첨자에 '문자열'을 지정할 수 있다.

```
txt = Entry(win) # 엔트리
txt.insert(0, '엔트리(Entry)')
```

다음 프로그램은 문자열을 표시하는 레이블, 자료를 입력받을 수 있는 엔트리와 OK 버튼으로 구성된 창을 표시하는 코드다.

10-2 코딩 10-02widgetpack.py **레이블과 엔트리, 버튼 위젯으로 윈도 생성** 난이도 기본

```
from tkinter import *

win = Tk()
win.title('여러 위젯 구성')

lbl = Label(win, text="레이블(Label)") # 레이블
lbl.pack() # 레이블을 윈도에 맞게 적정하게 배치

txt = Entry(win) # 엔트리
txt.insert(0, '엔트리(Entry)')
txt.pack()

btn = Button(win, text="OK") # 버튼
btn.pack()

win.mainloop()
```

결과

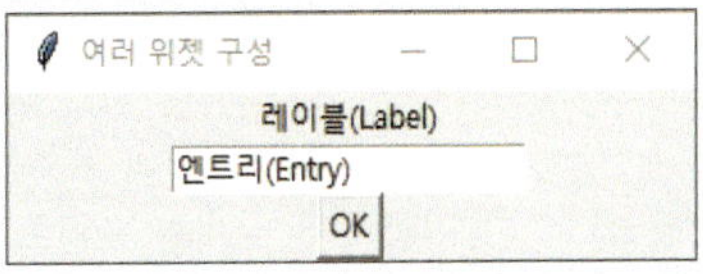

◆ 위젯의 테이블 형태 배치 방법인 그리드

Tkinter는 테이블 형태 배치 방법인 그리드(grid) 방식을 제공한다. 위젯의 함수 grid()에서 키워드 인자인 row와 column을 사용해 0에서 시작하는 번호를 붙여 행과 열 위치를 지정한다. 또한 columnspan=2, rowspan=2 과 같이 열이나 행을 합칠 수 있다.

▼ **표1** 함수 grid()에서 키워드 인자 row, column, columnspan, rowspan 사용과 위치

<table>
<tr><td>row = 0, column = 0</td><td>row = 0, column = 1</td><td>row = 0, column = 2</td></tr>
<tr><td>row = 1, column = 0</td><td>row = 1, column = 1</td><td rowspan="2">row = 1, column = 2, rowspan=2</td></tr>
<tr><td colspan="2">row = 2, column = 0, columnspan=2</td></tr>
</table>

다음 사용자 로그인에 사용될 윈도 프로그램을 작성해 보자. '사용자 이름'과 '암호'는 레이블로 첫 열에 배치하고 두 번째 열에는 그 내용을 입력받는 엔트리를 배치한다. 가장 아래인 3행에서 두 열을 합쳐 빈 레이블을 하나 삽입한다.

```
# 가장 아래에 버튼 2개를 저장할 레이블을 생성해 배치
lb = Label(win)
lb.grid(row=2, column=0, columnspan=2) # 두 열을 합해 배치
```

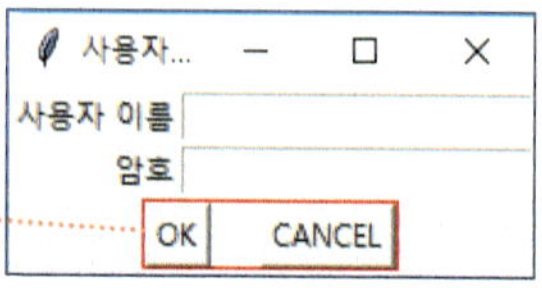

위 빈 레이블 lb에 OK와 CANCEL 버튼 2개를 다시 그리드 방식으로 삽입한다. 그러므로 OK 버튼인 bt1의 grid()의 인자는 row=0, column=0, padx=10이 되며, 버튼의 가로 여백을 padx로 10으로 지정한다.

```
bt1 = Button(lb, text='OK')
bt2 = Button(lb, text='CANCEL')
bt1.grid(row=0, column=0, padx = 10) # 외부 여백에 10을 둠
bt2.grid(row=0, column=1, padx = 10) # 외부 여백에 10을 둠
```

두 버튼이 레이블 lb에 삽입되므로 첫 인자를 lb로 지정해야 한다.

다음은 위에서 살펴본 사용자 로그인을 위한 윈도가 구현된 코드다.

10-3 코딩 10-03widgetgrid.py **테이블 형태 배치 그리드** 난이도 기본

```
from tkinter import *
win = Tk()
win.title('사용자 인증')

lb1 = Label(win, text='사용자 이름')
lb2 = Label(win, text='암호')
lb1.grid(row = 0, column = 0, sticky = E) # 현 구역에서 위치를 오른쪽으로 조정
lb2.grid(row = 1, column = 0, sticky = E) # 현 구역에서 위치를 오른쪽으로 조정

et1 = Entry(win)
et2 = Entry(win)
et1.grid(row = 0, column = 1)
et2.grid(row = 1, column = 1)

# 가장 아래에 버튼 2개를 저장할 레이블을 생성해 배치
lb = Label(win)
lb.grid(row=2, column=0, columnspan=2) # 두 열을 합해서 배치
bt1 = Button(lb, text='OK')
bt2 = Button(lb, text='CANCEL')
bt1.grid(row=0, column=0, padx = 10) # 외부 여백을 10을 둠
bt2.grid(row=0, column=1, padx = 10) # 외부 여백을 10을 둠

win.mainloop()
```

결과

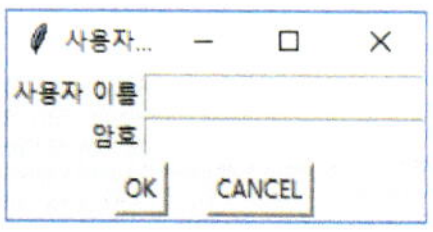

Tips 좀 더 알아봅시다!

Tkinter에서의 위젯 배치 방식

Tkinter에서 화면에 위젯을 배치하는 방식(geometry manager)에는 Pack, Grid, Place의 세 가지 방식이 있다.

▼ **표2** Tkinter의 위젯 배치 방식

방식	메소드와 주요 인자	설명과 구문
Pack	side: 지정된 위치(top, bottom, left, right)에 배치 anchor: 지정된 위치 내에서 위치(center, n, e, s, w, ne, nw, se, sw) 지정 fill: 할당된 공간에서 채우는 방향(none, x, y, both) 지정 expand: 미사용 공간 확장 여부(False, Boolean) 지정	배치되는 프레임에 위젯을 직사각형 블록으로 상하 좌우로 채워 배치, 기본은 상하에 배치 위젯.pack(side='left')
Grid	row: 행 위치, column: 열 위치 rowspan: 행 확장, columnspan: 열 확장 sticky: 할당된 공간 내에서의 위치(n, e, s, w, nw, ne, sw, se) 지정	위젯들을 2차원 그리드(격자)로 구성해 테이블 모양의 레이아웃으로 배치 위젯.grid(row=0, column=0)
Place	relx: x 좌표의 비율(0~1) rely: y 좌표의 비율(0~1)	위젯을 절대 좌표 (x, y)에 배치 위젯.place(x=10, y=10)

1.2 Tkinter에서의 이벤트 처리

◆ 이벤트 처리 개요

윈도에서 버튼이나 메뉴 클릭에서 특정한 작업을 수행하는 일을 '이벤트 처리'라고 한다. 즉, 버튼이나 메뉴는 버튼 클릭이나 메뉴 선택 등의 이벤트(event)를 발생시키며, 이를 처리하는 작업은 이벤트 핸들러(event handler)라 불리는 사용자 정의 함수나 시스템 함수에서 수행할 수 있다.

GUI 모듈마다 이벤트 처리 방식은 조금씩 다르며, Tkinter 의 이벤트 처리 방법은 크게 두 가지다. ① 첫 번째 방법은 이벤트를 발생시키는 버튼이나 메뉴의 키워드 인자 'command = 함수명'으로 이벤트 핸들러를 지정하는 방법이다. ② 두 번째 방법은 위젯의 함수 bind(이벤트, 함수명)로 이벤트와 이벤트 핸들러인 함수를 연결하는 방법이다. 두 번째 방법은 정해진 마우스와 키보드의 다양한 이벤트에 대해 처리가 가능하다.

Tkinter 버튼 btn의 마우스 왼쪽 버튼 클릭의 이벤트를 처리하는 방식은 다음과 같이 요약할 수 있으며, 방법1_이벤트처리 함수와 방법2_이벤트처리 함수는 각각 구현돼야 한다.

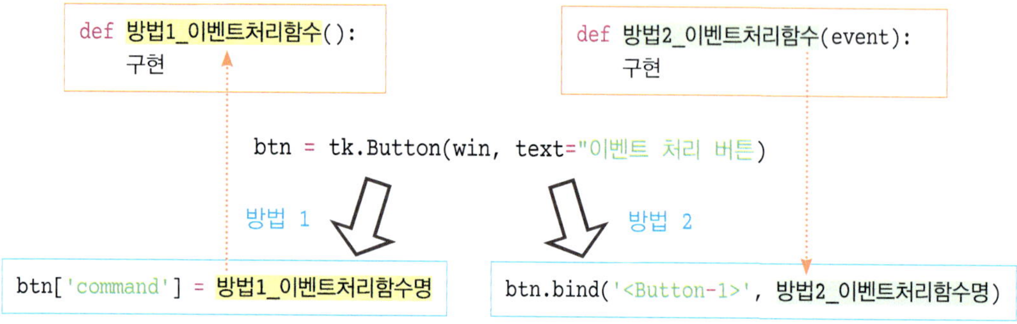

▲ **그림 3** Tkinter 버튼 btn의 마우스 왼쪽 버튼 클릭 이벤트 처리

◆ 버튼으로 레이블 값을 변경하는 이벤트 처리

버튼 2개로 레이블에 표시된 정숫값을 증가 또는 감소시키는 프로그램을 작성해 보자. 프로그램을 실행하면 다음과 같이 윈도 맨 위 레이블 값이 0으로 시작되며, '더하기' 버튼을 누르면 1이 증가하고, '빼기' 버튼을 누르면 1이 감소하도록 한다.

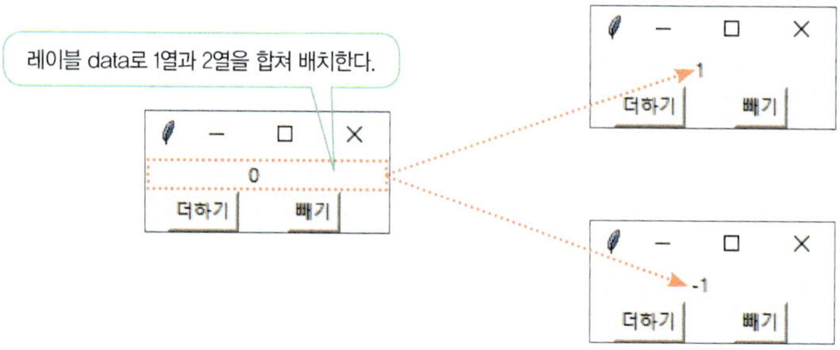

▲ **그림 4** 버튼 이벤트 처리

정수가 표시되는 위젯은 레이블 data이며, 그리드 배치에서 첫 행의 1, 2 열을 합쳐 배치한다. '더하기'와 '빼기' 버튼은 각각 badd와 bsub이며 각각 두 번째 행의 1, 2 열에 배치한다.

Tkinter의 이벤트 처리는 생각보다 간단하다. 만일 버튼 badd를 누를 경우 레이블 값을 1 증가시키는 함수 add를 호출하려면 버튼을 생성할 때 키워드 인자 command에 연결할 함수인 add를 지정하도록 한다. 이때 주의 해야 할 사항은 command = add처럼 함수명 이후에 괄호 ()가 없다는 것이다. 함수 add()는 레이블 data에 표시되는 StringVar 변수인 count의 값을 가져와 1 증가시킨 후 다시 레이블에 이를 반영하기 위해 count.set(n) 작업을 수행한다. 이와 마찬가지로 '빼기' 버튼인 bsub는 함수 sub()와 연결한다.

```
def add(): # 1 증가시켜 레이블의 문자열에 지정
    n = int(count.get())
    n += 1
    count.set(n)
```

```
def sub(): # 1 감소시켜 레이블의 문자열에 지정
    n = int(count.get())
    n -= 1
    count.set(n)
```

```
badd = Button(win, text=str[0], command = add) # 누르면 함수 add() 호출
bsub = Button(win, text=str[1], command = sub) # 누르면 함수 sub() 호출
```

▲ **그림5** 버튼의 이벤트 처리 구현

Tkinter는 객체 StringVar라는 객체를 제공하는데, 다음 코드와 같이 키워드 인자 value로 값을 지정해 생성한다.

```
count = StringVar(value = '0') # count.set('0') 또는 value 인자에 첫 값인 0을 지정
```

이 StringVar 변수인 count를 레이블 생성 시 레이블에 표시할 문자열을 가져올 변수를 지정하는 키워드 인자 textvariable = count로 연결시키면 실행 중에 count의 값이 변하면 메소드 set()으로 쉽게 레이블 표시 글자에 반영되도록 할 수 있다.

```
data = Label(win, width = 20, textvariable = count)
```

함수 add()와 sub()에서 StringVar 변수인 count의 메소드 get()으로 값을 받아오며, 1 증가 또는 감소시켜 메소드 set(값)으로 수정된 값을 지정한다. 다음 프로그램은 버튼으로 레이블 값을 변경하는 이벤트 처리 전체 코드다.

10-4 코딩 10-04btneventhandle.py | **버튼으로 레이블의 정숫값 증가와 감소** | **난이도** 응용

```
from tkinter import *

def add(): # 1 증가시켜 레이블의 문자열에 지정
    n = int(count.get())
    n += 1
    count.set(n)

def sub(): # 1 감소시켜 레이블의 문자열에 지정
    n = int(count.get())
    n -= 1
    count.set(n)

str = ['더하기', '빼기']
win = Tk()

```

```
    # 레이블에 표시되며, 값이 쉽게 레이블에 반영될 값인 count
    # tkinter가 제공하는 StringVar라는 객체에 저장
    count = StringVar(value = '0') # count.set('0') 또는 value 인자에 첫 값인 0을 지정
    # 이후 count.get()으로 참조하고 count.set(값)으로 지정

    # 키워드 인자 textvariable: 레이블에 표시할 값을 가져올 변수
    # 키워드 인자 textvariable에 위에서 만든 StringVar 변수인 count를 설정
    data = Label(win, width = 20, textvariable = count)
    data.grid(row=0, column=0, columnspan=2)

    badd = Button(win, text=str[0], command = add) # 누르면 함수 add() 호출
    badd.grid(row=1, column=0)
    bsub = Button(win, text=str[1], command = sub) # 누르면 함수 sub() 호출
    bsub.grid(row=1, column=1)

    win.mainloop()
```

결과

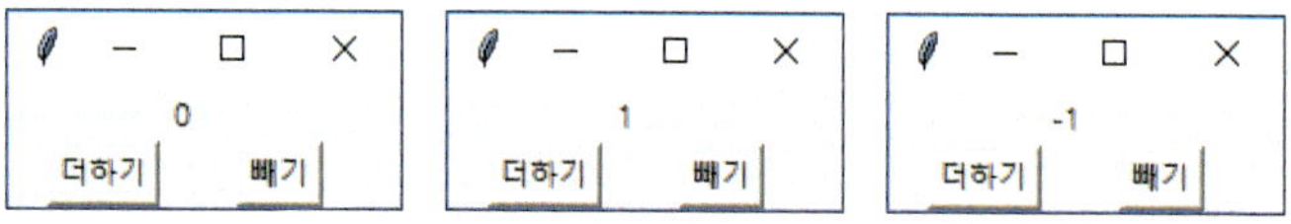

◆ 사용자 로그인 과정에서의 이벤트 처리

앞에서 작성한 사용자 인증 창에서 로그인 과정의 이벤트 처리를 구현해 보자. 버튼 OK를 누르면 로그인 인증 처리 함수 checked()를 호출하도록 구현하려면 다음 코드와 같이 버튼 OK를 만들 때 키워드 인자 'command = 함수명'으로 이벤트 처리 함수와 연결한다. 함수 checked()에서는 엔트리 et1과 et2에서 함수 get()으로 사용자가 입력한 사용자 이름과 암호를 가져와 변수 uid와 pwd에 저장한 후, 인증 처리를 구현한다.

앞뒤에 붙은 공백을 제거한다.

```
def checkid():
    uid = et1.get().strip() # 입력된 사용자 이름 문자열받기
    pwd = et2.get().strip() # 입력된 암호 문자열받기
    print(uid, pwd)
    …

bt1 = Button(lb, text='OK', command = checkid) # 버튼을 누르면 checked 함수 호출
```

▲ **그림6** 이벤트 처리 함수 연결

다음 프로그램은 로그인 화면과 로그인 인증 처리의 전체 코드로 로그인 인증 처리 결과는 간단히 콘솔에 출력하고 있다. 프로그램에서 사용될 사용자 이름과 암호를 딕셔너리 유형 users로 사용하면 사용자 인증 과정을 users['python'] == '입력 암호'로 간단하게 조사할 수 있다.

```
users = dict(python='power', java='beauty')
```

10-5 코딩 10-05logineventhandle.py **로그인 과정의 이벤트 처리** 난이도 응용

```
from tkinter import *

users = dict(python='power', java='beauty')

def checkid():
    uid = et1.get().strip() # 입력된 사용자 이름 문자열받기
    pwd = et2.get().strip() # 입력된 암호 문자열받기
    print(uid, pwd)
    if uid in users.keys(): # 사용자 이름이 있는지 검사
        if users[uid] == pwd: # 사용자 이름과 암호 일치
            print('로그인 성공')
        else:
            print('암호를 확인하세요.')
    else:
        print('사용자 이름을 확인하세요.')

win = Tk()
win.title('사용자 인증')

lb1 = Label(win, text='사용자 이름')
lb2 = Label(win, text='암호')
lb1.grid(row = 0, column = 0, sticky = E) # 현 구역에서 위치를 오른쪽 조정
lb2.grid(row = 1, column = 0, sticky = E) # 현 구역에서 위치를 오른쪽 조정

et1 = Entry(win)
et2 = Entry(win)
et1.grid(row = 0, column = 1)
et2.grid(row = 1, column = 1)

# 가장 하단에 버튼 2개를 저장할 레이블을 생성해 배치
lb = Label(win)
lb.grid(row=2, column=0, columnspan=2) # 두 열을 합해 배치
bt1 = Button(lb, text='OK', command = checkid) # 버튼을 누르면 checked 함수 호출
bt2 = Button(lb, text='CANCEL')
bt1.grid(row=0, column=0, padx = 10) # 외부 여백에 10을 둠
bt2.grid(row=0, column=1, padx = 10) # 외부 여백에 10을 둠

win.mainloop()
```

python의 암호는 power, java의 암호는 beauty다. 사용자 이름과 암호를 추가하려면 딕셔너리의 원소를 추가한다.

결과

```
python power
로그인 성공
```

◆ 버튼 이벤트 처리로 섭씨 온도를 화씨 온도로 변환

버튼 클릭 이벤트 처리로 엔트리에 입력된 섭씨 온도를 화씨 온도로 변환해 화씨 온도를 위한 엔트리에 출력하는 프로그램을 구현해 보자.

변환 버튼 cvt를 누르면 이벤트 처리 함수 clicked()를 호출하도록 구현하려면 다음 코드와 같이 버튼 cvt를 만들 때 키워드 인자 'command = clicked'로 이벤트 처리 함수와 연결한다. 함수 clicked()에서는 섭씨 온도를 화씨 온도로 변환해 엔트리 fah에 출력한다. 섭씨 온도가 입력된 엔트리 cel에서 값을 가져오려면 cel.get()을 사용한다. 변환된 화씨 온도를 설정하려면 이전의 값을 지우고 변환된 값을 다시 첨자 0에 삽입한다.

```
def clicked():
    degree = eval(cel.get()) # 엔트리 cel에서 값 가져오기
    print(degree) # 디버깅을 위해 출력
    fah.delete(0, END) # 이전의 자료를 비우고
    fah.insert(0, str(fahrenhite(degree))) # 새로 변환된 자료를 쓰고


cvt = Button(win, text="변환", width=20, command = clicked)
```

▲ **그림7** 이벤트 처리 함수 연결

다음 프로그램은 버튼 이벤트 처리로 섭씨 온도를 화씨 온도로 변환하는 전체 코드다.

10-6 코딩 10-06convertfah.py **버튼 이벤트 처리로 섭씨 온도를 화씨 온도로 변환** 난이도 응용

```
from tkinter import *

def fahrenhite(celsius):
    return celsius * 9 / 5 + 32

def clicked():
    degree = eval(cel.get()) # 엔트리 cel에서 값 가져오기
    print(degree) # 디버깅을 위해 출력
    fah.delete(0, END) # 이전의 자료를 비우고
    fah.insert(0, str(fahrenhite(degree))) # 새로 변환된 자료를 쓰고

win = Tk()
win.title('섭씨 온도를 화씨 온도로 변환')

lbcel = Label(win, text="섭씨 온도", width=10)
lbfar = Label(win, text="화씨 온도")
lbcel.grid(row=0, column=0)
lbfar.grid(row=1, column=0)
```

```
cel = Entry(win, width=20)
fah = Entry(win)
cel.grid(row=0, column=1)
fah.grid(row=1, column=1)

cvt = Button(win, text="변환", width=20, command = clicked)
cvt.grid(row=2, column=0, columnspan=2)

win.mainloop()
```

결과 40

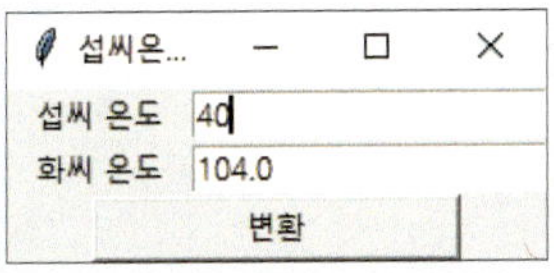

◆ 위젯의 메소드 바인드로 마우스 이벤트에 직선 그리기

윈도 전체에 캔버스를 넣어 직선을 그리는 프로그램을 작성하자. 캔버스 위에서 마우스를 클릭한 위치에서부터 릴리즈한 위치로 직선을 그려보자.

위젯에서 마우스의 클릭과 릴리즈, 이동 또는 주요 키의 키보드 입력 등 정해진 이벤트에 대해 처리할 이벤트 핸들러를 함수 bind()로 연결해 처리할 수 있다.

캔버스(canvas)는 선, 다각형, 원 등을 그리기 위한 위젯으로 활용된다. 캔버스의 키워드 인자로 relief는 캔버스의 테두리 모양으로 flat, groove, raised, ridge, solid, sunken 등을 지정 가능하며, 외곽 테두리 두께(borderwidth)는 borderwidth 또는 bd에 지정한다. 함수 pack()에서 확장 여부를 expand에 지정하며, 윈도의 크기가 변함에 따라 채워질 방향을 가로 세로 양쪽인 fill='both'로 지정한다.

```
canvas = Canvas(win, relief='solid', bd=2)
canvas.pack(expand=True, fill='both')
```

캔버스의 왼쪽 마우스 버튼 클릭 이벤트는 '⟨Button-1⟩'이며, 이 처리 함수를 click으로 연결하기 위해 canvas.bind("⟨Button-1⟩", click) 구문을 사용한다. 또한 왼쪽 마우스 릴리즈 이벤트는 '⟨ButtonRelease-1⟩'이며, 이 처리 함수를 release로 연결하기 위해 canvas.bind(("⟨ButtonRelease-1⟩", release) 구문을 사용한다.

```
def click(event):
    global sX, sY
    print("클릭 위치", event.x, event.y)
    sX, sY = event.x, event.y
```

```
def release(event):
    global eX, eY
    print("릴리즈 위치", event.x, event.y)
    eX, eY = event.x, event.y
    # 직선 라인 그리기
    canvas.create_line(sX, sY, eX, eY, …)
```

```
# 왼쪽 마우스 버튼 클릭 바인딩
canvas.bind("<Button-1>", click)
# 왼쪽 마우스 버튼 릴리즈 바인딩
canvas.bind("<ButtonRelease-1>", release)
```

▲ **그림8** 함수 bind()로 이벤트와 처리 함수 연결

클릭 이벤트 처리 함수 click(event)와 릴리즈 이벤트 처리 함수 relesse(event)에서 인자 event의 x, y를 통해 좌표를 파악해 전역 변수 sX, sY, eX, eY에 저장하고, 함수 release()에서 캔버스의 create_line() 함수로 마우스를 클릭한 위치 (sX, sY)에서부터 릴리즈한 위치 (eX, eY)까지 직선을 그린다. 메소드 bind()와 연결되는 이벤트 처리 함수 click(event)과 relesse(event)는 반드시 이벤트 인자 event를 하나 삽입해야 한다. 그렇지 않으면 실행 시 오류가 발생하므로 주의하자.

Tips 좀 더 알아봅시다!

다양한 이벤트이름

위젯들의 이벤트와 실행할 함수를 설정하는 bind() 메서드의 첫번째 인자인 이벤트 이름은 매우 다양하다. 주요 이벤트 이름을 정리하면 다음의 문자열로서 〈이벤트명〉과 같이 꺽쇠(angle bracket)로 묶는다.

▼ **표3** 메소드 bind()에서 사용되는 주요 이벤트 문자열

마우스 클릭과 릴리즈, 이동		위젯 마우스 이동과 키 입력	
〈Button-1〉	마우스 왼쪽 버튼 클릭	〈Enter〉	위젯 안으로 마우스 포인터가 들어왔을 때
〈Button-2〉	마우스 중간 버튼 클릭	〈Leave〉	위젯 밖으로 마우스 포인터가 나갔을 때
〈Button-3〉	마우스 오른쪽 버튼 클릭	〈Key〉	키가 누를 때
〈Double-Button-1〉	왼쪽 버튼 더블클릭	〈Return〉	Enter를 누르 때
〈ButtonRelease-1〉	마우스 왼쪽 버튼에서 손을 뗄 때	〈Up〉 〈Down〉	위쪽, 아래쪽 방향키가 입력됐을 때
〈B1-Motion〉	마우스 왼쪽 버튼을 누르면서 움직일 때	〈Right〉 〈Left〉	오른쪽, 왼쪽 방향키가 입력됐을 때

다음 프로그램은 캔버스의 마우스 클릭 위치에서부터 릴리즈 위치까지 직선을 그리는 전체 코드다.

10-7 코딩 10-07canvasdrawline.py | **캔버스에 직선 그리기** | 난이도 응용

```
from tkinter import *

win = Tk()
win.title('라인 그리기')
win.geometry('640x400+100+100')

def click(event):
    global sX, sY
    print("클릭 위치", event.x, event.y)
    sX, sY = event.x, event.y

def release(event):
    global eX, eY
    print("릴리즈 위치", event.x, event.y)
    eX, eY = event.x, event.y
    # 직선 라인 그리기
    canvas.create_line(sX, sY, eX, eY, fill="blue", width=2)

canvas = Canvas(win, relief='solid', bd=2)
canvas.pack(expand=True, fill='both')

# 왼쪽 마우스 버튼 클릭 바인딩
canvas.bind("<Button-1>", click)
# 왼쪽 마우스 버튼 릴리즈 바인딩
canvas.bind("<ButtonRelease-1>", release)

win.mainloop()
```

geometry("너비x높이+x 좌표+y 좌표")를 의미하므로, 윈도 창의 너비와 높이, 초기 화면 좌측 상단 위치의 x 좌표와 y 좌표를 설정할 수 있다. 그러므로 윈도 크기가 640, 400이며, 윈도가 표시되는 위치를 (100, 100)으로 지정한다.

결과

```
클릭 위치 87 50
릴리즈 위치 467 251
클릭 위치 422 78
릴리즈 위치 89 207
클릭 위치 536 138
릴리즈 위치 453 344
```

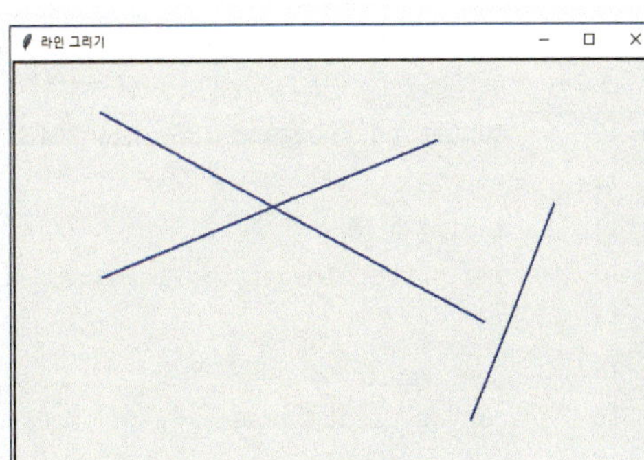

1.3 Tkinter에서의 이미지 표시

◆ 이미지 파일을 캔버스에 생성

위젯 PhotoImage로 이미지 파일을 생성해 캔버스에 그림을 그려보자.

윈도 win을 부모로 위젯 캔버스(Canvas)를 생성해 화면 전체에 삽입한다.

```
canvas = Canvas(win, bg='Yellow')
# 캔버스를 윈도에 배치, 가로 세로로 확장되게
canvas.pack(expand=YES, fill=BOTH)
```

위젯 PhotoImage로 이미지 파일을 생성한다.

```
img = PhotoImage(file="imitation.png")
```

생성된 canvas의 메소드 create_image()로 위치 (10, 10)에 그림의 위, 좌측 상단 기준(anchor=NW)으로 이미지 파일 img(image=img)를 그린다.

```
canvas.create_image(10, 10, anchor=NW, image=img)
```

10-8 코딩 10-08imagecanvas.py **이미지 파일을 캔버스에 그리기** 난이도 기본

```
from tkinter import *

win = Tk()
win.title("그림 로드")
win.geometry("660x930")

# 캔버스 생성
canvas = Canvas(win, bg='Yellow')
# 캔버스를 윈도에 배치, 가로 세로로 확장되게
canvas.pack(expand=YES, fill=BOTH)

# 사진 생성
img = PhotoImage(file="imitation.png")

# 사진을 캔버스 위에 생성
canvas.create_image(10, 10, anchor=NW, image=img)

win.mainloop()
```

결과

◆ 이미지 파일을 레이블에 생성

간단히 위젯 레이블에도 위젯 PhotoImage로 이미지 파일을 생성해 그림을 표시할 수 있다.

위 예제와 같이 위젯 PhotoImage로 이미지 파일 img를 생성해 레이블 생성 시 인자 image=img로 레이블에 지정한 이미지를 그린다.

```
# 사진 생성
img = PhotoImage(file="imitation.png")
# 사진을 담은 레이블 생성
lbimg = Label(win, image=img)
```

10-9 코딩 10-09imagelabel.py | **이미지 파일을 레이블에 그리기** | 난이도 기본

```
from tkinter import *
win = Tk()
win.title("레이블 그림 로드")

# 사진 생성
img = PhotoImage(file="imitation.png")
# 사진을 담은 레이블 생성
lbimg = Label(win, image=img)
# 캔버스를 윈도에 배치, 가로 세로로 확장되게
lbimg.pack()

win.mainloop()
```

결과

중간 점검

01 다음 tkinter 부분 코드에서 빈 부분을 완성하시오.

① 레이블에 이미지 파일을 보이는 코드

```
img = PhotoImage(        ="imitation.png")
canvas.create_image(10, 10, anchor=NW, image=img)
```

② 레이블에 이미지 파일을 보이는 코드

```
img = PhotoImage(file="imitation.png")
lbimg = Label(win,         =img)
```

02 다음 tkinter의 코드를 실행해 결과를 확인하시오.

```
from tkinter import *
win = Tk()

btn1 = Button(win, text='left')
btn1.pack(side="left")
btn2 = Button(win, text='right')
btn2.pack(side="right", expand=True, fill='x')

win.mainloop()
```

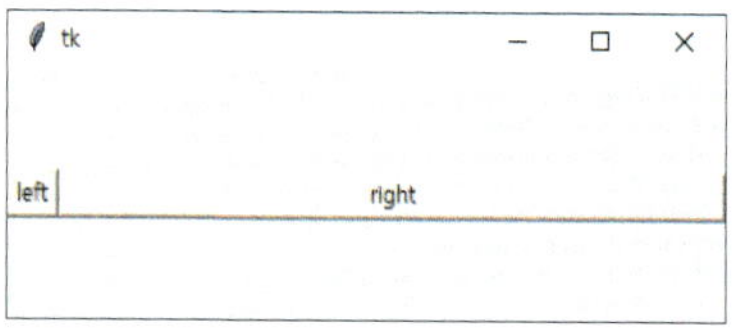

정답

01 ① img = PhotoImage(file="imitation.png")
② lbimg = Label(win, image=img)

02 ① pack의 side 인자: 특정 위치에 지정, top(기본값), bottom, left, right
② pack의 fill 인자: 할당된 공간에 대한 크기를 채울 것인지 맞춤, none(기본값), x, y, both
③ pack의 expand 인자: 윈도가 커지면서 미사용 공간에 대한 사용 여부, False(기본값), True

게임용 써드파티 패키지 pygame

2.1 pygame 개요와 설치

◆ pygame 개요

pygame은 윈도 게임 파이썬 라이브러리로 원래 버전은 pyZine이다. Pygame은 윈도와 유닉스 등 다양한 플랫폼에서 활용되는 멀티미디어 제어용 C 라이브러리인 SDL(Simple DirectMedia Layer)의 파이썬 버전 라이브러리이며, 지금도 계속 수정되고 있다. pygame 홈페이지(www.pygame.org)에서 매뉴얼 문서(www.pygame.org/docs)를 활용할 수 있다.

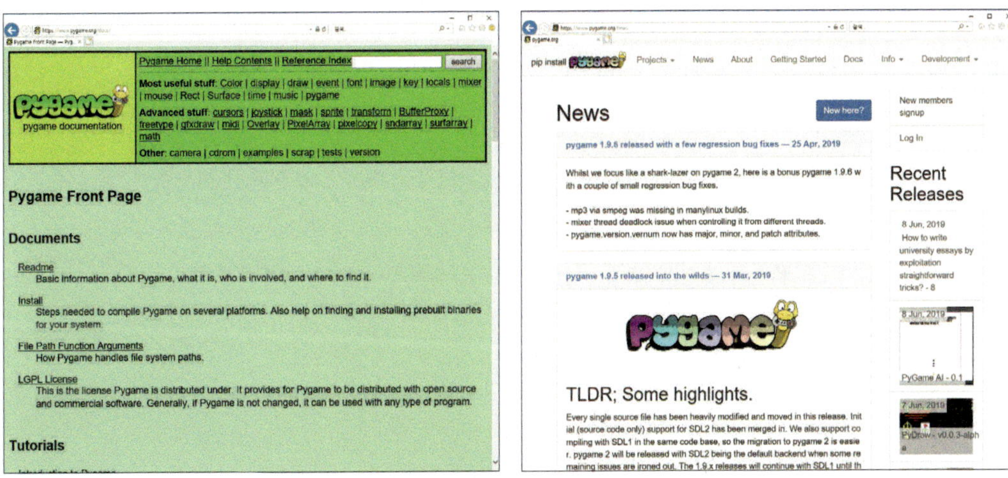

▲ 그림9 pygame 홈페이지와 참조 문서

◆ pygame 설치

이제 표준 모듈이 아닌 써드파티 모듈 GUI 패키지인 pygame을 설치해 사용해 보자.

외부 모듈을 설치하려면 파이썬 설치 폴더 하부 pthon37-32\Scripts에서 윈도의 명령 프롬프트 또는 윈도 10의 파워쉘(PowerShell)을 열어 다음 pip install 명령을 입력한다.

```
> pip install 패키지 이름
```

즉, pygame을 설치하기 위해 다음 명령을 입력한다. 명령 프롬프트는 탐색기에서 폴더를 선택한 후

Shift를 누른 채 마우스 오른쪽 버튼 메뉴에서 선택할 수 있다. 다음은 설치 성공 화면이다.

```
pip install pygame
```

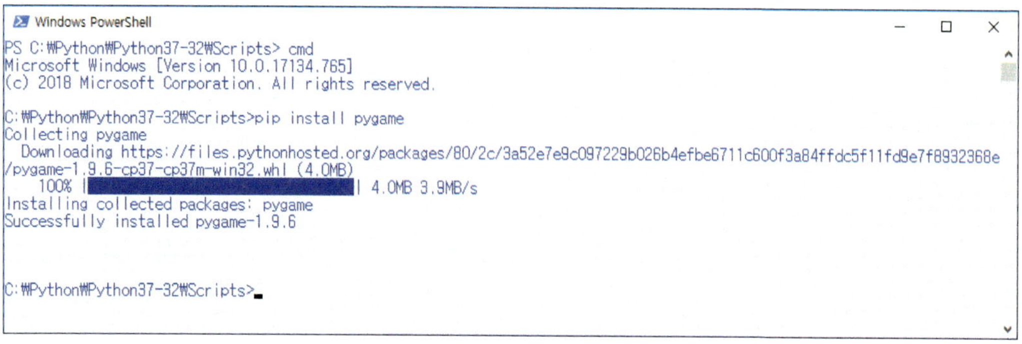

▲ **그림10** 파워 쉘에서 모듈 pygame 설치

◆ pygame 첫 프로그램

라이브러리 pygame으로 간단히 흰색 배경의 윈도를 만들어보자. 구문 import pygame으로 시작하며, pygame을 초기화하고, 화면 크기를 지정해 스크린을 생성하고, 캡션 제목을 지정한다. 그리고 while의 메인 루프에서 이벤트 처리를 하고, 화면의 색상을 채우거나 필요한 화면을 수정하는 작업을 무한 반복으로 수행한다. 무한히 반복하는 메인 루프에서 윈도 종료 버튼을 누르면 event.type이 pygame.QUIT가 돼 루프를 종료한 후 pygame.quit()으로 윈도 프로그램이 종료된다.

```
① pygame 불러오기
    import pygame
② pygame 초기화
    pygame.init()
③ pygame에서 사용할 주요 전역 변수 선언 및 윈도 설정
    screen = pygame.display.set_mode(size)
    pygame.display.set_caption('첫 파이게임 윈도!')
④ pygmae 메인 루프(while문)
    while not done:
        4-1. 이벤트 리스트에서 이벤트를 꺼내 이벤트 처리 준비
            for event in pygame.event.get():
        4-2. 화면의 색상을 바꾸는 등 필요한 프로그램 구현
            screen.fill(WHITE)  # 스크린 색상을 흰색으로 지정
            …                   # 화면에 여러 그림을 그림
        4-3. 화면에 그림을 그린 후 반드시 화면을 update() 처리
            pygame.display.update() # 화면의 필요한 부분만을 수정

⑤ pygmae 프로그램 종료
    pygame.quit()
```

▲ **그림11** Pygame 프로그램 구조

10-10 코딩 10-10firstpygame.py | 첫 pygame 윈도 | 난이도 기본

```python
import pygame

# 색상 정의
WHITE = (255, 255, 255)
# 윈도 크기 정의
size = (300, 200)

# 윈도 초기화
pygame.init()

# 화면 크기 지정해 스크린을 생성
screen = pygame.display.set_mode(size)
# 제목인 캡션 지정
pygame.display.set_caption('첫 파이게임 윈도!')

# 윈도 종료 플래그로 사용되는 변수 초기값 지정
done = False
# 메인 루프
while not done:
    for event in pygame.event.get():  # 여러 이벤트를 받아 처리
        if event.type == pygame.QUIT:  # 윈도 종료 버튼을 누르면
            done = True  # 프로그램을 종료하기 위해 True 지정

    screen.fill(WHITE) # 스크린 색상을 흰색으로 지정
    pygame.display.update() # 화면의 필요한 부분만을 수정

# 메인 루프를 빠져나오면 프로그램 종료
pygame.quit()
```

결과

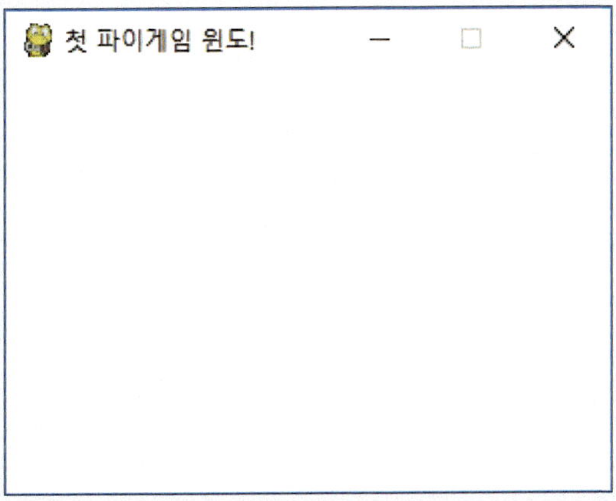

2.2 글씨와 그림 그리기

◆ 화면에 글자 Hello, PyGame!을 그리는 프로그램

윈도 화면에 'Hello, PyGame!'을 표시하는 pygeme 프로그램을 작성해 보자.

메인 루프 전에 글자 출력에 사용될 폰트를 하나 생성한다. 다음 코드로 시스템 폰트인 'Arial'의 크기를 20으로 지정하고, 변수 outstr에 출력할 문자열을 저장한다.

```
# 폰트 생성과 출력할 문자열 지정
font = pygame.font.SysFont('Arial', 20)
outstr = 'Hello, PyGame!'
```

이제 메인 루프에서 위에서 만든 font의 함수 render(outstr, True, BLUE)로 문자열 outstr을 청색으로 그려 text에 저장한다. 두 번째 인자인 antialias를 True로 지정하면 글자의 비스듬한 사선 부분이 자연스럽게 그려지도록 한다. 마지막으로 screen.blit(text, [x, y])으로 윈도 좌표 (x, y)에 text를 그리면 화면에 표시된다.

```
while not done:
    for event in pygame.event.get():
        …

    # 지정된 문자열 글씨를 그린 화면을 반환해 text에 저장
    text = font.render(outstr, True, BLUE)
    # 글씨가 그려진 화면인 text를 윈도 스크린 위치 [x, y]
      에 그리기
    screen.blit(text, [100, 80])
```

▲ **그림12** 화면에 글씨 그리기

화면에 글씨를 쓰던 그림을 그리던 이후에는 반드시 다음 코드를 화면을 수정해야 그린 그림이 윈도 화면에 반영된다. 메인 루프의 마지막은 다음과 같은 코드로 마무리한다.

```
pygame.display.update()
```

pygame.display.update()는 소프트웨어상의 화면인 display에 그림을 반영하는 작업이며, update()는 flip()의 최적화 버전으로 pygame.display.flip()으로도 가능하다.

10-11 코딩 10-11hellopygame.py pygame 윈도에 Hello, Pygame! 표시 난이도 기본

```python
# %% 10-11hellopygame.py      pygame 윈도에 Hello, pygame! 표시
import pygame

# 색상 정의
WHITE = (255, 255, 255)
BLUE = (0, 0, 255)

pygame.init()

# 윈도 크기 지정
size = [300, 200]
screen = pygame.display.set_mode(size)
# 제목인 캡션 지정
pygame.display.set_caption("Hello, pygame!")

# 폰트 생성과 출력할 문자열 지정
font = pygame.font.SysFont('Arial', 20)
outstr = 'Hello, PyGame!'

# 메인 루프
done = False
while not done:
    for event in pygame.event.get():
        if event.type == pygame.QUIT:
            done = True

    screen.fill(WHITE)

    # 지정된 문자열 글씨를 그린 화면을 반환해 text에 저장
    text = font.render(outstr, True, BLUE)
    # 글씨가 그려진 화면인 text를 윈도 스크린 위치 [x, y]에 그리기
    screen.blit(text, [100, 80])

    pygame.display.update()

pygame.quit()
```

결과

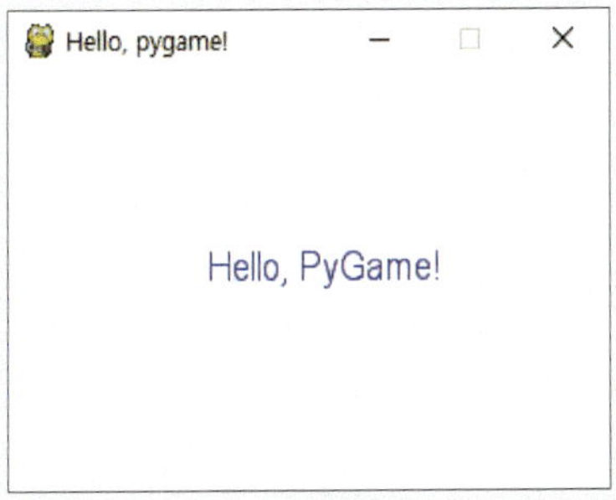

◆ 밤에 눈이 오는 모습 그리기

패키지 pygame은 게임을 위한 라이브러리로, 애니메이션 그림을 그리기에 적합하다. 윈도 바탕색을 검은색으로 지정하고 하얀 눈이 내리는 모습을 그려보자. 좌표 (x, y)에 흰색의 원을 그리고 이후 다시 좌표 (x, y+1)에 그리는 작업을 반복하면 눈이 내리는 듯한 애니메이션이 된다.

SNOW_CNT에 저장된 70개의 눈이 그려질 좌표를 snow_list 리스트로 저장한다.

```
# 눈의 좌표 리스트
snow_list = []

# snow_list에 SNOW_CNT 수만큼의 좌표를 저장
for i in range(SNOW_CNT):
    x = random.randrange(0, SIZE[0]) # x 좌표 저장
    y = random.randrange(0, SIZE[1]) # y 좌표 저장
    snow_list.append([x, y]) # 리스트에 추가
```

메인 루프에서 display.update()로 위에서 작업한 내용이 화면에 그려진다. 함수 update()가 호출되지 않으면 그림이 전혀 그려지지 않는다. 또한 메인 루프에서 초당 화면을 몇 번 그리는지를 설정하기 위해 clock을 저장한다. 이 clock을 사용해 초당 화면 표시 수인 FPS(Frame Per Second, 또는 Frame Rate)를 설정할 수 있다. 즉, 메인 루프에서 clock.tick(20)으로 초당 20 프레임 화면이 그려지도록 하면 눈 내리는 모습이 재현된다. 그러므로 20보다 더 큰 값으로 지정하면 눈이 더 빠르게 내린다. tick(20)이 없으면 매우 빠른 속도로 메인 루프를 수행하므로 눈이 매우 빠르게 내린다. 참고로 이 초당 프레임 수는 모니터의 성능에 의존한다. 지정한 높은 프레임 수를 모두 지원하지 못할 수 있다.

```
# 화면 수정에 사용될 시계 저장
clock = pygame.time.Clock()
…
    pygame.display.update()
    # 초당 수정될 프레임 수 지정, 초당 20 프레임 화면이 수정됨
    clock.tick(20)
```

메인 루프 내부에서 좌표 리스트인 snow_list에서 좌표를 얻어 반지름 1인 원을 흰색으로 그린다.

```
# 메인 루프
done = False
while not done:
    …
    # 눈이 내리는 모습 그리기
    for i in range(len(snow_list)):
```

```
        # 눈 모양의 원을 그리기
        radius = 1
        pygame.draw.circle(screen, WHITE, snow_list[i], radius)
```

눈 snow_list[i]의 (x, y) 좌표에서 y인 snow_list[i][1]을 1 증가시켜 눈이 내리도록 수정하고, x는 −1, 0, 1 중 하나를 임의로 선택해 저장한다. 만일 이 x 좌표를 수정하지 않으면 눈이 바로 수직으로 내리게 된다.

```
        # 눈 snow_list[i]의 y 좌표를 1 증가시켜 눈이 내리도록 수정
        snow_list[i][1] += 1
        # snow_list[i][1] += random.randint(1, 3)
        # 눈 snow_list[i]의 x 좌표를 (-1, 0, 1) 중 하나에서 선택, 이전 값에 더해 대입
        snow_list[i][0] += random.randint(-1, 1)
```

눈 snow_list[i]의 (x, y) 좌표에서 y가 윈도의 높이인 SIZE[1]보다 커져 바닥으로 내려가면, 잠시 후 화면 상단에서 다시 보이도록 y인 snow_list[i][1]을 적정한 음수가 되도록 다시 지정한다. 이와 마찬가지로 x인 snow_list[i][0]도 화면 가로 길이보다 적은 임의의 값으로 다시 저장한다.

```
 # snow_list[i]가 윈도 바닥으로 넘어 내려가면, 즉 보이지 않게 되면
        if snow_list[i][1] > SIZE[1]: # snow_list[i][1]은 snow_list[i] 눈의 y 좌표
            # y 좌표를 위(음수)로 다시 지정
            snow_list[i][1] = random.randrange(-5, 0)
            # x 좌표도 다시 지정, snow_list[i][0]은 snow_list[i] 눈의 x 좌표
            snow_list[i][0] = random.randrange(0, SIZE[0])
```

10-12 코딩 10-12snownight.py | **밤에 눈이 오는 모습 그리기** | 난이도 응용

```
import pygame, random

# 게임 엔진 초기화
pygame.init()

BLACK = [0, 0, 0]
WHITE = [255, 255, 255]
SIZE = [300, 300] # 윈도 크기
SNOW_CNT = 70 # 눈의 개수

screen = pygame.display.set_mode(SIZE)
pygame.display.set_caption("눈 오는 밤")

# 눈의 좌표 리스트
```

```python
snow_list = []

# snow_list에 SNOW_CNT 수만큼의 좌표 저장
for i in range(SNOW_CNT):
    x = random.randrange(0, SIZE[0]) # x 좌표 저장
    y = random.randrange(0, SIZE[1]) # y 좌표 저장
    snow_list.append([x, y]) # 리스트에 추가
# 화면 수정에 사용될 시계 저장
clock = pygame.time.Clock()

# 메인 루프
done = False
while not done:
    for event in pygame.event.get():
        if event.type == pygame.QUIT:
            done = True

    # 배경색을 검은색으로
    screen.fill(BLACK)

    # 눈 내리는 모습 그리기
    for i in range(len(snow_list)):

        # 눈 모양의 원 그리기
        radius = 1
        # radius = random.randint(1, 3)
        pygame.draw.circle(screen, WHITE, snow_list[i], radius)

        # 눈 snow_list[i]의 y 좌표를 1 증가시켜 눈이 내리도록 수정
        snow_list[i][1] += 1
        # snow_list[i][1] += random.randint(1, 3)
        # 눈 snow_list[i]의 x 좌표를 (-1, 0, 1) 중 하나에서 선택, 이전 값에 더해 대입
        snow_list[i][0] += random.randint(-1, 1)

        # snow_list[i]가 윈도 바닥으로 내려가면, 즉 보이지 않게 되면
        if snow_list[i][1] > SIZE[1]: # snow_list[i][1]은 snow_list[i] 눈의 y 좌표
            # y 좌표를 위(음수)로 다시 지정
            snow_list[i][1] = random.randrange(-5, 0)
            # x 좌표도 다시 지정, snow_list[i][0]은 snow_list[i] 눈의 x 좌표
            snow_list[i][0] = random.randrange(0, SIZE[0])

    pygame.display.update()
    # 초당 수정될 프레임 수 지정, 초당 20 프레임 화면이 수정됨
    clock.tick(20)

pygame.quit()
```

결과

Upgrade coding

눈의 크기를 다르게 하거나 눈 내리는 방향성을 줘 좀 더 자연스러운 모습이 되도록 수정해 보자.

힌트 눈의 크기도 난수로 지정하고 x 좌표의 난수를 방향성을 갖도록 조정해 수정한다.

중간 점검

03 다음은 pygame에서 문자열을 출력하는 부분 코드다. 코드의 빈 부분을 완성하시오.

```
# 폰트 생성과 출력할 문자열 지정
font = pygame.[        ].SysFont('Arial', 20)
outstr = 'Hello, PyGame!'
...
while not done:
        ...
    text = font.[        ](outstr, True, BLUE)
    # 글씨가 그려진 화면인 text를 윈도 스크린 위치 [x, y]에 그리기
    screen.[        ](text, [100, 80])
```

04 게임용 GUI 패키지 pygame을 설치하는 명령어를 기술하시오.

정답

03
```
font = pygame.font.SysFont('Arial', 20)
    ...
text = font.render(outstr, True, BLUE)
screen.blit(text, [100, 80])
```

04
```
pip install pygame
```

프로젝트 Lab 1 10-pl01-movebutton.py | 마우스를 도망가는 버튼 | 난이도 응용

마우스가 버튼 '저를 눌러 보세요!' 위로 들어오면 버튼의 위치를 다른 곳으로 이동시키는 프로그램을 작성해 보자. 버튼을 누를 수만 있다면 윈도가 종료되도록 한다. 버튼의 메소드 bind('<Enter>', 함수)를 이용해 마우스가 버튼에 들어오면 버튼을 다른 곳으로 이동시키는 함수를 연결하자.

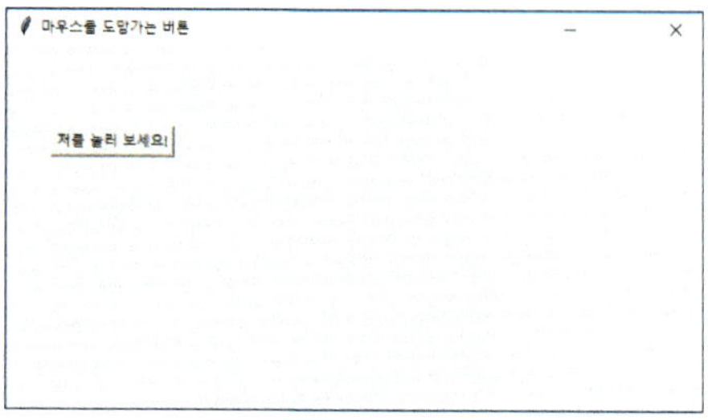

문제 이해(Understanding)

버튼을 임의 좌표로 이동시키는 함수 escapemouse()를 구현해, 함수 bind()로 함수 escapemouse를 버튼의 이벤트 '<Enter>'와 연결한다.

설계(Design)

알고리즘(Algorithm)

① 버튼 생성 시 버튼 클릭 시 윈도가 종료되도록 인자 command에 종료 함수 win.quit을 연결한다.

- `btn = Button(win, text='저를 눌러 보세요!', command = win.quit)`

② 버튼을 place() 함수로 좌표 (200, 30)에 배치시킨다.

- `btn.place(x=200, y=30)`

③ 버튼 위에 마우스가 들어오면 함수 escapemouse가 실행되도록 연결한다.

- `btn.bind('<Enter>', escapemouse)`

④ 함수 escapemouse()에서는 임의의 좌표 (rx, ry)를 정한 후 함수 plcae()로 위치를 바꾼다. 위젯의 winfo_width()와 winfo_height()로 버튼이 윈도에 가려지지 않도록 임의의 위치를 정한다. 이 정보는 디버깅에 사용될 수 있도록 표준 출력하자.

- `rx = randrange(0, w - bw)`
- `ry = randrange(0, h - bh)`

표준 입출력 샘플

```
윈도 크기: 600 300
버튼 크기: 106 26
이동 위치: 448 23
윈도 크기: 600 300
버튼 크기: 106 26
이동 위치: 38 66
```

구현(implementation)

```python
from random import randrange
from tkinter import *

# 버튼에 마우스가 들어오면 버튼 위치를 이동시키는 함수
```

```python
def escapemouse(e):
    # 윈도 전체 크기 저장
    w = win.winfo_width()
    h = win.winfo_height()
    print('윈도 크기: ', w, h)
    # 버튼 크기 저장
    bw = btn.winfo_width()
    bh = btn.winfo_height()
    print('버튼 크기: ', bw, bh)

    # 난수로 그려질 버튼이 보이도록 위치(rx, ry) 지정
    rx = randrange(0, w - bw)
    ry = randrange(0, h - bh)

    # 위치로 버튼 이동
    print('이동 위치: ', rx, ry)
    btn.place(x=rx, y=ry)

win = Tk()
win.geometry("600x300+100+100")
win.title('마우스를 도망가는 버튼')
win.resizable(False, False)

btn = Button(win, text='저를 눌러 보세요!', command=win.quit)
# 버튼의 첫 위치 지정
btn.place(x=200, y=30)

# 마우스가 버튼 위로 들어오면 함수 escapemouse가 실행되도록 연결
btn.bind('<Enter>', escapemouse)

win.mainloop()
```

공유(Share)

위젯의 메소드 place()는 위젯을 부모의 위치 (x, y)에 배치하는 함수다. 키워드 인자 relx와 rely는 각각 x와 y의 상대적인 좌표 배치 비율로 0에서 1사이의 값을 지정할 수 있다. 다음으로 btn의 첫 배치를 수정해 보자.

```python
btn.place(relx=0.5, rely=0.5)
```

프로젝트 Lab 2 10-pl02-moverectwithkey.py | 방향 키로 사각형 이동 | 난이도 실전

방향 키를 사용해 녹색의 사각형을 이동시키는 pygame 프로그램을 작성해 보자. pygame에서 키보드를 누를 때 pygame.KEYDOWN이 발생하며, 키보드를 누른 후 뗄 때 pygame.KEYUP이 발생한다.

문제 이해(Understanding)

방향 키를 사용해 사각형을 이동시키려면 메인 루프의 이벤트 처리에서 방향 키 누름을 인지해 일정한 거리만큼 이동하도록 좌표를 수정한 후 사각형을 다시 그린다. 누른 방향 키를 떼면 현재 위치에서 사각형을 그린다. 이 작업을 무한 반복한다. 오른쪽 방향 키로는 x의 값을 2 증가시키고, 왼쪽 방향 키로는 x의 값을 2 감소시킨다. 또한 위 방향 키로는 y의 값을 2 감소시키고, 아래 방향 키로는 y의 값을 2 증가시킨다. 누른 방향 키를 놓으면 좌표를 증가시키지 않고 현재 위치에서 사각형을 그린다.

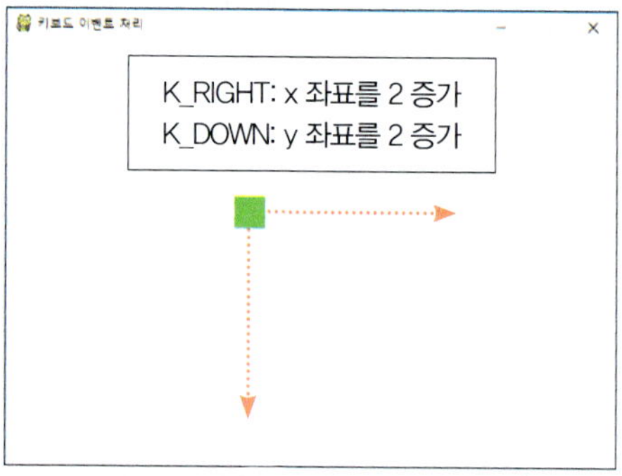

설계(Design)

알고리즘(Algorithm)

① 함수 paint(surface, x, y)로 좌표 (x,y)에 한 변이 30인 사각형을 그리고 초당 60프레임을 표시하도록 한다.

② 방향 키에 따라 2만큼 이동하도록 튜플 INC를 생성하며, x축과 y축에 증가분을 지정하도록 INC의 첨자를 저장한 변수 posX와 posY를 사용한다.
- INC = (−2, 0, 2) # 방향 키에 따른 이동 거리
- posX = 1 # 위 값 중의 하나 첨자
- posY = 1 # 위 값 중의 하나 첨자

③ 방향 키를 누르면, 즉 KEYDOWN이면 좌표를 이동하도록 x, y의 증가 값을 구한다.
- 왼쪽 방향 키면 posX = 0으로 −2를 지정, 오른쪽 방향 키면 posX = 2으로 2를 지정
- 위 방향 키면 posY = 0으로 −2를 지정, 아래 방향 키면 posY = 2으로 2를 지정

④ 누른 방향 키를 놓으면, 즉 KEYUP이면 사각형의 이동을 정지하도록 한다.
- 왼쪽 또는 오른쪽 방향 키면 posX=1로 0을 지정, 위 또는 아래 방향 키면 posY=1로 0을 지정

⑤ 위치 좌표 (x, y)를 수정해 화면을 다시 그린다.
- x, y = x + INC[posX], y + INC[posY]
- paint(surface, x, y)

구현(implementation)

```
import pygame
from pygame.locals import QUIT, KEYUP, KEYDOWN, \
                 K_LEFT, K_RIGHT, K_UP, K_DOWN

WHITE = (255, 255, 255)
GREEN = (0, 255, 0)

# 화면에 사각형을 그리고 초당 화면 프레임 수정
def paint(surface, x, y):
    # 사각형 그리기
    def drawrect(surface, x, y):
        sizeX, sizeY = 30, 30
        pygame.draw.rect(surface, GREEN, [x, y, sizeX, sizeY])

    surface.fill(WHITE)
    drawrect(surface, x, y)
    pygame.display.update()
    # 초당 화면 수정 프레임 수 지정
    clock.tick(60)

# 시작: 초기화
pygame.init()
surface = pygame.display.set_mode([600, 400])
pygame.display.set_caption("키보드 이벤트 처리")

# 화면 수정 시간에 사용
clock = pygame.time.Clock()

# 방향키에 따른 이동 거리와 첨자 관리
INC = (-2, 0, 2) # 방향 키에 따른 이동 거리
posX = 1 # 위 값 중 하나의 첨자
posY = 1 # 위 값 중 하나의 첨자

# 사각형의 첫 위치
x, y = 10, 10

# 메인 루프
done = False
while not done:
    for event in pygame.event.get():
        if event.type == QUIT:
            done = True

```

```
            # 키를 누르면
            elif event.type == KEYDOWN:
                key = event.key
                if key == K_LEFT:
                    posX = 0
                elif key == K_RIGHT:
                    posX = 2
                elif key == K_UP:
                    posY = 0
                elif key == K_DOWN:
                    posY = 2

            # 키를 올리면(놓으면)
            elif event.type == KEYUP:
                key = event.key
                # 왼쪽 오른쪽 키면, x 증가를 0으로
                if key == K_LEFT or key == K_RIGHT:
                    posX = 1
                # 위 아래 키면, y 증가를 0으로
                elif key == K_UP or key == K_DOWN:
                    posY = 1

        # 좌표 (x, y)를 수정해 사각형 그리기
        x, y = x + INC[posX], y + INC[posY]
        paint(surface, x, y)

    pygame.quit()
```

테스트와 실행 결과(Testing & Simulation)

위와 동일

공유(Share)

각각의 함수의 기능을 이해하고 위 프로그램을 코딩해 결과가 나오도록 노력하자. 사각형의 크기를 수정해 보고, 사각형의 이동 속도를 줄이거나 늘려보자자.

학습 내용 점검

01 : 다음 Tkinter 코드의 빈 부분을 완성하시오.

```
import tkinter as tk

win = [        ].Tk()
win.geometry ('300x200')
win.title('GUI Tkinter!')
win.mainloop()
```

02 : 다음은 Tkinter 버튼 btn을 클릭하면 윈도가 종료되도록 구현한 부분 코드다. 빈 부분을 완성하시오.

```
btn = tk.Button(win, text="윈도 종료")
btn.text = '이것도 지원'
btn['text'] = "윈도 종료 한다."
btn[        ] = win.quit
```

03 : Tkinter 위젯 레이블이나 버튼에는 외곽 형태를 설정하는 relief라는 인자가 있다. 인자 relief에 설정할 수 있는 값의 종류를 모두 확인하시오.

```
lb = Label(win, text=t, relief='flat')
```

04 : 다음은 Tkinter의 위젯 bind() 메소드로 버튼의 마우스 왼쪽 버튼 클릭 이벤트에서 텍스트 모드로 '안녕!'을 출력하는 부분 코드다. 빈 부분을 완성하시오.

```
def hi(        ):
        print('bind: 안녕!')
...
btn = tk.Button(win, text="인사 이벤트 처리")
btn.bind('        ', hi)
```

05 : 다음은 pygame의 윈도를 표시하는 프로그램이다. 구문 import를 유의해 빈 부분을 완성하시오.

```
from pygame import *

init()

screen = display.________([300, 200])
________.set_caption('간단한 파이게임 윈도!')

done = False
while not done:
    for e in event.get():  # 여러 이벤트를 받아 처리
        if e.type == QUIT:  # 윈도 종료 버튼을 누르면
            done = True  # 프로그램 종료하기 위해 True 지정

    display.________() # 화면의 필요한 부분만을 수정

quit()
```

06 : 다음은 pygame 윈도 위에 초 단위의 지난 시간이 표시되는 프로그램이다. 실행 결과를 보고 빈 부분을 완성하시오.

```
import pygame

pygame.init()
screen = pygame.display.set_mode([200, 100])

CNT = 0
BLUE = (0, 0, 255)
WHITE = (255, 255, 255)
font = pygame.________.SysFont('Arial', 20)
clock = pygame.________.Clock()

done = False
while not done:
    for event in pygame.event.get():
        if event.type == pygame.QUIT:
            done = True

    ________.fill(WHITE)
    text = font.________(str(CNT), True, BLUE)
    screen.________(text, [90, 40])
    CNT += 1
    pygame.display.update()
    clock.tick(1)

pygame.quit()
```

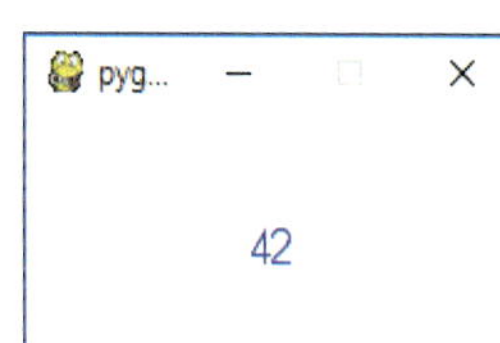

도전! 프로그래밍

01 기본 Tkinter 위젯 레이블의 인자 relief로 6개의 옵션 값을 지정하고, 레이블을 배치 관리 메소드 pack()으로 배치해 다음과 같이 출력하는 Tkinter 프로그램을 작성하시오.

- 다음 코드를 활용

```
rtype = ['flat', 'groove', 'raised', 'ridge', 'solid', 'sunken']
for t in rtype:
```

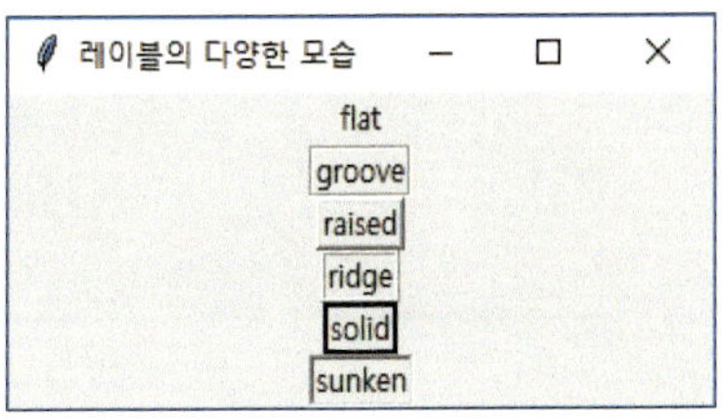

02 응용 Tkinter 위젯 버튼 6개를 그리드의 위치 이름으로 지정해 다음과 같이 출력하는 Tkinter 프로그램을 작성하시오.

- 버튼의 가로 길이는 30으로 지정
- 다음 구문을 사용해 6개 버튼의 모양과 표시되는 이름을 결정

```
rtype = ['flat', 'groove', 'raised', 'ridge', 'solid', 'sunken']
for i, t in enumerate(rtype):
```

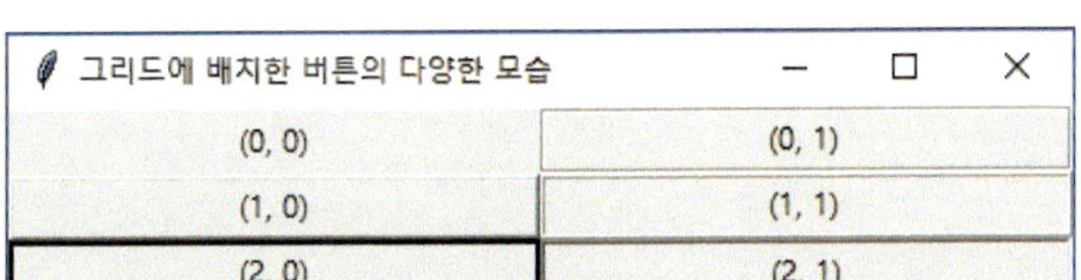

03 응용 Tkinter에서 다음 2개의 버튼을 누르면 해당 버튼의 리스트 ['파이썬', '코틀린'] 값이 엔트리에 출력되는 Tkinter 프로그램을 작성하시오.

- 이벤트 처리의 함수를 다음과 같이 람다 함수로 연결

```
str = ['파이썬', '코틀린']

py = Button(win, text=str[0], command = lambda: setstr(str[0]))
ko = Button(win, text=str[1], command = lambda: setstr(str[1]))
```

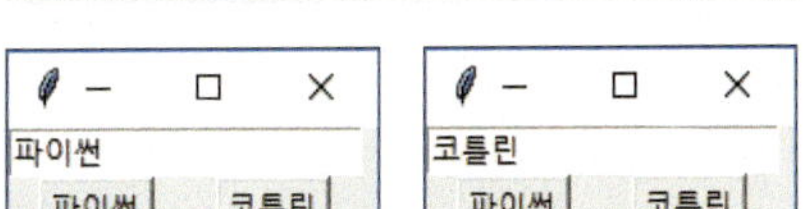

04 응용

Tkinter 윈도 전체에 표시된 버튼 '인사 이벤트 처리'를 누르면 Tkinter의 이벤트 처리 방식 두 가지가 모두 실행되도록 구현한다. 즉, 버튼을 누르면 두 가지 이벤트 처리에 대한 결과가 텍스트 모드로 출력되는 프로그램을 작성하시오.

- 버튼을 누르면 첫 줄은 메소드 bind()로 연결한 핸들러에서 출력하고, 두 번째 줄은 인자 command에 연결한 핸들러에서 출력

```
bind: 안녕!
command: 안녕!
```

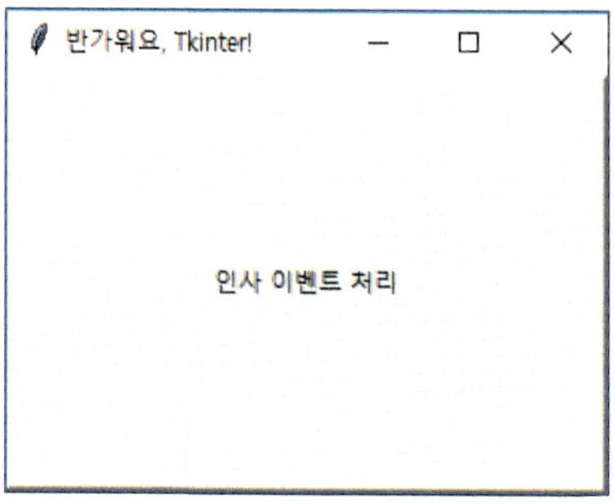

- 버튼 btn은 다음으로 배치해 윈도 전체에 표시

```
btn.pack(expand=True, fill='both')
```

05 응용

pygmae 윈도 바탕 색상이 1초에 한 번씩 변하면서 색상 이름이 출력되도록 프로그램을 작성하시오.

- 색상과 이름은 다음 리스트 사용

```
rgbs = [(0, 0, 0), (255, 0, 0), (0, 255, 0), (0, 0, 255), (255, 255, 0)]
colors = ['black', 'red', 'green', 'blue', 'yellow']
```

- 윈도 색상과 폰트의 색상이 같으면 표시 글자가 보이지 않으므로 폰트의 색상은 위 순서의 이웃한 다음 색으로 지정해 출력

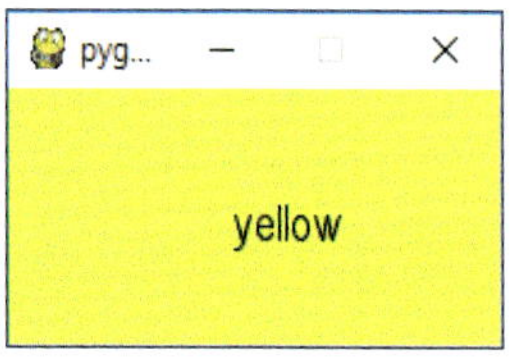

06 : 다음을 참고해 마우스를 누른 채 이동하면 붉은색의 작은 원이 계속 그려지는 pygame 프로그램을 작성하시오.

실전

- 마우스를 누른 채 이동하는 위치를 리스트 mpos에 모두 저장
- 변수 mdown은 마우스를 누른 채 이동하는 동안 True인 변수이며, 메인 루프의 이벤트 처리 부분에서 다음 코드를 활용

```
for event in pygame.event.get():
        if event.type == pygame.QUIT:
            done = True
        elif event.type == pygame.MOUSEBUTTONDOWN:
            mdown = True
        elif event.type == pygame.MOUSEMOTION:
            if mdown:
                mpos.append(event.pos)
        elif event.type == pygame.MOUSEBUTTONUP:
            mdown = False
```

- 리스트 mpos의 모든 원소에 대해 원을 그림

```
pygame.draw.circle(screen, RED, [x, y], 2)
```

Chapter 11

실행 오류 및 파일을 다루는 예외 처리와 파일 입출력

학습 목표

- 예외 처리의 필요성을 이해하고 try except 구문을 사용해 예외를 처리할 수 있다.
- 프로그램에서 파일을 생성하는 필요성을 이해하고 필요한 파일을 만들 수 있다.
- 이미 생성된 파일에서 내용을 읽어 처리할 수 있다.

Section

01 실행 오류로 인한 프로그램 중단을 막는 예외 처리

1.1 실행 오류와 예외 처리

◆ 예외 처리 개요

지금까지 수많은 오류를 경험했을 것이다. 파이썬 코딩의 초반에는 문법에 오류가 있어 발생하는 구문 오류(syntax error)를 많이 범하다가 코딩에 익숙해지면 실행 시 오류를 많이 접할 수 있다. 누구나 실행 중에 오류를 만나면 당황하게 된다. 개발 과정에서 실행 오류가 발생하더라도 오류에 대한 메시지 정보가 있으므로 오류를 수정하는 데 많은 도움이 된다.

개발 과정에서의 실행 오류는 수정하면 되지만 상용화된 소프트웨어에서 실행 오류가 발생하면 난감해진다. 만일 이러한 실행 오류 원인이 개발자 코드의 잘못에서 발생하는 경우가 많겠지만 때론 사용자나 실행 환경의 문제에서 발생할 수도 있다. 즉, 원인은 정수나 실수를 입력해야 하는 상황에서 사용자의 입력이 잘못되거나 네트워크의 송 수신 문제 또는 요구한 파일이 없는 문제 등이다.

그럼에도 불구하고 프로그램 실행 중에 오류가 발생하는 것은 대부분 개발자의 책임이므로 가능하면 이러한 환경 문제나 사용자의 입력 또는 선택 문제에서 발생할 수 있는 경우를 예측해 실행 오류가 발생하지 않도록 해야 한다. 오류가 발생하더라도 프로그램이 바로 종료되는 일은 막도록 해야 한다.

여러 원인에 의해 실행 중에 발생하는 오류를 예외(exception)라고 하며, 발생한 예외를 처리해 프로그램이 바로 종료되는 일을 없도록 하는 것을 예외 처리(exception handle)라고 한다.

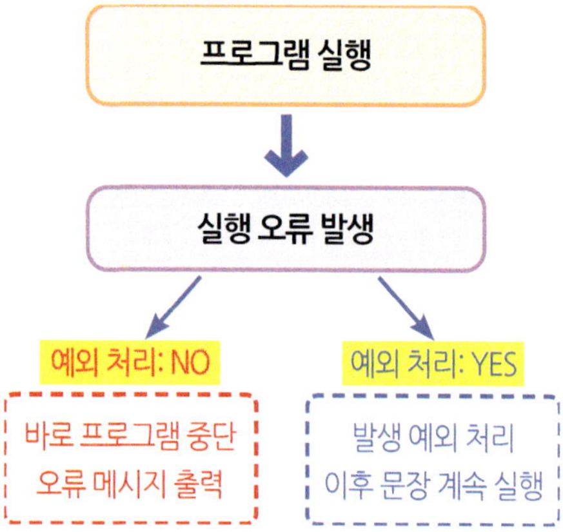

▲ 그림1 실행 오류와 예외 처리

◆ 구문 오류와 실행 오류

다음은 실행 전에도 쉽게 찾을 수 있는 구문 오류다. 즉 for 구문에서 in이 빠져 발생한 구문 오류다.

```
>>> for i range(3):
  File "<stdin>", line 1
    for i range(3):
              ^
SyntaxError: invalid syntax
```

그럼 실행 오류인 예외를 알아보자. 한 가지 예로, 어느 수든 0으로 나누면 다음과 같이 ZeroDivision Error가 발생한다. 이와 같이 실행 중에 발생하는 오류를 예외(exception)라고 한다.

```
>>> 10 / 0
Traceback (most recent call last):
  File "<pyshell# 0>", line 1, in <module>
    10 / 0
ZeroDivisionError: division by zero
```

이러한 예외의 종류는 상당히 많다. 다음은 우리가 흔히 범하는 예외 발생을 정리한 내용이다.

▼ **표1** 다양한 예외의 종류

예외 구문	예외 이름과 설명	예외 발생 메시지
n = int('3,000')	ValueError: 잘못된 값(콤마를 인지하지 못함)을 사용	ValueError: invalid literal for int() with base 10: '3,000'
import module	ModuleNotFoundError: 존재하지 않는 모듈 불러오기	ModuleNotFoundError: No module named 'module'
a = [] a[0]	IndexError: 잘못된 첨자 사용	IndexError: list index out of range
f = open('data.txt', 'r')	FileNotFoundError: 존재하지 않는 파일 열기	FileNotFoundError: [Errno 2] No such file or directory: 'data.txt'
data += 1	NameError: 잘못된 이름(아직 정의되지 않은 변수)을 사용	NameError: name 'data' is not defined

1.2 예외 처리 구문 try except

◆ 예외 처리 구문 try except

실행 중 발생하는 예외를 처리해 프로그램이 바로 종료되는 일이 없도록 하는 일을 예외 처리라고 한다. 예외 처리는 try except 구문으로 실행한다. 파이썬 코드에서 예외 발생이 의심스러운 문장들을 try 블록에 배치하고, try 블록에 예외가 있을 경우 실행될 코드를 except 블록에 배치한다.

- try 블록의 한 문장에서 예외가 발생하면 이후 블록의 문장은 실행되지 않고 바로 except 블록으로 이동해 블록 내부의 문장들을 실행한다.

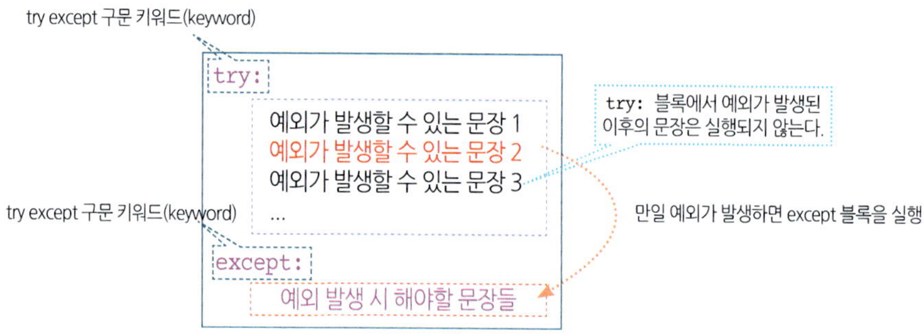

▲ **그림2** 파이썬 try except 구문

파이썬의 가장 간단한 예외 처리는 try except 구문으로 try: 다음 블록에 예외가 예상되는 문장들을 코딩하고 except: 이후 블록에 문장 pass를 넣어준다. pass나 다른 문장이 전혀 없으면 Indentation Error 오류가 발생한다. 예외 발생 문장 10 / 0를 try except에 넣으면 다음과 같이 오류가 발생하지 않고 종료된다. pass는 특별히 사용할 문장이 없거나 모를 때 사용하는 문장이다.

```
>>> try:
...     10 / 0
... except:
...     pass
...
>>>
```

구문 try except: 블록에 표준 출력을 보내면 오류 없이 실행된다.

```
>>> try:
...     10 / 0
... except:
...     print('예외가 발생했습니다.')
...
예외가 발생했습니다.
```

◆ 예외가 발생한 정보를 저장해 처리하는 except as

구문 try except에서 오류가 발생한 내용에 대해 좀 더 구체적인 처리를 하려면 다음과 except 이후에 '발생된_예외 객체_ 클래스이름 as 변수명'을 추가해야 한다. 즉 예외가 발생하면 예외 인스턴스(instance)라는 것이 발생하고, 이 객체에 예외 발생 클래스와 이유 정보가 저장된다. 이 객체를 변수 e로 받으면 예외 상황에 대한 정보를 활용할 수 있다. 변수명은 관례적으로 e와 exception 또는 error 등으로 받아 처리한다.

```
>>> try:
...     10 / 0
... except Exception as e:
...     print('예외 발생 이름: {}'.format(type(e)))
...     print('예외 발생 이유: {}'.format(e))
...
예외 발생 이름: <class 'ZeroDivisionError'>
예외 발생 이유: division by zero
```

발생된 예외의 클래스 이름이 알 수 있다.

발생된 예외 원인을 알 수 있다.

다음 예외 처리의 첫 프로그램은 함수 int()를 사용해 정수 형태가 아닌 문자열 '3.67'을 정수로 변환할 때 발생하는 예외를 처리하는 try except 구문이다.

11-1 코딩 11-01basictryexcept.py | **잘못된 문자열을 정수로 변환 시 예외 처리** | 난이도 기본

```python
try:
    data = int('3.67')
except Exception as e:
    print('예외 발생 이름: {}'.format(type(e)))
    print('예외 발생 이유: {}'.format(e))
```

결과

```
예외 발생 이름: <class 'ValueError'>
예외 발생 이유: invalid literal for int() with base 10: '3.67'
```

◆ 예외와 관련된 클래스

객체지향 언어는 모든 예외를 클래스로 정의해 관리한다. 파이썬도 그림과 같이 예외 클래스를 계층적으로 정의하고 있다. 예외의 가장 상위 클래스는 BaseException이며, 우리가 접하는 많은 예외 클래스는 Exception 클래스의 하위 클래스다.

리스트나 튜플 참조에서 첨자 범위를 벗어나면 IndexError 예외가 발생한다.

```
>>> try:
...     print([1, 2, 3][4])
... except IndexError as e:
...     print('예외 발생 이름: {}'.
format(type(e)))
...     print('예외 발생 이유: {}'.
format(e))
...
예외 발생 이름: <class 'IndexError'>
예외 발생 이유: list index out of range
```

또한 딕셔너리에 없는 키로 참조하면 KeyError 예외가 발생한다.

```
>>> try:
...     print({'name':'python',
'year':1991, 'developer':'귀도'}
['owner'])
... except KeyError as e:
...     print('예외 발생 이름: {}'.
format(type(e)))
...     print('예외 발생 이유: {}'.
format(e))
...
예외 발생 이름: <class 'KeyError'>
예외 발생 이유: 'owner'
>>>
```

예외 IndexError 와 KeyError 의 상위는 LookupError이며, 그 상위는 Exception, 다시 BaseException이다. 위 두 코드에서 except 이후의 예외 이름에 상위 클래스인 LookupError나 Exception, BaseException을 사용해도 예외 처리가 가능하다. 그러나 가능하면 보다 구체적인 예외를 적시해 예외를 처리하는 것을 권장한다.

```
BaseException
 +-- SystemExit
 +-- KeyboardInterrupt
 +-- GeneratorExit
 +-- Exception
      +-- StopIteration
      +-- StopAsyncIteration
      +-- ArithmeticError
      |    +-- FloatingPointError
      |    +-- OverflowError
      |    +-- ZeroDivisionError
      +-- AssertionError
      +-- AttributeError
      +-- BufferError
      +-- EOFError
      +-- ImportError
      |    +-- ModuleNotFoundError
      +-- LookupError
      |    +-- IndexError
      |    +-- KeyError
      +-- MemoryError
      +-- NameError
      |    +-- UnboundLocalError
      +-- OSError
      |    +-- BlockingIOError
      |    +-- ChildProcessError
      |    +-- ConnectionError
      |    |    +-- BrokenPipeError
      |    |    +-- ConnectionAbortedError
      |    |    +-- ConnectionRefusedError
      |    |    +-- ConnectionResetError
      |    +-- FileExistsError
      |    +-- FileNotFoundError
      |    +-- InterruptedError
      |    +-- IsADirectoryError
      |    +-- NotADirectoryError
      |    +-- PermissionError
      |    +-- ProcessLookupError
      |    +-- TimeoutError
      +-- ReferenceError
      +-- RuntimeError
      |    +-- NotImplementedError
      |    +-- RecursionError
      +-- SyntaxError
      |    +-- IndentationError
      |         +-- TabError
      +-- SystemError
      +-- TypeError
      +-- ValueError
      |    +-- UnicodeError
      |         +-- UnicodeDecodeError
      |         +-- UnicodeEncodeError
      |         +-- UnicodeTranslateError
      +-- Warning
           +-- DeprecationWarning
           +-- PendingDeprecationWarning
           +-- RuntimeWarning
           +-- SyntaxWarning
           +-- UserWarning
           +-- FutureWarning
           +-- ImportWarning
           +-- UnicodeWarning
           +-- BytesWarning
           +-- ResourceWarning
```

▲ **그림3** 예외 관련 클래스 계층

```
>>> try:
...     print({'name':'python', 'year':1991, 'developer':'귀도'}['owner'])
... except LookupError as e:
...     print('예외 발생 이름: {}'.format(type(e)))
...     print('예외 발생 이유: {}'.format(e))
...
예외 발생 이름: <class 'KeyError'>
예외 발생 이유: 'owner'
```

◆ 예외 처리 구문 try except else finally

try에서는 except의 옵션으로 else: 블록이 올 수 있으며, try의 옵션으로 finally 블록이 나올 수 있다. 즉 try 블록의 문장에서 예외가 발생하면 except 블록이 실행되며, 예외가 발생하지 않으면 옵션인 else 블록이 실행된다. finally 블록은 예외 발생과 상관없이 try 블록을 실행하면 반드시 실행된다.

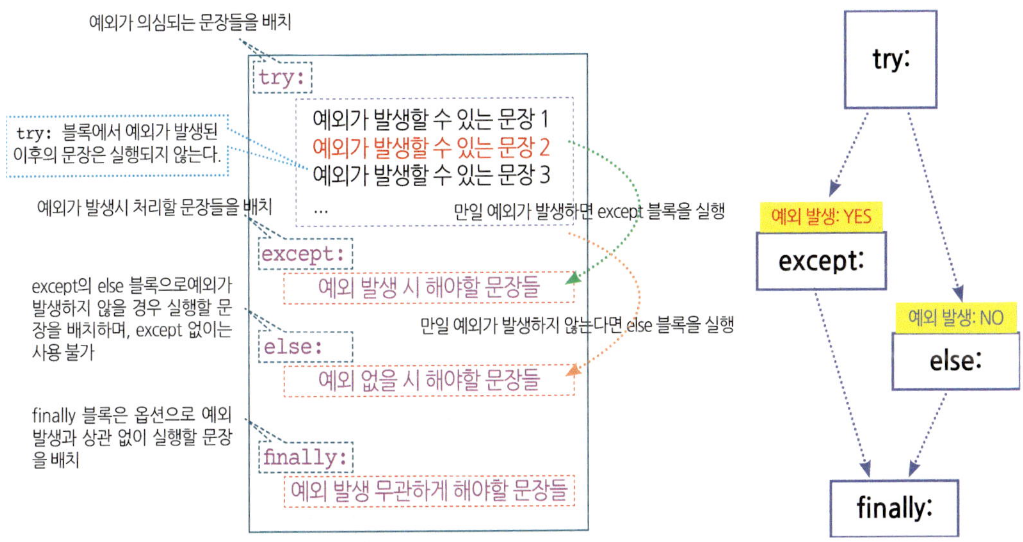

▲ **그림 4** 예외 처리 구문 try except else finally의 이해

try except 구문의 전체적인 실행 흐름을 알아보자. 다음 코드에서 문자열 첨자가 범위를 벗어나 잘못된 문자열 참조 예외 IndexError가 발생해 except와 finally 블록이 실행된다.

```
try:
    print('python'[6])
except IndexError as e:
    print('예외 발생 이름: {}'.format(type(e)))
    print('예외 발생 이유: {}'.format(e))
else:
    print('예외 없이 잘 실행됐습니다.')
finally:
    print('예외 처리가 잘되는군요!')
```

실행 결과

```
예외 발생 이름: <class 'IndexError'>
예외 발생 이유: string index out of range
예외 처리가 잘되는군요!
```

다음 코드는 문자열 첨자가 0으로 정상적으로 문자 p를 참고하고 있어 예외가 발생하지 않는다. 그러므로 p가 출력되고 else 블록이 실행되고 마지막으로 finally 블록이 실행된다.

```
try:
    print('python'[0])
except IndexError as e:
    print('예외 발생 이름: {}'.format(type(e)))
    print('예외 발생 이유: {}'.format(e))
else:
    print('예외 없이 잘 실행됐습니다.')
finally:
    print('예외 처리가 잘되는군요!')
```

실행 결과

```
p
예외 없이 잘 실행됐습니다.
예외 처리가 잘되는군요!
```

다음 코드에서 try except else finally 구문을 다시 한번 확인하자.

11-2 코딩 11-02tryexceptelsefinally.py IndexError 예외 처리 난이도 기본

```
lst = ['C/C++', 'java', 'c# ', 'python']

try:
    print(lst[4])
except Exception as e:
    print('예외 발생 이름: {}'.format(type(e)))
    print('예외 발생 이유: {}'.format(e))
else:
    print('잘 실행됐습니다.')
finally:
    print('예외 처리가 잘되는군요!')
```

결과

print(lst[4]) 구문인 결과

```
예외 발생 이름: <class 'IndexError'>
예외 발생 이유: list index out of range
예외 처리가 잘되는군요!
```

print(lst[0]) 구문인 결과

```
C/C++
잘 실행됐습니다.
예외 처리가 잘되는군요!
```

1.3 GUI와 여러 except에서의 예외 처리

◆ Tkinter GUI에서 킬로미터를 마일로 float 변환 시 예외 처리

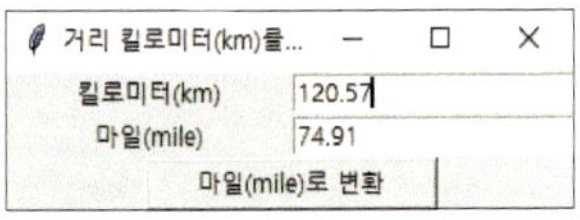

Tkinter 사용자 인터페이스로 킬로미터(km)를 마일(mile)로 변환하는 프로그램을 작성해 보자. 다음과 같은 위젯 구성의 윈도를 만든 후 킬로미터 입력을 위한 엔트리 kmeter에 실수를 입력하고 '마일(mile)로 변환' 버튼을 누르면 마일을 위한 엔트리에 변환된 마일이 표시되는 프로그램이다.

- 이러한 사용자 입력에서 발생할 수 있는 잘못된 문제는 언제라도 발생할 수 있으므로 반드시 예외 처리를 해야 한다.

다음 그림과 같이 입력 값이 120.57인 경우는 문제가 없지만 46.83k와 같이 실수가 아니라면 ValueError 예외가 발생하며, 만일 예외 처리 구현이 없다면 바로 프로그램은 중단된다. 이러한 예외가 발생하더라도 프로그램 중단 없이 사용자에게 잘못을 알리고 다시 입력할 수 있도록 처리하기 위해 지금 배운 try except else finally 구문을 사용해 보자.

입력이 잘못돼 실수로 변환할 수 없는 예외가 발생하면 실행되는 블록 except: 에서 적당한 예외의 메시지를 콘솔에 출력하고 마일 표시를 위한 엔트리에는 '다시 입력하세요!'를 삽입한다. 예외가 발생하지 않고 정상적으로 실행되는 블록 else:에서는 변환된 fmeter를 마일로 변환해 마일 표시를 위한 엔트리에 삽입한다.

```
try:
    fmeter = float(kmeter.get()) # 엔트리 kmeter에서 값 가져오기
except ValueError as e:
    print('킬로미터 입력에 문제가 있습니다.')
    ...
else:
    print('킬로미터 입력이 잘됐습니다.')
    ...
    insertmile(str(tomile(fmeter)))
finally:
    print('킬로미터 입력 예외 처리가 잘되는군요!')
```

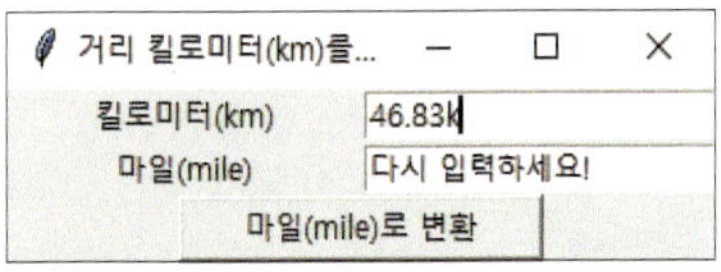

▲ **그림 4** Tkinter윈도와 float() 변환 시 예외 처리 구현

이러한 예외 처리가 다음 코드와 같이 구현되면 어떠한 입력 문제에도 프로그램이 종료되지 않고 계속 실행될 수 있다.

11-3 코딩 11-03kilometertomile.py **킬로미터를 마일로 변환 시 예외 처리** 난이도 응용

```python
from tkinter import *

def tomile(kilometer):
    return round(kilometer * 0.6213, 2)

def clicked():
    def insertmile(sdata):
        mile.delete(0, END) # 이전의 자료를 비우고
        mile.insert(0, sdata) # 새로 변환된 자료를 쓰고
    try:
        fmeter = float(kmeter.get()) # 엔트리 kmeter에서 값 가져오기
    except ValueError as e:
        print('킬로미터 입력에 문제가 있습니다.')
        print('예외 발생 이름: {}'.format(type(e)))
        print('예외 발생 이유: {}'.format(e))
        insertmile('다시 입력하세요!')
    else:
        print('킬로미터 입력이 잘됐습니다.')
        print('킬로미터 입력 값:', fmeter) # 디버깅을 위해 출력
        insertmile(str(tomile(fmeter)))
    finally:
        print('킬로미터 입력 예외 처리가 잘되는군요!')

win = Tk()
win.title('거리 킬로미터(km)를 마일(mile)로 변환')

lbcel = Label(win, text="킬로미터(km)", width=20)
lbfar = Label(win, text="마일(mile)")
lbcel.grid(row=0, column=0)
lbfar.grid(row=1, column=0)

kmeter = Entry(win, width=20)
mile = Entry(win)
kmeter.grid(row=0, column=1)
mile.grid(row=1, column=1)

cvt = Button(win, text="마일(mile)로 변환", width=20, command = clicked)
cvt.grid(row=2, column=0, columnspan=2)

win.mainloop()
```

결과

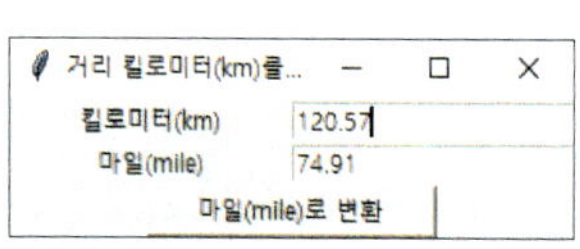


```
킬로미터 입력이 잘됐습니다.
킬로미터 입력 값: 120.57
킬로미터 입력 예외 처리가 잘되는군요!
```

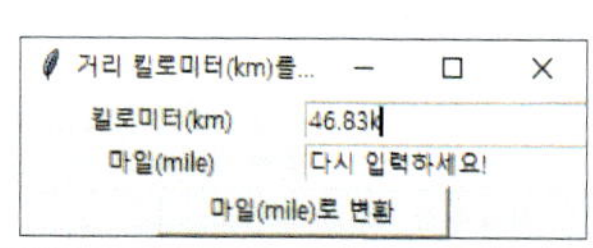


```
킬로미터 입력에 문제가 있습니다.
예외 발생 이름: <class 'ValueError'>
예외 발생 이유: could not convert string to float: '46.83k'
킬로미터 입력 예외 처리가 잘되는군요!
```

◆ 한번에 여러 예외 처리 구현

try 블록에서 예상되는 예외 처리가 다양하다면 except를 여러 개 가질 수 있다. 그러나 여러 개의 except가 있더라도 예외가 발생하면 하나만 실행된다. 물론 except가 있더라도 발생한 예외가 적시한 예외 클래스가 동일하거나 하부 클래스가 아니라면 except 블록은 실행되지 않는다.

다음 두 정수의 곱하기와 나누기의 결과를 출력하는 코드에서 발생할 수 있는 예외 ZeroDivision Error와 ValueError의 예외를 처리하는 구문이다. 정수 형태를 입력하지 않으면 ValueError 의 예외 처리가 실행되고, 두 번째 입력에 0을 입력하면 ZeroDivisionError의 예외 처리가 실행된다.

```
try:
    x = int(input('정수 입력 > '))
    y = int(input('정수 입력 > '))
    print('{} × {} = {}'.format(x, y, x * y))
    print('{} ÷ {} = {}'.format(x, y, x / y))
except ZeroDivisionError as exp:
    print('except ZeroDivisionError as exp:')
    print('\t예외 발생 이유: {}'.format(exp))
except ValueError as exp:
    print('except ValueError as exp:')
    print('\t예외 발생 이유: {}'.format(exp))
```

실행 결과 1 두 번째 입역에 0을 입력하는 경우

```
정수 입력 > 10
정수 입력 > 0
20 × 0 = 0
except ZeroDivisionError as exp:
        예외 발생 이유: division by zero
```

실행 결과 2 정수가 아닌 것을 입력하는 경우

```
정수 입력 > 3.2
except ValueError as exp:
        예외 발생 이유: invalid literal
for int() with base 10: '3.2'
```

위 구문의 except 두 개는 다음의 except (ZeroDivisionError, ValueError)처럼 괄호로 묶어 하나로 처리할 수도 있다.

```
try:
    x = int(input('정수 입력 > '))
    y = int(input('정수 입력 > '))
    print('{} × {} = {}'.format(x, y, x * y))
    print('{} ÷ {} = {}'.format(x, y, x / y))
except (ZeroDivisionError, ValueError) as exp:
    print('\t예외 발생 이유: {}'.format(exp))
```

◆ 두 정수의 곱하기와 나누기 구하기에서의 여러 예외 처리 구현

두 정수를 표준 입력으로 받아 곱하기와 나누기를 수행하는 프로그램을 작성해 보자. 무한 반복으로 계속 연산을 수행하다 첫 정수 입력에서 x 또는 X를 입력하면 종료되도록 한다. 사용자의 정수 입력에서 3.4와 같이 정수를 잘못 입력하면 ValueError를 처리하고, 두 번째 사용자 정수 입력에서 0을 입력하면 ZeroDivisionError를 처리하도록 한다.

```
while True:
    try:
        xstr = input('정수 입력 > ')
        …
        prod = x * y
        divd = x / y

    except ZeroDivisionError as exp:
        print('except ZeroDivisionError as exp:')
        …

    except ValueError as exp:
        print('except ValueError as exp:')
        …
    else:
        print('{} × {} = {}'.format(x, y, prod))
        print('{} ÷ {} = {}'.format(x, y, divd))

    finally:
        if xstr in ['x', 'X']:
            print('종료합니다.')
            break
        print('다시 해 보세요.')
```

11-4 코딩 11-04variustryexcept.py 두 정수의 곱과 나눗셈 연산에서의 예외 처리 구현 난이도 기본

```
while True:
    try:
        xstr = input('정수 입력 > ')
        x = int(xstr)
        y = int(input('0이 아닌 정수 입력 > '))
        prod = x * y
        divd = x / y

    except ZeroDivisionError as exp:
        print('except ZeroDivisionError as exp:')
        print('\t예외 발생 이름: {}'.format(type(exp)))
        print('\t예외 발생 이유: {}'.format(exp))
        print('\t0으로는 나눌 수 없습니다.')
    except ValueError as exp:
        print('except ValueError as exp:')
        print('\t예외 발생 이름: {}'.format(type(exp)))
        print('\t예외 발생 이유: {}'.format(exp))
        print('\t입력한 값이 정수가 아닙니다.')
    else:
```

```
            print('{} × {} = {}'.format(x, y, prod))
            print('{} ÷ {} = {}'.format(x, y, divd))

    finally:
        if xstr in ['x', 'X']:
            print('종료 합니다.')
            break
        print('다시 해 보세요.')
```

결과

예외 ZeroDivisionError, ValueError 발생 경우

```
정수 입력 > 20
0이 아닌 정수 입력 > 0
except ZeroDivisionError as exp:
                예외 발생 이름: <class
'ZeroDivisionError'>
        예외 발생 이유: division by zero
        0으로는 나눌 수 없습니다.
다시 해 보세요.

정수 입력 > 3.4
except ValueError as exp:
                예외 발생 이름: <class
'ValueError'>
        예외 발생 이유: invalid literal
for int() with base 10: '3.4'
        입력한 값이 정수가 아닙니다.
다시 해 보세요.
```

정상 연산과 x 입력 시 종료

```
정수 입력 > 30
0이 아닌 정수 입력 > 4
30 × 4 = 120
30 ÷ 4 = 7.5
다시 해 보세요.

정수 입력 > x
except ValueError as exp:
                예외 발생 이름: <class
'ValueError'>
        예외 발생 이유: invalid literal
for int() with base 10: 'x'
        입력한 값이 정수가 아닙니다.
종료 합니다.
```

1.4 직접 예외를 발생시켜 수행하는 예외 처리

◆ 키워드 raise를 사용해 직접 예외를 발생

프로그래머가 직접 예외를 발생시켜 예외 처리를 할 수 있다. 만일 표준 입력에서 양의 정수만이 필요한 상황이라면 다음처럼 음수나 0이 입력될 경우 raise Exception('필요한 메시지') 구문으로 예외를 직접 발생시킬 수 있다. 이렇게 발생된 예외는 다른 예외 처리와 동일하게 try except로 예외 처리를 구현해 준다.

```
n = int(input('양의 정수 입력 > '))
if n <= 0:
    raise Exception('양의 정수를 입력하세요.')
```

다음은 양의 정수를 표준 입력받은 후 표준 모듈 math를 불러 factorial(n)을 구하는 프로그램이다. 표준 입력에서 잘못된 정수 입력에서는 except ValueError를 처리하고 음수나 0이 입력되면 Exception을 처리한다.

11-5 코딩 11-05raiseexcetion.py **직접 예외를 발생시켜 예외 처리** 난이도 응용

```
import math

try:
    n = int(input('양의 정수 입력 > '))
    if n <= 0:
        raise Exception('양의 정수를 입력하세요.')

except ValueError as exp:
    print('\t예외 발생 이름: {}'.format(type(exp)))
    print('\t예외 발생 이유: {}'.format(exp))
    print('\t입력한 값이 정수가 아닙니다.')
except Exception as e:
    print('\t예외 발생 이름: {}'.format(type(e)))
    print('\t예외 발생 이유: {}'.format(e))
    print('\t입력한 값이 양의 정수가 아닙니다.')

else:
    print('{}! = {}'.format(n, math.factorial(n)))

finally:
    print(' 프로그램 종료! '.center(30, '*'))
```

위의 Exception('메시지')에 기술된 메시지가 출력되는 것을 알 수 있다.

결과

정상 표준 입력

```
양의 정수 입력 > 5
5! = 120
********** 프로그램 종료! **********
```

음수나 0을 입력한 경우: Exception 발생

```
양의 정수 입력 > -6
	예외 발생 이름: <class 'Exception'>
	예외 발생 이유: 양의 정수를 입력하세요.
	입력한 값이 양의 정수가 아닙니다.
********** 프로그램 종료! **********
```

잘못된 정수를 입력한 경우: ValueError 발생

```
양의 정수 입력 > 3.2
	예외 발생 이름: <class 'ValueError'>
	예외 발생 이유: invalid literal for int() with base 10: '3.2'
	입력한 값이 정수가 아닙니다.
********** 프로그램 종료! **********
```

중간점검

01 다음 예외 처리 구문에서 발생하는 구문 오류(syntax error)는 무엇인가?

①
```
try
    5 / 0
except Exception as e
    print(type(e))
```

②
```
try:
    data = 3 + 4
else:
    print(data)
```

02 다음 코드에서 출력되는 예외 클래스 이름을 기술하시오.

①
```
try:
    10 / 0
except Exception as e:
    print(type(e))
```

②
```
try:
    float('3.4f')
except Exception as e:
    print(type(e))
```

정답

01 ① try와 except 이후에 콜론이 빠짐
② else 블록은 except 블록이 있어야 가능

02 ① <class 'ZeroDivisionError'>
② <class 'ValueError'>

Section

02 파일을 생성하고 내용을 읽는 파일 입출력

Python

2.1 파일 개요와 파일 입출력 기초

◆ 파일 개요

프로그램 실행 중에 저장한 변수는 메인 메모리인 RAM(Random Access Memory)에 저장돼 있으며 프로그램이 종료되면 모두 사라지는 휘발성(volatile) 자료다. 만일 프로그램이 종료되고 다시 실행할 경우, 예전의 자료를 사용하려면 프로그램 변수만으로는 불가능하다. 바로 하드디스크나 USB 등의 보조 기억 장치에 영구 저장이 가능한 파일을 사용하면 된다. 파일은 보조 기억 장치에 관련 정보를 저장하고 있으며, 이름과 생성된 날짜 등 여러 속성을 갖고 있다.

변수

프로그램이 종료되면 다시 사용할 수 없는 자료

```
month = {1: 'January', 2: 'February', 3: 'March', 4: 'April'}
```

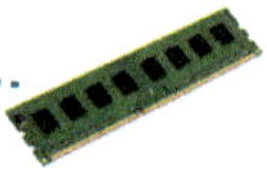

파일

프로그램이 종료되더라도 다시 파일에서 읽어와 사용이 가능한 자료

```
f = open('pyzen.txt', 'wt')
f.write('파이썬 철학\n')
f.write('아름다움이 추한 것보다 낫다\n')
f.write('명시적인 것이 암묵적인 것보다 낫다.\n')
f.close()
```

▲ 그림5 프로그램에서의 변수와 파일 사용

지금까지 배운 입력은 콘솔이나 GUI를 통한 방식이며, 출력은 주로 텍스트 모드의 화면에 문자열 출력이 대부분이었다. 프로그래밍에서의 입출력은 이러한 표준 입출력 외에도 파일이나 프린터, 네트워크를 통한 입출력이 있다. 이 절에서는 파일의 입출력 방법에 대해 알아보자.

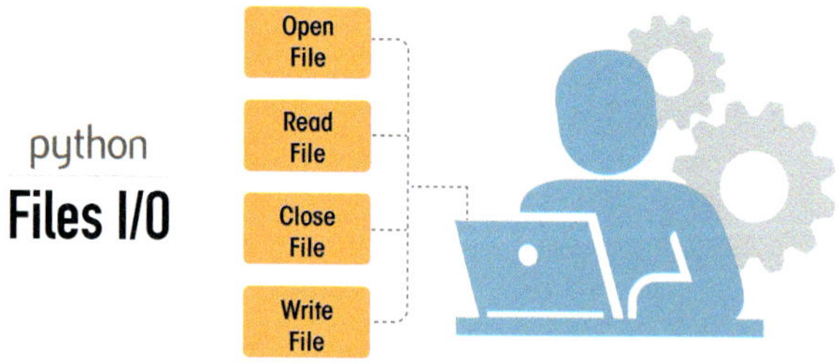

◆ 파일 쓰기 write()와 읽기 read()

이제 파일 처리로 실제 텍스트 파일을 생성해 원하는 문자열을 새 파일에 한번 적어보고 또 파일에 적은 내용을 읽어 보는 프로그램을 만드는 것으로 시작해 보자.

파일에 텍스트 자료를 쓰려면 먼저 파이썬의 내장 함수인 open()을 사용해 파일을 열어야 한다. 다음은 파일 이름인 'python.txt'에 텍스트를 쓰기 위해 'w' 모드(mode)로 파일을 열어 문자열 'python file output'을 출력한 후 함수 close()로 파일을 닫는 코드다. 파일 처리에서는 항상 open()으로 파일을 열어 파일 객체를 변수 file에 받아 필요하면 함수 file.write('문자열')로 문자열을 파일에 쓰고 함수 file.close()로 반드시 파일을 닫도록 한다. 다음 코드가 성공하면 소스가 저장된 폴더에 파일 python.txt를 노트패드 등의 텍스트 에디터로 열어 그 내용을 볼 수 있다.

```
file = open('python.txt', 'w')
file.write('python file output')
file.close()
```

함수 write(문자열)는 문자열만 출력할 수 있다.

모드는 쓰기를 의미하는 w이며 wt(write text)도 가능하다.

지금 만든 파일 python.txt를 읽기 위해 읽기 모드인 'r'이나 'rt'로 연다. 함수 read()는 파일의 모든 내용 전체를 읽는 함수다. 따라서 print(file.read())로 파일 내용을 모두 출력할 수 있다.

```
>>> file = open('python.txt', mode='r')
>>> print(file.read())
python file output
>>> file.close()
```

위에서 파일에 쓴 내용이 출력된다.

다음은 파일 pyzen.txt에 파이썬 철학 세 줄을 쓴 후 다시 읽기 모드로 파일을 열어 그 내용 전체를 읽어 콘솔에 출력하는 코드다. 파일은 노트패드로도 열 수 있다.

11-6 코딩 11-06writereadfile.py | **파일에 '파이썬 철학' 쓰기와 읽기** | 난이도 기본

```
f = open('pyzen.txt', 'wt')
f.write('파이썬 철학\n')
f.write('아름다움이 추한 것보다 낫다.\n')
f.write('명시적인 것이 암묵적인 것보다 낫다.\n')
f.close()

f = open('pyzen.txt', mode='r')
s = f.read()
print(s)
f.close()
```

결과

파이썬 철학
아름다움이 추한 것보다 낫다.
명시적인 것이 암묵적인 것보다 낫다.

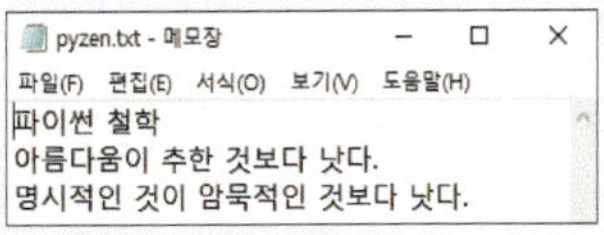

◆ 파일 열기 함수 open()

파일 처리를 위한 함수 open()의 첫 두 인자는 file과 mode이며, 위치 인자와 키워드 인자 모두 가능하다. 모드는 기본이 읽기 모드인 r로, 파일에서 읽으려면 생략할 수도 있다.

```
open(file, mode='r', ...)
```

- 파일명: file 인자는 참조하려는 파일의 이름이 들어있는 문자열 값
- 모드: mode는 파일을 열어 처리하는 모드로, 즉 읽기(r), 쓰기(w), 추가(a) 등을 결정, 선택하는 매개 변수이며 기본 파일 액세스 모드는 읽기(r)다.

문자열을 처리하는 텍스트 파일인 경우 open()의 모드를 정리하면 다음과 같다. 모든 모드는 텍스트를 의미하는 t가 생략된 것이며, rt처럼 사용할 수 있다.

▼ 표2 텍스트 파일 열기 모드 종류

모드	설명
r, rt	읽기 전용 파일의 열기 모드로, 파일 내용을 읽는 위치인 파일 포인터는 파일의 시작 부분에 위치한다. 지정하지 않으면 r이 기본 모드다.
w, wt	쓰기 전용 파일의 열기 모드로, 이미 파일이 있으면 파일을 덮어쓰며, 파일이 없으면 새 파일을 쓰기용으로 작성한다.
a, at	추가할 파일의 열기 모드로, 파일에 추가할 위치인 파일 포인터는 파일이 있는 경우 파일의 끝에 위치한다. 만일 파일이 없다면 새 파일을 쓰기용으로 작성한다.
r+, rt+	읽기 및 쓰기 모드로 파일 열기 모드로, 파일 내용을 읽거나 쓰는 위치인 파일 포인터는 파일의 시작 부분에 위치한다.
w+, wt+	쓰기 및 읽기 모드의 파일 열기 모드로, 파일이 있는 경우 기존 파일을 덮어쓰고 파일이 없는 경우 새 파일을 읽기 및 쓰기 모드로 작성한다.
a+, at+	추가 및 읽기 모드의 파일 열기 모드로, 파일 포인터는 파일이 있는 경우 파일의 끝에 위치하며, 파일이 없는 경우 새 파일을 읽기 및 쓰기 모드로 작성한다.

◆ 파일 읽기 readlines()와 readline()

파일 객체에는 내용 전체를 읽는 read() 함수 이외에 readlines()와 readline() 등이 있다.

위 예제를 실행해 파일 pyzem.txt가 있다면 다음 코드의 readlines()는 파일 전체 내용 한 줄 한 줄의 항목으로 구성된 리스트를 반환한다는 것을 알 수 있다.

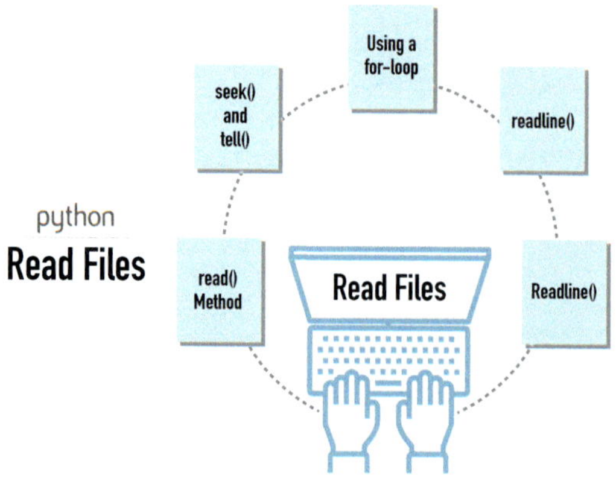

```
>>> f = open('pyzen.txt', mode='r')
>>> lines = f.readlines()
>>> print(lines)
['파이썬 철학\n', '아름다움이 추한 것보다 낫다.\n', '명시적인 것이 암묵적인 것보다 낫다.\n']
>>> f.close()
```

파일 객체의 함수 readline()은 한 줄의 문자열을 읽어 반환하는 함수다. 다음 두 코드는 while 반복의 readline()으로 파일 내용을 한 줄 한 줄 읽어 콘솔에 출력한다.

```
f = open('pyzen.txt', 'r')

line = f.readline()
while line:
    print(line)
    line = f.readline()

f.close()
```

```
f = open('pyzen.txt', 'r')

while True:
    line = f.readline()
    if not line: break
    print(line)

f.close()
```

그러나 함수 readline()으로 읽어 저장된 line의 문자열 마지막은 '새로운 줄'을 의미하는 '\n'이므로 위처럼 print(line)으로는 한 줄의 공백이 계속 출력된다. 이 빈 줄을 제거하려면 다음 print(line, end = '') 또는 print(line.strip('\n'))처럼 코딩해야 한다.

11-7 코딩 11-07readlinefile.py | **파일에서 한 줄씩 읽어 콘솔에 출력 처리** | 난이도 응용

```
f = open('pyzen.txt', 'r')

while True:
    line = f.readline()
    if not line: break
    print(line, end = '')
    # print(line.strip('\n'))

f.close()
```

결과

```
파이썬 철학
아름다움이 추한 것보다 낫다.
명시적인 것이 암묵적인 것보다 낫다.
```

◆ 파일 읽기의 예외 처리

쓰기 모드인 'w'로 open('filename', mode='w')할 경우, 이미 파일이 있다면 filename으로 기존의 내용을 모두 무시하고 덮어쓴다. 파일이 없다면 filename으로 새로운 파일을 생성한다.

또한 존재하지 않는 파일을 읽기 모드인 'r'로 open(… mode='r')하면 FileNotFoundError 예외가 발생한다. 그러므로 다음 코드처럼 try except 구문으로 예외 처리를 하는 것을 권장한다.

```
try:
    f = open('pyzen.txt', 'r')
except FileNotFoundError as e:
    print('예외 처리:', e)
else:
    print(f.read())
    f.close()
```

예외 발생 실행 결과 파일 pyzen.txt가 없는 경우

```
예외 처리: [Errno 2] No such file or
directory: 'pyzen.txt'
```

정상 발생 실행 결과 파일 pyzen.txt가 있는 경우

```
파이썬 철학
아름다움이 추한 것보다 낫다.
명시적인 것이 암묵적인 것보다 낫다.
```

다음은 이미 만든 파일 pyzen.txt의 여러 줄을 함수 readlines()로 반복 for in에서 읽어 콘솔에 출력하는 코드다. 파일 열기에서 파일 pyzen.txt가 없으면 예외가 발생하며, 이 예외를 처리하려면 try except 구문을 사용해야 한다. 함수 open()을 호출하는 문장을 블록 try에 넣고, 예외가 발생하지 않으면 실행되는 블록 else의 for in 구문에서 함수 readlines()를 사용해 파일의 모든 줄을 출력한다.

반복 for의 변수 line의 문자열 마지막은 '\n'이므로 빈 줄을 제거하려면 다음 print(line.strip('\n')) 처럼 코딩한다.

```
for line in f.readlines():
    print(line.strip('\n'))
```

11-8 코딩 11-08exceptreadfile.py **파일 읽기의 예외 처리** 난이도 응용

```
try:
    f = open('pyzen.txt', mode='r')

except FileNotFoundError as e:
    print(e)
    print(' 파일 읽기 실패! '.center(30, '*'))
else:
    for line in f.readlines():
        print(line.strip('\n'))
    f.close()
    print(' 파일 읽기 완료! '.center(30, '*'))
finally:
    print(' 프로그램 종료! '.center(30, '*'))
```

결과

파일 pyzen.txt이 있는 경우	파일 pyzen.txt이 없는 경우, 예외 발생
파이썬 철학 아름다움이 추한 것보다 낫다. 명시적인 것이 암묵적인 것보다 낫다. ********* 파일 읽기 완료! ********** ********** 프로그램 종료! **********	[Errno 2] No such file or directory: 'tpyzen.txt' ********* 파일 읽기 실패! ********** ********** 프로그램 종료! **********

◆ with open(…) as file 구문

파일 처리를 위한 파일 열기의 다른 구문은 with open() as file 구문이다. 구문 with open(…) as 파일 객체명: 을 사용하면 close() 호출 없이 자동으로 파일을 닫아 준다.

다음 코드로 파일 data.txt를 생성해 문자열 '파이썬'을 삽입한다. 쉘에서는 함수 write()가 쓴 문자수가 출력되는 것을 알 수 있다.

```
>>> with open('data.txt', mode='w') as file:
...     file.write('파이썬')
...
3
```

다음은 위 코드로 만든 파일 data.txt를 읽어 콘솔에 출력하는 코드다.

```
>>> with open('data.txt', mode='r') as file:
...     print(file.read())
...
파이썬
```

◆ 파일 쓰기에서 기본 파일에 덮어쓰는 것을 방지하려면 mode='x' 사용

파일 열기의 mode='w'는 파일이 없다면 새로 만들고, 이미 파일이 있다면 새로이 내용을 덮어써 이전 내용이 모두 사라진다.

```
>>> with open('data.txt', mode='w') as file:
...     file.write("mode='w'")
...
8
>>>
>>> with open('data.txt', mode='w') as file:
...     file.write("모드 'w'")
...
6
```

파일 data.txt에는 마지막에 쓴 문자열 "모드 'w'"가 있으므로 다음 코드로 모드 'w'가 출력된다.

```
>>> with open('data.txt', mode='r') as file:
...     print(file.read())
...
모드 'w'
```

기존 파일에 덮어쓰는 것을 원하지 않는다면 파일 열기의 mode='x'를 사용하자. 모드 x는 배타적 생성(exclusive creation)이라고 하며, eXclusive 의 x를 사용한다. 파일 열기의 mode='x'는 새로운 파일에만 기록하며, 이미 파일이 있다면 FileExistsError 예외가 발생한다.

```
>>> with open('mode.txt', mode='x') as file:
...     file.write("mode='x'")
...
8
>>> with open('mode.txt', mode='x') as file:
...     file.write("mode='x'......")
...
Traceback (most recent call last):
  File "<stdin>", line 1, in <module>
FileExistsError: [Errno 17] File exists: 'mode.txt'
```

위에서 이미 파일이 생성돼 FileExistsError 예외가 발생한다.

◆ 여러 줄을 파일에 출력하는 함수 writelines()와 file 자체를 이용한 줄 읽기

함수 writelines()는 여러 줄의 문자열을 한 번에 파일에 출력한다.

```
lst = ['파일 처리 모드\n', "mode='x'\n", "mode='rt'\n"]
with open('modex.txt', mode='x') as file:
    file.writelines(lst)
```

여러 줄의 문자열로 구성된 파일 file은 간단히 for line in file: 구문으로 반복적으로 한 줄 한 줄의 문자열을 line에 받아 처리할 수 있다.

```
with open('modex.txt', mode='rt') as file:
    for line in file:
        print(line, end='')
```

다음은 모드를 x로 열어 파일에 여러 줄을 writelines()로 출력하고 바로 모드 rt로 열어 모든 줄을 콘솔에 출력하는 프로그램이다. 만일 파일 modex.txt이 이미 있다면 예외 FileExistsError가 발생한다.

11-9 코딩 11-09forinfile.py **파일 자체를 사용해 한 줄씩 읽어 콘솔에 출력 처리** 난이도 응용

```python
lst = ['파일 처리 모드\n', "mode='x'\n", "mode='rt'\n" ]

try:
    with open('modex.txt', mode='x') as file:
        file.writelines(lst)
    print(' 파일 쓰기 완료! '.center(30, '*'))

except FileExistsError as e:
    print(e)
    print(' 파일 쓰기 실패! '.center(30, '*'))

else:
    with open('modex.txt', mode='rt') as file:
        for line in file:
            print(line, end='')
    print(' 파일 읽기 완료! '.center(30, '*'))
```

결과

정상 실행

```
**********파일 쓰기 완료!**************
파일 처리 모드
mode='x'
mode='rt'
**********파일 읽기 완료!*************
```

이미 파일 modex.txt가 존재한다면 예외 발생

```
[Errno 17] File exists: 'modex.txt'
********* 파일 쓰기 실패! **********
```

2.2 바이너리 파일 쓰기와 읽기

◆ 바이너리 파일 쓰기

일반 텍스트인 문자열을 파일에 저장할 때는 파일 입출력을 텍스트 모드로 이용한다. 하지만 정수나 실수, 리스트나 딕셔너리, 객체와 같은 파이썬의 다양한 자료형 그대로를 파일로 저장하려면 표준 모듈 pickle을 사용해야 한다.

파이썬 자료형 int 변수에 값 10을 저장하고 이 변수를 파일 pydata.pic에 저장해 보자. 가장 먼저 모듈 pickle을 import해야 한다. 파일 pydata.pic을 mode='wb'로 열어 변수 f에 저장한다. 여기서 모드 wb는 쓰기(w)와 바이너리(b)를 의미한다. 파일 이름에는 특별한 제한이 없다. 바이너리 자료의 출력은 pickle의 함수 dump(자료, 파일)로 파일에 자료를 출력한다. 생성된 바이너리 파일의 특징은 노트패드와 같은 텍스트 편집기로는 내용을 볼 수 없는 것이다.

```python
import pickle as pk

with open('pydata.pic', mode='wb') as f:
    # 파이썬 자료형 value를 파일 f에 쓰기
    value = 10
    pk.dump(value, f)
```

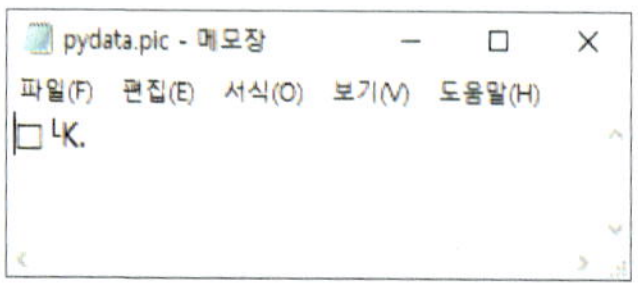

다음 코드는 자료형 딕셔너리와 리스트를 파일 dicmonth.pic에 저장하는 프로그램이다.

11-10 코딩 11-10dumpbinaryfile.py **다양한 파이썬 자료형을 바이너리 파일로 출력** 난이도 기본

```python
import pickle as pk

month = {1: 'January', 2: 'February', 3: 'March', 4: 'April'}
month[5] = 'May'
month[6] = 'June'
lst = ['pascal', 'python', 'java']

# 바이너리 파일 쓰기
with open('dicmonth.pic', mode='wb') as f:
    pk.dump(month, f)
    pk.dump(lst, f)

print(' 바이너리 파일 쓰기 완료! '.center(30, '*'))
```

결과

```
******* 바이너리 파일 쓰기 완료! *******
```

◆ 바이너리 파일 읽기

위 예제에서 생성된 바이너리 파일 dicmonth.pic의 내용을 읽어 다시 콘솔에 출력하는 프로그램을 작성해 보자. 모드는 바이너리 읽기인 rb로 지정해 열어 파일 f에 저장한다. pickle의 함수 load(f)로 이미 쓴 내용을 읽어 변수에 저장한다. 예외가 발생하지 않으면 실행되는 else: 블록에서 저장된 변수를 출력한다.

11-11 코딩 11-11loadbinaryfile.py **파이썬 자료형이 저장된 바이너리 파일에서 입력** 난이도 기본

```python
import pickle as pk

# 바이너리 파일 읽기
try:
    with open('dicmonth.pic', mode='rb') as f:
        dmon = pk.load(f)
```

```
        pl = pk.load(f)

except FileNotFoundError as e:
    print(e)
    print(' 파일 읽기 실패! '.center(30, '*'))
else:
    print(dmon)
    print(pl)
    print('  바이너리 파일 읽기 완료! '.center(30, '*'))
finally:
    print(' 프로그램 종료! '.center(30, '*'))
```

결과

```
{1: 'January', 2: 'February', 3: 'March', 4: 'April', 5: 'May', 6: 'June'}
['pascal', 'python', 'java']
******  바이너리 파일 읽기 완료! *******
********** 프로그램 종료! **********
```

◆ 바이너리 파일 열기 모드

파이썬 자료형의 입출력을 처리하는 바이너리 파일인 경우, open()의 모드를 정리하면 다음과 같다. 바이너리를 의미하는 b를 붙여 사용한다.

▼ **표3** 바이너리 파일 열기 모드 종류

모드	설명
rb	바이너리 형식으로 읽기 전용 파일의 열기 모드이며 파일 포인터는 파일의 시작 부분에 위치시키고 기본 모드
wb	바이너리 형식으로 쓰기 전용 파일의 열기 모드이며 이미 파일이 있으면 파일을 덮어쓰고 파일이 없으면 새 파일을 쓰기용으로 작성한다.
ab	바이너리 형식으로 추가할 파일의 열기 모드이며, 파일 포인터는 파일이 있는 경우 파일의 끝에 위치, 만일 파일이 없다면 새 파일을 쓰기 용으로 작성
rb+	바이너리 형식의 읽기 및 쓰기를 위한 파일 열기로 파일 포인터는 파일의 시작 부분에 위치
wb+	바이너리 형식의 쓰기 및 읽기를 위한 파일 열기로 파일이 있는 경우 기존 파일을 덮어쓰고, 파일이 없으면 새 파일을 읽기 및 쓰기 모드로 작성
ab+	바이너리 형식의 추가 및 읽기를 위한 파일 열기로 파일 포인터는 파일이 있는 경우 파일의 끝에 위치하며, 파일이 없으면 읽기 및 쓰기 모드로 새 파일 열기

2.3 파일과 폴더의 이름 수정과 삭제

◆ 파일 이름 수정 rename()과 삭제 remove()

표준 모듈인 os를 불러와 함수 rename(oldfilename, newfilename)으로 이름 oldfilename을 newfilename으로 수정할 수 있다. 또한 함수 remove(filename)은 파일 filename을 삭제한다.

```
import os

os.rename('pyfile.txt', '파일수정삭제.txt') # 파일 이름 수정
os.remove('파일수정삭제.txt') # 파일 삭제
```

다음은 파일 pyfile.txt를 write()로 생성해 함수 rename()으로 이름을 '파일수정삭제.txt'로 바꾼 후 remove()로 삭제하는 코드다.

11-12 코딩 11-12renamefile.py **파일 이름 수정과 삭제** 난이도 기본

```
import os

try:
    with open('pyfile.txt', mode='w') as file:
        file.write('파일 이름 수정과 삭제')

    os.rename('pyfile.txt', '파일수정삭제.txt') # 파일 이름 수정
    os.remove('파일수정삭제.txt') # 파일 삭제

except Exception as e:
    print('예외 발생: ', e)
else:
    print('파일 수정 삭제 성공!')
```

결과 파일 수정 삭제 성공

◆ 다양한 폴더 관련 함수

표준 모듈 os가 제공하는 함수 mkdir(dname)은 폴더 dname을 생성하고, 함수 rmdir(dname)은 폴더 이름이 dname인 폴더를 삭제한다.

```
import os
os.mkdir("python fold")
os.rmdir("python fold")
```

다음은 표준 모듈 os가 제공하는 파일과 폴더와 관련된 주요 함수다.

함수	설명	함수	설명
os.chdir(path)	현재 폴더를 path로 이동	os.rename(ofile, nfile)	파일 이름 Ofile을 nfile로 수정
os.mkdir(d)	폴더 d 생성	os.remove(file)	파일 이름 file을 삭제
os.rmdir(d)	폴더 d 삭제	os.path.exists(f)	f의 존재 여부 반환
os.getcwd()	현재 폴더를 반환	os.path.isfile(f)	f의 파일 여부 반환
os.listdir(d)	폴더 d 하부의 목록을 반환	os.path.isdir(f)	f의 폴더 여부 반환

다음은 현재 폴더의 하부 목록을 저장해 각각이 파일인지 폴더인지 구별해 출력하는 프로그램이다.

11-13 코딩 11-13listfolder.py | **현재 폴더 하부 목록 출력** | 난이도 기본

```
import os

dname = os.getcwd() # 현재 폴더명을 저장
print('현재 폴더:', dname)

fs = os.listdir(dname) # 현재 폴더의 하부 목록을 저장
for f in fs:
    if os.path.isfile(f): # 파일 구분
        print('\t파일:', f)
    elif os.path.isdir(f): # 폴더 구분
        print('\t폴더:', f)
```

결과

```
현재 폴더: D:\Python Code\ch11
        폴더: .vscode
        파일: 02-02comments.py
        파일: 02-06print.py
        파일: 02-07variable.py
        …
```

중간점검

03 다음은 텍스트 파일 'check.txt'에 문자열 리스트를 출력하는 코드다. 코드의 빈 부분을 완성하시오.

```
lst = ['text file\n', 'binary file\n']

with open('[          ]', 'w') as f:
    f.[          ](lst)
```

04 다음은 위 코드에서 만들어진 파일의 내용을 모두 콘솔에 출력하는 코드다. 코드의 빈 부분을 완성하시오.

```
[    ] open('check.txt') as f:
    print(f.[     ]())
```

정답

03
```
lst = ['text file\n', 'binary file\n']
with open('check.txt', 'w') as f:
    f.writelines(lst)
```

04
```
with open('check.txt') as f:
    print(f.read())
```

프로젝트 Lab 1 | 11-pl01-raiseexception.py | 표준 입력 값의 다양한 예외 처리 | 난이도 실전

Chapter 02의 프로젝트 Lab 2 프로그램에서 두 개의 예외 처리를 구현해 보자. 처음에 입력받는 표준 입력 값은 2진수, 8진수, 10진수, 16진수를 의미하는 (2, 8, 10, 16) 중 하나여야 한다. 만일 그렇지 않으면 ValueError('2, 8, 10, 16 중의 하나를 입력하세요') 예외를 발생시키고 다시 맞는 진수를 입력받도록 한다.
두 번째 표준 입력 값은 첫 번째 입력 값의 진수에 해당하는 문자열을 입력받도록 한다. 만일 2진수인데 22라고 입력하면 ValueError('2진수를 입력하세요')라는 예외를 발생시키고 다시 맞는 진수의 문자열을 입력받도록 한다.

문제 이해(Understanding)

첫 번째 입력에서는 정수로 변환한 후 그 수가 (2, 8, 10, 16) 중 하나가 아니면 예외를 직접 발생시킨다. 이와 마찬가지로 두 번째 입력에서는 문자열이 진수의 값에 해당하지 않으면 예외를 직접 발생시킨다. 즉 16진수라면 문자열 값이 '0123456789abcdefABCDEF' 중의 하나여야 한다.

설계(Design)

알고리즘(Algorithm)

① 무한 반복 내부에서 try except else 구문을 사용하고, try 블록에서 if 문으로 원하는 값이 아니면 raise 구문으로 예외를 직접 발생시킨다. 블록 except 에서는 예외 발생 원인을 출력하고 else에서는 정상적으로 입력에 성공했으므로 반복문을 빠져나오는 break를 사용한다.

```
• while True:
      try:
          ...
      except Exception as e:
          print('예외 발생 원인: %s\n' % e)
      else:
          ...
          break
```

② 첫 번째 입력 값이 (2, 8, 10, 16)이 아니라면 예외를 발생시킨다.

```
• if not base in (2, 8, 10, 16):
```

③ 두 번째 입력 값이 각 진수에 해당하는 문자가 아니라면 예외를 발생시킨다.

```
• for digit in invar:
      if digit not in check[base]:
```

④ 각 진수를 구성하는 자릿수를 검사하기 위해 다음 딕셔너리를 활용한다.

```
•check = {2:'01', 8:'01234567', 10:'0123456789',
 16:'0123456789abcdefABCDEF'}
```

2진수의 예외 처리 출력

```
입력할 정수의 진수(base)는? [2, 8, 10, 16 중의 하나] 3
예외 발생 원인: 2, 8, 10, 16 중의 하나를 입력하세요

입력할 정수의 진수(base)는? [2, 8, 10, 16 중의 하나] 2

2진수 정수 입력 >> 2
예외 발생 원인: 2진수를 입력하세요

2진수 정수 입력 >> 111

2진수: 0b111
8진수: 0o7
10진수: 7
16진수: 0x7
```

구현(implementation)

```
while True:
    try:
        base = int(input('입력할 정수의 진수(base)는? [2, 8, 10, 16 중의 하나] '))
        if not base in (2, 8, 10, 16):
            raise ValueError('2, 8, 10, 16 중의 하나를 입력하세요')
    except Exception as e:
        print('예외 발생 원인: %s\n' % e)
    else:
        print()
        break

check = {2:'01', 8:'01234567', 10:'0123456789', 16:'0123456789abcdefABCDEF'}
while True:
    try:
        invar = input(str(base) + '진수 정수 입력 >> ')
        for digit in invar:
            if digit not in check[base]:
                raise ValueError('%d진수를 입력하세요' % base)
    except Exception as e:
        print('예외 발생 원인: %s\n' % e)
    else:
        print()
        break

data = int(invar, base) # 입력 문자열을 base 진수로 변환
# 여러 진수로 출력
print('2진수:', bin(data))
print('8진수:', oct(data))
print('10진수:', data)
print('16진수:', hex(data))
```

공유(Share)

위에서 구현한 내용 중 두 번째 try에서 직접 data = int(invar, base) 문장을 넣고 다음 문장을 빼면 좀 쉽게 예외 처리가 가능하다. 간략하게 수정해 보자.

```
for digit in invar:
    if digit not in check[base]:
        raise ValueError('%d진수를 입력하세요' % base)
```

프로젝트 Lab 2 | 11-pl02-createtextfile.py | 텍스트 파일을 생성해 콘솔에 출력 | 난이도 실전

표준 입력으로 파일명을 입력받은 후, 다시 콘솔에서 여러 줄의 문자열을 입력받아 파일에 모두 저장하고, 다시 그 파일을 열어 파일 내용을 콘솔에 모두 출력하는 프로그램을 작성해 보자. 파일에 저장될 문자열은 줄 단위로 입력받으며 줄의 첫 열에서 Enter를 누르면 입력이 종료되도록 한다.

문제 이해(Understanding)

처음 입력받은 문자열을 파일 이름으로 사용한다. 파일을 모드 'w'로 열어 표준 입력된 줄마다 write()로 파일에 출력한다. 만일 콘솔에서 입력되는 줄의 내용이 하나도 없다면 쓰기를 종료한 후 다시 파일을 모드 'r'로 열고 그 내용을 모두 읽어 콘솔에 출력한다.

설계(Design)

알고리즘(Algorithm)

① 파일명에 입력되지 않거나 다른 문제가 있다면 예외를 발생시켜 파일명을 반드시 정하도록 한다.

② 줄의 첫 열에서 Enter를 누르면 입력이 종료되도록 하기 위해 입력 값 line을 확인한다.

```
while True:
    line = input()
    if not line: break
```

③ 파일을 모드 'w'로 열어 표준 입력된 줄마다 write()로 파일에 출력한다. 줄이라는 의미를 넣기 위해 입력받은 한 줄 뒤에 '\n'을 추가해 출력한다.

```
f.write(line + '\n')
```

④ 다시 파일을 모드 'r'로 열고 그 내용을 모두 읽어 콘솔에 출력한다.

```
for line in f:
    print(line, end='')
```

구현(implementation)

```
while True:
    try:
        fname = input('파일명 입력 >> ')
        if fname == '':
            raise Exception('파일 이름을 입력하세요.')
    except Exception as e:
        print('예외 발생 이유: %s' % e)
    else:
        print('입력한 파일 이름: ', fname)
        break
    finally:
        print('예외 처리 수행')

with open(fname, 'w') as f:
```

```
    print('\n파일 %s에 여러 줄을 저장할 예정입니다.' % fname)
    print('한 줄씩 입력한 후 Enter를 누르고')
    print('더 이상 없으시면 줄의 첫 열에서 그대로 Enter를 누르세요!\n')

    while True:
        line = input()
        if not line: break
        f.write(line + '\n')
print(' 파일 쓰기 완료! '.center(30, '*'))

with open(fname, mode='rt') as f:
    for line in f:
        print(line, end='')
print(' 파일 읽기 완료! '.center(30, '*'))
```

테스트와 실행 결과(Testing & Simulation)

```
파일명 입력 >> py.txt
입력한 파일 이름: py.txt
예외 처리 수행

파일 py.txt에 여러 줄을 저장할 예정입니다.
한 줄씩 입력한 후 Enter를 누르고
더 이상 없으면 줄의 첫 열에서 그대로 Enter를 누르세요!

파이썬 예외 처리
파일 처리
파일 쓰기

********* 파일 쓰기 완료! **********
파이썬 예외 처리
파일 처리
파일 쓰기
********* 파일 읽기 완료! **********
```

파일에 쓸 내용을 입력한다.

첫 열에서 엔터를 누르면 쓰기를 종료한다.

공유(Share)

파일의 내용을 모두 읽어 출력하는 것은 다음 문장으로도 가능하다. 다음으로 실행해 보자.

```
print(f.read())
```

학습 내용 점검

01 다음 코드에서 출력되는 예외 클래스 이름을 기술하시오.

①
```python
try:
    f = float('30f')
except Exception as e:
    print(type(e))
```

②
```python
try:
    {'fb': 11, 'bb': 9, 'vb': 6}['foot']
except Exception as e:
    print(type(e))
```

③
```python
try:
    [1, 2, 3][3]
except Exception as e:
    print(type(e))
```

④
```python
try:
    pl = 'python' + 3
except Exception as e:
    print(type(e))
```

02 다음은 예외 처리를 구현한 프로그램이다. 빈 부분을 완성하고, ⓐ에 해당하는 다음 두 문장에 대해 출력 결과를 기술하시오(참고로 2진수의 문자열로 변환하는 bin(3)의 결과는 문자열 '0b11'임).

```python
try:
    ⓐ print(int(bin(3)))
[        ] Exception as e:
    print('예외 발생 이름: {}'.format(type(e)))
    print('예외 발생 이유: {}'.format(e))
else:
    print('잘 실행됐습니다.')
[        ]:
    print('예외 처리가 잘되는군요!')
```

① `print(int(bin(3)))`

② `print(int(bin(3)[2:]))`

03 다음은 예외를 직접 발생시켜 예외 처리를 구현하는 프로그램이다. 빈 부분을 완성하고, 프로그램 실행에서 각각의 표준 입력에 대한 출력 결과를 기술하시오.

```python
try:
    m = int(input('월(month) 입력 > '))
    if not (1 <= m <= 12):
        [        ] Exception('1 ~ 12 사이의 정수를 입력하세요.')

except Exception as e:
    print('예외 발생: {}'.format(e))

else:
    print('%d월: 잘 입력했습니다. ' % m)
```

① 5

② 0

04 다음은 텍스트 파일 '자료.txt'에 문자열 '파일 처리'를 출력하고 다시 파일 '자료.txt'를 읽어 콘솔에 출력하는 프로그램이다. 빈 부분을 완성하시오.

```
f = open('[          ]', 'w')
f.write('파일 처리')
f.cose()

f = open('자료.txt')
print(f.[          ]())
f.close()
```

05 다음은 파일 'pyzenex.txt'에 여러 줄을 출력하는 프로그램이다. 각각의 문제는 다시 파일 'pyzenex.txt'에서 내용을 읽어 콘솔에 출력하는 프로그램으로 빈 부분을 완성하시오.

```
f = open('pyzenex.txt', 'wt')
f.write('파이썬 철학\n')
f.write('아름다움이 추한 것보다 낫다.\n')
f.write('명시적인 것이 암묵적인 것보다 낫다.\n')
f.write('단순함이 복잡한 것보다 낫다.\n')
f.close()
```

①
```
f = open('pyzenex.txt')
print(f.[          ]())
f.close()
```

②
```
f = open('pyzenex.txt')
for line in f.[          ]():
    print(line, end='')
f.close()
```

③
```
f = open('pyzenex.txt')
for [          ] in f:
    print(line, end='')
f.close()
```

④
```
f = open('pyzenex.txt')
while True:
    line = f.[          ]()
    if not line: break
    print(line, end='')
f.close()
```

06 : 다음은 바이너리 파일 'mydata.pk'에 파이썬의 여러 자료형을 출력하고 다시 파일 'mydata.pk'을 읽어 콘솔에 출력하는 프로그램이다. 빈 부분을 완성하시오.

```
import [          ] as pk

year = 2020
univ = '한국대학교'
dept = '심리학과'
lst = [year, univ, dept]

with open('mydata.pk', mode='[     ]') as file:
    pk.[   ](year, file)
    pk.dump(univ, file)
    pk.dump(dept, file)
    pk.dump(lst, file)

with open('[          ]', mode='rb') as [    ] :
    y = pk.load(file)
    u = pk.load(file)
    d = pk.[   ](file)
    t = pk.load(file)
    print(y, u, d)
    print(t)
```

07 : 다음은 현재 폴더 이름을 변수 dname에 저장해 현재 폴더 하부의 모든 폴더와 파일을 콘솔에 출력하는 프로그램이다. 빈 부분을 완성하시오

```
import [   ]

dname = os.getcwd() # 현재 폴더명을 저장
print('현재 폴더:', dname)

files = os.[       ](dname) # 현재 폴더의 하부 목록을 저장
for [   ] in files:
    print(f)
```

도전! 프로그래밍

01 기본 다음 두 print() 문장에 대한 예외 처리를 구현해 다음과 같은 결과가 나오도록 프로그램을 작성하시오.

- 구문은 try except else finally 블록 모두 구현
- print(int(oct(10)))에 대한 결과

```
예외 발생 이름: <class 'ValueError'>
예외 발생 이유: invalid literal for int() with base 10: '0o12'
예외 처리가 잘되는군요!
```

- print(int(oct(10)[2:]))에 대한 결과

```
12
잘 실행됐습니다.
예외 처리가 잘되는군요!
```

02 기본 함수 divide(x, y) 구현에서 연산 x / y은 0으로 나누는 것에 대한 예외 처리를 수행하도록 한다. 다음 두 문장의 함수 호출에서 다음과 같은 결과가 나오도록 프로그램을 작성하시오.

- 구문은 try except else 블록 구현
- 다음 두 호출에 대한 결과

```
divide(3.2, 2)
divide(5.4, 0)
```

```
결과: 1.6
0으로는 나눌 수 없습니다.
```

03 응용 다음 딕셔너리를 사용해 표준 입력에서 받은 정수에 해당하는 영어 문자열을 출력하고, 잘못된 입력에 대해 발생하는 예외를 처리하는 프로그램을 작성하시오.

```
uyear = {1:'freshman', 2:'sophomore', 3:'junior', 4:'senior'}
```

- 구문은 try except else finally 블록 모두 구현
- 1에서 4 사이의 입력이면 정상적으로 실행돼 입력한 대학 학년의 영어 이름이 출력

```
대학교 몇 학년이지요? 1
1학년: freshman
예외 처리가 잘되는군요!
```

- 1에서 4 사이를 벗어나는 정수를 입력하면 블록 try에서 raise로 예외 발생시켜 다음과 같이 출력

```
대학교 몇 학년이지요? 5
예외 발생 이름: <class 'Exception'>
예외 발생 이유: 1~4 정수를 입력하세요.
예외 처리가 잘되는군요!
```

04 응용 파일 'cp.txt'를 만들어 'freshman₩n', 'sophomore₩n', 'junior₩n', 'senior₩n' 네 줄을 출력한 후 다시 파일 'cp.txt'를 열어 한 줄 한 줄 읽어 콘솔에 다음과 같이 출력되는 프로그램을 작성하시오.

- 콘솔에 학년을 출력하기 위해 함수 enumerate()를 사용

```
1학년 freshman
2학년 sophomore
3학년 junior
4학년 senior
```

05 응용 표준 모듈 pickle을 사용해 다음 내용을 바이너리 파일 'worldcup.bin'에 저장한 후 다시 읽어 딕셔너리와 리스트의 내용을 하나씩 추가한 후 다음과 같이 콘솔에 출력하는 프로그램을 작성하시오.

```
wc = {2010: '남아프리카공화국', 2014: '브라질'}
win = ['스페인', '독일']
```

- with as 구문 사용
- 프로그램 출력 결과

```
{2010: '남아프리카공화국', 2014: '브라질', 2018: '러시아'}
['스페인', '독일', '프랑스']
```

06 실전 다음을 참고로 위에서 만든 바이너리 파일 'worldcup.bin'을 새로운 파일 '2018worldcup.bin'에 복사한 후 복사된 파일 '2018worldcup.bin'을 확인하기 위해 파일 '2018worldcup.bin'을 열어 그 내용을 콘솔에 출력하는 프로그램을 작성하시오.

- 파일 'worldcup.bin'은 모드 'rb'로 열어 변수 fromf에 저장
- 파일 '2018worldcup.bin'은 모드 'wb'로 열어 변수 tof에 저장
- 두 개의 파일을 with 구문 하나로 여는 방법

```
with open(…, mode='rb') as fromf, open(…, mode='wb') as tof:
```

- 파일 객체의 함수 read(1) 호출은 1바이트를 읽어 반환해주므로 다음으로 복사가 가능

```
while True:
    one = fromf.read(1)
    if not one: break
    tof.write(one)
```

- 프로그램 출력 결과

```
{2010: '남아프리카공화국', 2014: '브라질', 2018: '러시아'}
['스페인', '독일', '프랑스']
```

Chapter 12

일상생활의 사물 코딩인 객체지향 프로그래밍

학습 목표

- 객체와 클래스를 이해하고 필요한 클래스를 정의하고 객체를 만들어 활용할 수 있다.
- 클래스 속성과 인스턴스 속성, 정적 메소드와 클래스 메소드를 이해하고 정의할 수 있다.
- 상속을 이해하고 부모 클래스와 자식 클래스를 정의할 수 있다.
- 추상 메소드와 추상 클래스를 이해하고 정의할 수 있다.

Section

01 객체지향 프로그래밍

Python

1.1 객체지향 소개

◆ 객체지향 개요

객체지향 프로그래밍(object-oriented programming)은 속성(attributes)과 행위(behaviors)로 구성된 객체를 만든 후 객체 간의 상호 작용으로 프로그래밍을 구현하는 방식이다. 그렇다면 객체(object)는 무엇일까? 예를 들어 학사정보관리 시스템을 구현한다고 가정해 보자. 학사정보관리 시스템과 관련된 현실 세계의 모든 것(thing), 즉, 사물과 개념이 바로 객체다. 즉, 학생과 교수, 교과목, 강의실 등이 모두 객체다.

▲ **그림1** 학사정보관리 시스템의 객체

◆ 클래스와 객체

클래스(class)는 객체를 만들어 내기 위한 틀(template) 또는 설계도(blueprint)다. 클래스 내부는 만들어질 객체들이 가져야 할 속성(attributes)과 행위(behaviors)로 구성된다. 속성은 객체의 상태를 정의하며, 행위는 객체가 취할 수 있는 행동인 절차라고 이해하자. 실제 코딩에서 속성은 변수, 행위는 클래스 내부의 함수인 메소드로 구현된다. 객체는 클래스로부터 만들어진 구체적 실체로, 자신만의 고유한 속성과 메소드를 갖는다. 그러므로 객체를 클래스의 실례인 인스턴스(instance)라고도 부른다.

만일 자동차를 표현한 클래스 Car에서 실제 구체적인 차량을 다음처럼 3개 만든다면 이것이 바로 객체다.

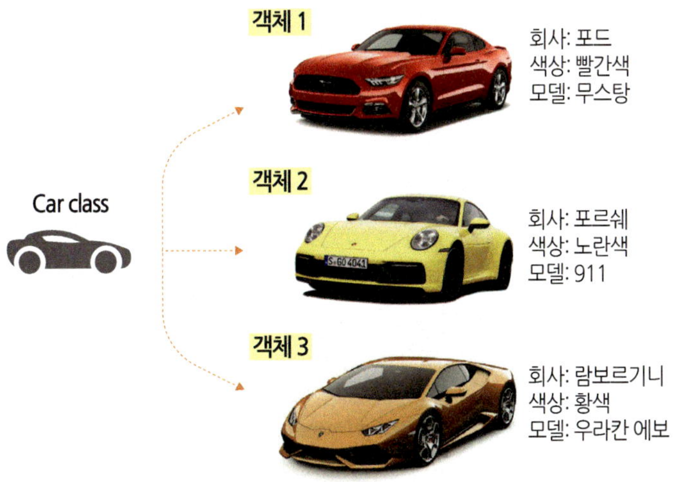

▲ 그림2 클래스와 객체

1.2 클래스 정의와 객체의 생성

◆ 간단한 클래스 정의와 확인

가장 간단히 클래스를 정의해 보자. 사람의 정보를 담을 클래스 Person을 정의할 수 있다. 키워드 class에 이어 클래스명 Person: 이후에 사람의 속성과 메소드 정의 블록을 기술한다. 다음은 속성과 메소드 정의 부분에 아무것도 없다는 pass를 기술하고 있다.

```
>>> class Person:
...     pass
...
>>>
```

클래스 내부의 정보를 확인하는 방법 중 하나가 내장 함수 dir()이다. dir(list)로 클래스 list의 소속 내용(속성과 메소드)을 알 수 있다.

```
>>> dir(list)
['__add__', '__class__', '__contains__', '__delattr__', '__delitem__', '__
dir__', '__doc__', '__eq__', '__format__', '__ge__', '__getattribute__', '__
getitem__', '__gt__', '__hash__', '__iadd__', '__imul__', '__init__', '__init_
subclass__', '__iter__', '__le__', '__len__', '__lt__', '__mul__', '__ne__', '__
new__', '__reduce__', '__reduce_ex__', '__repr__', '__reversed__', '__rmul__',
'__setattr__', '__setitem__', '__sizeof__', '__str__', '__subclasshook__',
'append', 'clear', 'copy', 'count', 'extend', 'index', 'insert', 'pop',
'remove', 'reverse', 'sort']
```

다시 클래스 Person을 정의하면서 블록에 pass를 지우고 삼중 따옴표로 클래스를 설명하는 문자열을 기술하자.

```
>>> class Person:
...     '''사람을 표현하는 클래스'''
...
```

클래스 Person을 내장 함수 dir로 확인하면 아직 배우지 않은 내용이 표시된다.

```
>>> dir(Person)
['__class__', '__delattr__', '__dict__', '__dir__', '__doc__', '__eq__', '__format__', '__ge__', '__getattribute__', '__gt__', '__hash__', '__init__', '__init_subclass__', '__le__', '__lt__', '__module__', '__ne__', '__new__', '__reduce__', '__reduce_ex__', '__repr__', '__setattr__', '__sizeof__', '__str__', '__subclasshook__', '__weakref__']
```

위 내용 중 __dict__는 객체나 클래스의 속성을 저장하는 데 사용되는 사전(dictionary)을 반환한다. 우리가 정의한 클래스 Person으로 살펴보면 우리가 문서화로 지정한 문자열이 키 값 '__doc__'로 지정된 것을 확인할 수 있다.

```
>>> Person.__dict__
mappingproxy({'__module__': '__main__', '__doc__': '사람을 표현하는 클래스', '__dict__': <attribute '__dict__' of 'Person' objects>, '__weakref__': <attribute '__weakref__' of 'Person' objects>})
```

◆ 객체의 생성과 확인

위에서 정의한 class Person에서 하나의 구체적인 사례(instance)인 객체를 하나 만들어 보자. 다음 Person()처럼 클래스명()으로 객체를 만들고 이 객체를 변수 one에 저장한다. 객체는 클래스명 이후에 괄호 ()로 만들 수 있다. 변수 one을 출력해 보면 Person의 객체라고 출력된다.

```
>>> one = Person()
>>> print(one)
<__main__.Person object at 0x00000177258ADB70>
```

type(one)으로도 클래스 Person을 확인할 수 있으며, 셸에서 도움말 help()로도 확인할 수 있다.

```
>>> print(type(one))
<class '__main__.Person'>
>>> help(one)
Help on Person in module __main__ object:
```

```
class Person(builtins.object)
 |  Data descriptors defined here:
 |
 |  __dict__
 |      dictionary for instance variables (if defined)
 |
 |  __weakref__
 |      list of weak references to the object (if defined)
```

◆ 생성된 객체에 속성 지정

사람의 이름을 저장할 속성 name에 '홍길동'을 저장하고 출력해 보자. 객체의 소속된 변수나 메소드를 참조할 때는 마침표(.)를 사용한다.

```
>>> he = Person()
>>> he.name = '홍길동'
>>> print(he.name)
홍길동
```

다음은 클래스 Person의 다른 객체를 생성해 변수 she에 저장하고 속성 name과 age를 저장한 후 출력하는 구문이다.

```
>>> she = Person()
>>> she.name = '신입생'
>>> she.age = 19
>>> print(she.name, she.age)
신입생 19
```

그러나 이전에 생성한 객체 변수 he에는 age를 저장하지 않았기 때문에 he.age는 AttributeError 오류가 발생한다.

```
>>> print(he.age)
Traceback (most recent call last):
  File "<stdin>", line 1, in <module>
AttributeError: 'Person' object has no attribute 'age'
```

◆ 객체의 클래스 여부를 확인하는 내장 함수 isinstance

내장 함수 isinstance(객체, 클래스)는 객체가 클래스의 인스턴스 여부를 알 수 있다.

```
>>> print(isinstance(he, Person))
True
>>> print(isinstance(she, Person))
True
```

◆ 클래스에 함수를 지정

클래스에 새로운 함수를 연결할 수 있다. 다음은 빈 클래스와 함수 hell0()를 구현한 코드다. 함수 hello(p)에서 인자 p는 name이라는 속성이 있어야 한다.

```
class Person:
    '''사람을 표현하는 클래스'''

def hello(p):
    print('%s이 인사합니다.' % p.name)
```

다음 코드로 클래스 Person에 함수 hello를 연결할 수 있다.

```
Person.hello = hello
```

클래스 Person은 대입된 함수인 hello()를 클래스의 메소드 hello()로 활용할 수 있게 된다. 다음 코드로 Person객체 he를 만들고 속성 name을 '홍길동'으로 저장한다.

```
he = Person()
he.name = '홍길동'
```

객체 he를 통해 hello()를 호출하는 he.hello() 코드로 클래스 Person의 메소드 hello()가 실행된다.

```
>>> he.hello()
홍길동이 인사합니다.
```

그러나 다음처럼 속성 name을 지정하지 않은 객체 she는 hello()를 호출하면 속성 name이 없다는 오류가 발생한다.

```
>>> she = Person()
>>> she.hello()
Traceback (most recent call last):
  File "<stdin>", line 1, in <module>
  File "<stdin>", line 2, in hello
AttributeError: 'Person' object has no attribute 'name'
```

다음은 위에서 살펴본 클래스 Person 정의와 객체를 활용해 속성과 메소드를 참조하는 전체 코드다.

12-1 코딩 12-01defsimpleclass.py **간단한 클래스의 정의와 활용** 난이도 기본

```
class Person:
    pass

def hello(p):
    print('%s이 인사합니다.' % p.name)

Person.hello = hello

he = Person()
he.name = '홍길동'
he.age = 20
print(he.name, he.age)
he.hello()
print(isinstance(he, Person))

she = Person()
she.name = '신입생'
she.age = 19
print(she.name, she.age)
she.hello()
print(isinstance(she, Person))
```

결과

```
홍길동 20
홍길동이 인사합니다.
True
신입생 19
신입생이 인사합니다.
True
```

1.3 클래스의 메소드와 초기화 메소드 구현

◆ 클래스의 메소드 구현

지금까지 객체의 속성과 메소드를 클래스 정의 이후에 지정했다. 이제 클래스 정의에서 직접 속성과 메소드를 구현해 보자. 대부분의 객체지향 프로그래밍에서는 이와 같은 방식으로 코딩한다.

가수를 표현하는 클래스 Singer에서 클래스 소속 함수인 메소드를 구현해 보자. 메소드 introduce() 구현은 반드시 클래스 내부에서 들여쓰기가 필요하며, 첫 인자는 반드시 self를 사용해야 한다. 여기서 self는 클래스 내부에서 각각의 인스턴스인 객체를 표현하는 키워드다. 자바를 배운 학생이라면 생소할 수 있다. 메소드 구현에서 self.name은 객체에 지정된 속성 name을 참조한다.

```
class Singer:
    '''가수를 표현하는 클래스'''
    def introduce(self):
        print('안녕하세요! 가수 %s입니다.' % self.name)
```

위 구문으로 정의한 클래스 Singer의 객체 iyou를 생성해 보자. iyou.name에 '아이유'를 저장한 후 메소드 introduce()를 호출해 보자. 메소드 구현의 첫 인자인 self는 메소드 호출 시 기술할 필요가 없는 인자다. 그 이유는 객체 자체가 self에 전달되기 때문이다.

```
>>> iyou = Singer()
>>> iyou.name = '아이유'
>>> iyou.introduce()
안녕하세요! 가수 아이유입니다.
```

속성 name에 저장한 '아이유'가 출력되는 것을 확인할 수 있다.

◆ 초기화 메소드 구현

클래스로 객체를 만들 때 사용되는 초기화 메소드(initializer)를 구현해 보자. 클래스의 초기화 메소드는 def __init__(self, …)로 구현한다. init는 초기화라는 단어 initializer에서 나왔으며, 메소드 이름은 앞과 뒤에 밑줄이 두 개 붙은 __init__이다. 첫 인자는 self이고, 뒤에 실제로 필요한 인자를 기술한다. 초기화 메소드를 호출할 때 메소드로 넘겨줄 자료를 인자로 처리한다. 즉, 다음 클래스 Singer의 초기화 메소드에서 '가수 이름'과 '데뷰 연도'를 인자 name과 debut에 전달한다. 초기화 구현에서는 self.name = name으로 인자 값인 name을 객체의 속성 self.name에 저장한다. 또한 self.debut = debut으로 인자 값인 debut을 객체의 속성 self.debut에 저장한다.

- 초기화 메소드인 __init__(self, …)는 객체를 만들 때 호출되는 특별한 메소드로, 주로 속성 값을 저장하는 초기화를 수행한다.

```
class Singer:
    def __init__(self, name, debut):
        self.name = name
        self.debut = debut
```

다음은 위에서 구현된 초기화 메소드를 사용해 객체를 만드는 구문이다. 클래스 이름 이후의 괄호에 첫 인자인 self는 객체 자체가 전달되므로 기술할 필요가 없으며 인자 name과 bebut에 해당하는 값을 기술한다.

```
iyou = Singer('아이유', 2008)
```

다음은 초기화 메소드가 하나 있으며, 일반 메소드는 introduce()와 age() 두 개인 클래스 Singer를 정의한 예제다.

12-2 코딩 12-02definemethod.py **클래스의 초기화 메소드와 일반 메소드 정의** 난이도 기본

```
class Singer:
    '''가수를 표현하는 클래스'''
    def __init__(self, name, debut):
        self.name = name
        self.debut = debut

    def introduce(self):
        print('안녕하세요! 가수 %s입니다.' % self.name)
    def age(self):
        print('데뷔한지 %d년이 됐네요.' % (2020 - self.debut + 1))

iyou = Singer('아이유', 2008)
iyou.introduce()
iyou.age()
```

결과

```
안녕하세요! 가수 아이유입니다.
데뷔한 지 13년이 됐네요.
```

1.4 더블 언더스코어가 붙은 매직 메소드

◆ 매직 메소드와 메소드 인자의 기본값 지정

다음은 원을 표현하는 클래스 Circle의 구현이다. 초기화 메소드 __init__()와 같이 더블 언더스코어(double underscore)로 불리는 밑줄 두 개인 __로 시작하고 종료하는 특수 메소드를 매직 메소드(magic method)라고 한다. 매직 메소드인 초기화 메소드에서도 필요하면 인자에 기본값을 지정할 수 있다.

```python
class Circle:
    ''' 원을 표현하는 클래스 정의 '''
    def __init__(self, radius = 1):
        self.radius = radius
```

인자가 하나도 없는 초기화 메소드 Circle() 호출은 반지름 radius에 기본값인 1이 저장된 것을 확인할 수 있다.

```python
>>> c = Circle()
>>> print(c.radius)
1
```

◆ 자기 자신 객체를 문자열로 표현하는 특수 메소드 __str__()

매직 메소드는 초기화 메소드 이외에도 다양하다. 메소드 __str__(self)는 내장 함수 str(객체)에 의해 호출된다. 즉, 메소드 __str__(self)는 객체를 표현하는 문자열을 반환하는 특수 메소드다. 객체의 문자열을 반환하는 메소드의 구현에서 반지름 정보를 표현한 적당한 문자열을 만들어 return으로 반환할 수 있다.

```python
class Circle:
    …

    def __str__(self):
        return '원 반지름: {}'.format(self.radius)
```

문자열 반환 메소드는 str(객체)에 의해 호출되므로 다음과 같이 객체 자체를 출력하면 호출을 확인할 수 있다.

```python
>>> cr = Circle(2)
>>> print(cr)
원 반지름: 2
```

◆ 객체의 동등 비교 ==에 사용되는 특수 메소드 __eq__()

특수 메소드 __eq__(self, other)는 self와 other 객체의 동등 비교 ==에 사용되는 특수 메소드다. 클래스 Circle에서 객체 self와 other에서 동등 비교인 self == other의 의미를 구현해 논리 값을 반환한다. 다음 코드에서는 원의 반지름이 같으면 동등하다고 구현하고 있다.

```
class Circle:
    …
    def __eq__(self, other):
        if self.radius == other.radius:
            return True
        else:
            return False
```

위에서 구현된 __eq__() 메소드는 다음과 같이 c1 == c2 등으로 호출될 수 있다.

```
>>> c1 = Circle(10)
>>> c2 = Circle(20)
>>> c3 = Circle(10)
>>> print(c1 == c2)
False
>>> print(c1 == c3)
True
```

◆ 다양한 매직 메소드

파이썬에는 초기화 메소드 이외에도 객체가 소멸될 때 실행되는 소멸자 메서드 __del__, 두 개의 객체를 + 연산으로 더하는 __add__ 메서드 등 다음과 같은 매우 다양한 특수 메소드를 제공한다.

특수 메소드	설명
__new__(cls, other)	객체의 인스턴스화를 호출, 초기화 메소드를 호출
__init__(self, other)	객체가 생성될 때 실행되는 초기화 메소드
__del__(self)	객체가 소멸될 때 실행되는 소멸자 메소드
__str__(self)	내장 함수 str() 메서드에 의해 호출돼 유형의 문자열 표현을 반환
__add__(self, other)	+ 연산자를 사용해 더하기 연산 수행에 호출
__sub__(self, other)	– 연산자를 사용해 빼기 연산 수행에 호출
__mul__(self, other)	* 연산자를 사용해 곱하기 연산 수행에 호출
__floordiv__(self, other)	// 연산자를 사용해 바닥 나누기 연산 수행에 호출
__div__(self, other)	/ 연산자를 사용해 나누기 연산 수행에 호출
__mod__(self, other)	% 연산자를 사용해 나머지 연산 수행에 호출
__pow__(self, other)	** 연산자를 사용해 승수 연산 수행에 호출
__lt__(self, other)	< 연산자를 사용해 비교 연산 수행에 호출

__le__(self, other)	<= 연산자를 사용해 비교 연산 수행에 호출
__eq__(self, other)	== 연산자를 사용해 비교 연산 수행에 호출
__ne__(self, other)	!= 연산자를 사용해 비교 연산 수행에 호출
__gt__(self, other)	<= 연산자를 사용해 비교 연산 수행에 호출
__ge__(self, other)	>= 연산자를 사용해 비교 연산 수행에 호출

다음은 지금까지 살펴본 원을 표현하는 클래스 Circle의 정의와 객체에 관한 코드다.

12-3 코딩 12-03magicmethod.py **더블 언더스코어가 붙은 특수 메소드** 난이도 기본

```
class Circle:
    ''' 원을 표현하는 클래스 정의 '''
    def __init__(self, radius = 1):
        self.radius = radius

    def __str__(self):
        return '원 반지름: {}'.format(self.radius)

    def __eq__(self, other):
        if self.radius == other.radius:
            return True
        else:
            return False

    def setradius(self, radius):
        self.radius = radius

    def getradius(self):
        return self.radius

    def area(self):
        return self.radius * self.radius * 3.14

    def perimeter(self):
        return 2 * self.radius * 3.14

c1 = Circle(10)
print('원 반지름: %.2f' % c1.getradius())
print('원 면적: %.2f' % c1.area())
print('원둘레: %.2f' % c1.perimeter())
print(c1)

c2 = Circle()
```

```
c2.setradius(20)
c3 = Circle(10)
print(c1 == c2)
print(c1 == c3)

```

결과

```
원 반지름: 10.00
원 면적: 314.00
원둘레: 62.80
원 반지름: 10
False
True
```

1.5 클래스 속성과 인스턴스 속성

◆ 클래스 속성

클래스에 소속되는 클래스 속성(class attribute)은 다음과 같이 class공간블록 내부에서 바로 선언해 초깃값을 저장한다. 클래스 Rectangle의 클래스 속성 count는 프로그램에서 생성된 Rectangle 객체 수를 담고 있다. 메소드 내부에서 클래스 속성 count는 Rectangle.count처럼 클래스명.속성으로 참조할 수 있다. 단순히 count로는 메소드의 지역 변수로 오류가 발생한다.

```
class Rectangle:
    ''' 사각형을 표현하는 클래스 정의 '''
    count = 0 # 클래스 속성(class attribute)

    def __init__(self):
        Rectangle.count += 1 # 클래스 속성 참조
```

클래스 속성 count는 Rectangle.count나 객변변수.속성으로도 참조할 수 있다. 지장 공간이 하나인 클래스 변수는 동일한 시점에서 Rectangle.count, r1.count, r2.count의 값이 모두 동일하다.

```
>>> r1 = Rectangle()
>>> r2 = Rectangle()
>>> print(Rectangle.count, r1.count, r2.count)
2 2 2
```

◆ 인스턴스 속성

이미 살펴본 초기화 메소드 __init__에서 'self.속성'으로 사용하는 속성은 인스턴스 속성이라 한다. 사각형 객체의 가로와 세로 정보를 담는 width와 height는 모두 객체에 소속된 인스턴스 속성이다. 인스턴스 속성은 객체가 만들어질 때마다 저장 공간이 확보돼 객체의 특징을 저장하는 공간이다.

```
class Rectangle:
    ''' 사각형을 표현하는 클래스 정의 '''
    ...
    def __init__(self, width, height):
        self.width = width # 인스턴스 속성 참조
        self.height = height # 인스턴스 속성 참조
```

인스턴스 속성은 r1.width 처럼 반드시 객체 변수로 참조한다.

```
>>> r1 = Rectangle(2.1, 3.4)
>>> r2 = Rectangle(7.8, 5.2)
>>> print(r1.width, r1.height)
2.1 3.4
>>> print(r2.width, r2.height)
7.8 5.2
```

다음은 지금까지 살펴본 클래스 속성과 인스턴스 속성을 적용해 사각형 정보를 담는 class Rectangle의 예제 프로그램이다.

12-4 코딩 12-04clsinstattribute.py **클래스와 인스턴스 속성 활용** 난이도 기본

```
class Rectangle:
    ''' 사각형을 표현하는 클래스 정의 '''
    count = 0 # 클래스 속성(class attribute)

    def __init__(self, width, height):
        self.width = width # 인스턴스 속성 참조
        self.height = height # 인스턴스 속성 참조
        Rectangle.count += 1 # 클래스 속성 참조

    def __str__(self):
        return '사각형 가로: {} 세로: {}'.format(self.width, self.height)

r1 = Rectangle(2.3, 3.2)
r2 = Rectangle(1.4, 2.8)
print(r1)
print(r2)
print(Rectangle.count, r1.count, r2.count)
```

결과
```
사각형 가로: 2.3 세로: 3.2
사각형 가로: 1.4 세로: 2.8
2 2 2
```

1.6 메소드와 속성의 접근 제어

◆ 외부에서 참조할 수 없는 속성과 메소드

자바나 C++ 언어 등은 메소드나 속성의 접근을 public, protected, private 등의 키워드를 통해 제어한다. 파이썬은 접근 제어하는 키워드를 따로 제공하지 않으며 기본적으로 메소드나 속성인 모든 멤버가 public으로 외부에서 접근할 수 있다.

파이썬은 __속성, __메소드 처럼 속성과 메소드의 이름 앞에 두 개의 밑줄인 더블 언더스코어(__)를 붙이면 클래스 외부에서 참조할 수 없다. 이러한 속성이나 메소드들을 외부 참조를 제한하는 비공개(private) 속성과 메소드라 할 수 있다. 이름에 __와 같은 제한이 없다면 public 개념으로 외부에서 모두 참조할 수 있다. 간혹 파이썬에서 이름 앞에 하나의 밑줄 _을 붙인 속성이나 메소드를 사용하는데, 이는 관례상 클래스 내부에서만 사용한다는 의미이며, 외부에서도 접근할 수 있다.

다음 클래스 Student에서 학생의 평균 평점(Grade Point Average)을 담는 속성 __GPA는 외부에서 참조할 수 없으며, 속성 name은 참조할 수 있다.

```
class Student:
    def __init__(self, name, grade):
        self.name = name
        self.__GPA = grade # Grade Point Average 평균 평점
```

다음 클래스 Student의 객체 변수 s에서 name은 '김영미'이며, __GPA는 3.4다. 클래스 외부에서 s.name으로 참조할 수 있지만 s.__GPA는 참조할 수 없어 AttributeError가 발생한다.

```
>>> s = Student('김영미', 3.4)
>>> print(s.name) # 일반 속성, 참조 가능
김영미
>>> print(s.__GPA) # 참조 불가능, 오류 발생
Traceback (most recent call last):
  File "<stdin>", line 1, in <module>
AttributeError: 'Student' object has no attribute '__GPA'
```

더블 언더스코어가 붙은 비공개 속성을 클래스 외부에서 참조할 수 없다.

◆ 주요 속성과 메소드를 비공개로 한 은행 계좌 클래스

다음 예제는 은행의 계좌 정보를 표현한 클래스 Account에 관한 프로그램이다. 계좌 잔고를 담는 속성 __balance는 비공개, 계좌주인 name은 공개다. 클래스 내부에서 객체의 문자열화 메소드 __str__()를 호출하는 메소드 __info()도 비공개로 클래스 외부에서는 사용할 수 없다. 메소드 withdraw()와 deposit()은 모두 공개로 출금과 예금을 수행하는 메소드다.

12-5 코딩 12-05accesscontrol.py **속성과 메소드의 접근 제어** 난이도 응용

```python
class Account:
    ''' 은행 계좌를 표현하는 클래스 '''
    def __init__(self, name, amount):
        self.name = name
        self.__balance = amount # 비공개 속성

    def __str__(self):
        return '예금주 {}, 잔고 {}'.format(self.name, self.__balance)

    def __info(self): # 비공개 메소드 구현
        print('\t', self) # 위 메소드 __str__(self) 호출
        # print(self.__str__())

    def withdraw(self, amount):
        self.__balance -= amount
        print('출금 {}원 이후:'.format(amount))
        self.__info()

    def deposit(self, amount):
        self.__balance += amount
        print('입금 {}원 이후:'.format(amount))
        self.__info()

acc = Account('이은행', 100000)
print(acc) # 문자열화 메소드 __str__(self) 호출
acc.deposit(5000)
acc.withdraw(10000)
print(acc.__balance) # 참조 불가능해 오류 발생
acc.__info() # 참조 불가능해 오류 발생
```

결과

```
예금주 이은행, 잔고 100000
입금 5000원 이후:
         예금주 이은행, 잔고 105000
출금 10000원 이후:
         예금주 이은행, 잔고 95000
```

```
Traceback (most recent call last):
  File "<ipython-input-61-5eb6383a03e4>", line 28, in <module>
    print(acc.__balance) # 참조 불가능해 오류 발생
AttributeError: 'Account' object has no attribute '__balance'
```

1.7 정적 메소드와 클래스 메소드

◆ 데커레이터 @staticmethod로 정의하는 정적 메소드

정적 메소드(static method)는 객체뿐 아니라 클래스에서도 직접 접근할 수 있다. 정적 메소드는 메소드 헤드 문장 위에 데커레이터(decorator)라고 부르는 @staticmethod를 기술하며, 인자는 첫 번째 인자로 self 없이 실제로 필요한 인자를 기술한다.

다음은 클래스 Degree 내부에 정적 메소드로 tofahrenhite(celcius)로 구현한 코드다. 정적 메소드 tofahrenhite(celcius)는 인자로 주어지는 섭씨 온도 celcius를 화씨로 변환해 반환한다. 정적 메소드는 self를 사용할 수 없으므로 인스턴스 변수나 메소드를 사용할 수 없다.

```
class Degree:

    @staticmethod
    def tofahrenhite(celsius):
        return celsius * 1.8 + 32
```

정적 메소드 tofahrenhite()는 객체 d뿐 아니라 클래스 Degree로도 호출할 수 있다.

```
print('%.2f' % Degree.tofahrenhite(30))
d = Degree()
print('%.2f' % d.tofahrenhite(35))
```

다음은 인자로 주어지는 화씨 온도를 섭씨 온도로 변환하는 tocelcius(fahrenhite)도 정적 메소드로 구현한 프로그램이다.

12-6 코딩 | 12-06staticmethod.py | 정적 메소드로 섭씨와 화씨 간의 온도 변환 | 난이도 기본

```
class Degree:
    @staticmethod
    def tofahrenhite(celsius):
        return celsius * 1.8 + 32

    @staticmethod
    def tocelcius(fahrenhite):
```

```
            return (fahrenhite - 32) / 1.8

print('%.2f' % Degree.tofahrenhite(30))
print('%.2f' % Degree.tocelcius(100))

d = Degree()
print('%.2f' % d.tofahrenhite(35))
print('%.2f' % d.tocelcius(90))
```

결과

```
86.00
37.78
95.00
32.22
```

데커레이터 @classmethod로 정의하는 클래스 메소드

클래스 메서드는 메서드 위에 @classmethod 라는 데커레이터를 기술해 해당 메서드가 클래스 메서드임을 표시한다. 클래스의 일반 메소드에서 첫 인자가 인스턴스를 의미하는 self이듯 클래스 메서드의 첫 인자는 반드시 클래스를 의미하는 인자로 cls가 온다. 관례적으로 클래스를 의미하는 cls를 쓰지만 cs처럼 다른 이름도 상관 없다. 클래스 메소드의 첫 인자 cls 로 클래스 자체를 전달받으며, 이 cls를 통해 클래스 변수 등에 접근할 수 있다. 클래스 메소드는 정적 메소드와 달리 첫 인자 cls를 받아 cls.클래스변수명을 참조할 수 있다. 그러나 클래스 메소드도 정적 메소드처럼 self가 없으므로 인스턴스 변수나 메소드를 사용할 수 없다.

다음 클래스 Shape는 원주율 PI를 클래스 변수로 선언하고 클래스 메소드 circlearea(cls, r)를 구현하고 있다. 첫 인자인 cls를 통해 cls.PI로 접근해 인자로 받은 반지름 r인 원의 면적을 구해 반환한다.

```
class Shape:
    PI = 3.141592

    @classmethod
    def circlearea(cls, r):
        return r * r * cls.PI
```

클래스 메소드 circlearea(cls, r)는 Shape.circlearea(3.2)로 호출할 수 있다. 또한 객체 s를 사용해 s.circlearea(2.8)로도 호출할 수 있다.

```
>>> print('%.2f' % Shape.circlearea(3.2))
32.17
>>>
>>> s = Shape()
>>> print('%.2f' % s.circlearea(2.8))
24.63
```

지금까지 알아봤듯이 파이썬은 클래스에서 직접 접근할 수 있는 메소드로 정적 메소드와 클래스 메소드를 제공한다. 일반적으로 클래스 메서드나 정적 메서드는 인스턴스 변수를 참조할 필요가 없는 경우에 사용된다.

다음 클래스 Shape의 정적 메소드 circleperimeter(r)는 인자로 받은 반지름 r인 원의 둘레 길이를 구해 반환한다. 클래스 Shape의 클래스 변수인 원주율 PI는 Shape.PI로 참조할 수 있다.

12-7 코딩 12-07classmethod.py | **클래스 메소드와 정적 메소드 정의와 활용** | 난이도 응용

```python
class Shape:
    PI = 3.141592 # 원주율, 클래스 변수 선언

    @classmethod
    def circlearea(cls, r):
        return r * r * cls.PI

    @staticmethod
    def circleperimeter(r):
        return 2 * r * Shape.PI

print('%.2f' % Shape.circlearea(3.2))
print('%.2f' % Shape.circleperimeter(3.2))

s = Shape()
print('%.2f' % s.circlearea(2.8))
print('%.2f' % s.circleperimeter(2.8))
```

결과

```
32.17
20.11
24.63
17.59
```

중간점검

01 다음 클래스 정의 구문에서 오류를 수정하시오.

①
```python
class TV:
    def __init__(size):
        self.size = size
```

②
```python
class Car:
    def __init__(self, color):
        this.color = color
```

02 다음 클래스 관련 코드에서 빈 부분을 완성하시오.

①
```python
class TV:
    cnt_products = 0 # 클래스 속성 선언

    def ______(self, size):
        self.size = size
        ______.cnt_products += 1

mine = TV(60)
print(TV.cnt_products)
```

②
```python
class Car:
    def ______(self, year, model):
        self.year = year
        self.model = model

    def ______(self):
        return '%d년식 %s 모델' % (______.year, self.model)

c = Car(2020, '소나타')
print(c)
```

정답

01 ①
```python
class TV:
    def __init__(self, size):
        self.size = size
```

②
```python
class Car:
    def __init__(self, color):
        self.color = color
```

02 ①
```python
def __init__(self, size):
    self.size = size
    TV.cnt_products += 1
```

②
```python
def __init__(self, year, model):

    def __str__(self):
        return '%d년식 %s 모델' % (self.year, self.model)
```

Section

02 상속과 추상 클래스

Python

2.1 상속 개요

◆ 부모와 자식 클래스

현실에서도 부모의 유전이나 재산을 물려받는 상속을 생각할 수 있다. 이러한 현실의 상속은 부모로부터 여러 가지를 물려받기 때문에 자식에게 여러 혜택이 있을 수 있다. 객체지향 프로그래밍에서도 클래스 간의 상속이 존재한다. 명칭도 부모 클래스(parent class)와 자식 클래스(child class)라는 호칭을 그대로 사용한다. 즉, 자식 클래스는 부모 클래스에 이미 구현된 메서드나 속성을 상속만으로 그대로 사용할 수 있다. 이러한 상속은 프로그래밍에서 발생할 수 있는 중복을 최소화시킬 수 있는 기본적인 장점뿐 아니라 필요하면 수정할 수 있는 등 여러 장점이 있다. 부모 클래스는 기본(base) 클래스 또는 슈퍼(super) 클래스라고도 부르며, 자식 클래스는 유도, 파생(derived) 클래스 또는 서브(sub) 클래스라고도 부른다.

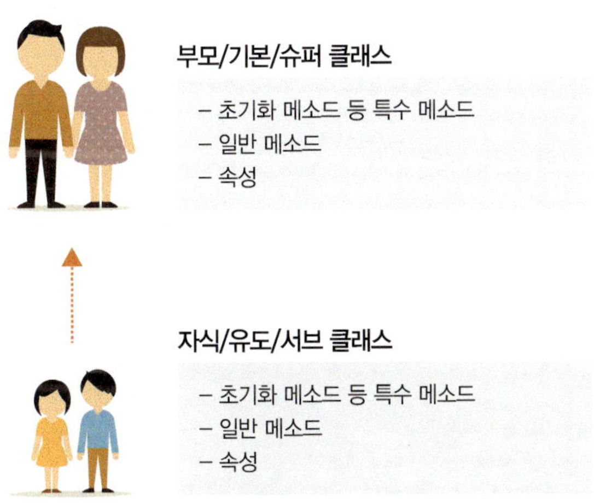

▲ 그림3 부모와 자식 클래스 간의 상속

◆ 최상위 클래스 object

현실에서의 상속이 여러 세대를 걸쳐 이뤄지듯 객체지향의 상속도 여러 수준에 걸쳐 상속이 가능하다. 파이썬에서 모든 클래스의 가장 최상위 클래스는 object다.

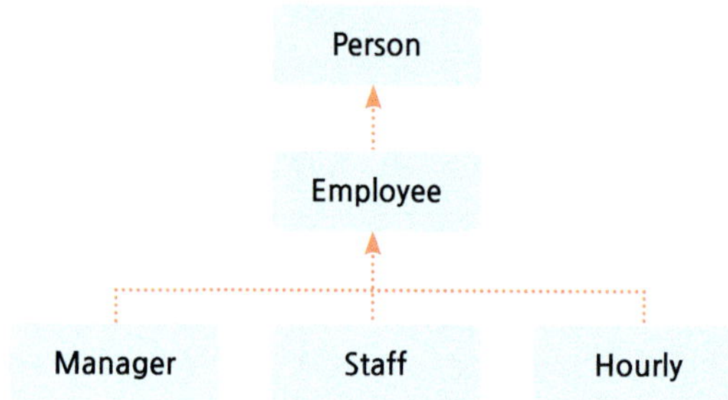

▲ **그림4** 파이썬의 상속 계층

대화형 모드에서 도움말 help(object)로 클래스 object가 최상위 자료형(The most base type)임을 알 수 있다. 부모 클래스를 지정하지 않는 모든 클래스는 부모가 모두 object다.

```
>>> help(object)
Help on class object in module builtins:

class object
 |  The most base type
```

2.2 부모 클래스와 자식 클래스 구현

◆ 상속으로 클래스 정의

부모와 자식 클래스를 정의해 보자. 부모가 Robot인 자식 클래스 HumanoidRobot은 괄호 안에 부모 클래스를 적어 상속을 정의한다. 클래스 Robot은 달리 부모를 지정하지 않았으므로 클래스 object가 부모 클래스가 된다.

```
class Robot:
    def hello(self):
        print('전 로봇입니다.')

class HumanoidRobot(Robot):
    def speak(self):
        print('전 사람처럼 말을 할 수 있습니다.')
```

괄호 안에 부모 클래스를 적어 상속을 정의한다.

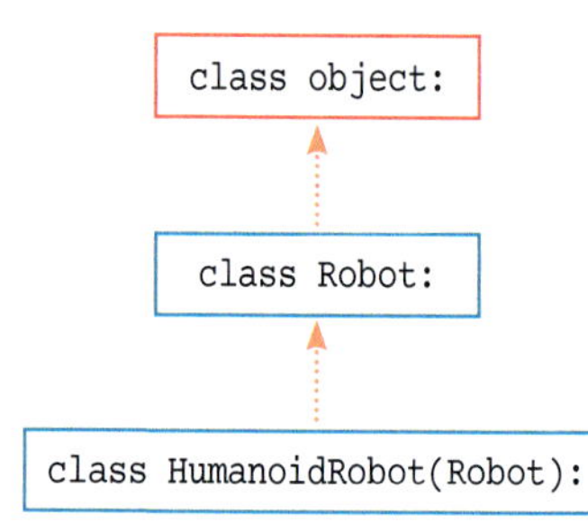

▲ **그림5** 부모와 자식 클래스 정의

자식 클래스 HomanoidRobot은 부모인 Robot의 속성과 메소드를 그대로 물려받아 사용할 수 있다. HomanoidRobot의 객체 hr은 메소드 speak()는 물론, 부모 메소드인 hello()도 자신의 메소드처럼 호출할 수 있다.

```
>>> hr = HumanoidRobot()
>>> hr.hello()
전 로봇입니다.
>>> hr.speak()
전 사람처럼 말을 할 수 있습니다.
```

다음은 부모 클래스 Robot과 자식 클래스 HomanoidRobot을 정의한 프로그램이다. 자식 클래스 HomanoidRobot의 객체 hr로 부모의 메소드를 모두 사용할 수 있다. 부모 클래스의 초기화 메소드 __init__에서 지정하는 속성 laws는 HomanoidRobot의 객체 hr에서는 정의하지 않았으므로 참조할 수 없다.

12-8 코딩 12-08inheritance.py **부모 클래스와 자식 클래스 정의와 활용** **난이도** 기본

```
class Robot:
    def __init__(self):
        self.laws = '인간에게 해를 입혀서는 안 됩니다.'

    def hello(self):
        print('전 로봇입니다.')

    def __str__(self):
        return '전 로봇으로 ' + self.laws

class HumanoidRobot(Robot):
    def __init__(self, name):
        self.name = name

    def speak(self):
        print('%s는 사람처럼 말을 할 수 있습니다.' % self.name)

roboi = Robot()
print(roboi)

hr = HumanoidRobot('아시모')
hr.hello()
hr.speak()
# print(hr.laws) # 오류 발생
```

결과

```
전 로봇으로 인간에게 해를 입혀서는 안 됩니다.
전 로봇입니다.
아시모는 사람처럼 말을 할 수 있습니다.
```

2.3 내장 함수 super()로 부모의 메소드 호출과 메소드 오버라이딩

◆ 부모 초기화 메소드 호출

가수를 표현하는 클래스 Singer의 자식 클래스로 KPopGroup을 만들어 보자. 이미 가수 클래스 Singer는 정의해 봤다. 자식 클래스인 KPopGroup 정의에서 KPopGroup(Singer)로 부모인 Singer를 지정한다.

클래스 KPopGroup() 초기화 메소드 __init__에서 인자로 받은 name과 debut은 부모의 속성으로 name과 debut을 지정하기 위해 내장 함수 super()를 사용해 super().__init__(name, debut)을 호출해야 한다. 내장 함수 super()는 상위 클래스의 객체를 반환하는 함수다. 이제 자식 클래스에서 이름이 동일한 부모 클래스의 메소드를 호출할 때는 super().메소드명()을 사용한다. 물론 부모와 자식 클래스에서 이름이 동일하면 super()를 사용해 호출하며, 이름이 다르면 self.부모메소드명()으로도 호출할 수 있다.

```
class Singer:

    def __init__(self, name, debut):
        self.name = name
        self.debut = debut

    …

class KPopGroup(Singer):
    def __init__(self, name, debut, cnt):
        super().__init__(name, debut)
        self.cnt = cnt
```

다음 문장으로도 가능하지만 이미 정의된 부모의 초기화 메소드를 이용하자.

```
self.name = name
self.debut = debut
```

▲ **그림6** 내장 함수 super()를 사용해 부모의 초기화 함수 __init__() 호출

◆ 부모 메소드와 동일한 메소드를 다시 구현하는 메소드 오버라이딩

부모의 메소드를 자식 클래스에서 다시 구현하는 것을 메소드 오버라이딩이라 한다. 자식 클래스는 부모의 메소드를 물려받지만 변경하고 싶을 수도 있다. 이런 경우 동일한 이름의 메소드 수정인 메소드 오버라이딩은 중복을 최소화하면서 좀 더 구체적인 메소드 수정에 유용하게 사용될 수 있다. 메소드 오버라이딩은 메소드 대체 또는 메소드 재정의라고도 부른다.

자식 클래스 KPopGroup에서 메소드 introduce()를 오버라이딩하고 있다. 메소드 introduce() 구현에서 필요하다면 super()를 사용해 부모 메소드 introduce()를 호출해 사용할 수 있다.

```
class Singer:
    …
    def introduce(self):
        print('안녕하세요! 가수 %s입니다.' % self.name)

class KPopGroup(Singer):
    …

    def introduce(self):
        super().introduce()
        print('우린 KPop 그룹으로 %d명 입니다.' % self.cnt)
```

자식 클래스에서 이미 구현된 부모의 메소드를 다시 구체적으로 구현하는 메소드 오버라이딩이라 한다.

▲ **그림7** 메소드 오버라이딩

KPopGroup의 인스턴스에서 메소드 introduce()를 호출하면 부모의 메소드는 무시되고 자식 클래스 KPopGroup에서 다시 구현한 메소드 introduce()가 실행된다.

```
>>> bts = KPopGroup('BTS', 2013, 7)
>>> bts.introduce()
안녕하세요! 가수 BTS입니다.
우린 KPop 그룹으로 7명 입니다.
```

다음은 super()의 사용과 메소드 오버라이딩을 설명한 부모 클래스 Singer와 자식 클래스 KPopGroup를 구현한 프로그램이다.

12-9 코딩 12-09superoverriding.py **내장 함수 super()의 사용과 메소드 오버라이딩** 난이도 기본

```
class Singer:
    def __init__(self, name, debut):
        self.name = name
        self.debut = debut

    def introduce(self):
        print('안녕하세요! 가수 %s입니다.' % self.name)

    def age(self):
        print('데뷰한지 %d년이 됐네요.' % (2020 - self.debut + 1))

class KPopGroup(Singer):
    def __init__(self, name, debut, cnt):
        super().__init__(name, debut) # 부모의 초기화 메소드 호출
        # self.name = name
        # self.debut = debut
        self.cnt = cnt
```

```python

    def introduce(self): # 메소드 오버라이딩
        super().introduce()
        print('우린 KPop 그룹으로 %d명 입니다.' % self.cnt)

bts = KPopGroup('BTS', 2013, 7)
bts.introduce()
bts.age()
```

결과

```
안녕하세요! 가수 BTS입니다.
우린 KPop 그룹으로 7명 입니다.
데뷔한지 8년이 됐네요.
```

2.4 다중 상속과 메소드 탐색 순서 MRO

◆ 부모가 여러 개인 다중 상속

클래스는 여러 부모 클래스에서 상속받을 수 있다. 다중 상속은 단일 상속의 확장이라 생각하면 쉽다. 클래스가 둘 이상의 부모 클래스를 가져 여러 부모의 속성과 메소드를 상속받을 수 있는 기능을 다중 상속(multiple inheritance)이라 한다.

클래스의 다중 상속은 클래스 정의에서 Subclass(SuperClass1, SuperClass2, SuperClass3, SuperClass4)처럼 괄호 안에 여러 부모 클래스를 콤마로 구분해 기술한다. 자식 클래스인 SubClass는 부모 클래스인 SuperClass1, SuperClass2, SuperClass3, SuperClass4에서 모든 속성과 메소드를 가져와 사용할 수 있다.

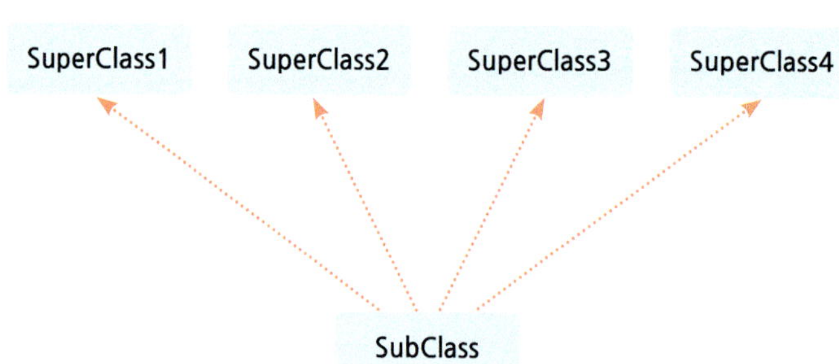

▲ 그림8 다중 상속

대학의 조교(assistant)는 학생(student)이면서 직원(employee)이라고 한다면 다음과 같은 다중 상속으로 클래스를 정의할 수 있다. Student와 Employee의 속성과 메소드를 물려받는 Assistant는 do() 메소드 구현에서 self.study()와 self.work()을 사용할 수 있다.

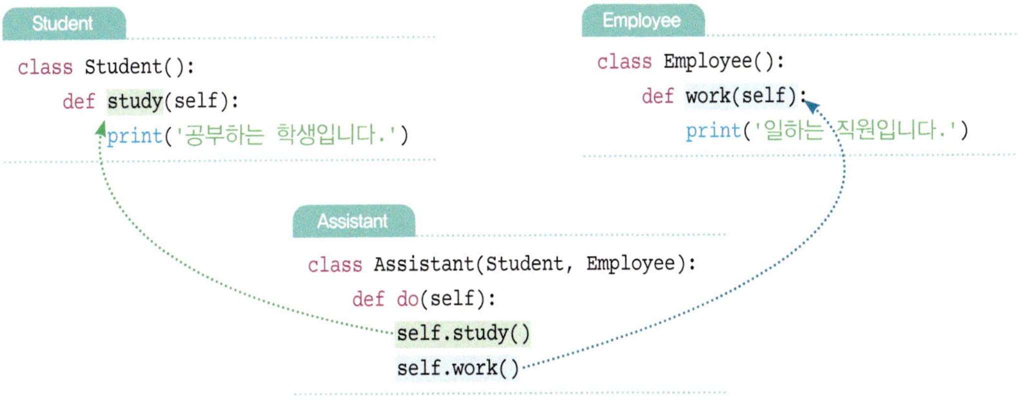

▲ **그림9** 다중 상속의 구현

12-10 코딩 12-10multipleinheritance.py **다중 상속 구현** 난이도 기본

```python
class Student():
    def study(self):
        print('공부하는 학생입니다.')

class Employee():
    def work(self):
        print('일하는 직원입니다.')

class Assistant(Student, Employee):
    def do(self):
        self.study()
        self.work()

i = Assistant()
i.do()
```

결과

공부하는 학생입니다.
일하는 직원입니다.

◆ 다이아몬드 상속

자바는 다중 상속을 허용하지 않지만 C++나 파이썬은 다중 상속을 허용한다. 다중 상속을 허용하다 보면 그 상속 관계가 복잡할 뿐 아니라 상황에 따라서는 애매 모호할 때도 있다.

특히 다음과 같이 여러 부모 클래스가 다시 하나의 클래스를 부모를 갖는다면 발생할 수 있는 문제를 해결해야 한다. 이러한 상속 관계를 다이아몬드 상속이라 하며, 가장 하위인 클래스 D는 클래스 B와 클래스 C를 상속받으므로 클래스 A를 두 번 상속받는 문제가 발생할 수 있다.

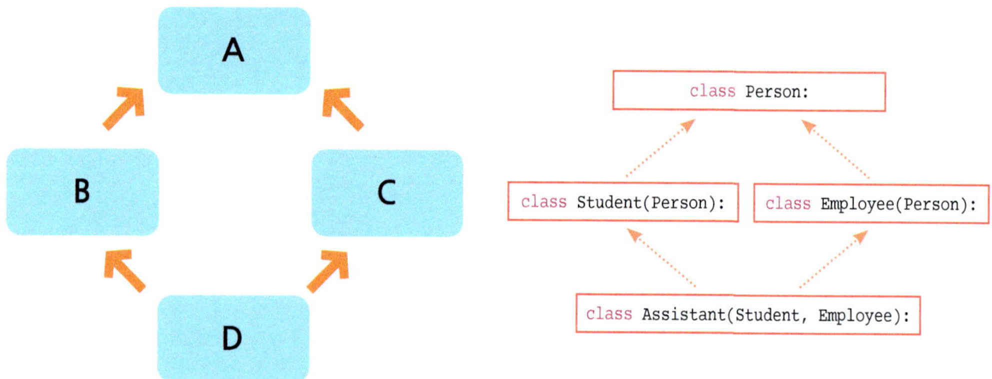

▲ **그림10** 다이아몬드 상속과 예

그림에도 있듯이 다이아몬드 상속의 예로서 클래스 Person, Student, Employee, Assistant를 구현해 보자. 4개의 모든 클래스에서 메소드 do(self)를 구현하고 있다. 중간 하위 클래스인 Student, Employee와 최하위 클래스 Assistant도 모두 super().do()를 먼저 호출하고 있다. super().do()를 호출하면 발생할 수 있는 최상위 클래스 Person() 메소드 do() 다중 실행을 막을 수 있다.

최하위 클래스 Assistant의 객체 i로 do()를 호출하면 부모인 Student, Employee의 메소드 do()가 실행되며, 최상위인 클래스 Person 메소드 do()는 한 번만 호출되는 것을 알 수 있다.

12-11 코딩 12-11diamondinheritance.py **다이어몬드 상속에서의 메소드 호출** 난이도 응용

```
class Person():
    def do(self):
        print('사람은 무언가 해야 합니다.')

class Student(Person):
    def do(self):
        super().do()
        print('공부하는 학생입니다.')

class Employee(Person):
    def do(self):
        super().do()
        print('일하는 직원입니다.')

class Assistant(Employee, Student):
    def do(self):
        super().do()
        print('학생을 도와주는 조교입니다.')

i = Assistant()
i.do()
```

결과	사람은 무언가 해야 합니다. 공부하는 학생입니다. 일하는 직원입니다. 학생을 도와주는 조교입니다.

◆ 메소드 탐색 순서를 확인하는 메소드 mro()

파이썬의 다중 상속에서 메소드를 접근하는 순서를 '메소드 탐색 순서' 즉, MRO(method resolution order)라고 한다.

메소드 탐색 순서는 자기 자신이 제일 먼저이고, 이후 다중 상속인 경우일 때 왼쪽에 있을수록 우선순위가 높으며, 그 다음으로 다시 상위 클래스 순서이다. 물론 가장 나중은 최상위 클래스인 object 클래스이다.

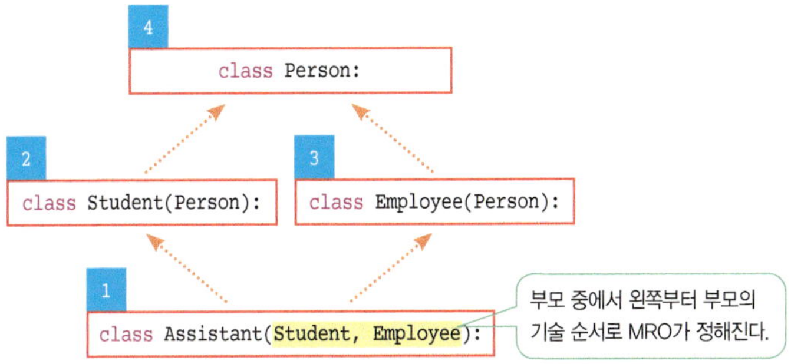

▲ **그림 11** 다중 상속에서의 메소드 탐색 순서 MRO

위의 상속 관계에서 클래스 Assistant의 메소드 탐색 순서는 클래스 Assistant -> Student -> Employee -> Person -> object 순이다. 클래스의 MRO 확인 방법은 __mro__속성과 mro() 메소드 방식이 있다. __mro__속성은 메소드 탐색 순서를 튜플로 반환하며, mro() 메소드는 리스트로 반환한다.

```
>>> print(Assistant.__mro__)
(<class '__main__.Assistant'>, <class '__main__.Student'>, <class '__main__.Employee'>, <class '__main__.Person'>, <class 'object'>)
>>> print(Assistant.mro())
[<class '__main__.Assistant'>, <class '__main__.Student'>, <class '__main__.Employee'>, <class '__main__.Person'>, <class 'object'>]
```

만일 클래스 Assistant의 객체로 어느 메소드를 접근한다면 위 메소드 탐색 순서로 메소드를 찾으며, 최상위 object 클래스까지 확인했는데도 찾는 메서드가 없다면 AttributeError를 발생시킨다. 다음 예제 프로그램에서 객체 i를 통한 i.hello() 호출은 Assistant의 hello()는 없으므로 그 다음 순서인 Student의 hello()가 실행되는 것을 확인할 수 있다.

12-12 코딩 12-12attributemro.py **다중 상속에서 메소드 해결 순서** 난이도 응용

```python
class Person():
    def hello(self):
        print('안녕, 난 사람이야!')

class Student(Person):
    def hello(self):
        print('안녕, 난 학생이야!')

class Employee(Person):
    def hello(self):
        print('안녕, 난 직원이야!')

class Assistant(Student, Employee):
    pass

print(Assistant.__mro__)
print(Assistant.mro())

i = Assistant()
i.hello()
```

결과

```
(<class '__main__.Assistant'>, <class '__main__.Student'>, <class '__main__.Employee'>, <class '__main__.Person'>, <class 'object'>)
[<class '__main__.Assistant'>, <class '__main__.Student'>, <class '__main__.Employee'>, <class '__main__.Person'>, <class 'object'>]
안녕, 난 학생이야!
```

2.5 구현이 미완성인 추상 메소드와 추상 클래스

◆ 상위 클래스로서 하위 클래스가 구현해야 할 메소드를 선언

추상 메소드는 아직 구현이 종료되지 않은 미완성 메소드로, 다음과 같이 구현한다.

- 추상 클래스를 지원하는 모듈 abc(abstract base class)를 가져오기 위해 import한다.
- 정의되는 클래스의 괄호 안에 metaclass = abc.ABCMeta를 지정한다.
- 추상 메소드 머리 위에 데커레이터 @abc.abstractmethod를 넣어 메소드가 추상이라는 것을 지정한다.
- 추상 메소드는 구현이 없거나 미완성이다.

추상 클래스를 지원하는 모듈 abc(abstract base class)에서 ABCMeta와 데커레이터 @abstractmethod를 제공한다. 다음은 다각형을 의미하는 추상 클래스 Polygon에 다각형의 면적을 구하는 추상 메소드 area()를 선언하는 구문이다. 아직 명확한 형태가 아닌 다각형 Polygon은 면적을 구할 수 없어 추상 메소드로 정의한다. 부모 클래스의 추상 메소드는 삼각형이나 사각형 등 좀 더 구체적인 자식 클래스에서 추상 메소드를 오버라이딩해 반드시 구현하도록 강제한다.

```
from abc import *

class Polygon(metaclass = ABCMeta):
    @abstractmethod
    def area(self): # 추상 메소드
        pass
```

위에서 정의한 클래스 Polygon을 상속받는 클래스 Triangle은 추상 메소드인 area()를 다시 재정의해 구현해야 한다. 자식 클래스인 Triangle은 면적을 구하는 area()를 이제 명확히 구현할 수 있다.

```
class Triangle(Polygon):
    ...
    def area(self): # 부모 클래스의 추상 메소드 구현
        return self.width * self.height / 2
```

다음은 가로와 높이가 각각 2.4, 4.3인 삼각형의 객체를 만들어 면적을 구하는 프로그램이다.

12-13 코딩 12-13abstractmethod.py | **추상 메소드 선언과 자식 클래스에서의 구현** | **난이도** 응용

```
from abc import *

class Polygon(metaclass = ABCMeta):
    @abstractmethod
    def area(self): # 추상 메소드
        pass

class Triangle(Polygon):
    def __init__(self, width, height):
        self.width = width
        self.height = height

    def area(self): # 부모 클래스의 추상 메소드 구현
        return self.width * self.height / 2

tri = Triangle(2.4, 4.3)
print('삼각형 면적: %.2f' % tri.area())
```

결과 삼각형 면적: 5.16

◆ 객체화할 수 없는 추상 클래스

미완성인 추상 메소드를 적어도 하나 이상 갖는 클래스를 추상 클래스(abstract class)라 한다. 미완성인 추상 메소드는 이를 상속받는 자식 클래스에서 반드시 구현돼야 한다. 부모인 추상 클래스는 자신만을 객체 인스턴스로 생성할 수 없다. 즉, 추상 클래스는 아직 미완성 클래스이므로 객체화하지 못하도록 제약하는 것이라고 이해하자.

다음 코드는 추상 메소드 area()를 갖는 추상 클래스 Polygon의 객체화에서 발생한 TypeError 오류다.

```
>>> poly = Polygon()
Traceback (most recent call last):
  File "<stdin>", line 1, in <module>
TypeError: Can't instantiate abstract class Polygon with abstract methods area
```

추상 메소드 area()를 갖고 있는 추상 클래스 Polygon을 상속받는 사각형 Rectangle도 반드시 추상 메소드 area()를 재정의해야 한다.

```
class Rectangle(Polygon):
    def __init__(self, width, height):
        self.width = width
        self.height = height

#    def area(self): # 부모 클래스의 추상 메소드 구현
#        return self.width * self.height
```

만일 위 코드와 같이 메소드 area()를 구현하지 않는다면 물려받은 메소드 area()가 구현되지 않아 클래스 Rectangle도 추상 클래스가 되고 다음 코드와 같이 객체 생성에서 Polygon에서와 같은 TypeError 오류가 발생한다. 즉, 상속받은 클래스는 추상 메소드를 구현하지 않으면 객체 생성 시 오류가 발생한다.

```
>>> rect = Rectangle(2.4, 4.3)
Traceback (most recent call last):
  File "<stdin>", line 1, in <module>
TypeError: Can't instantiate abstract class Rectangle with abstract methods area
```

다음은 Polygon을 상속받아 추상 메소드 area()를 구현한 프로그램이다.

12-14 코딩 12-14abstractclass.py 추상 클래스를 상속받아 추상 메소드를 구현 난이도 응용

```
from abc import *

class Polygon(metaclass = ABCMeta):
    @abstractmethod
    def area(self):
        print('면적 구하기 메소드 구현')

# poly = Polygon() # 오류 발생

class Rectangle(Polygon):
    def __init__(self, width, height):
        self.width = width
        self.height = height

    def area(self): # 부모 클래스의 추상 메소드 구현
        return self.width * self.height

rect = Rectangle(2.4, 4.3)
print('사각형 면적: %.2f' % rect.area())
```

결과 사각형 면적: 10.32

중간점검

03 다음 클래스 상속 그림에 해당하는 클래스를 정의하는 구문이다. 코드의 빈 부분을 완성하시오.

```
class          :
    pass

class Student(          ):
    pass

class Employee(          ):
    pass
```

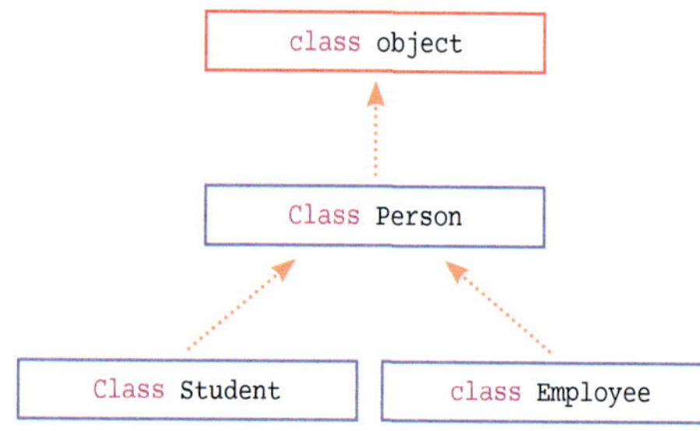

04 다음은 클래스 Polygon의 추상 메소드 area()를 정의하는 구문이다. 코드의 빈 부분을 완성하시오.

```
import abc

class Polygon(metaclass =          ):
    @
    def area(self): # 추상 메소드
        pass
```

정답

03
```
class Person:
    pass

class Student(Person):
    pass

class Employee(Person):
    pass
```

04
```
import abc

class Polygon(metaclass = abc.ABCMeta):
    @abc.abstractmethod
    def area(self): # 추상 메소드
        pass
```

프로젝트 Lab 1 | 12-pl01-objectorientedpygame.py | 파이 게임을 객체지향으로 처리 | 난이도 응용

단원 10 그래픽 사용자 인터페이스에서 코딩해 본 pygame을 객체지향 방식으로 프로그래밍해 보자. pygame에서 윈도의 주요 기능을 윈도 클래스의 메소드로 구성하고 윈도 바탕에 지정한 이미지 파일을 표시한다. 이미지 파일을 그리기 위한 작업으로 pygame.image.load('이미지파일이름')을 사용하며 다음 그림이 이미지 파일 'python.jpg'를 표시한 pygame 윈도이다.

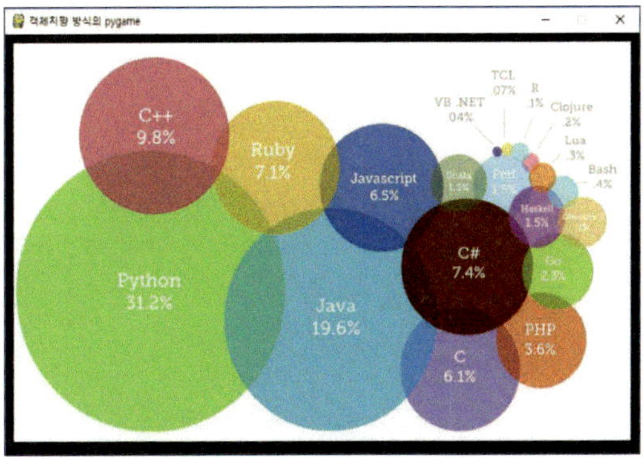

문제 이해(Understanding)

pygame의 윈도를 만들기 위한 pygame 초기화, 윈도 크기와 제목 지정, 이미지 파일 지정과 그리기, 이벤트 처리를 위한 메인 루프 등의 여러 절차를 이해하고 이 절차를 파이썬 클래스의 초기화 메소드와 여러 개의 메소드로 정의한다. 파이썬 윈도를 위한 객체를 생성한 후 정의된 메소드를 호출해 윈도에 이미지 파일을 표시한다.

설계(Design)

알고리즘(Algorithm)

① 클래스 PygameMainWindow는 초기화 함수 __init__()을 비롯해 __drawimage(), setimage(), loop() 등의 인스턴스 메소드로 구성한다.

```
class PygameMainWindow:
    def __init__(self, width, height):
        …

    def __drawimage(self):
        …

    def setimage(self, imgfname):
        …

    def loop(self):
        …
```

② 초기화 메소드 __init__(self, width, height)는 파이 게임을 초기화하고 윈도 창의 크기를 지정한다.

③ 내부에서 사용되는 메소드 __drawimage(self)는 지정된 이미지 파일을 윈도 화면에 표시하는 메소드로 다음 코드로 이미지 image를 지정한 좌표 (10, 10)에 이미지의 왼쪽 위에 위치하도록 그린다.

```
self.display.blit(self.image, (10, 10))
```

④ 메소드 setcaption(self, title)은 윈도의 제목 title을 지정한다.

⑤ 메소드 setimage(self, imgfname)는 imgfname으로 지정한 이미지 파일을 윈도에 표시하기 위해 저장한다.

⑥ 메소드 loop(self)는 파이 게임의 전형적인 이벤트 루프를 실행한다.

⑦ 클래스 PygameMainWindow 객체를 만들어 메소드 setcaption(), setimage(), loop()를 호출한다.

구현(implementation)

```
import pygame
import sys

class PygameMainWindow:
    def __init__(self, width, height):
        pygame.init()
        self.width = width
        self.height = height
        self.display = pygame.display.set_mode((self.width, self.height))

    def __drawimage(self):
        self.display.blit(self.image, (10, 10))

    def setcaption(self, title):
        pygame.display.set_caption(title)

    def setimage(self, imgfname):
        self.image = pygame.image.load(imgfname)

    def loop(self):
        while True:
            for event in pygame.event.get():
                if event.type == pygame.QUIT:
                    pygame.quit()
                    sys.exit()
            self.__drawimage()
            pygame.display.update()

mwin = PygameMainWindow(770, 490)
mwin.setcaption('객체지향 방식의 pygame')
mwin.setimage('python.jpg')
mwin.loop()
```

공유(Share)

위에서 구현한 내용 중에서 윈도 제목을 지정하는 메소드 setcaption()을 제거하고 다음과 같이 객체 생성 시 윈도 제목을 지정하도록 프로그램을 수정해 보자.

```
mwin = PygameMainWindow(770, 490, '객체지향 방식의 pygame')
```

프로젝트 Lab 2 | 12-plo2-circlecylinder.py | 원을 상속받아 원통을 정의 | 난이도 실전

원통을 클래스로 정의해 체적을 구해 보자. 원통은 밑면과 윗면인 원과 높이로 구성돼 있는 파이프와 같은 3차원 물체다. 원통은 2차원 도형인 원과 밀접한 관련이 있으며, 특히 체적을 구하려면 밑면인 원을 활용하는 것이 좋다. 원을 먼저 클래스로 정의하고 원의 자식 클래스로 원통을 정의해 체적을 구하는 메소드를 작성해 보자.

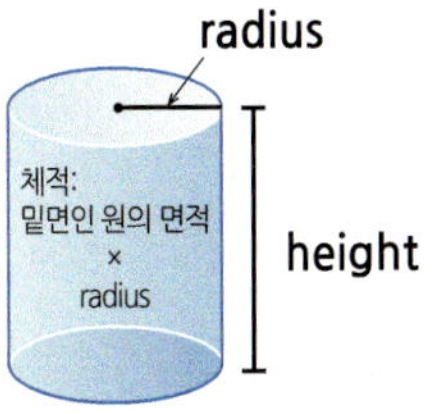

문제 이해(Understanding)

원을 표현하는 클래스를 정의한다. 원을 상속받아 원통을 표현하는 클래스를 정의한다. 원통의 객체를 하나 만들어 체적을 구하는 메소드를 호출해 결과를 출력한다.

설계(Design)

알고리즘(Algorithm)

① 원 클래스인 Circle을 정의한다. 초기화 메소드와 면적을 구하는 area() 메소드를 정의한다.

② 원통 클래스인 Cylinder는 원을 상속받아 정의한다. 초기화 메소드에서 원의 초기화 메소드를 호출하며, 체적을 구하는 메소드 volume()에서 원의 면적 반환 메소드 area()를 사용해 체적을 구한다.

```
• class Cylinder(Circle):
        ''' 원통을 표현하는 클래스 정의 '''
        def __init__(self, radius, height):
        ...
        def volume(self):
        ''' 원통 체적: 밑면인 원의 면적 × 높이 '''
```

구현(implementation)

```
class Circle:
    ''' 원을 표현하는 클래스 정의 '''
    def __init__(self, radius = 1):
        self.radius = radius

    def area(self):
        return self.radius * self.radius * 3.14

class Cylinder(Circle):
    ''' 원통을 표현하는 클래스 정의 '''
    def __init__(self, radius, height):
        super().__init__(radius)
        self.height = height

    def volume(self):
        ''' 원통 체적: 밑면인 원의 면적 × 높이 '''
```

```
        return super().area() * self.height

cy = Cylinder(3, 5)
print('원통 체적: %.2f' % cy.volume())
```

테스트와 실행 결과(Testing & Simulation)

원통 체적: 141.30

공유(Share)

도전 프로그래밍과 마찬가지로 원통의 표면적을 구하는 메소드도 구현해 보자.

학습 내용 점검

01 : 다음 클래스 정의와 객체 사용 코드에서 출력 값을 기술하시오.

①
```
class Student:
    '''학생입니다.'''

i = Student()
i.name = '최우수'
print(i.name)
```

②
```
class Student:
    '''학생입니다.'''
def greeting():
    print('안녕하세요!')

i = Student()
i.hello = greeting
i.hello()
```

02 : 다음은 사각형에 대한 클래스와 객체를 구현한 프로그램이다. 빈 부분을 완성하시오.

```
class Rectangle:
    ''' 사각형을 표현하는 클래스 정의 '''
    def [        ](self, width, height):
        self.width = width # 인스턴스 속성 참조
        self.height = height # 인스턴스 속성 참조

    def area(self):
        return [        ] * [        ]

rec = Rectangle(2.1, 3.4)
print(rec.area())
```

03 : 다음은 특수 메소드인 매직 메소드를 구현한 프로그램이다. 빈 부분을 완성하고, 각각의 프로그램 실행 결과를 기술하시오.

```
class Integer:
    def __init__(self, value):
        self.value = value

    def [        ] (self, other):
        return self.value + other.value

    def [        ] (self, other):
        return self.value - other.value

a = Integer(5)
b = Integer(3)
```

① `print(a + b)`

② `print(a - b)`

04 다음은 원을 구현한 프로그램이다. 빈 부분을 완성하고, 각각의 프로그램 실행 결과를 기술하시오.

```
class Circle:
    ''' 원을 표현하는 클래스 정의 '''
    PI = 3.14

    def __init__(self, radius):
        self.radius = radius

    def area(self):
        return self [        ] .radius * [        ] .radius * [        ] .PI

c = Circle(2.5)
print(c.area())
```

① `print(c.radius)`

② `print(Circle.PI)`

05 다음은 정적 메소드와 클래스 메소드를 구현한 프로그램이다. 빈 부분을 완성하시오.

```
class Area:
    PI = 3.14 # 원주율, 클래스 변수 선언

    @[          ]
    def circle(cls, r):
        return r * r * cls.PI

    @[          ]
    def triangle(w, h):
        return w * h / 2

print('%.2f' % [        ].circle(2))
print('%.2f' % [        ].triangle(3, 5))
```

06 다음은 두 클래스 Animal과 Dog의 상속을 구현한 프로그램이다. 빈 부분을 완성하고 프로그램 실행 결과를 기술하시오.

```
class Animal:
    def __init__(self, species):
        self.species = species

    def __str__(self):
        return self.species
```

```
class Dog(        ):
    def __init__(self, name):
        [        ].__init__('개') # 부모의 초기화 메소드 호출
        self.name = name

    def __str__(self):
        return [        ]. __str__() + ': ' + self.name

d = Dog('멍멍이')
print(d)
```

07 : 다음은 추상 메소드에 관한 프로그램이다. 빈 부분을 완성하고 프로그램 실행 결과를 기술하시오.

```
from abc import *

class Polygon(metaclass = [        ]):
    @ [          ]
    def area(self): # 추상 메소드
        pass

class Rectangle([        ]):
    def __init__(self, width, height):
        self.width = width
        self.height = height

    def area(self): # 부모 클래스의 추상 메소드 구현
        return self.width * self.height

rect = Rectangle(2, 4)
print('사각형 면적: %.2f' % rect.area())
```

도전! 프로그래밍

01 기본

클래스 Student를 가장 간단히 만든 후, 메소드를 추가하고 객체를 만들어 다음과 같은 결과가 나오도록 프로그램을 작성하시오.

- 다음 함수를 만들어 클래스 Student의 메소드 info에 저장

```
def info(self):
    print('대학: ' + self.univ + ' 이름: ' + self.name)
```

- 클래스 Student 객체를 만들어 속성 name에 '이성실' 저장, 속성 univ에 '한국대학교' 저장
- 다음 함수를 만들어 클래스 Student의 메소드 info에 저장

```
대학: 한국대학교 이름: 이성실
```

02 기본

다음을 만족하는 클래스 Student를 작성해 다음과 같은 결과가 나오도록 프로그램을 작성하시오.

- 구조기화 메소드의 인자는 이름, 학과, 중간점수, 기말점수를 저장하는 name, dept, mid, final
- 문자열화 메소드 __str__ 구현
- 메소드 grade()는 두 점수의 평균이 90이상이면 A, 80이상이면 B, 70이상이면 C, 60이상이면 D, 그 이하이면 F를 반환
- 클래스 Student 객체 하나를 만들어 문자열화 메소드와 grade() 메소드 호출

```
학과: 기계학과, 이름: 김경철, 중간: 89, 기말: 90
학점: B
```

03 응용

클래스 Car에서 다음 조건의 매직 메소드를 만들어 다음과 같은 결과가 나오도록 프로그램을 작성하시오.

- 초기화 메소드 __init__
- 문자열화 메소드 __str__
- 동등 비교 메소드 __eq__
- 다음을 구현한 결과

```
mycar = Car('현대', 2020, '검정')
yourcar = Car('기아', 2021, '백색')
print(mycar)
print(yourcar)
print(mycar == yourcar)
```

```
자동차 회사: 현대, 년식: 2020, 색상: 검정
자동차 회사: 기아, 년식: 2021, 색상: 백색
False
```

04 응용

추상 클래스 Vehicle과 자식 클래스 Car와 Bicycle을 만들어 다음과 같은 결과가 나오도록 프로그램을 작성하시오.

- 추상 클래스 Vehicle은 초기화 메소드에서 속성 color와 wheels를 지정
- 추상 클래스 Vehicle은 일반 메소드 move(), 추상 메소드 honkhorn(), info()를 정의
- 클래스 Vehicle의 자식 클래스 Car와 Bicycle도 초기화 메소드와 일반 메소드 move(), 메소드 honkhorn(), info()를 정의
- 다음 프로그램의 결과

```
mycar = Car('노랑', 4);
mycar.info();
mycar.move();
mycar.honkhorn();

mybic = Bicycle('파랑', 2);
mybic.info();
mybic.move();
mybic.honkhorn();
```

```
자동차 색상: 노랑, 바퀴 수: 4
60킬로로 이동합니다.
빵빵아악~~
자동차 색상: 파랑, 바퀴 수: 2
30킬로로 이동합니다.
따르릉따릉~~
```

05 실전

부모 클래스 Circle과 자식 클래스 Cylinder를 정의해 다음과 같은 결과가 나오도록 프로그램을 작성하시오.

- 클래스 Circle의 초기화 함수에서 반지름인 radius를 지정
- 클래스 Circle의 메소드 area()와 perimeter()는 각각 면적과 둘레 길이를 반환
- 자식 클래스 Cylinder는 원통을 표현하는 클래스로 초기화 함수에서 원통의 반지름과 높이를 지정
- 자식 클래스 Cylinder의 메소드 area()와 volume()은 각각 표면적과 체적을 반환
- 원통의 표면적은 밑면과 윗면인 원의 면적과 원통의 둘레인 사각형 면적의 합으로 구함
  - 표면적 = (반지름 × 반지름 × 3.14) × 2 + (원의 둘레 × 원통 높이)
- 프로그램 출력 결과

```
cy = Cylinder(3, 5)
print('원통 체적: %.2f' % cy.volume())
print('원통 표면적: %.2f' % cy.area())
```

```
원통 체적: 141.30
원통 표면적: 150.72
```

06 실전

추상 클래스 Polygon과 자식 클래스 Rectangle() 정의해 다음과 같은 결과가 나오도록 프로그램을 작성하시오.

- 추상 클래스 Polygon은 추상 메모드 area()와 perimeter()을 정의
- 자식 클래스 Rectangle의 초기화 메소드에서 사각형의 가로와 세로인 width, height 지정
- 자식 클래스 Rectangle의 메소드 area()와 perimeter()는 각각 면적과 둘레 길이를 반환
- 프로그램 출력 결과

```
rect = Rectangle(2.4, 4.3)
print('사각형 면적: %.2f' % rect.area())
print('사각형 둘레: %.2f' % rect.perimeter())
```

```
사각형 면적: 10.32
사각형 둘레: 13.40
```

Chapter 13

GUI 모듈과 객체지향 기반의 미니 프로젝트 II

학습 목표

학습한 파이썬 문법 구조와 프로그래밍 기법을 활용해 8개의 미니 프로젝트를 스스로 생각하고 프로그래밍해 코딩 능력뿐 아니라 문제 해결 능력을 키울 수 있다.

Section

01 터틀 그래픽과 matplotlib의 산포 그래프

Mini Project 1: 터틀 그래픽의 거북이 이동 처리

터틀 그래픽의 이벤트 처리

터틀 윈도 프로그램에서 키보드의 방향 키를 누르면 거북이가 화살표 방향으로 이동하면서 선을 그리는 프로그램을 작성해 보자.

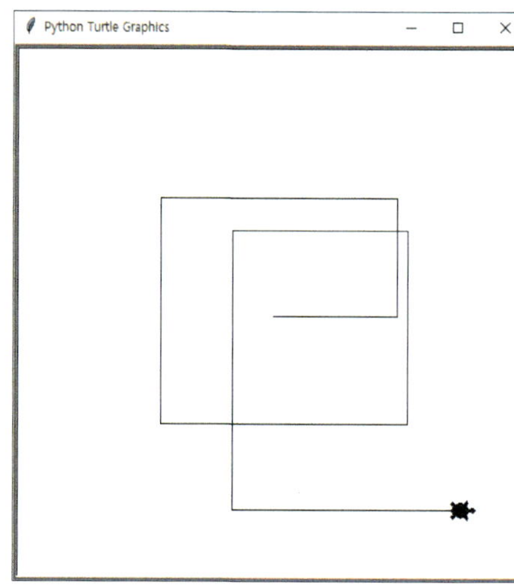

방향 키의 이름은 각각 'Right', 'Left', 'Up', 'Down'으로 정해져 있다. 먼저 오른쪽 화살표 'Right'를 누를 때 오른쪽으로 10을 이동하는 내용의 함수 goright()를 정의해 보자.

```
import turtle as t

def goright():
    t.setheading(0)
    t.fd(10)
```

이제 이벤트 처리를 위해 터틀 t의 함수인 onkeypress(fun, key)로 위에서 정의한 함수 goright와 키 'Right'를 연결한다. 실제 오른쪽 화살표를 누르면 인지해 이벤트가 작동할 수 있도록 터틀 t의 함수인 listen()을 호출한다.

```
t.onkeypress(goright, 'Right')
t.listen()
```

다음은 방향 키로 거북이를 움직이는 프로그램이다. 거북이가 움직이면 계속 줄이 그려지고 키 이름이 'Escape'인 Esc 키를 누르면 함수 cls()가 호출돼 터틀 윈도 바탕이 다시 깨끗해진다.

13-1 코딩 13-01-tteventhandle.py 난이도 응용

```
import turtle as t

# 이벤트에 처리할 함수를 정의
def goright():
    t.setheading(0)
    t.fd(10)

def goleft():
    t.setheading(180)
    t.fd(10)

def goup():
    t.setheading(90)
    t.fd(10)

def godown():
    t.setheading(270)
    t.fd(10)

def cls():
    t.clear()

t.setup(500, 500) # 초기 윈도의 크기 조정
t.shape('turtle')
t.clear()
t.home()

# 함수와 키보드 키를 연결해 이벤트가 작동하도록
t.onkeypress(goright, 'Right')
t.onkeypress(goleft, 'Left')
t.onkeypress(goup, 'Up')
t.onkeypress(godown, 'Down')
t.onkeypress(cls, 'Escape')
t.listen()
```

Mini Project 2: 터틀 그래픽에서 거북이가 항상 보이도록 이동

내부 함수와 터틀 그래픽의 좌표 계산 활용

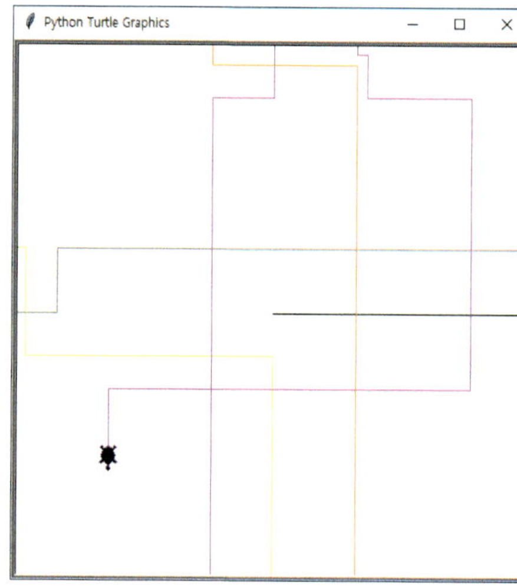

이전 미니 프로젝트1의 터틀 프로그램은 윈도를 벗어나면 거북이가 보이지 않는다. 거북이가 윈도를 벗어나면 반대로 돌아 나오도록 프로그램을 보완해 보자. 이를 위해서는 거북이의 현재 좌표를 알아야 하고, 이 좌표를 이용해 윈도를 벗어나면 반대 방향으로 돌아 나오도록 해야 한다. 또한 프로그램의 재미를 위해 반대로 돌아오면 거북이의 색상을 임의로 변경해 보자.

다음은 checkround() 함수가 거북이가 윈도 영역을 벗어나는지의 여부를 파악하고 벗어났다면 반대 방향으로 돌아 나오도록 하는 기능을 수행하는 함수다. 함수 내부에 정의된 내부 함수 round(x, y)는 새 위치 x, y로 이동한 후 거북이의 색상을 주어진 색상 중 임의의 하나로 바꾸는 기능을 수행한다.

```
# 윈도를 벗어나는지 검사해 반대로 나오도록
def checkround():
    # 내부 함수로 반대로 이동하며 터틀의 색상을 임의로 수정
    def round(x, y):
        t.ht(); t.pu()
        t.goto(x, y)
        t.pd(); t.st()
        t.pencolor(cols[r.randint(0, len(cols)-1)])
```

함수 checkround()에서 가장 먼저 거북이의 위치를 pos()로 받아 저장한다.

```
    x, y = t.pos()
```

이제 좌표 x와 y가 각각 윈도를 벗어나는지 검사한다. 만일 벗어나면 반대로 이동할 위치인 부호만 바꿔 내부 함수 round(x, y)를 호출한다. 즉, width가 500이면 x 좌표가 250이 될 때 −250을 지정해 거북이가 윈도 오른쪽 끝으로 나가게 되면 다시 왼쪽 끝으로 다시 나오도록 한다.

```
    # x 좌표를 벗어나면 그 반대로 이동
    if not (-width/2 < x < width/2):
        round(-x, y)
```

```python
    # y 좌표를 벗어나면 그 반대로 이동
    if not (-height/2 < y < height/2):
        round(x, -y)
```

다음은 거북이가 항상 보이며 이동하는 프로그램이다. 이동 함수인 goright(), goleft(), goup(), godown()에서 이동 후 윈도를 벗어나면 반대 방향으로 돌아 나오도록 함수 checkround()를 호출한다.

13-2 코딩 13-02-ttroundeventhandle.py **난이도 실전**

```python
import random as r
import turtle as t

cols = ['red', 'blue', 'green', 'purple', 'magenta',
        'gray', 'yellow', 'cyan', 'orange', 'aqua']

width, height = 500, 500

# 윈도를 벗어나는지 검사해 반대로 나오도록
def checkround():
    # 내부 함수로 반대로 이동하며 터틀의 색상을 임의로 수정
    def round(x, y):
        t.ht(); t.pu()
        t.goto(x, y)
        t.pd(); t.st()
        t.pencolor(cols[r.randint(0, len(cols)-1)])

    x, y = t.pos()
    # print(x, y)

    # x 좌표를 벗어나면 그 반대로 이동
    if not (-width/2 < x < width/2):
        round(-x, y)

    # y 좌표를 벗어나면 그 반대로 이동
    if not (-height/2 < y < height/2):
        round(x, -y)

def goright():
    t.setheading(0)
    t.fd(10)
    checkround()

def goleft():
    t.setheading(180)
```

```
        t.fd(10)
        checkround()

    def goup():
        t.setheading(90)
        t.fd(10)
        checkround()

    def godown():
        t.setheading(270)
        t.fd(10)
        checkround()

    def cls():
        t.clear()

    t.setup(width, height) # 초기 윈도의 크기 조정
    t.shape('turtle')
    t.clear()
    t.home()

    # 함수와 키보드 키를 연결해 이벤트가 작동하도록
    t.onkeypress(goright, 'Right')
    t.onkeypress(goleft, 'Left')
    t.onkeypress(goup, 'Up')
    t.onkeypress(godown, 'Down')
    t.onkeypress(cls, 'Escape')
    t.listen()
```

Mini Project 3: matplotlib으로 그리는 산포 그래프

패키지 matplotlib의 산포 그래프

산포 그래프(scatter graph)는 이산 값을 마커(marker)와 색상을 사용해 그리는 그래프다. 산포 그래프 함수는 간단히 scatter(x, y)로 표현하며, x는 가로 축의 값 목록, y는 이에 대응하는 세로 축의 값 목록이다. 마커는 기본적으로 원으로 표시된다. 다음의 결과로 확인하자.

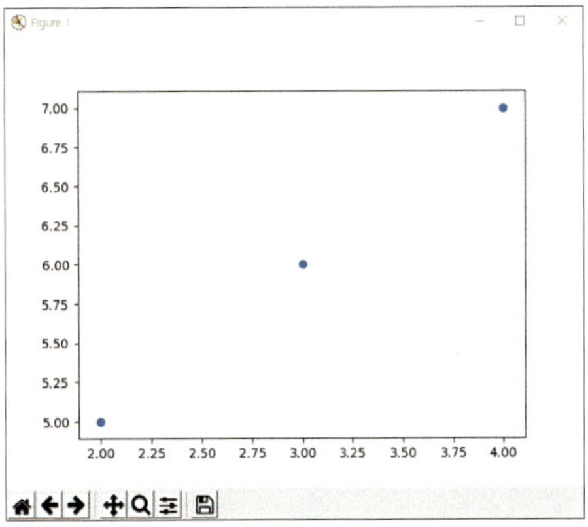


```
>>> import matplotlib.pyplot as plt
>>> plt.scatter([2, 3, 4], [5, 6, 7])
<matplotlib.collections.PathCollection
object at 0x157AC9D0>
>>> plt.show()
```

다음은 옵션인 s, c, marker를 지정한 구문과 결과다. s는 크기, c는 색상, marker는 마커의 종류다.

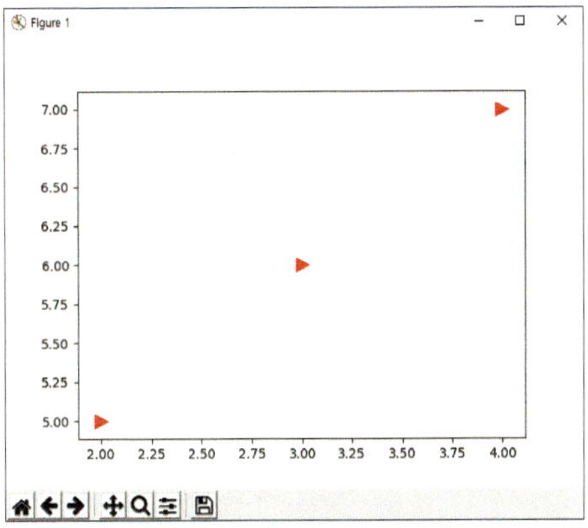


```
plt.scatter([2, 3, 4], [5, 6, 7], s=100,
c='red', marker='>')
plt.show()
```

이제 x와 y값 리스트를 쉽게 자동으로 만들어 보자. x는 0에서 10까지 순차적인 값 리스트다.

```
x = list(range(10))
```

y는 1에서 10 사이의 임의의 수 값인 리스트다.

```
import random as r
y = []
for _ in range(10):
    y.append(r.randint(1, 10))
```

위 x, y 자료로 그린 산포도 구문과 결과다.

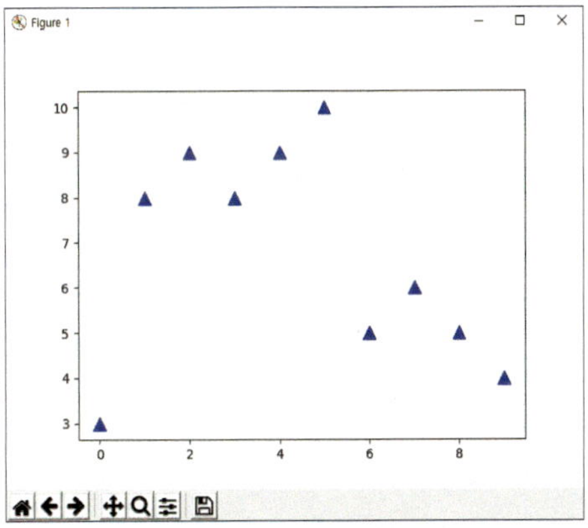


```
plt.scatter(x, y, s=100, c='blue', marker='^')
plt.show()
```

이번에는 x는 0에서 9까지의 값, y는 컴프리헨션을 이용해 간략히 1에서 10사이의 난수 리스트를 만들어 보자.

```
x = list(range(10))
y = [r.randint(1, 10) for _ in range(10)]
```

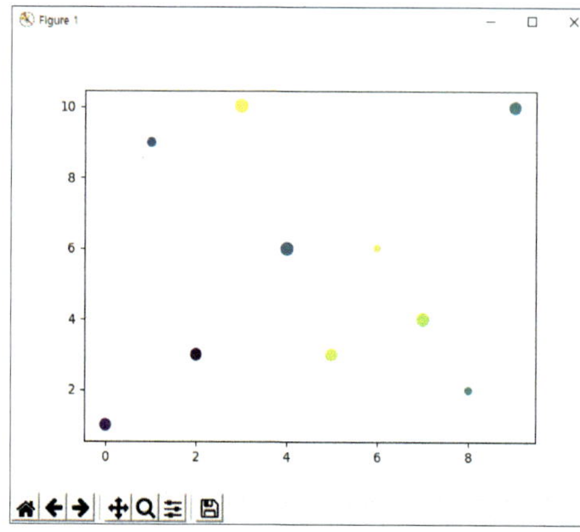

옵션인 크기 s와 색상 c는 x와 y의 요소 수만큼의 목록으로 설정하면 모든 요소의 크기와 색상을 개별적으로 설정할 수 있다.

다음 area는 s에 지정할 10개의 크기 리스트로, 10에서 100까지의 난수다. 다음 color는 c에 지정할 색상으로 random() 함수로 구한 0에서 1 사이의 실수 10개의 리스트다. 다음 구문과 산포도의 결과다.

```
area = [r.randint(10, 100) for _ in range(10)]
color =  [r.random() for _ in range(10)]
plt.scatter(x, y, s=area, c=color)
plt.show()
```

마지막에 설명한 산포 그래프의 코드다.

13-3 코딩 13-03-scattergraph.py 난이도 응용

```
import matplotlib.pyplot as plt
import random as r

x = list(range(10))
y = [r.randint(1, 10) for _ in range(10)]
area = [r.randint(10, 100) for _ in range(10)]
color =  [r.random() for _ in range(10)]

plt.scatter(x, y, s=area, c=color)
plt.show()
```

Mini Project 4: numpy와 matplotlib으로 그리는 산포 그래프

mumpy의 배열, random 활용, 패키지 matplotlib의 산포 그래프

외부 모듈 numpy를 사용하면 리스트와 비슷한 배열 구조를 보다 쉽게 만들 수 있다. Numpy의 arange(n)는 0부터 n−1까지의 정수로 구성된 목록인 배열을 생성한다.

```
>>> import numpy as np
>>> x = np.arange(30) # 0, 1, 2, ..., 29
>>> x
array([0, 1, 2, ..., 27, 28, 29])
```

Numpy의 random.randint(from, to, count)는 정수 from에서 to까지의 난수 count개를 생성해 배열을 만든다.

```
>>> import numpy as np
>>> y = np.random.randint(0, 50, 30) # 0 ... 50의 난수 30개
>>> y
array([21, 39, 11, ..., 1, 39, 34])
```

Numpy의 random.rand(count)는 0에서 1 미만의 실수 난수 count개를 생성해 배열을 만든다.

```
>>> import numpy as np
>>> color = np.random.rand(30) # 0에서 1 미만의 난수 30개
>>> color
array([0.20031884, 0.91541659, 0.13782606, ..., 0.91599065, 0.69460215,
       0.06280189])
```

다음은 위에서 살펴본 numpy를 활용한 산포 그래프의 코드와 결과다.

산포 그래프를 그리는 plt.scatter(... alpha=0.4)에서 키워드 인자 alpha로 마커의 0에서 1 사이의 투명도를 지정할 수 있다. 값 0은 완전 투명해 전혀 보이지 않으며, 1이면 완전 불투명하다.

```
plt.scatter(x, y, s=area, c=color, alpha=0.4)
```

13-4 코딩 13-04-scatterwithnumpy.py 난이도 실전

```
import numpy as np
import matplotlib.pyplot as plt

SIZE = 30
x = np.arange(SIZE) # 0, 1, 2, ..., 29
y = np.random.randint(0, 50, SIZE) # 0 ... 50의 난수 30개
area = np.random.randint(10, 500, SIZE) # 10 ... 500의 난수 30개
color = np.random.rand(SIZE) # 0에서 1 사이의 난수 30개

plt.scatter(x, y, s=area, c=color, alpha=0.4)
plt.show()
```

결과

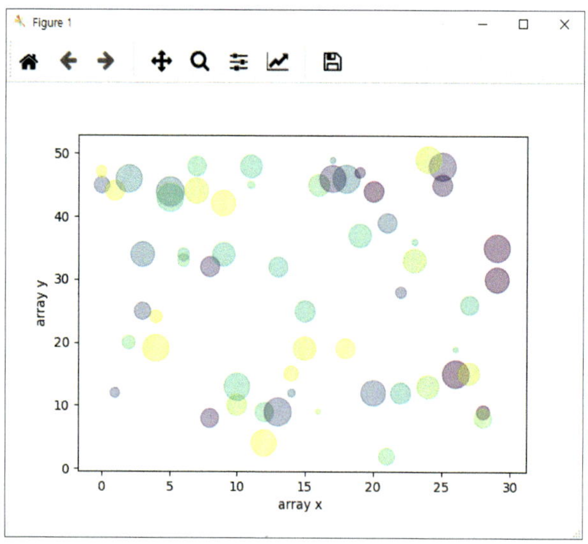

Section

02 그래픽 사용자 인터페이스 tkinter와 pygame

Python

Mini Project 5: tkinter에서 피트를 미터로 변환 처리

Tkinter GUI 활용, 예외 처리 구현

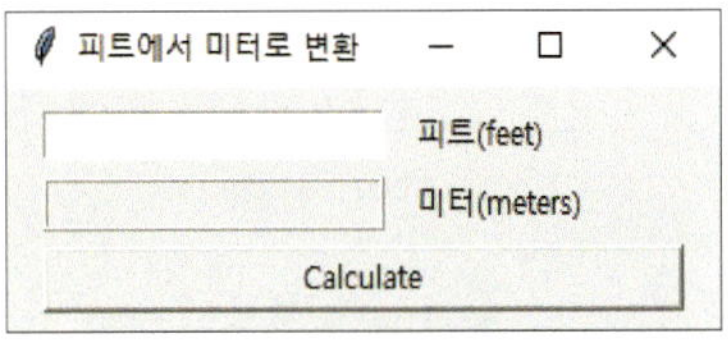

Tkinter 사용자 인터페이스로 피트(feet)를 미터(meters)로 변환하는 프로그램을 작성하자. 버튼 Calculate 클릭 이벤트 처리로 엔트리에 입력된 피트를 미터로 변환해 미터 표시를 위한 레이블에 출력한다. 다음과 같은 위젯 구성의 프레임(frame)을 만들고 이 프레임을 윈도에 삽입한다. 즉, 위젯 프레임은 여러 다른 위젯을 담기 위한 위젯으로 주로 사용된다.

윈도 root를 부모로 Frame을 생성해 윈도 바탕에 배치한다.

```
# 다른 위젯을 구성할 수 있는 프레임 위젯을 생성해 윈도 바탕에 추가
mainframe = Frame(root, padx=10, pady=5)
mainframe.grid(column=0, row=0)
```

레이블이나 엔트리에 표시 글자를 가져오거나 반영하기 위해서는 StringVar 변수를 정의해야 한다.

```
# 피트와 미터 위젯에 표시되는 문자열 수정을 위한 문자열 변수를 생성해 설정
feet = StringVar()
meters = StringVar()
```

키워드 인자 textvariable에 피트를 입력받은 엔트리 entfeet에는 feet를 연결하고 미터를 표시할 레이블 lbmeter에는 meters를 연결한다.

```
# 위 문자열 변수를 각 위젯과 연결
entfeet = Entry(mainframe, textvariable=feet, width=14, )
lbmeter = Label(mainframe, textvariable=meters, relief='ridge')
entfeet.grid(column=0, row=0, sticky=(W, E))
lbmeter.grid(column=0, row=1, sticky=(W, E))
```

버튼 생성 시 버튼을 누르면 함수 calculate가 호출되도록 연결한다.

```
bntcalc = Button(mainframe, text="Calculate", width=36, command=calculate)
```

함수 calculate()에서는 피트를 미터로 변환해 레이블에 연결된 문자열 변수(StringVar) meters에 반영한다.

사용자 입력에서 발생할 수 있는 문제를 처리하기 위해 예외 처리를 한다. 입력 값이 실수가 아니라면 ValueError 예외가 발생하며, 프로그램 중단 없이 사용자에게 잘못을 알리고 다시 입력할 수 있도록 처리하기 위해서는 try except else finally 구문을 사용해야 한다.

```
# 피트를 미터로 변환해 미터 레이블에 반영, 예외 처리 구현
def calculate(*args):
    try:
        value = float(feet.get())
        meters.set((0.3048 * value * 10000.0 + 0.5)/10000.0)
    except ValueError as e:
        print('피트(feet) 입력에 문제가 있습니다.')
        print('예외 발생 이름: {}'.format(type(e)))
        print('예외 발생 이유: {}'.format(e))
        feet.set('다시 입력하세요!')
    else:
        print('피트(feet) 입력이 잘됐습니다.')
        print('피트(feet) 입력 값:', value) # 디버깅을 위해 출력
        # insertmile(str(tomile(fmeter)))
    finally:
        print('피트(feet) 입력 예외 처리가 잘되는군요!')
```

for 구문에서 프레임의 함수 winfo_children()을 사용해 위젯에 포함돼 있는 하위 위젯들을 개별적으로 반환할 수 있다. 다음 구문으로 위젯의 가로 세로 공간을 일괄적으로 지정할 수 있다.

```
for child in mainframe.winfo_children():
    child.grid_configure(padx=5, pady=3)
```

다음은 피트를 미터로 변환 처리하는 전체 코드이며 입력 값이 잘못된 경우와 문제가 없는 경우의 콘솔 출력 값과 윈도의 모습이다.

13-5 코딩 13-05-tkfeettometers.py 난이도 실전

```
from tkinter import *

# 피트를 미터로 변환해 미터 레이블에 반영, 예외 처리 구현
```

```
def calculate(*args):
    try:
        value = float(feet.get())
        meters.set((0.3048 * value * 10000.0 + 0.5)/10000.0)
    except ValueError as e:
        print('피트(feet) 입력에 문제가 있습니다.')
        print('예외 발생 이름: {}'.format(type(e)))
        print('예외 발생 이유: {}'.format(e))
        feet.set('다시 입력하세요!')
    else:
        print('피트(feet) 입력이 잘 됐습니다.')
        print('피트(feet) 입력 값:', value) # 디버깅을 위해 출력
        # insertmile(str(tomile(fmeter)))
    finally:
        print('피트(feet) 입력 예외 처리가 잘되는군요!')

root = Tk()
root.title("피트에서 미터로 변환")

# 다른 위젯을 구성할 수 있는 프레임 위젯을 생성해 윈도 바탕에 추가
mainframe = Frame(root, padx=10, pady=5)
mainframe.grid(column=0, row=0)

# 피트와 미터 위젯에 표시되는 문자열 수정을 위한 문자열 변수를 생성해 설정
feet = StringVar()
meters = StringVar()


# 위 문자열 변수를 각 위젯과 연결
entfeet = Entry(mainframe, textvariable=feet, width=14, )
lbmeter = Label(mainframe, textvariable=meters, relief='ridge')
entfeet.grid(column=0, row=0, sticky=(W, E))
lbmeter.grid(column=0, row=1, sticky=(W, E))

Label(mainframe, text="피트(feet)").grid(column=1, row=0, sticky=W)
Label(mainframe, text="미터(meters)").grid(column=1, row=1, sticky=W)

# 버튼을 누르면 함수 calculate가 호출되도록 연결
bntcalc = Button(mainframe, text="Calculate", width=36, command=calculate)
bntcalc.grid(column=0, row=2, columnspan=2, sticky=W)

# 프레임에 포함돼 있는 하위 위젯들을 반환해 가로 세로 공간을 일괄적으로 수정
for child in mainframe.winfo_children():
        child.grid_configure(padx=5, pady=3)

# 바로 피트를 입력할 수 있도록 촛점을 지정
```

```
entfeet.focus()
# 리턴 키에도 변환 계산이 되도록 키와 변환 함수를 연결
root.bind('<Return>', calculate)

root.mainloop()
```

결과 34f를 입력한 경우

피트(feet) 입력에 문제가 있습니다.
예외 발생 이름: <class 'ValueError'>
예외 발생 이유: could not convert string to float: '34f'
피트(feet) 입력 예외 처리가 잘되는군요!

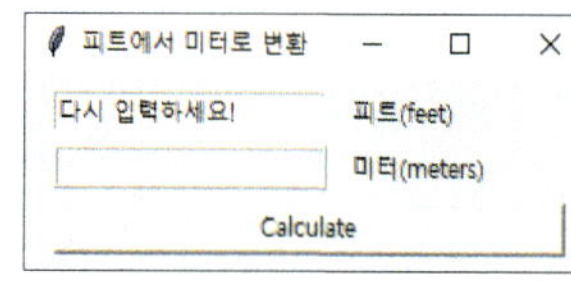

피트(feet) 입력이 잘 됐습니다.
피트(feet) 입력 값: 200.0
피트(feet) 입력 예외 처리가 잘되는군요!

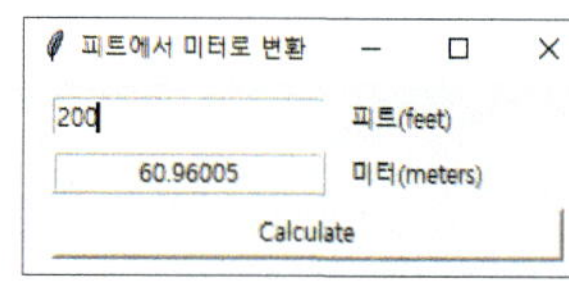

Mini Project 6: pygame에서 윈도 벽면을 바운싱하는 공의 이동

Pygame GUI 활용, 클래스 정의와 활용

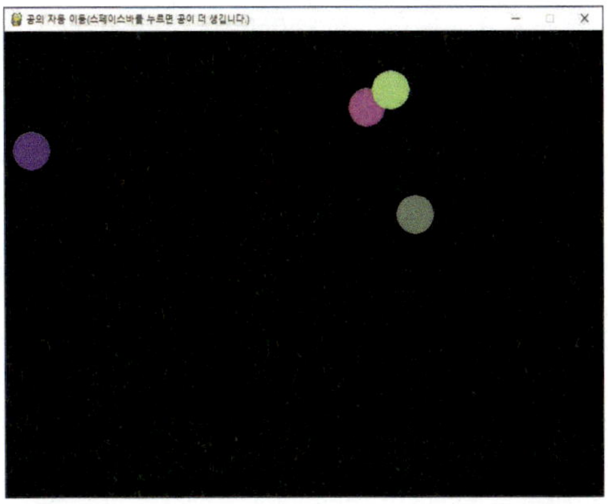

Pygame에서 임의의 위치와 색상으로 만들어진 공이 임의의 진행 방향으로 이동하는 모습을 그려 보자. 만일 윈도 벽면을 만나면 자연스럽게 반발(bouncing)하도록 한다. 스페이스 바를 누르면 공이 하나 더 추가된다. 추가되는 공은 크기는 같지만 위치나 색상, 이동 방향은 임의로 정한다.

클래스 Ball은 공을 표현하는 클래스로 인스턴스 속성으로는 좌푯값인 x, y, 이동 방향의 거리인 change_x, change_y, 색상인 color가 있다. 초기화 함수에서 이러한 속성을 설정한다. BALL_SIZE는 공의 반지름으로 좌표 x, y는 원이 그려질 경우 윈도를 벗어나지 않도록 임의의 값을 지정한다. 이동 방향 거리는 x축과 y축 모두 0이 지정되지 않도록 하며 (−2, 2) 중에 임의의 값을 지정한다. 만일 이 값들이 커지면 이동 속도가 빨라진다. 공의 색상도 임의로 지정한다.

```
class Ball:
    '''공을 표현하는 클래스'''
    def __init__(self):
        # 공의 중심 좌표를 임의로 지정
        self.x = random.randrange(BALL_SIZE, SCREEN_WIDTH - BALL_SIZE)
        self.y = random.randrange(BALL_SIZE, SCREEN_HEIGHT - BALL_SIZE)

        # 다음 이동 방향을 설정
        self.change_x = 0
        while self.change_x == 0 or self.change_y == 0:
            self.change_x = random.randint(-4, 4)
            self.change_y = random.randint(-4, 4)

        # 공의 색상을 지정
        r = random.randint(1, 255)
        g = random.randint(1, 255)
        b = random.randint(1, 255)
        self.color = (r, g, b)
```

이제 pygame의 메인에서 주요 구문을 살펴보자. lstballs[]는 리스트로 볼을 하나 생성해 추가한다.

```
# 여러 볼의 갖는 리스트에 첫 볼을 저장
lstballs = []
lstballs.append(Ball())
```

이벤트 루프에서 스페이스 바를 누르면 볼을 하나 더 추가한다.

```
done = False
while not done:
    for event in pygame.event.get():
        if event.type == pygame.QUIT:
            done = True
        elif event.type == pygame.KEYDOWN:
            # 스페이스 바를 누르면 새로운 공이 나오도록
            if event.key == pygame.K_SPACE:
                lstballs.append(Ball())
```

볼 리스트에서 볼을 하나씩 꺼내 다음 이동 좌표를 정한다. 만일 좌표의 x 또는 y가 볼을 그려 윈도를 벗어나면 다음 이동 방향의 부호를 바꾼다. 단순히 공의 이동 방향의 부호를 바꾸면 공이 벽면을 맞고 반발하는 느낌이 난다.

```
    for ball in lstballs:
        # 볼의 중심 좌표를 이동
        ball.x += ball.change_x
        ball.y += ball.change_y

        # 윈도 벽에 맞고 바운싱
        # x 좌표가 위 아래를 벗어나면
        if ball.x > SCREEN_WIDTH - BALL_SIZE or ball.x < BALL_SIZE:
            ball.change_x *= -1 # 다음 이동 좌표의 증가 값을 부호 변경
        # y 좌표가 위아래를 벗어나면
        if ball.y > SCREEN_HEIGHT - BALL_SIZE or ball.y < BALL_SIZE:
            ball.change_y *= -1 # 다음 이동 좌표의 증가 값을 부호 변경
```

바탕을 검은색으로 하고, 모든 볼을 좌표 (ball.x, ball.y)에서 그려 준다.

```
    screen.fill(BLACK)

    # 모든 볼 그리기
    for ball in lstballs:
        pygame.draw.circle(screen, ball.color, [ball.x, ball.y], BALL_SIZE)
```

다음은 지금까지 알아 본 pygame에서 윈도 벽면을 바운싱하는 공의 이동에 관한 프로그램이다.

13-6 코딩 13-06-pygameballbouncing.py 난이도 실전

```
import pygame
import random

BLACK = (0, 0, 0)
SCREEN_WIDTH, SCREEN_HEIGHT = 800, 600
BALL_SIZE = 25

class Ball:
    '''공을 표현하는 클래스'''
    def __init__(self):
        # 공의 중심 좌표를 임의로 지정
        self.x = random.randrange(BALL_SIZE, SCREEN_WIDTH - BALL_SIZE)
        self.y = random.randrange(BALL_SIZE, SCREEN_HEIGHT - BALL_SIZE)

        # 다음 이동 방향을 설정
        self.change_x = 0
        while self.change_x == 0 or self.change_y == 0:
            self.change_x = random.randint(-4, 4)
            self.change_y = random.randint(-4, 4)

        # 공의 색상을 지정
        r = random.randint(1, 255)
        g = random.randint(1, 255)
        b = random.randint(1, 255)
        self.color = (r, g, b)

# 메인 프로그램
pygame.init()
screen = pygame.display.set_mode([SCREEN_WIDTH, SCREEN_HEIGHT])
pygame.display.set_caption("공의 자동 이동(스페이스바를 누르면 공이 더 생깁니다.)")
clock = pygame.time.Clock()

# 여러 볼의 갖는 리스트에 첫 볼을 저장
lstballs = []
lstballs.append(Ball())

done = False
while not done:
    for event in pygame.event.get():
        if event.type == pygame.QUIT:
            done = True
        elif event.type == pygame.KEYDOWN:
            # 스페이스 바를 누르면 새로운 공이 나오도록
            if event.key == pygame.K_SPACE:
```

```
                lstballs.append(Ball())

    for ball in lstballs:
        # 볼의 중심 좌표를 이동
        ball.x += ball.change_x
        ball.y += ball.change_y

        # 윈도 벽에 맞고 바운싱
        # x 좌표가 위 이래를 벗어나면
        if ball.x > SCREEN_WIDTH - BALL_SIZE or ball.x < BALL_SIZE:
            ball.change_x *= -1 # 다음 이동 좌표의 증가 값을 부호 변경
        # y 좌표가 위 이래를 벗어나면
        if ball.y > SCREEN_HEIGHT - BALL_SIZE or ball.y < BALL_SIZE:
            ball.change_y *= -1 # 다음 이동 좌표의 증가 값을 부호 변경

    screen.fill(BLACK)

    # 모든 볼을 그리기
    for ball in lstballs:
        pygame.draw.circle(screen, ball.color, [ball.x, ball.y], BALL_SIZE)

    # 초당 60 프레임으로 그리기
    clock.tick(60)
    pygame.display.flip()

pygame.quit()
```

Section

03 객체지향 방식의 tkinter로 구현하는 텍스트 편집기

Python

Mini Project 7: Tkinter로 만드는 텍스트 편집기 메뉴와 편집 기본

Tkinter의 메뉴 구성과 위젯 Text 활용, 객체지향

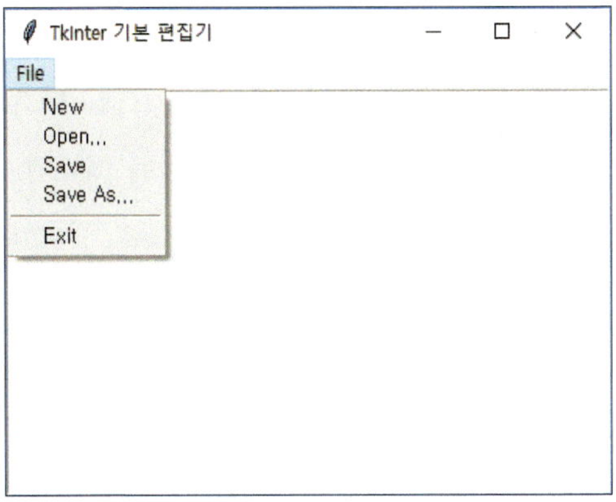

Tkinter로 간단한 편집기를 만들어 보자. 윈도에 그림과 같은 메뉴를 구성하고 윈도 바탕 프레임에 위젯 Text를 담아 텍스트 편집이 가능하도록 한다. 메뉴 선택에 따른 이벤트 처리는 다음 프로젝트에서 세부적으로 구현해 보자.

클래스 TextEditor는 위젯 Text의 속성 editor와 초기화 메소드, make_menu() 메소드로 구성된다. 클래스 TextEditor의 초기화 메소드에서 최상위 윈도 root에 frame을 담고, 다시 frame에 여러 줄에 걸쳐 텍스트 편집이 가능한 위젯 Text를 삽입한다. 위젯 Text는 여러 줄의 문자열 편집이 가능한 위젯으로 옵션 wrap='word'로 단어마다 자동 줄 내림의 단위를 설정하며 'none', 'char' 등의 설정도 가능하다.

```
class TextEditor():
    def __init__(self, root):
        self.root = root
        self.root.title('TkInter 기본 편집기')

        frame = Frame(root)
        frame.pack(fill="both", expand=1)

        # 기본 편집을 지원하는 위젯 Text 생성
        self.editor = Text(frame, wrap='word')
        self.editor.pack(side="left", fill="both", expand=1)
        self.editor.focus()
        # 메뉴 생성
        self.make_menu()
```

초기화 메소드에서 마지막으로 호출되는 메소드 make_menu()에서는 위젯 Menu를 사용해 메뉴를 만들어 윈도에 표시한다. 가장 먼저 root를 부모로 Menu 객체를 만들어 속성 menubar에 저장한다.

```
    def make_menu(self):
        # 메뉴의 최상위인 메뉴바 생성
        self.menubar = Menu(root)
```

다시 객체 menubar를 부모로 다시 Menu 객체를 만들어 fmenu에 저장한다. 객체 fmenu가 '파일' 메뉴가 된다.

```
        # 메뉴 아이템 File
        fmenu = Menu(self.menubar, tearoff = 0)
        # tearoff = 0 윈도에 분리되지 않도록 설정
```

Menu의 함수 add_command(label="New")로 실제 기능을 수행하는 하부 메뉴 'new'를 구성한다. 윈도에 삽입된 최상위 메뉴인 menubar에서 함수 add_cascade(label="File", menu=fmenu)로 'File' 하부에 'New', 'Open...' 등의 하위 메뉴를 구성한다. 마지막으로 구문 root.config(menu=self.menubar)로 윈도에 메뉴가 보이도록 한다.

```
        fmenu.add_command(label="New")
        fmenu.add_command(label="Open...")
        fmenu.add_command(label="Save")
        fmenu.add_command(label="Save As...")
        fmenu.add_separator()
        fmenu.add_command(label="Exit")
        # 메뉴바에 File을 추가
        self.menubar.add_cascade(label="File", menu=fmenu)
        # 메뉴 보이기
        root.config(menu=self.menubar)
```

다음은 텍스트 편집은 가능하지만 메뉴의 기능 수행은 없는 프로그램과 실행 결과다.

13-7 코딩 13-07-basictexteditorwithtk.py **난이도 실전**

```
from tkinter import *

class TextEditor():
    def __init__(self, root):
        self.root = root
        self.root.title('TkInter 기본 편집기')

        frame = Frame(root)
        frame.pack(fill="both", expand=1)

```

```
        # 기본 편집을 지원하는 위젯 Text 생성
        self.editor = Text(frame, wrap='word')
        self.editor.pack(side="left", fill="both", expand=1)
        self.editor.focus()
        # 메뉴 생성
        self.make_menu()

    def make_menu(self):
        # 메뉴의 최상위인 메뉴바 생성
        self.menubar = Menu(root)

        # 메뉴 아이템 File
        fmenu = Menu(self.menubar, tearoff = 0) # tearoff = 0 윈도에 분리되지 않도록
        fmenu.add_command(label="New")
        fmenu.add_command(label="Open...")
        fmenu.add_command(label="Save")
        fmenu.add_command(label="Save As...")
        fmenu.add_separator()
        fmenu.add_command(label="Exit")
        # 메뉴바에 File을 추가
        self.menubar.add_cascade(label="File", menu=fmenu)

        # 메뉴 보이기
        root.config(menu=self.menubar)

root = Tk()
root.geometry('800x600')
editor = TextEditor(root)
root.mainloop()
```

결과

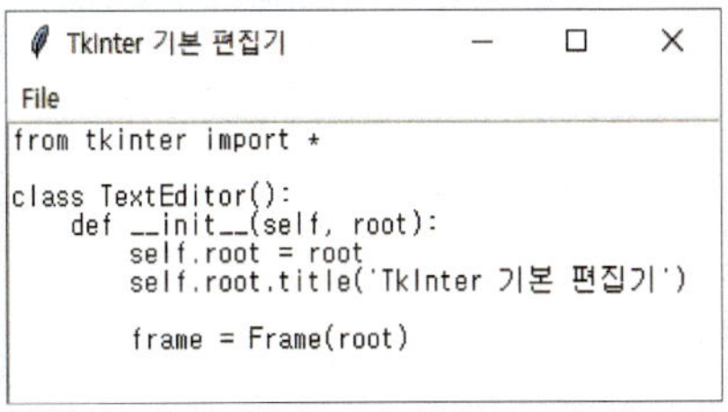

Mini Project 8: Tkinter로 만드는 활용 가능한 텍스트 편집기

객체지향, 이벤트 처리, 파일 읽기와 쓰기

이전 미니 프로젝트 7의 텍스트 편집기에서 편집 및 도움말 기능의 메뉴를 추가하고 메뉴 선택에 따라 실제 기능이 수행되도록 프로그램을 향상시켜 보자.

가장 먼저 프로그램에서 import구문이 필요하다.

```
# os.path.basename 사용
import os
# 기본적인 위젯 Frame, Text, Menu등 사용
from tkinter import *
# 파일 열기, 다른 이름으로 저장, 메시지 박스 등 대화상자 사용
from tkinter import filedialog, messagebox
```

이제 클래스 TextEditor의 초기화 함수의 구현을 알아보자. 속성 file_path는 현재 편집 중인 파일 이름이 저장될 변수이며, set_title()로 윈도의 캡션을 초기화로 'Untitled'로 한다.

```
class TextEditor():
    '''테스트 편집기'''
    def __init__(self, root):
        self.root = root
        self.TITLE = "TkInter 편집기"
        # 작업 중인 파일 이름을 저장
        self.file_path = None
        # 초기 윈도 캡션을 Untitled로 지정
        self.set_title()
```

먼저 Text 위젯에 세로 스크롤이 가능하도록 해 보자. 스크롤바 위젯 Scrollbar는 Text 위젯의 세로 축에 사용하기 위해 위젯 Scrollbar를 frame에 세로로 생성한다.

```
self.yscrollbar = Scrollbar(frame, orient="vertical")
```

Text 위젯에 수직 스크롤바를 연결하려면 다음 두 가지 작업을 수행해야 한다.

- Text 위젯의 yscroll 이벤트 함수 수행을 스크롤 막대 yscrollbar의 set 메소드로 설정한다.
- 스크롤바의 명령(command)을 위젯 Text의 yview 메소드로 설정한다.

```
# 세로 스크롤바를 연결해 기본 편집을 지원하는 위젯 Text 생성
self.editor = Text(frame, yscrollcommand=self.yscrollbar.set)
# 스크롤 바의 이벤트를 위젯 Text의 yview에 설정
self.yscrollbar.config(command=self.editor.yview)
```

초기화 함수는 다음 구현으로 마무리한다. 윈도 종료 버튼을 누르면 메소드 file_quit()로 전달돼 프로그램이 종료되며, 메소드 make_menu()로 메뉴를 생성하고 bind_events()로 여러 단축 키 이벤트를 메소드와 연결한다.

```
# 윈도 종료 버튼을 메소드 file_quit로 전달
root.protocol("WM_DELETE_WINDOW", self.file_quit)
# 메뉴 생성
self.make_menu()
# 단축키 이벤트를 메소드와 연결
self.bind_events()
```

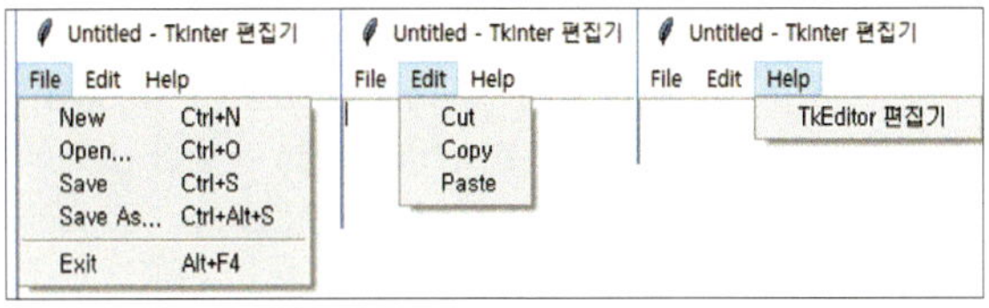

메뉴 구성에는 다음과 같이 File에 Edit와 Help를 추가한다. Edit은 'Cut', 'Copy', 'Paste'로 구성되며, Help는 'TkEditor 편집기' 메뉴로 구성된다. 각각의 메뉴가 선택되면 실행되는 이벤트 메소드를 함수 add_command()에서 command 옵션으로 지정한다. 또한 File 하부의 메뉴에서의 단축키 구현은 함수 add_command()에서 accelerator="Ctrl+N"으로 가능하다.

```
def make_menu(self):
    # 메뉴의 최상위인 메뉴바 생성
    self.menubar = Menu(root)

    # 메뉴 아이템 File
    fmenu = Menu(self.menubar, tearoff=0) # tearoff = 0 윈도에 분리되지 않도록 설정
    fmenu.add_command(label="New", command=self.file_new, accelerator="Ctrl+N")
    fmenu.add_command(label="Open...", command=self.file_open, accelerator="Ctrl+O")
```

메뉴 New의 이벤트 메소드인 file_new()를 살펴보면 이전에 편집하던 파일을 메소드 self.save_if_modified() 호출로 먼저 처리한 후 기존 내용을 delete(1.0, "end")로 모두 삭제한다. 여기서 1.0은 Text 위젯의 첫 문자를 의미하며, end는 끝을 의미한다. 속성 file_path는 None으로 지정한 후 윈도 제목을 지정하는 메소드 set_title()을 호출한다.

```
def file_new(self, event=None):
        # 이전 파일이 있다면 먼저 저장하도록
        result = self.save_if_modified()
        if result != None:  # 무시하거나 파일이 저장됐다면, 새로운 파일을 편집 준비
            # 편집기 내용을 모두 삭제, 1.0은 첫 번째 줄, 첫 번째 문자를 가리키며, 'end'는 끝
            self.editor.delete(1.0, "end")
            self.editor.edit_modified(False)
```

```
            self.editor.edit_reset()
            self.file_path = None
            self.set_title()
```

메뉴 Open의 이벤트 메소드인 file_open()은 파일 filepath를 읽어 실제 파일 filepath을 읽어 editor에 삽입하는 내부 함수 readfile(filepath)의 정의로 시작한다. 파일을 읽기 위해서는 try except else의 예외 처리를 수행해야 한다.

```
def file_open(self, event=None, filepath=None):
        def readfile(filepath):
            try:
                with open(filepath, encoding="utf-8") as f:
                    fileContents = f.read()  # 파일에서 모든 내용을 읽어 오기
            except FileNotFoundError as e:
                print(e)
                print(' 파일 읽기 실패! '.center(30, '*'))
            else:
                # 읽어온 내용을 위젯 Text에 모두 삽입
                self.editor.delete(1.0, "end")  # 먼저 이전 내용 모두 삭제
                self.editor.insert(1.0, fileContents)  # 읽어온 내용 모두 삽입
                self.editor.edit_modified(False)
                self.file_path = filepath
                print(' 파일 읽기 완료! '.center(30, '*'))
```

메소드인 file_open()은 제일 먼저 현재 편집 중이던 파일이 있으면 이를 처리한 후, 열려는 파일 이름을 선택하기 위한 '열기' 대화상자를 표시하기 위해 filedialog.askopenfilename()을 호출한다. 결과인 파일 이름을 filepath에 저장한 후, 위 내부 함수 readfile(filepath)을 호출해 파일 내용을 editor에 표시하고 윈도 제목을 수정하기 위해 set_title()을 호출한다.

```
        result = self.save_if_modified()
        if result != None:  # 무시하거나 파일이 저장됐다면, 새로운 파일 열기 준비
            if filepath == None:
                filepath = filedialog.askopenfilename()
            if filepath != None and filepath != '':
                readfile(filepath)
                self.set_title()
```

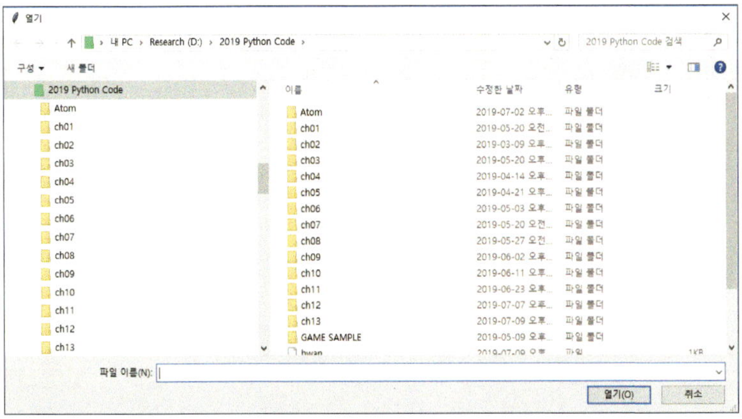

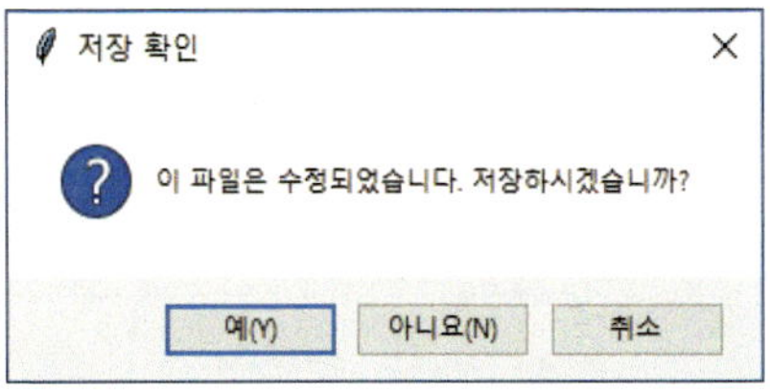

현재 편집기 editor에서 편집 중이던 파일을 처리하는 메소드 save_if_modified()에서는 제일 먼저 editor.edit_modified()로 editor의 수정 여부를 파악한다. 만일 수정됐다면 messagebox.askyesnocancel()로 저장 여부를 사용자에게 물어, 저장한다면 file_save()를 호출해 저장한다. 결국 메소드 save_if_modified()의 결과는 True, False, None중의 하나다.

```
def save_if_modified(self):
    # editor가 수정됐다면 다시 저장하도록 사용자에게 메시지 박스로 질의
    if self.editor.edit_modified():
        caption = '저장 확인'
        msg = '이 파일은 수정됐습니다. 저장하시겠습니까?'
        # yes = True, no = False, cancel = None
        response = messagebox.askyesnocancel(caption, msg)
        if response:  # 저장하도록 저장 메소드 호출
            result = self.file_save()
            if result == "saved":  # 저장 완료
                return True
            else:  # 저장 취소
                return None
        else:
            return response  # None = cancel/abort, False = no/discard
    else:  # 수정되지 않았으면
        return True
```

다음은 메뉴 'Save'와 연결된 file_save()을 알아보자. 지정된 파일이 없다면 file_save_as()로 파일을 지정해 저장하고, 있다면 filepath=self.file_path로 파일 이름을 지정해 호출한다.

```python
def file_save(self, event=None):
    if self.file_path == None:
        result = self.file_save_as()
    else:
        result = self.file_save_as(filepath=self.file_path)
    return result
```

메뉴 'Save As…'와 연결된 file_save_as()에서 파일 이름을 지정하기 위한 대화상자 '다른 이름으로 저장'을 filedialog.asksaveasfilename()로 띄워 파일 이름 filepath를 얻는다.

```python
def file_save_as(self, event=None, filepath=None):
    if filepath == None:
            ftypes = (('Text files', '*.txt'), ('Python files', '*.py *.pyw'), ('All files', '*.*'))
        filepath = filedialog.asksaveasfilename(filetypes = ftypes)  # 기본은 첫 항목인 '.txt'
```

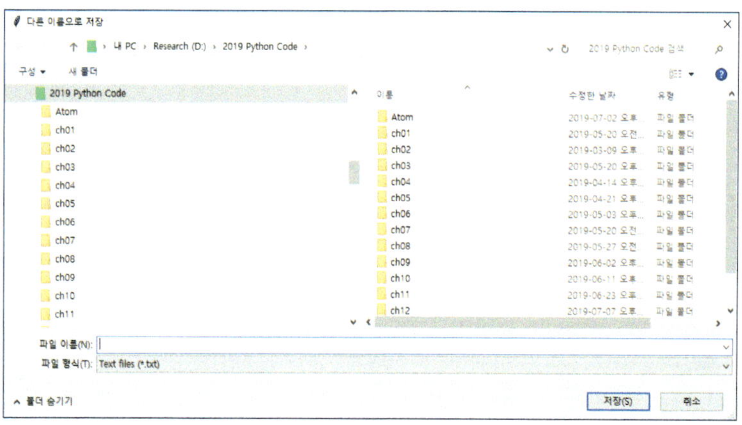

이제 편집기의 모든 내용을 editor.get(1.0, "end-1c")으로 읽어와 editor에 저장한다. 1.0은 첫 문자를, end-1c는 편집기의 마지막은 항상 \n(new line)이 있으므로 이를 제거한 것까지를 가져오기 위한 인자다. 마지막으로 파일을 열어 editor의 내용을 쓰고 성공하면 윈도 제목을 수정한다.

```python
# Text에서 모든 내용 가져오기
text = self.editor.get(1.0, "end-1c")  # 마지막에서 1문자를 제외하고
try:
    with open(filepath, 'wb') as f:
        f.write(bytes(text, 'UTF-8'))
except FileNotFoundError as e:
    print(e)
    print(' 파일 쓰기 실패! '.center(30, '*'))
    return "cancelled"
```

```
        else:
            self.editor.edit_modified(False)
            self.file_path = filepath
            self.set_title()
            return "saved"
```

메뉴 'Exit'과 연결된 file_quit()에서 기존 편집하던 파일이 있으면 처리한 후 윈도를 종료한다.

```
    def file_quit(self, event=None):
        result = self.save_if_modified()
        if result != None:  # 기존 편집하던 것이 해결됐으면
            self.root.destroy()  # sys.exit(0)
```

메뉴 'Edit' 하부 'Cut'과 연결된 file_cut()에서 편집기 editor의 메소드 event_generate ("⟨⟨Cut⟩⟩")로 ⟨⟨Cut⟩⟩ 이벤트를 발생시킨다.

```
    def edit_cut(self, event=None):
        self.editor.event_generate("<<Cut>>")
```

메뉴 'Help' 하부 'TkEditor 편집기'과 연결된 help_showabout ()에서 messagebox.showinfo () 호출로 다음 메시지 박스를 표시한다.

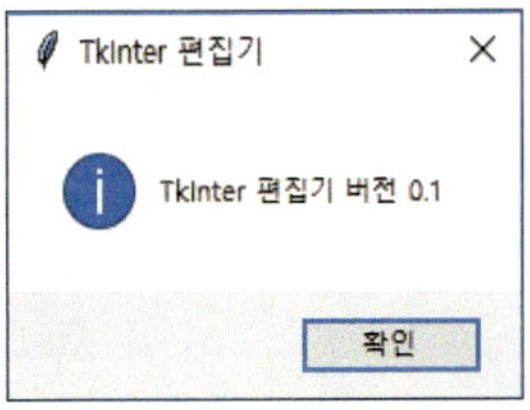


```
    def help_showabout(self, event=None):
        messagebox.showinfo('TkInter 편집기', 'TkInter 편
  집기 버전 0.1')
```

메소드 set_title()에서는 파일을 열면 윈도 제목으로 파일 이름이 앞에 붙어 표시되도록 한다.

```
    def set_title(self, event=None):
        if self.file_path != None:
            title = os.path.basename(self.file_path)
        else:
            title = "Untitled"
        self.root.title(title + " - " + self.TITLE)
```

이벤트 메소드 undo()에서는 Text 위젯의 함수 edit_undo()를 호출한다.

```
    def undo(self, event=None):
        self.editor.edit_undo()
```

메소드 bind_events()에서는 각종 단축 키를 이벤트 메소드와 연결한다.

```python
def bind_events(self, event=None):
    self.editor.bind("<Control-o>", self.file_open)
    self.editor.bind("<Control-O>", self.file_open)
    self.editor.bind("<Control-S>", self.file_save)
    self.editor.bind("<Control-s>", self.file_save)
    self.editor.bind("<Control-y>", self.redo)
    self.editor.bind("<Control-Y>", self.redo)
    self.editor.bind("<Control-Z>", self.undo)
    self.editor.bind("<Control-z>", self.undo)
```

다음은 지금까지 살펴본 tkinter로 만든 간단한 텍스트 편집기의 전체 프로그램과 실행 결과다.

13-8 코딩 13-08-texteditorwithtk.py 난이도 실전

```python
# os.path.basename 사용
import os
# 기본적인 위젯 Frame, Text, Menu등 사용
from tkinter import *
# 파일 열기, 다른 이름으로 저장, 메시지 박스 등 대화상자 사용
from tkinter import filedialog, messagebox

class TextEditor():
    '''테스트 편집기'''
    def __init__(self, root):
        self.root = root
        self.TITLE = "TkInter 편집기"
        # 작업 중인 파일 이름을 저장
        self.file_path = None
        # 초기 윈도 캡션을 Untitled로 지정
        self.set_title()

        frame = Frame(root)
        # 세로 스크롤바를 생성
        self.yscrollbar = Scrollbar(frame, orient="vertical")
        # 세로 스크롤바를 연결해 기본 편집을 지원하는 위젯 Text 생성
        self.editor = Text(frame, yscrollcommand=self.yscrollbar.set)
        # 스크롤 바의 이벤트를 위젯 Text의 yview에 설정
        self.yscrollbar.config(command=self.editor.yview)
        # 스크롤 바 배치
        self.yscrollbar.pack(side="right", fill="y")

        # Text 편집기 배치
        self.editor.pack(side="left", fill="both", expand=1)
        # Text 편집기 설정
        self.editor.config(wrap="word", undo=True, width=80)
```

```
        self.editor.focus()
        frame.pack(fill="both", expand=1)

        # 윈도 종료 버튼을 메소드 file_quit으로 전달
        root.protocol("WM_DELETE_WINDOW", self.file_quit)
        # 메뉴 생성
        self.make_menu()
        # 단축키 이벤트를 메소드와 연결
        self.bind_events()

    def make_menu(self):
        # 메뉴의 최상위인 메뉴바 생성
        self.menubar = Menu(root)

        # 메뉴 아이템 File
        fmenu = Menu(self.menubar, tearoff=0)  # tearoff = 0 윈도에 분리되지 않도록 설정
        fmenu.add_command(label="New", command=self.file_new, accelerator="Ctrl+N")
        fmenu.add_command(label="Open...", command=self.file_open, accelerator="Ctrl+O")
        fmenu.add_command(label="Save", command=self.file_save, accelerator="Ctrl+S")
        fmenu.add_command(label="Save As...", command=self.file_save_as, accelerator="Ctrl+Alt+S")
        fmenu.add_separator() # 중간 구분자 추가
        fmenu.add_command(label="Exit", command=self.file_quit, accelerator="Alt+F4")
        # 메뉴바에 File을 추가
        self.menubar.add_cascade(label="File", menu=fmenu)

        # 메뉴 아이템 Edit
        emenu = Menu(self.menubar, tearoff=0)
        emenu.add_command(label="Cut", command=self.edit_cut)
        emenu.add_command(label="Copy", command=self.edit_copy)
        emenu.add_command(label="Paste", command=self.edit_paste)
        # 메뉴바에 Edit를 추가
        self.menubar.add_cascade(label="Edit", menu=emenu)

        # 메뉴 아이템 Help
        hmenu = Menu(self.menubar, tearoff=0)
        hmenu.add_command(label="TkEditor 편집기", command=self.help_showabout)
        # 메뉴바에 Help를 추가
        self.menubar.add_cascade(label="Help", menu=hmenu)

        # 메뉴 보이기
```

```python
        root.config(menu=self.menubar)

    def save_if_modified(self):
        # editor가 수정됐다면 다시 저장하도록 사용자에게 메시지 박스로 질의
        if self.editor.edit_modified():
            caption = '저장 확인'
            msg = '이 파일은 수정됐습니다. 저장하시겠습니까?'
            # yes = True, no = False, cancel = None
            response = messagebox.askyesnocancel(caption, msg)
            if response:  # 저장하도록 저장 메소드 호출
                result = self.file_save()
                if result == "saved":  # 저장 완료
                    return True
                else:  # 저장 취소
                    return None
            else:
                return response  # None = cancel/abort, False = no/discard
        else:  # 수정되지 않았으면
            return True

    def file_new(self, event=None):
        # 이전 파일이 있다면 먼저 저장하도록
        result = self.save_if_modified()
        if result != None:  # 무시하거나 파일이 저장됐다면, 새로운 파일을 편집 준비
            # 편집기 내용을 모두 삭제, 1.0은 첫 번째 줄, 첫 번째 문자를 가리키며, 'end'는 끝
            self.editor.delete(1.0, "end")
            self.editor.edit_modified(False)
            self.editor.edit_reset()
            self.file_path = None
            self.set_title()

    def file_open(self, event=None, filepath=None):
        def readfile(filepath):
            try:
                with open(filepath, encoding="utf-8") as f:
                    fileContents = f.read()  # 파일에서 모든 내용을 읽어 오기
            except FileNotFoundError as e:
                print(e)
                print(' 파일 읽기 실패! '.center(30, '*'))
            else:
                # 읽어온 내용을 위젯 Text에 모두 삽입
                self.editor.delete(1.0, "end")  # 먼저 이전 내용 모두 삭제
                self.editor.insert(1.0, fileContents)  # 읽어온 내용 모두 삽입
                self.editor.edit_modified(False)
                self.file_path = filepath
```

```
                print(' 파일 읽기 완료! '.center(30, '*'))

        result = self.save_if_modified()
        if result != None:  # 무시하거나 파일이 저장됐다면, 새로운 파일 열기 준비
            if filepath == None:
                filepath = filedialog.askopenfilename()
            if filepath != None and filepath != '':
                readfile(filepath)
                self.set_title()

    def file_save(self, event=None):
        if self.file_path == None:
            result = self.file_save_as()
        else:
            result = self.file_save_as(filepath=self.file_path)
        return result

    def file_save_as(self, event=None, filepath=None):
        if filepath == None:
            ftypes = (('Text files', '*.txt'), ('Python files', '*.py *.pyw'), ('All files', '*.*'))
            filepath = filedialog.asksaveasfilename(filetypes = ftypes)  # 기본은 첫 항목인 '.txt'

        # Text에서 모든 내용 가져오기
        text = self.editor.get(1.0, "end-1c")  # 마지막의 \n(new line)문자 문자를 제외하고
        try:
            with open(filepath, 'wb') as f:
                f.write(bytes(text, 'UTF-8'))
        except FileNotFoundError as e:
            print(e)
            print(' 파일 쓰기 실패! '.center(30, '*'))
            return "cancelled"
        else:
            self.editor.edit_modified(False)
            self.file_path = filepath
            self.set_title()
            return "saved"

    def file_quit(self, event=None):
        '''종료 버튼이나 메뉴 Exit을 선택하면 실행'''
        result = self.save_if_modified()
        if result != None:  # 기존 편집하던 것이 해결됐으면
            self.root.destroy()  # sys.exit(0)
```

```
    def edit_cut(self, event=None):
        self.editor.event_generate("<<Cut>>")

    def edit_copy(self, event=None):
        self.editor.event_generate("<<Copy>>")

    def edit_paste(self, event=None):
        self.editor.event_generate("<<Paste>>")

    def help_showabout(self, event=None):
        messagebox.showinfo('TkInter 편집기', 'TkInter 편집기 버전 0.1')

    def set_title(self, event=None):
        if self.file_path != None:
            # 파일의 기본 이름을 반환
            title = os.path.basename(self.file_path)
        else:
            title = "Untitled"
        self.root.title(title + " - " + self.TITLE)

    def undo(self, event=None):
        self.editor.edit_undo()

    def redo(self, event=None):
        self.editor.edit_redo()

    def bind_events(self, event=None):
        self.editor.bind("<Control-o>", self.file_open)
        self.editor.bind("<Control-O>", self.file_open)
        self.editor.bind("<Control-S>", self.file_save)
        self.editor.bind("<Control-s>", self.file_save)
        self.editor.bind("<Control-y>", self.redo)
        self.editor.bind("<Control-Y>", self.redo)
        self.editor.bind("<Control-Z>", self.undo)
        self.editor.bind("<Control-z>", self.undo)

root = Tk()
root.geometry('800x600')
# root를 부모로 TextEditor 객체 생성
editor = TextEditor(root)
root.mainloop()
```

결과

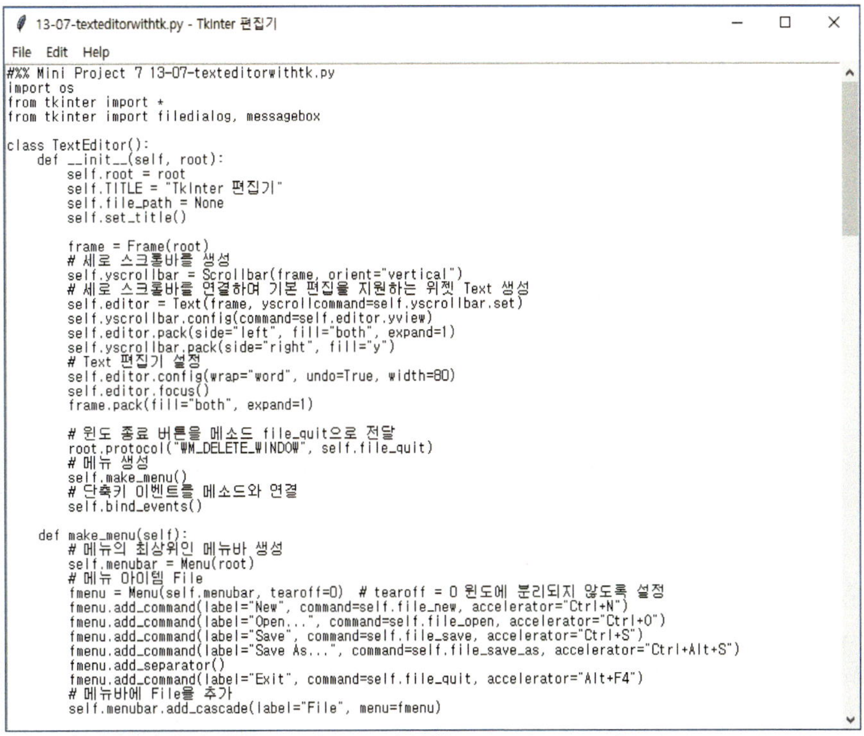

13-07-texteditorwithtk.py - Tkinter 편집기

File Edit Help

```
#%% Mini Project 7 13-07-texteditorwithtk.py
import os
from tkinter import *
from tkinter import filedialog, messagebox

class TextEditor():
    def __init__(self, root):
        self.root = root
        self.TITLE = "Tkinter 편집기"
        self.file_path = None
        self.set_title()

        frame = Frame(root)
        # 세로 스크롤바를 생성
        self.yscrollbar = Scrollbar(frame, orient="vertical")
        # 세로 스크롤바를 연결하여 기본 편집을 지원하는 위젯 Text 생성
        self.editor = Text(frame, yscrollcommand=self.yscrollbar.set)
        self.yscrollbar.config(command=self.editor.yview)
        self.editor.pack(side="left", fill="both", expand=1)
        self.yscrollbar.pack(side="right", fill="y")
        # Text 편집기 설정
        self.editor.config(wrap="word", undo=True, width=80)
        self.editor.focus()
        frame.pack(fill="both", expand=1)

        # 윈도 종료 버튼을 메소드 file_quit으로 전달
        root.protocol("WM_DELETE_WINDOW", self.file_quit)
        # 메뉴 생성
        self.make_menu()
        # 단축키 이벤트를 메소드와 연결
        self.bind_events()

    def make_menu(self):
        # 메뉴의 최상위인 메뉴바 생성
        self.menubar = Menu(root)
        # 메뉴 아이템 File
        fmenu = Menu(self.menubar, tearoff=0)  # tearoff = 0 윈도에 분리되지 않도록 설정
        fmenu.add_command(label="New", command=self.file_new, accelerator="Ctrl+N")
        fmenu.add_command(label="Open...", command=self.file_open, accelerator="Ctrl+O")
        fmenu.add_command(label="Save", command=self.file_save, accelerator="Ctrl+S")
        fmenu.add_command(label="Save As...", command=self.file_save_as, accelerator="Ctrl+Alt+S")
        fmenu.add_separator()
        fmenu.add_command(label="Exit", command=self.file_quit, accelerator="Alt+F4")
        # 메뉴바에 File을 추가
        self.menubar.add_cascade(label="File", menu=fmenu)
```

찾아보기